한국의 풍수지리와 건축

한국의 풍수지리와 건축

박시익 지음

일빛

한국의 풍수지리와 건축

ⓒ 박시익, 1999

초판   1쇄 발행일 1999년 8월 15일
초판 13쇄 발행일 2017년 9월 15일

지은이 | 박시익

펴낸이 | 이성우
펴낸곳 | 도서출판 일빛
등록번호 | 제10-1424호(1990년 4월 6일)
주소 | 121-898 서울시 마포구 동교로27길 12 씨티빌딩 201호
전화 | 02) 3142-1703~1704
팩스 | 02) 3142-1706
전자우편 | ilbit@naver.com

값 20,000원
ISBN 89-85893-49-1 (03380)

※ 잘못된 책은 바꾸어 드립니다.

머리말

풍수지리는 한국의 전통적인 생활 철학으로서 수천 년 간 역사와 맥을 같이해 왔다. 그러나 오늘날 풍수지리는 미국을 비롯한 유럽의 선진국에서 실생활의 지침서로 더욱 가깝게 적용되고 있다. 미국 뉴욕 시 맨해튼의 대한 항공 사무실 건너편 한 서점에 영문으로 쓰여진 풍수지리(FENG SHUI) 책이 단일 제목으로는 가장 많은 90여 권이 전시되어 있는 것만 봐도 그 인기를 짐작할 수 있다. 그러나 미국을 비롯한 중국, 홍콩 등에서 발행되는 풍수지리에 관한 자료들을 분석하면 그 내용에는 아직 미흡한 점이 많다.

세계 여러 선진국에서 풍수지리에 대해 초보적인 수준으로나마 이해하기 시작한 것은 매우 다행한 일이다. 그러니 이제 풍수지리에 대한 우리의 뛰어난 이론을 세계에 내놓을 때가 됐다고 생각한다.

현대 건축은 규모와 시설 면에서는 큰 발전을 이루었지만 '인간적인 공간 창조'라는 면에서는 실패를 거듭해 왔다. 공간을 생명력 있는 기운으로 해석하는 풍수지리의 공간 이론은 그 동안의 잘못된 현대 건축 이론을 바꿀 수 있는 매우 중요한 실마리다.

건축은 공간의 형태를 만들고 그 안에 기를 불어넣는 작업이다. 사람은 누구나 일정한 공간 속에서 살아가면서 그 공간의 기(氣)를 받는다. 풍수지리를 미신으로 생각하는 사람들이 지금도 적지 않지만, 단언하건대 풍수지리는 결코 미신이 아니다. 그것은 과학이며, 우리 전통과 맥을 같이하는 중요한 사상이다.

모든 사람들이 명당 형태의 집에서 그 집의 기운을 받아 선하고 행복하게 살다가 좋은 터에 묏자리를 잡아 자손들에게 그 기운을 다시 물려줄 수 있도록, 이승에서의 삶과 저승에서의 삶을 풍수로 잇는 일. 그것이 풍수지리를 연구하는 사람에게 부여된 과제다.

한국의 풍수지리 이론은 철학이나 과학 이상으로 인간의 본질에 대한 진지한 탐구를 바탕으로 한다. 그러나 그 동안 일부에서 풍수지리 이론을 공익보다 개인 욕심을 위해 잘못 이용하면서 부정적으로 인식되어 있는 부분이 많다. 이제부터는 풍수지리를 기초 과학으로 인정하고 연구하며, 동시에 현대적인 생활 공간의 창조적인 방법론으로 이용해야 한다.

풍수지리 이론의 범위는 철학에서부터 실생활에 이르기까지 실로 방대하다. 그러므로 풍수지리를 연구하기 위해서는 남다른 어려움이 따른다. 필자가 오늘에 이를 수 있었던 것은 많은 분들로부터 아낌없는 지도를 받았기 때문이다. 한국 전통 건축에 대해 눈을 뜨게 해 주신 삼성건축설계사무소의 장기인 소장님, 최신 서구식 건축 기법에 대해서 가르쳐 주신 미 육군 극동 지구 공병단(U.S. Army Engineer Distric Far East)의 정진수 박사님과 박자용 선생님, 한국 건축 실무에 대해 익힐 수 있게 해 주신 완종합건축의 고 이강식 사장님과 윤호병 이사님, 그리고 강릉 제일건축설계사무소의 전인극 소장님, 서양 미술에 대해서 가르쳐 주신 화가 김령 선생님께 깊은 감사를 드린다. 또한 『주역』에 대해서 고 김병호 선생님, 풍수지리에 대해서 고 장용득 선생님, 그리고 현대적인 연구에 대해서 고려대학교 건축공학과의 이정덕 교수님께 특별한 가르침을 받았다. 『한국의 풍수지리와 건축』은 이 분들이 일생 동안 연구한 내용에서 필자가 받은 가르침을 아우른 것이다.

끝으로 필자가 원고를 정리할 수 있도록 옆에서 도와 준 선건축사사무소의 이무조 소장과 선적산사무소의 이광준 사장님 그리고 귀중한 자료를 제공해 주신 부산·경남 지역 건축학회 회장 이상정 교수님께 감사드린다.

이 책은 97년도에 경향신문사에서 『풍수지리와 건축』이라는 제목으로 출간되어 호평받았으나, 출판사 사정으로 품절된 상태에서 더 이상 발행되지 못하고 있었다. 그 동안 많은 독자들이 보여 준 성원에 보답하기 위해 풍수지리 전통 이론 가운데 음택 이론과 외국의 풍수지리 적용 사례 등을 보충하던 중, 도서출판 일빛에서 새로운 모습으로 독자 여러분께 선보이게 되었다.

풍수지리를 아는 것은 선조들의 지혜를 아는 것이다. 따라서 풍수 이론을 제대로 이해하고 응용한다면, 복잡하고 위험한 현대를 살아가는 데 필요한 지혜를 발견할 수 있을 것이다.

1999년 8월
박시익

차 례

서장
풍수지리와 한민족

1. 인간의 본질을 밝히는 풍수지리

'풍수지리'라는 말은 언제 어떻게 시작됐을까.

아득히 먼 옛날에는 바람(風)과 물(水)이 집이 들어서는 데 가장 중요한 조건이었다. 태풍과 같이 강한 바람이 분다든가, 홍수나 한발이 자주 일어나는 지역에서는 마음놓고 살아갈 수 없기 때문이다. 사람이 살기에는 따뜻한 바람이 불고, 깨끗하고 맛있는 물이 풍부한 지역이라야 한다. 따라서 사람들은 주거지를 선택할 때 바람과 물을 따지지 않을 수 없었다. 이를 관찰하는 작업이 곧 풍수를 보는 작업으로 인식되었고, '풍수'라는 말은 그런 과정에서 자연스럽게 쓰이기 시작했을 것으로 보인다.

이와는 달리 '장풍득수(藏風得水)'의 약자라는 이론도 있다. 풍수지리의 핵심은 생기(生氣)를 취득하는 데 있고, 생기를 만드는 기본적인 조건은 바람과 물, 곧 장풍과 득수에 의해 이루어지기 때문에 장풍의

‘풍(風)’자와 득수의 ‘수(水)’자를 취해서 풍수라는 말을 사용했다고 보는 것이다. 장풍득수 이론에는 풍수지리의 전체적인 내용이 함축되어 있으므로, 장풍득수라는 말은 풍수지리가 이론적으로 상당히 발달된 뒤부터 사용되었으리라고 생각된다.

이러한 기존의 이론 이외에, 그 동안 필자가 연구한 바에 따르면 풍수는 인간의 본질을 나타낸다고 생각된다. 과학이 발달된 오늘날에는 ‘인간의 본질은 무엇인가’ 하는 질문에 대해, 과학자는 단백질이나 지방과 같은 여러 가지 원소의 결합이라고 답하며, 의사는 바이러스와 같은 여러 가지 균의 집합체라고 답한다. 그러나 이러한 대답이 인간의 본질을 규명하는 정확한 답은 아닐 것이다. 일반적으로 사람의 육체는 흙으로 이루어져 있으며, 사람이 죽으면 육체는 흙으로 돌아가고 영혼은 하늘 나라로 간다고 한다. 일부 종교에서도 인간의 본질을 ‘지수화풍(地水火風)’이라고 말한다.

필자는 그 동안 풍수지리를 연구하기 위해 산소를 이장하는 과정을 많이 지켜 보았다. 그 과정에서 사람이 죽어 땅에 묻힌 뒤 오랜 시간이 지나도 결코 흙이 되지 못한다는 사실을 알게 되었다. 만일 사람이 죽어 흙이 된다면 오래된 묘의 관 속에는 시신이 부패해서 생긴 흙이 있어야 할 텐데 그렇지 않았다. 이는 사람이 죽으면 흙 속으로 돌아가되 흙이 되는 것이 아니라 바람으로 변한다는 것을 의미한다.

이런 측면에서 필자는 사람의 본질이 바람이라고 생각한다. 고기나 생선 등은 썩으면 곰팡이가 되고 시간이 경과되면 모두 바람에 의해 흩어진다. 칼이나 낫과 같은 쇠도 녹이 슬면 공기 중에서 산화되어 마지막에는 모두 바람에 의해 흩어진다. 바람은 하늘로부터 생겨난다. 따라서 하늘은 무한한 바람의 근원이다. 『주역(周易)』에서는 ‘하늘을 따르는 자는 살아갈 수 있지만, 하늘의 뜻을 거역하는 사람은 살아남기 힘들다'라고 말한다. 여기서 하늘이란 곧 바람을 의미한다. 바람은 사람의 목숨과 연관되기 때문이다. 라디오나 텔레비전 같은 전기 제품은 전기가 통할 때만 기계로서 기능을 한다. 전기 제품의 생명력은 곧 전기인 것이다. 마찬가지로 단 한 순간이라도 공기가 통하지 않으면 그 순간 사람은 생명을 이어갈 수가 없다.

그리고 공기와 더불어 물 또한 생명체의 중요한 기본 요소다. 인체의 70%가 물로 구성되어 있으며, 『주역』에서도 물을 모든 물체 가운데 제일로 꼽는다. 사람들은 오래 전부터 물의 성질을 파악하고 물의 흐름에 따라서 생활하는 방법을 터득해 왔다.

곧 풍수지리는 생명체를 이루는 바람과 물을 생활 속으로 끌어들이기 위해 지리 조건을 해석하려고 노력하는 과정에서 생겨났다.

2. 한국의 국토는 세계 제일의 명당

한국은 산이 아름답고 물이 맑아 예로부터 '금수강산'이라고 불려 왔다. 특히 한국의 백두대간은 백두산에서 시작해서 전 국토를 끊어짐 없이 하나로 연결하고, 중간에 연결된 여러 산과 맥을 통해 생기를 전달하고 있다. 또 토질은 알맞은 습기로 전체적으로 탄력이 있어, 발산되는 빛과 소리가 밝고 명랑하다. 물 역시 맑고 깨끗해서 세계에 내놓아도 손색이 없다.

한국의 국토는 지리적으로 아시아 대륙이 시작하는 첫 번째 지점에서 태평양을 향해 길게 뻗어 나와, 마치 아시아 대륙과 태평양을 연결하는 다리 같은 형태를 하고 있다. 아시아 대륙은 지구상에서 가장 넓은 땅이며, 태평양 역시 세계에서 가장 넓은 바다다. 한국의 국토를 음양 이론으로 분석하면, 바다는 낮은 곳에 있어서 음(陰)이며 여성을 상징하고, 육지는 높은 곳에 있어서 양(陽)이며 남성을 상징한다. 따라서 대륙에서 바다를 향해 길게 뻗은 한국의 국토는 남성의 생식기와 같은 모양이다. 생식기는 음과 양을 결합시킴으로써 새로운 생명체를 만드는, 가장 신비한 구조를 이루고 있다. 그래서 신체의 각 부분은 생식기가 정상적으로 기능하도록 각종 에너지를 우선 공급한다. 음과 양이 서로 결합해서 조화를 이루는 공간을 '명당'이라고 한다면 한국의 국토는 최고의 명당인 것이다.

서해안은 세계에서 가장 높은, 9m에 이르는 간만의 차를 나타낸다. 이러한 간만의 차에 의해 개펄의 폭도 몇십 km에 이르러, 세계에서 드문 매우 긴 개펄을 형성하고 있다. 흔히 모세의 기적이라고 말하는 '바다가 갈라지고 바다 건너편의 땅으로 통로가 나타나는 현상'은 전라남도 진도 앞바다를 비롯해 서해안 여러 곳에서 해마다 나타난다.

개펄은 육지가 되기도 하고, 바다가 되기도 한다. 따라서 개펄은 음과 양의 기운이 서로 결합하는, 이른바 음양이 총화하는 공간으로서 생기가 충만하다. 이러한 생기에 의해 서해안 개펄은 조개와 굴, 그리고 기러기를 비롯한 수많은 생명체의 보금자리가 되고, 이 곳에서 생긴 여러 해산물은 건강 식품으로 각광을 받고 있다. 또한 서해안의 생기는 바람을 타고 내륙 깊은 곳까지 전달되어 전 국토를 생기 있는 명당으로 만든다.

한국의 국토를 대륙과 바다가 결합하는 생식기에 견줄 때, 바닷물이 들어오고 나가는 현상은 음과 양이 결합하는 과정으로 분석된다. 이것은 곧 한국의 국토가 강력한 생명력이 있는 세계적인 명당임을 입증하는 것이다.

또 세계에 널리 알려진 인삼은 한국의 것을 최고로 꼽는다. 중국이나 미국에서도 인삼이 재배되기는 하지만, 약효 면에서 한국 제품과 비교가 되지 않는다. 4000년 전에 진시황이 삼을 구하기 위해 선남선녀를 한국으로 보냈다는 기록은 중국에 삼이 없었다는 사실을 단적으로 보여 주고 있다.

뿐만 아니라 한국의 은행잎이 독일산 은행잎보다 20배 이상 약효가 있다는 것도 이미 입증된 사실이며, 한국 남성의 소변에 신비한 약효가 있는 물질이 들어 있다는 것도 이미 알려진 바다. 이러한 사실들은 한국이 세계 제일의 명당임을 확인시켜 주는 것들이다.

과거 한국 국토에 대한 풍수지리 이론에 '한국의 지리는 백 리 가는 평야가 없고 천 리 가는 물이 없어, 큰 인물이 태어나지 못하며 따라서 대국이 되기에는 부족하다'라고 말한 부분이 적지 않다. 이는 한국 국민들이 자긍심을 갖는 것을 방해해서 중국이나 일본 같은 외국을 섬기게 하고 민족을 분열시키고자 퍼뜨린 말이다. 삼천리를 뻗어 내려간 훌륭한 대간이 한국의 국토에 있다는 사실을 전혀 언급하지 않았다는 것이 바로 그 증거다.

풍수지리에서 땅의 기운을 분석하는 가장 중요한 대상은 바로 산과 물이다. 산의 기운과 물의 기운이 음과 양의 조화를 이루면 무한한 에너지가 발생한다. 따라서 한 국가의 지세를 분석하기 위해서는 당연히 대간에서 시작해야 한다. 이에 대해서는 전혀 언급하지 않고 그다지 중요하지 않은 사실만을 강조해서 국토에 대한 의미를 비하시키는 것은, 한국 국토의 아름다움과 무한한 잠재력을 두려워한 외국인들의 간교한 술책이다. 아프리카 대륙에는 넓은 들판과 나일 강 같은 긴 강이 많지만, 큰 나라나 큰 인물은 나지 않는다. 이는 들판의 넓이나 강의 길이가 결코 국력과 비례하지 않는다는 사실을 입증한다.

또 하나의 예로 한국과 지리적 조건이 비슷한 이탈리아를 들 수 있다. 유럽 대륙의 일부가 남쪽으로 뻗어 내려와 알프스 산을 이루고 있고, 그 기운이 지중해로 내려와 삼면은 바다로, 나머지 한 면은 육지와 연결됨으로써 바다와 육지가 음과 양으로 결합하는 형태를 이루고 있다. 기후도 한국과 큰 차이가 없으며, 노래를 즐기고 사랑하는 면에서도 비슷하다.

한국과 마찬가지로 주변 다른 나라에 비해 결코 큰 나라가 아니며, 더욱이 긴 강도 없다. 그러나 과거 역사를 보면 이탈리아는 로마 제국을 건설해서 천 년 이상 유럽을 통치했다. 국력은 결코 들판의 면적이나 강의 길이와 관계없음을 알 수 있다. 즉 국력은 음양의 조화에서 발생하는 힘에 의해 만들어지는 것이다.

3. 한국은 풍수지리 발생국

풍수지리는 몇천 년 동안 전해 내려온 한국의 전통 사상으로, 주로 집터나 묏자리를 선정하는 기준으로 적용되어 왔다. 현재 풍수지리 이론은 한국을 비롯해 대만·중국·홍콩·일본·싱가포르 등 동양 여러 나라에서 실용되고 있으며, 최근에는 미국과 프랑스 등에서도 풍수지리에 의한 건축과 인테리어가 인기를 얻고 있다.

풍수지리는 이 땅을 터전으로 살았던 옛 선인들에 의해 생겨나서 중국을 비롯한 동양 여러 나라에 전파되었다. 그런데 풍수지리가 중국에서 발생해서 우리 나라에 전달된 것으로 잘못 알고 있는 사람들이 있다. 이것은 우리 고유 문화가 외국의 침략에 의해 말살된 채 중국에서 역수입된 책만 봐 왔기 때문이다. 풍수지리가 한국에서 발생했다는 것은 다음 몇 가지 사실로 증명할 수 있다.

첫째, 한국 국토의 지리적 조건이다. 한국은 국토의 70%를 차지한 크고 작은 산들이 거의 모든 촌락과 도읍의 자연 배경을 이루고 있다.

선인들에게 산은 농업이나 목축, 그리고 사냥 등을 통해서 음식물이나 생활 필수품의 중요한 공급원이 되어 왔다. 사람이 죽으면 산에 매장하는 것도 사람과 산이 밀접한 관계가 있음을 말해 준다. 이러한 생활 속에서 사람들은 산의 성질과 이치를 깨닫게 되었으며, 그런 체험이 시간이 지나면서 축적되어 산에 대한 이론으로 정립되었다.

풍수지리는 산의 변화가 다양한 지역, 특히 사람들이 모여 살기에 적당한 지세를 이루는 산이 많은 지역에서만 발생이 가능하다. 때문에 중국 중원 지대와 같이 산이 없고 평탄한 대지에서 생활하는 사람들은 산의 성질이나 개념을 전혀 가질 수 없을 뿐만 아니라, 산에 대한 체험이 있다 하더라도 극히 미약한 수준에서 벗어나기 힘들다.

따라서 산을 생활의 터전으로 하는 지리 조건을 갖는 한국에서 풍수지리가 발생한 것은 너무나 당연하다. 한국의 산세는 동양 어느 나라보다 아름다워서, 당 나라 학자들도 '죽어서라도 고려국에 태어나서 금강산을 한번 구경하고 싶다(願生高麗國 一見金剛山)'고 할 정도였다.

한국의 지세는 전체적으로 명당일 뿐만 아니라 크고 작은 산들이 각 지역마다 혈과 명당을 이루고 있다. 혈과 명당의 효능은 일찍부터 사람들에게 알려져 왔으며, 이러한 혈과 명당에 대한 체험은 풍수지리의 개념을 더욱 확실하게 하는 요인으로 작용했을 것이다.

둘째, 산신 숭배 사상이 풍수지리를 발생하게 했다. 우리 선조들은 자연 숭배에 대한 신앙심이 매우 깊었으며, 산신은 그 가운데 상당히 큰 비중을 차지했다. 고대인들에게 산신은 수호신이었으며, 한 지역에 있는 큰 산을 진산(鎭山)이라고 하여 숭배했다. 그러므로 산신을 모시는 일은 국가의 큰 행사였고, 흉년이나 가뭄이 들면 왕이 직접 하늘에 제사 지내는 체천 행사가 있었다.

고구려는 개국 초기에 오녀산성(五女山城)을 도읍지로 정했는데, 오녀봉이 있는 높은 산 정상을 도읍지로 삼았던 사실에서 산신과 특별한 관계를 맺고 있었음을 알 수 있다. 이렇듯 산신 숭배 사상은 산의 특별한 능력을 인정하고, 그 특별한 힘에 일상 생활의 안전과 발전을 기원하는 과정에서 이루어진다.

산의 능력에 대한 믿음은 경사진 땅도 산의 일부분으로 해석하게 한다. 능선을 산의 기운이 평지로 연결되는 맥으로 이해하며, 이러한 개념은 바로 풍수지리의 용(龍)이 지기(地氣)의 통로라고 보는 점과 동일하다. 그러므로 풍수지리 이론은 산신 숭배 사상을 바탕으로 하여 자연스럽게 발생될 수 있는 것이며, 이런 점에서 산신을 숭배하던 한국에서 풍수지리가 발생했다고 볼 수 있다.

『금낭경(錦囊經)』이나『인자수지(人子須知)』와 같이 중국으로부터 넘어온 풍수지리 책자에 산을 단순히 기운의 발원처로만 취급해서 산신 개념이 전혀 나타나 있지 않은 것과 대조적이다.

셋째, 풍수지리 이론은 주역의 이론과 결합해서 더욱 완벽한 체계를 이루고 있다는 점이다. 만약 주역과 음양 오행설(陰陽五行說)이 없었다면 풍수지리 이론은 성립되기 어려웠을 것이다.

풍수지리 이론은 산의 기운을 분석하는 과정에서 출발하는데, 이 과정에서 주역의 기(氣) 이론이 적용된다. 현재 사용되고 있는 주역은 그 이전에 있었던 '환역(桓易)'과 '연산역(連山易)'의 일부분이며, 환역은 단군 시대의 역을 말한다.

제일 먼저 주역을 만든 사람은 복희씨로 알려져 있다. 복희씨는 본래 단군이 통치하는 지역에서 살던 사람으로, 성장한 뒤에 중국 지역으로 옮겨가서 그 곳 부족들의 우두머리가 되었다. 따라서 복희씨가 만들었다는 주역은 그가 어린 시절 단군 통치 지역에서 배운 역을 중국에 가서 발달시킨 것으로 볼 수 있다.

　오행설의 발생 과정에 대해서는 은 나라의 우왕이 오행을 기록한 것을 '신서(神書)'라 부르며 숭상한 데서 시작됐다는 이론과, '홍범구주(弘範九疇)'로부터 시작됐다는 이론이 있다.

　우왕의 신서란 별자리를 오행에 따라 관측해서 홍수를 예견하고 이에 대비하는 방법을 적은 것이다. 전하는 이야기에 따르면 중국 지역에 살던 무명의 우 씨가 자기 부족이 해마다 홍수 피해를 입는 것을 안타깝게 생각해서 단군 나라에 가서 피해를 호소했다고 한다. 그의 요청에 단군은 아들 부루로 하여금 같이 가서 도와 주라고 명했다.

　부루는 현지에서 오행의 천문을 관찰한 뒤에 홍수가 일어나는 이유와 그 시기를 판별하는 방법을 우 씨에게 알려 주었으며, 우 씨는 배운 대로 천문을 관측해 홍수가 발생할 시점을 예견하고 주민들을 안전한 지대로 대피시켰다. 이 일로 우 씨는 많은 사람들로부터 우러름을 받아 왕으로 추대되었다. 그는 부루에게 배운 오행의 천문에 관한 기록을 신서라고 부르며 높이 받들었다. 이와 같이 오행의 시초가 되는 신서란 단군의 아들이 중국에 건너가서 가르쳐 준 천문 관찰법이다.

　오행설의 또 다른 발생 근거가 되는 홍범구주는 단군 지역에서 사용한 왕실의 국가 경영 이론이다. 군주가 국가를 다스리는 아홉 가지 원칙을 오행의 이론으로 설명한, 오늘날의 헌법과 같은 것이다. 그런데 이 내용이 중국으로 넘어가 마치 중국의 이론인 것처럼 잘못 전해 내려오고 있는 것이다.

　이와 같이 단군 시대에는 이미 주역과 음양 오행설이 일반화되어 있었으며, 지세에서 생겨난 산에 대한 이론은 이러한 철학과 더불어 자연스럽게 풍수지리 이론으로 정립되었다.

　넷째, 단군이 처음 신시를 건설하게 된 과정을 살펴보면 '하늘 나라에 사는 하느님의 아들 환웅이 하느님의 뜻에 따라 사람들을 다스리고 자 땅으로 내려갈 즈음, 하늘로부터 지세를 살펴보고 삼신산인 한밝산이 가히 사람을 유익하게 만들 수 있는 장소라고 판단되어, 천부인 3개와 3000명을 거느리고 한밝산 신단수 아래로 내려와서 신시를 이뤘다'고 기록되어 있다. 이것으로 한국의 풍수지리가 이미 단군이 신시를 건설하고 개국할 때부터 적용되었음을 알 수 있다.

다섯째, 고인돌 역시 풍수지리와 무관하지 않다. 고인돌은 대부분 산 정상에서 평지로 연결되는 능선 위에 위치해 있다. 이는 용의 맥을 따라 자리잡은 것으로, 풍수지리 이론이 적용됐음을 알 수 있다. 이러한 입지 기준은 후대로 전해져 삼국 시대 왕릉에도 마찬가지로 적용되었다.

이러한 사실은 고구려 고분 벽화에서도 확인된다. 벽화에는 무덤에 따라 차이가 있으나 북두칠성과 청룡·백호·주작·현무 등 천문과 오행 사상, 신선 사상, 수렵 생활, 그리고 무용 등의 그림이 그려 있다. 이러한 그림들은 곧 고구려 시대에도 단군 시대의 사상이 그대로 전해졌음을 뜻한다.

삼국 시대에 일반인들 사이에 풍수지리가 널리 퍼져 있었다는 사실은 신라 제4대 임금 석탈해에 관한 기록을 통해 알 수 있다. '신라 제2대 임금인 남해왕 때 무명의 어린 석탈해가 경주 남산에 올라가 지세를 살펴보니 지금의 반월성 터가 명당이었다. 그래서 그 곳에 살던 호공을 꾀어내 다른 곳으로 이사하게 하고, 그 곳에 거주한 뒤 명당의 기운을 받아 남해왕의 사위가 되고, 그 뒤 임금으로 추대되어 23년 동안 재위했으며, 죽은 뒤에는 토함산의 산신이 되었다'는 기록이 그것이다.

세간에는 풍수지리가 신라 말기 도선(道詵)에 의해 중국에서 도입된 것이라고 주장하는 사람도 있다. 그러나 위에서 살펴본 바와 같이 풍수지리는 이미 단군 시대부터 사용되기 시작해서, 삼국 시대에는 민간인들까지 풍수를 이용했다.

4. 단군 신화에 나타난 풍수지리

문헌에 기록된 내용에 따르면 우리 나라에서 풍수지리가 생활에 적용되기 시작한 것은 단군 시대부터다. 단군 왕검이 우리 나라 최초의 국가인 고조선을 세울 때부터 풍수지리는 한 나라의 터를 잡는 지리학으로 이용되었다.

『삼국유사』에는 단군이 나라를 세우는 과정이 이렇게 쓰여 있다.

『고기(古記)』에 나타나 있기를, 옛날에 환인(桓因)의 아들 환웅(桓雄)이 계시어, 천하에 뜻을 두고 인간 세계를 구하고자 했다. 아버지가 아들의 뜻을 알고 삼위태백(三危太白)을 내려다보니 널리 인간 세계를 이롭게 할 만했다. 이에 천부인(天符印) 세 개를 주며 내려가 세상 사람들을 다스리라고 했다. 환웅은 그 무리 3000명을 거느리고 태백산 신단수 밑에 내려와 이 곳을 신시(神市)라고 불렀다.

하늘의 신인 환인이 인간 세상을 내려다보며 '삼위태백'을 살폈다는 부분은 풍수지리와 연관성을 살펴볼 수 있다. 삼위태백을 풍수로 해석하면 삼산, 곧 주산·좌청룡·우백호를 이르는 것으로 환인이 나라를 건설하기 위해 풍수지리를 살핀 것으로 해석되기 때문이다.

한 나라의 건국 신화를 살펴보는 것은 그 민족의 기본 정신·우주관·세계관을 엿보는 것이다. 그렇기 때문에 신화는 그것의 사실 여부보다는 그 안에 깃들인 민족 정신을 읽어 낼 때 의미가 있다(물론 최근 역사학계의 연구에 따르면 단군 왕검이 나라를 세운 신시가 실재하는 지역이라는 보고와 함께 그 역사적 흔적들이 발견되고 있기도 하다).

우리가 단군 신화를 다시 살피는 것도 그런 맥락이다. 단군 신화가 처음으로 글로 쓰인 때가 삼국 시대였음을 상기한다면, 풍수지리는 이미 그 전부터 우리 민족의 삶에 깊숙이 뿌리 박힌 생활 철학이었음을 알 수 있다.

단군이 나라를 세울 때 풍수지리를 살폈음을 보여 주는 기록은 다른 책에서도 나타나고 있다. 삼국 시대 박제상이 쓴 『부도지(符都誌)』라는 책에서 당시 사람들이 땅을 보던 시각을 엿볼 수 있다.

환웅이 왕검을 낳았다. 그 때는 사해 여러 민족이 하늘의 이치를 알지 못할 때였으므로 스스로 미혹해 세상이 고통스러웠다. 그래서 왕검은 동북의 자방(磁方)을 그의 나라를 건설할 땅으로 택했다. 이는 2와 6이 교감하는 핵심 지역이요, 4와 8이 상생하는 복된 땅이었다. 왕검은 태백산 밝은 땅 정상에 천부단을 짓고 사방에 보단(堡壇)을 설치했다.

단군 왕검은 고통스러운 세상을 구하기 위해 좋은 땅, 복된 땅을 택해 나라를 세운다. 이 때 그는 좋은 땅을 고르기 위해 2와 6, 4와 8이 교감하고 상생하는 땅을 찾았다. 즉 당시에 그런 방법으로 길지를 택했음을 보여 주는 것이다.

이처럼 풍수지리가 생활에 실제 적용되었음을 보여 주는 사례는 삼국 시대에 들어 많이 나타난다. 신라의 수도인 경주에 반월성을 지은 것도 역시 같은 발상이었다. 『삼국유사』를 다시 본다.

신라의 두 번째 왕인 남해왕 때 일이다. 가락국 바닷가에 아진의선(阿珍義先)이라는 이름을 가진 한 노파가 살고 있었다. 그는 박혁거세왕을 위해 고기 잡는 일을 했다.

어느 날 바닷가에 배가 한 척 와 닿았다. 끌어당겨 보니 까치가 배 위로 날아들고, 배 안에는 커다란 궤짝 하나가 있었다. 그 궤짝을 끌어내 나무 숲 밑에 두고 흉한 것인지 길한 것인지를 몰라 하늘에 물었다. 그리고 얼마 뒤 궤짝을 열어 보니 단정한 사내아이와 일곱 가지 보물과 노비가 가득했다. 그들을 7일 동안 대접했더니 마침내 사내아이가 말문을 열었다.

"나는 본래 용성국 사람이오. 우리 나라에는 일찍이 스물여덟의 용왕이 있었는데 모두 사람의 태에서 태어나, 대여섯 살이 되면 왕위에 올라 만민을 가르쳐 성명(性命)을 바라게 했소. 나의 부왕 함달파는 적녀국의 왕녀를 맞아 결혼했는데 오래도록 아들이 없으므로 기도로 구했더니 7년 뒤에 알 한 개를 낳았소.

이에 대왕이 여러 신하들에게 '사람으로서 알을 낳은 일은 고금에 없는 일이니 어찌 좋은 일이라 할 것인가?'라고 묻더니, 이렇게 궤를 만들어 나와 보물을 그 속에 넣어 바다에 띄워 보냈소. 인연이 있는 곳에 닿는 대로 나라를 세우고 일가를 이루라고 축원하면서 말이오. 그런데 바다에서 문득 붉은 용이 나타나 배를 호위해서 여기까지 오게 된 것이오."

말을 마친 아이는 지팡이를 끌고 두 종을 데리고 토함산 위에 올라가 돌 무덤을 만들었다. 그 곳에 이레 동안 머무르면서 성 안에 살 만한 곳이 있는가를 살폈다. 마치 초생달 같은 산봉우리가 하나 보이는데 지세가 오래되어 살 만한 곳이었다. 이에 내려와 그 곳을 찾으니 호공의 집이었다.

어떻게 하면 그 땅을 얻을 수 있을까 고민하던 중 방법이 떠올랐다. 숫돌과 숯을 그 집 옆에 묻어 두고는 다음날 이른 아침에 그 집 문 앞에 가서 자기 조상의 집이라고 우겼다. 호공은 그렇지 않다 하며 서로 다투다가 이윽고 관가에까지 가게 되었다. 관가에서 아이에게 물었다.

"이 집이 너의 집이라는 증거가 있느냐?"

아이가 대답하기를,

"우리는 본래 대장장이였는데, 잠시 이웃 고을에 나간 동안 다른 사람이 빼앗아 살고 있었던 것입니다. 땅을 파 보면 알 것입니다."

아이 말대로 그 집 땅 속에서 숫돌과 숯이 나왔으므로, 아이가 그 집을 차지하게 되었다.

이 아이의 이름이 탈해다. 뒷날 남해왕은 지혜로운 탈해에게 맏공주를 아내로 삼게 했고, 3대왕인 노례왕이 세상을 떠나자 탈해가 왕위에 올랐다.

그의 이름이 석탈해가 된 것은 남의 집을 빼앗았다 하여 석(昔) 씨라 했다는 설도 있고, 까치로 인해 궤짝을 열게 되었으므로 성을 작(鵲)에서 새 조(鳥) 자를 떼어 석이라 하고 이름은 궤를 열고 알에서 나왔기 때문에 탈해(脫解)라고 했다는 얘기도 있다. 탈해왕은 왕위에 오른 지 23년 만에 세상을 떠났다.

탈해왕은 명당을 얻기 위해 꾀를 써서 남의 집을 뺏기까지 했고 그 덕에 왕위에 오를 수 있었다. 이 이야기는 신라인들의 땅에 관한 생각을 단적으로 보여 주는 설화이다.

5. 세계에서 가장 우수한 한민족

가. 산의 정기를 받아 신기가 많은 민족

지구상에는 황인종·흑인종·백인종 등 여러 인종이 살고 있다. 이렇게 인종이 다른 것은 각 지역마다 산천의 정기가 다르기 때문이다.

한국의 산천은 산이 아름답고 물이 맑아 세계에서 뛰어난 명당 중의 명당이다. 이러한 국토의 기운을 받고 살아온 한민족이 다른 토질에서 사는 민족보다 신비한 기운을 갖고 있는 것은 어쩌면 당연한 일인지 모른다.

한국은 전체적으로 산이 많아 취락 지역이 거의 산으로 둘러싸여 있다. 따라서 어느 곳이나 작은 산 또는 능선을 배경으로 하고 있어 산의 기운을 직접 받는다. 산에는 신비한 기운이 있어서 종교의 발생지가 산인 경우가 많다. 산은 하늘의 신이 땅으로 내려오는 공간이며, 땅의 신이 하늘로 올라가는 통로다. 우리 나라 역시 하늘 신의 아들이 백두산에 내려와 최초로 국가를 건설했다고 전해 내려온다.

한국인들은 집 가까이 산을 두고 살아온 덕택에 산의 기운을 많이 받는 동시에, 산이 갖고 있는 신의 기운도 많이 받아 자연적으로 신기(神氣)를 많이 갖고 있다. 한국에서는 오래 전부터 하느님을 숭상했다. 산신 숭배 사상은 하느님 숭배 사상과 동일하다. 근래에 한국에서 세계 각국 종교가 크게 번성하는 것도 한국 사람들이 천부적으로 신의 기운을 강하게 갖고 있는 민족이기 때문이다.

또 동양과 서양을 음과 양으로 분석하면 동양은 해가 뜨는 양이 되며, 서양은 해가 지는 곳이기 때문에 음이 된다. 한국은 동양에서도 첫 번째 나라이므로 양의 기운이 가장 강한 지역이다. 사람의 몸을 음양으로 구분하면 머리는 양이 되고, 몸통은 음이 된다. 한국의 국토는 양의 기운이 강하므로 한국 사람들은 머리가 몸통보다 더 발달하게 된다.

한국의 전통적인 학습 방법은 자연의 이치에 대한 깨달음을 기본 과정으로 한다. 산에서 도를 깨우치는 과정이나 유교의 경전 학습, 불교의 선에 대한 수양 등이 그 대표적인 경우다. 또한 학습 대상은 사람의 신령스런 마음이다. 마음의 공부가 완성되면 영적인 능력까지 갖추는 것으로 생각했다.

이에 반해 서구식 학습 방법은 실제적인 물질 현상에 대한 반복 작업을 통한 귀납법으로 진행되며, 학습의 대상 또한 물질을 위주로 한다.

한국식 학습 방법이 사람의 마음, 곧 영(靈)에 목적을 둔다는 것은 한국 사람이 선천적으로 신적인 능력을 지니고 있음을 의미하기도 한다.

나. 어질고 인정 많은 민족

한국 사람들은 유달리 인정이 많다. 이것 역시 한국의 자연 배경과 무관하지 않다. 산과 물이 어디서나 자연스럽게 조화를 이루고 있기 때문에 사람들도 자연스럽게 사랑하는 마음을 갖게 되는 것이다. 비바람이 드세게 몰아치는 황야에 산다면 사랑보다는 원망과 괴로움, 분노가 가슴 속 깊이 자리잡을 것이다.

한국 사람들이 상하 수직적인 질서를 갖고 있는 것도 산천과 무관하지 않다. 지세의 높고 낮음에 의해 수직 질서가 형성되기 때문이다. 그러다 보니 절대 권력자 한 사람이 왕권을 소유하게 된다. 그 권력은 혈통으로 구분하고 세습되어 왕족말고는 권력을 이양받을 수 없도록 엄격히 제한했다.

이러한 상하 질서는 외교 관계에서도 드러난다. 예의를 지키다 보니, 5000년 동안 주변의 나라들을 전쟁으로 괴롭힌 적이 없다. 그래서 한국은 주변 나라들로부터 '동방예의지국'으로 칭송받아 왔다.

또한 '말 한마디로 천 냥 빚을 갚는다'는 속담이 있을 정도로, 한국에서는 사람의 말 한마디를 물질보다 고귀한 가치로 인정했다. 이것은 한국인들이 재물보다 사람을 더 중요시했음을 의미한다.

이러한 한국 사람들의 성품은 한국의 산에서 비롯됐다. 어진 사람은 산을 좋아하고 지식이 있는 사람은 물을 좋아한다는 말이 있듯이, 한국의 아름다운 산은 사람의 마음을 어질고 평화롭게 만든다. 마음이 어질고 평화로운 사람은 하늘의 무한한 능력을 믿으며, 이웃에게 어진 덕을 베푼다.

다. 노래와 춤을 좋아하는 민족

기록에 따르면 한국 사람들은 예로부터 노래와 춤을 매우 즐겼다고 한다. 삼국 시대에는 나라에서 하늘에 제사를 지내고 나면 백성들은 며칠 동안 밤낮을 가리지 않고 노래와 춤을 즐겼다. 고구려 고분 벽화에는 선녀들이 여러 가지 악기를 사용하며 노래하고 춤추는 모습이 많이 나와 있다. 무덤이 죽은 사람을 모시는 공간으로서 매우 엄숙하고 슬픈 분위기를 보이는 것이 일반적인 데 반해, 고구려 고분 벽화는 전혀 다른 분위기를 느끼게 한다.

병신 춤과 곱추 춤으로 유명한 공옥진 여사는 6·25 전쟁 당시 갓 결혼한 상태에서 경찰 가족이라는 이유로 북한군에 의해 총살형을 언도받았다. 아무 죄도 없이 죽어야 하는 것이 너무나 억울했던 공 여사는 마지막으로 노래나 한 곡조 부르게 해 달라고 청해서 인생을 하직하는 노래를 눈물을 흘려 가며 불렀다. 이것을 지켜 본 북한 군인들은 공 씨를 죽이기가 아깝다고 판단해서 총살을 면해 주었다고 한다.

　이와 같이 한국 사람들은 기쁠 때는 물론 죽음에 임박해서도 노래를 불렀다. 한국 사람들의 음악과 예술에 대한 사랑은 오늘날 조수미·신영옥·홍혜경 등 세계적인 오페라 무대에서 활동하고 있는 성악가들이 많은 것에서도 알 수 있고, 노래방이 성업하고 있는 사실에서도 알 수 있다.

　음악은 인간의 가장 수준 높은 언어다. 음악은 영혼의 울림과 같으며, 고도의 예술적 능력을 가진 사람만이 즐길 수 있는 분야다. 미개한 사람들에게는 단순한 소리만 있을 뿐이다. 오래 전부터 음악을 즐겼다는 사실은 바로 한국 사람들이 영적으로 높은 수준의 민족임을 나타낸다.

라. 혈통을 중시하는 민족

　한국에선 성씨마다 오래된 족보를 갖고 있다. 그 대표적인 예로 김해 김씨의 족보는 시조 김수로왕에서 오늘에 이르기까지 2000년에 걸쳐 70대에 이른다. 아마도 이렇게 오래 된 족보를 가지고 있는 민족은 한민족밖에 없을 것이다.

　이처럼 성씨마다 족보를 중요하게 여기는 이유는 같은 혈족에 대한 사랑이 각별하기 때문이다. 한국인은 예로부터 새로운 가족이 태어나 가족 수가 늘어나는 일을 큰 경사로 여겼다.

　반면 새로 태어나는 아이가 없으면 집안의 대가 끊긴다고 해서 매우 불행한 일로 생각했다. 만약 집안의 대가 끊기면 조상들에게 자식된 도리를 다하지 못했기 때문에 죽어서도 조상을 대할 면목이 없다고 여기고 죄악시할 정도였다.

　대물림이나 같은 혈통의 족보를 중요하게 생각하는 것은 한국의 지리적 위치와도 관계가 있다. 즉 한국은 아시아와 태평양이 음과 양으로 처음 만나는 생식기의 위치에 있으며, 생식기의 기본 기능은 자손의 번창에 있기 때문이다.

마. 인내심과 근면성이 강한 민족

한국 사람의 특징 가운데 하나는 인내심이 강하고 근면하다는 점이다. 그래서 한국 사람은 한시도 쉬지 않는 소에 비유되기도 한다. 1970년대 중동 지역에 진출했던 우리 근로자들은 밤낮 쉬지 않고 일해서 다른 나라 사람들을 깜짝 놀라게 하기도 했다.

이 또한 한국의 산과 맥에서 그 이유를 찾을 수 있다. 한국의 산과 맥은 백두대간에서 시작해서 전라남도 땅끝 마을에 이르기까지 강하게 연결되어 있다. 산의 맥이 끊기지 않고 국토의 상하를 관통한다는 사실은 사람이 오래 참고 계속 노력하는 현상으로 풀이된다.

한국에서는 오래 전부터 하느님을 굳게 믿어 왔다. 사람들은 자신이 하늘에서 내려와 이 땅 위에 태어났으며, 죽으면 다시 하늘 나라로 올라간다고 생각했다. 그래서 땅 위에 살고 있는 동안도 이를 하늘 생활의 일부로 여겼으며, 자기에게 주어진 직업을 하늘이 자기에게 부여한 임무로 생각해서 정성을 다했다.

그러므로 직업을 천직으로 여기는 한국 사람은 이윤만을 추구하지 않는다. 피나는 정성으로 만든 값진 물건이라 해도 때로는 돈을 받지 않고 그냥 주어야 마음이 편안해진다. 인내심과 근면성이 강한 한국인 본래 성품은 최근 들어 많이 변했지만, 근본인 국토가 변하지 않는 한 언젠가는 다시 아름다운 옛 마음을 찾게 되리라고 본다.

제1부
풍수지리의 이론

풍수지리의 이론 체계와 기본 사상

풍수지리 이론은 크게 음택(陰宅)과 양택(陽宅)으로 구분되어 사용된다. 음택은 죽은 사람의 주택, 곧 산소 자리에 대한 이론이고, 양택은 살아 있는 사람이 살고 있는 주택이나 건물 그리고 도시 등에 대한 이론을 말한다.

풍수지리의 이론은 음택이나 양택을 선정할 때 사람에게 영향을 주는 공간의 기운을 분석하는 작업에서 출발한다. 사람에게 영향을 주는 기운은 크게 자연적 기운과 인위적 기운으로 구분된다. 자연적 기운이란 산이나 강, 방위 등 자연 지세에 따라 생기는 기운을 말한다. 인위적 기운이란 사람이 만든 공간에서 생기는 기운을 말한다. 건축물은 가장 대표적인 인위적 공간이다. 자연적 공간의 기운과 건축물에 의한 기운은 서로 다르다. 자연적 기운, 곧 지세는 좋아도 형태가 좋지 못한 건물에서는 명당의 기운이 완전하게 발생되지 못한다. 사람에게 가장 좋은 공간은 자연적 명당 지세에 명당 형태로 지어진 건축물이다.

1. 지세에 의한 기운

사람이 살기에 적당한 땅을 살펴보는 것은 한 마디로 그 지역의 바람과 물을 살펴보는 작업이다. 바람과 물을 분석하기 위해서는 그 지역을 구성하고 있는 산세와 강물 등의 조건을 살피게 된다. 이렇듯 산과 물의 지세를 분석해서 명당 자리를 정확하게 찾는 것이 풍수의 핵심 목적이다.

산은 봉우리와 능선, 곧 용(龍)으로 구성되어 있다. 풍수에서는 산봉우리와 능선을 통틀어서 용이라고 말하기도 한다. 한편 한 지역을 둘러싸고 있는 산들을 청룡·백호·주작·현무라고 하는데 이들을 모두 합해서 사신사(四神砂) 또는 간단히 사(砂)라고도 한다. 이들 용과 사신사 그리고 강이나 개천, 바다 같은 물(水)이 있는 지세의 중심에서 혈(穴)을 찾게 된다. 혈이란 한 지세에서 생기가 가장 많이 모여 있는 땅을 말한다.

풍수 이론의 구조는 대체로 용·혈·사·수의 4대 구분을 따른다. 이 네 가지 요인을 분석하는 방법으로는 간룡법(看龍法)·장풍법(藏風法)·득수법(得水法)·정혈법(定穴法)·좌향론(坐向論) 그리고 형국론(形局論) 등이 있다.

간룡법은 용의 흐름을 보고 그 산이 생기가 흐르는 산인지 죽은 산인지를 판단하는 방법이다. 우리 땅 정기의 원천인 백두산에서 우리가 살고 있는 마을 뒷산(주산)에 이르는 산맥이 힘있게 끊어지지 않고 잘 달려왔는지를 보는 것이다. 그래서 정말 살아 있는 용처럼 산맥이 끊어지지 않고 생기 넘치게 뻗어 있으면 좋은 것으로 판단하게 된다.

장풍법은 주산(主山)을 중심으로 명당 주변 산세를 살피는 방법이다. 명당 주변의 산세가 포근하게 사람을 받아들일 자세가 되어 있는

지를 중점적으로 본다. 무정하게 돌아앉았거나 외면하는 산세는 좋지 않다.

가장 전형적인 장풍법은 사신사, 곧 좌청룡·우백호·전주작·후현무 네 개의 산을 살피는 것이다. 이런 형태는 서울을 예로 들면 이해하기가 쉽다. 서울의 주산이자 북현무는 북악산이다. 북악산은 조산(祖山)인 북한산에서 맥을 이어받았다. 주산은 혈장 뒤에 우뚝 솟아 위엄을 갖추고 명당의 얼굴이 된다. 좌청룡과 우백호는 좌우에서 주산을 호위하며 명당을 감싸는 모양을 갖춰야 좋다. 서울에서 청룡은 낙산, 백호는 인왕산이다.

주작에는 안산(案山)과 조산(朝山)이 있는데 이들 산은 임금인 주산에 대해서는 신하와 같은 산으로 머리를 공손히 조아리는 듯한 모양이 좋다. 서울의 관악산은 조산으로서는 다소 기가 세다. 그래서 이 산의 기를 누르기 위해 경복궁 앞에 해태상을 세웠다고 한다. 그리고 서울의 남산은 안산이 된다.

이렇게 장풍법으로 살피면 명당의 크기를 볼 수 있는데 사신사가 만드는 넓이가 크면 도읍이나 고을, 마을이 입지할 수 있는 명당이 되고 국면이 작으면 음택이 입지하는 땅이 된다. 따라서 풍수지리에서 음택과 양택은 명당 크기에 따라 구분되는 것으로 길지를 찾는 방법은 다름이 없다.

이렇게 간룡법과 장풍법을 통해 명당의 범위가 대략 정해지면 어느 부분이 생기가 모이는 혈인가 하는 점이 문제가 된다. 이 혈을 정하는 것이 정혈법이다. 서울의 가장 대표적인 혈은 경복궁이다. 혈은 명당의 중심이기 때문에 도읍이나 마을에서 가장 중요한 기능들이 이 곳에 놓이며, 음택에서는 시신이 묻히는 장소가 된다.

우리 나라는 지리적 특성상 중국의 풍수지리만큼 물길을 중시하지는 않았지만, 산수를 음양에 비유하는 전통적 사고 방식에 따라 득수법에 의해 명당을 정했다. 산의 흐름이 부드러우면서 힘있는 모습으로 꿈틀꿈틀 흘러야 좋은 것으로 보듯이 물 역시 직선으로 빠르게 흐르는 것보다는 뱀이 기어가는 것처럼 구불구불 유장하게 흐르는 것을 좋은 것으로 본다. 그리고 그 흐름은 산의 흐름과 조화를 이루어야 한다.

좌향론이란 방위론이라고도 말한다. 지세의 기운이 방향에 따라 차이가 나는 과정을 분석하는 이론이다.

형국론은 땅을 호랑이·소 등 짐승이나 매화·연꽃 등 식물, 또는 사람 모양으로 규정하고, 비유된 동식물들의 생태적 특징을 통해 생기가 모이는 혈을 찾는 방법이다. 쉽게 말해 학이 둥지에서 알을 품고 있는 모양이라면 알 자리가 가장 좋은 자리, 곧 혈이 된다. 매화낙지형(梅化落地形)·연화부수형(蓮花浮水形)·장군대좌형(將軍對坐形) 등은 형국론에 의해 붙은 이름이다.

그런데 지세를 파악할 때는 우선 각 지세의 용이나 산세 그리고 물에 의한 기운 등을 면밀하게 파악한 뒤에 형국을 논해야 한다. 지세의 구성 요소를 정확하게 파악하지 않은 상태에서 형국만으로 말하는 것은 오히려 땅의 기운을 잘못 판단하는 요인이 된다.

형국론이 땅을 살아 있는 생명체로 보는 풍수지리의 정신을 반영한 것이라면, 간룡법·장풍법·득수법·정혈법은 형국론보다 경험적이고 기술적 성격이 강한 이론 체계다.

지기를 제대로 파악해 좋은 땅을 찾기 위해서는 이런 여러 가지 방법들이 함께 이용된다.

2. 건축물에 의한 기운

사람들은 살면서 많은 시간을 건물 내부에서 생활한다. 실내에 있는 동안 사람은 지세에서 발생하는 기운과 건물에서 발생하는 기운을 동시에 받게 된다. 건물에서 발생하는 기운은 건물의 규모나 형태 같은 구성 요인에 따라 달라진다.

건물의 기운에 영향을 주는 요인에는 건물의 형태·규모·배치·방위, 마당·도로·주변 건물과의 관계, 건축물의 재료와 색상, 실내 공간의 형태와 방위, 가구와 장식 등 여러 가지가 있다. 그러므로 지세가 명당이어도 건물의 형태나 방위 등이 좋지 못하면 완전한 명당을 이룰 수 없다. 명당 지세 위에 건물의 형태나 방위 등도 모두 생기를 이루도록 하는 것이 완전한 명당을 만드는 방법이다.

3. 풍수지리의 핵심은 사랑의 실천

사람은 하늘을 아버지로 땅을 어머니로 해서 이들의 양과 음이 사랑으로 결합한 결과 생명체로 탄생하게 된 것이다. 사람은 살아가는 동안에도 하늘과 땅의 기운으로 생명을 유지한다. 사람뿐만 아니라 모든 동식물이 하늘과 땅의 기운에 따라 생명력을 부여받는다. 그러므로 하늘과 땅은 만물의 아버지와 어머니다.

명당의 핵심이라고 할 수 있는 '혈'이라는 말도 음양 이론을 바탕에 두고 있음은 물론이다. 혈은 곧잘 여성의 자궁에 비유되는데, 생명력이 가장 많이 밀집되어 있는 공간이기 때문이다. 이 곳에서는 음기와 양기가 결합되며, 생명을 잉태한다. 여기에서 음기는 땅의 기운을, 양기는 하늘의 기운을 뜻한다.

풍수적 자연관, 풍수적 인간관이 가르쳐 주는 가장 큰 교훈은 바로 사랑이다. 아버지인 하늘을 우러르고 어머니인 땅을 사랑하며 그 자녀인 인간과 모든 생명체를 사랑하는 것이 바로 인간의 도리다. 하늘이 자신의 기를 땅에게 무한히 전달하는 것이 사랑이다. 조건 없이 베푸는 것이 자연의 사랑이다.

풍수 이론의 핵심은 땅과 자연 그리고 이웃에 대한 사랑에서 출발한다. 사랑하는 눈이 없고서야 땅의 온화함과 평화로움이 느껴질 리 없다. 남이야 어쨌든 나만 좋은 땅을 차지해 그 덕을 얻어 잘살아 보자는 이기적인 생각을 가진 이에게 풍수는 단지 잡술일 뿐이며, 욕심으로 가득한 마음에 명당을 볼 수 있는 혜안이 생길 리 없다.

명당은 돈을 짊어지고 이름난 지관을 써서 살 수 있는 땅이 아니다. 이웃을 헌신적으로 사랑하는 사람에게만 베풀어지는 신비한 자연의 섭리다. 따라서 풍수를 전혀 모르는 사람이라도 덕을 많이 쌓으면 명당을 얻을 수 있다.

몸과 마음을 정갈하게 씻고 기도를 드리는 인간의 모습, 사람과 자연 그리고 하늘을 존중하는 마음을 간직할 때 명당은 스스로 나타난다. 즉 하늘에 순응하고 사랑으로 자연을 바라보면, 명당이 저절로 보인다. '좋은 땅'은 '좋은 사람'에게만 주어진다. 착한 사람들은 하늘을 아버지처럼 믿고 두려워하며 땅을 어머니처럼 의지하며 살아간다. 진정으로 좋은 땅을 원한다면 자연과 더불어 살며 본성을 되찾아야 한다. 풍수의 도(道)란 사람을 둘러싸고 있는 하늘과 땅, 사람들 사이에 존재하는 사랑을 실천하는 일이다.

2 풍수지리의 이론적 기초

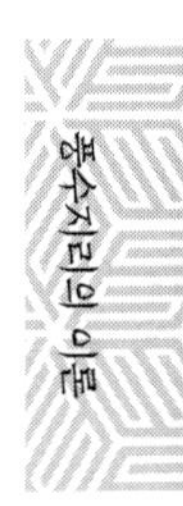

1. 삼신 오제 사상

한반도에 살던 고대인들은 오래 전부터 강력한 독립 국가를 유지하고 있었다. 이들은 하느님을 숭배하며 높은 산 정상에서 제사를 지냈다. 하느님은 조물주로서 모든 인간과 자연을 창조하는 유일한 신이었다. 하느님이 만물을 창조하는 작업은 삼신(三神)을 통해 이루어진다. 곧 삼신은 하느님을 대신해서 사람의 생사와 관련된 역할을 한다.

삼신 사상에는 유교에서 주장하는 현실 세계와 불교에서 주장하는 마음, 곧 영혼의 세계 그리고 신선 사상에서 주장하는 인간과 영혼의 합일 사상들이 모두 포함되어 있다.

유교 이론은 현실 세계에서 사람이 지켜야 할 도리에 대해 규명하고 있다. 수신 제가 치국 평천하(修身齊家治國平天下), 곧 자기 몸을 바로하고 가정을 일으키며 국가를 다스리는 것이 유자(儒者)가 학문하는 목적이다. 이러한 유교 이론은 사람이 현실 세계에서 어떻게 처신해야 하는지에 대해서 상세하게 설명하고 있다. 그러나 인간의 영적 세계나 내세에 대한 해석은 부족한 감이 있다.

유교 사상의 중심 이론서인 『주역』은 만물이 생성하고 변화하는 과정을 잘 설명하고 있다. 인간과 자연의 본질인 태극은 음과 양으로 나뉘며 이 둘은 항상 변화한다고 본다. 그러나 음과 양이 변화하는 과정에 대해서만 주로 언급하고, 변화하지 않는 고유한 부분인 태극에 대해서는 설명하지 않고 있다.

좀더 완벽하게 해석하기 위해서는 자연을 변화하지 않는 태극과 변화하는 음과 양의 세 요소로 설명해야 한다. 예를 들면 사람의 신체 조건이 시간과 더불어 변화한다는 사실만 나타나 있고, 사람의 본질이 무엇인가에 대한 설명은 부족한 것과 같다.

반면 불교에서는 현실, 곧 물질 세계는 순간적으로 소멸되므로 무시하고 오직 마음의 세계만을 중요하게 생각한다. 내세를 인생의 본질로 생각하고, 물질 세계는 그다지 중요하게 생각하지 않는다.

신선 사상이나 도교는 인간의 본질을 하늘에서 내려온 것으로 해석한다. 신선 사상의 근원은 단군 사상에서 찾을 수 있다. 단군 사상에 의하면 사람의 영혼은 하늘에서 내려왔다. 신선 사상은 영혼의 세계와 현실의 세계를 동일하게 해석하고 있어 신인합일(神人合一) 사상이라는 특징을 갖고 있다. 그러나 영혼과 현실의 관계를 정확하게 설명하지 못해 현실 도피 이론이 되기 쉬운 단점이 있다.

삼신 사상은 현실 세계는 영혼의 세계와 직결되어 있다고 해석한다. 영혼의 세계가 현실 세계로 나타난 것이 현상 세계다. 영혼의 세계와 물질의 세계는 동일한 것이다. 그러므로 인간은 영혼의 세계인 하늘 나라에서 내려와 죽으면 다시 하늘 나라로 돌아간다. 사람이 현상 세계에 있는 기간은 영혼이 육체를 얻은 기간이므로 축복의 기간이며 자신을 개발할 수 있는 기회의 순간이다. 희노애락은 인간이 영적으로 성장하기 위한 교육 과정이다.

현상 세계에서 모습이 다를 뿐 나와 이웃은 동일한 생명체다. 마치 나무의 잎과 뿌리와 같은 관계다. 사람의 영혼은 사람은 물론 나무나 새로도 윤회하기 때문이다. 따라서 모든 생명체는 동등한 기회와 권리를 가지므로, 이웃을 사랑하는 것이 바로 자신을 사랑하는 일이다.

삼신 사상에는 유교·불교·신선 사상의 세 가지 종교 이론이 모두 결합되어 있다.

예부터 우리 나라에서는 어린아이가 태어나면 삼신에게 감사드렸고, 사람이 늙어 죽으면 삼신을 통해 하늘로 돌아갔다고 믿었다. 사람이 죽은 집에서는 삼신이 하늘에서 내려와 사람을 데리고 가는 먼길을 편안하게 배웅하기 위해서 밥 세 그릇과 신발 세 개를 문 밖에 두어 공양했다.

삼신은 이렇듯 생명체를 이루고 분해하는 조화의 힘을 갖고 있다. 삼신의 상징은 삼태극(三太極)이다. 삼태극 문양은 신라 시대에 왕가에서 사용하던 보검에도 새겨져 있으며, 조선 시대 왕릉 입구에 있는 홍살문에도 그려져 있다.

한국의 각종 고건축물, 특히 연못 형태에는 대부분 삼신 사상이 표현되어 있다. 경복궁 경회루, 남원 광한루, 경주 안압지 등에 조성된 연못 내부에는 세 개의 인공 섬이 만들어져 있다. 이 숫자는 삼신을 뜻한다. 그리고 이들 섬에는 봉래산·방장산·영주산이라고 하여 삼신산의 이름을 붙여 놓았다. 이는 신선 사상과도 관련된다.

경회루는 경복궁 내부에서 가장 큰 건물 가운데 하나다. 건물의 구성 기법을 보면 삼신 사상이 잘 담겨져 있다. 연못 위에 섬을 세 개 만들고 그 섬 위에 높이 누(樓)를 올린 것은 삼신 사상에서 비롯한 것이

다. 섬 가운데 가장 큰 섬은 태일(太一), 작은 섬 두 개는 천일(天一)과 지일(地一)을 뜻한다. 경회루로 들어가기 위해서는 돌다리를 세 개 건너 가게 되어 있는데, 이는 삼신이 출입하려면 길이 세 개 필요하다고 보았기 때문이다.

삼신 사상이 나타난 또 하나의 대표적인 건축물로 마니산 참성단을 들 수 있다. 참성단 성곽에는 세 곳에 개구부(開口部)가 만들어져 있는데, 이는 바로 삼신이 출입하는 곳이다. 참성단은 4500년 전에 하늘에 제사를 지내기 위해 건립된 것으로 알려져 있다.

오제(五帝)는 하느님의 작용을 도와 주는 다섯 신이다. 이 신들은 각각 다른 기능을 갖고 있으며, 동·서·남·북·중앙이라는 각각의 위치에 따라 서로 떨어져 있다. 또한 각각 고유한 색을 갖고 있기 때문에 다섯 가지 색깔, 곧 오색(五色)으로 상징되기도 한다.

동쪽에 위치하고 있는 신은 파란 옷을 입고 있어 청제(靑帝)라고도 하며, 여러 생명체를 탄생시키는 역할을 한다. 청제는 목성에 위치하고 있다. 동녘의 신 청제는 동쪽의 기운처럼 태양이 솟아오를 때의 기운을 가지고 있다. 그래서 모든 생명체가 생명력을 갖고 탄생하게 한다. 봄에 나무가 하늘을 향해서 크게 자라는 것이 바로 동제의 대표 기능이다.

남쪽에 있는 신은 언제나 붉은 옷을 입고 있어서 주제(朱帝) 또는 적제(赤帝)라고도 한다. 뜨거운 태양처럼 청제가 만들어 놓은 기운을 확산시켜 널리 뿌리는 능력을 갖고 있으며, 화성에 위치하고 있다.

하늘 서쪽에 위치하면서 하느님의 힘을 대신하는 신을 언제나 하얀 옷을 입고 있다고 해서 백제(白帝)라고 한다. 백제는 주제(朱帝)가 번성시킨 생명체의 확산 기운을 정지시키며, 다음을 위해 쉬게 해서 근본으로 돌아가게 하는 역할을 한다. 금성에 위치한다.

하늘 북쪽에 위치한 신을 현제(玄帝)라고 한다. 언제나 검은 옷을 입고 있다. 현제는 백제가 죽인 생명체를 편안히 휴식하게 하는 신이다. 그 기간은 다음 생명체로 다시 태어나기 위한 준비 기간이다. 수성에 위치하고 있다.

중앙에 있는 신이 황제(黃帝)다. 황제는 동서남북의 중앙에 위치하며 노란 옷을 입고 있다. 황제의 기운은 사방의 기운을 종합한 것이다. 그러므로 다른 넷보다 가장 중심적인 기운이다. 토성에 위치한다.

2. 음양 오행 사상

가. 음양 오행설의 발생

음양 오행 사상은 한국과 중국을 비롯한 동양 철학의 기본 이론이다. 한의학이나 사주·침술·관상 등 각종 동양 철학들이 대부분 음양 오행설을 바탕으로 하고 있다. 풍수지리 역시 이러한 음양 오행 사상에 근원하고 있음은 물론이다.

음양 오행 사상의 음양설(陰陽說)과 오행설(五行說)은 초기에 각각 따로 발생했다. 그러나 시간이 지남에 따라 두 이론이 서로 이론적으로 결합해서 더욱 완벽한 철학으로 만들어진 것이다. 음양설과 오행설이 서로 결합할 수 있었던 것은 두 철학이 모두 자연에 대한 형이상학적인 이론에서 출발한다는 공통점 때문이다. 이러한 공통점으로 두 이론은 서로 보완하는 관계를 유지하게 되었고, 음양설과 오행설이 동일한 이론으로 알려질 정도가 되었다.

음양설이나 오행설의 핵심 개념은 기(氣)다. 기는 자연에 분산되어 있는 에너지를 말한다. 분산된 기가 모이면 생명체를 이루고, 생명체가 죽으면 다시 기로 분산된다. 기가 모이는 과정에서 사람 형태로 모이면 사람이 되고, 나무 형태로 모이면 나무가 되며, 짐승 형태로 모이면 짐승이 된다. 기에는 양기와 음기가 있다. 양기는 하늘에서 발생되는 기를 말하며, 음기는 땅에서 발생되는 기를 말한다. 양기와 음기가 결합되면 하나의 생명체로서 작용한다.

오행 사상의 근원은 천문 사상(天文思想)과 오제 사상에서 찾을 수 있다. 옛 사람들은 사람의 생활이 모두 하늘의 힘에 의해서 좌우된다고 믿었다. 별이 사람의 운명과 일정한 관계가 있는 것으로도 생각했다. 점성술이 그 중 하나이며, 음양 오행 이론도 이러한 천문 사상과 관련되어 있다.

오늘날 달력의 일 주일은 신기하게도 음양 오행 사상과도 일치한다. 음양 오행에서 양과 음은 크게 해와 달의 기운으로 구분되는데, 해는 뜨거워서 양의 기운으로, 달은 차가워서 음의 기운으로 상징된다. 그래서 해와 달은 음양의 대표적인 성질을 나타내고 있다.

태양이 있으면 밝고, 태양이 없이 달이 뜰 때는 깜깜하다. 태양과 달은 밝고 어두움, 곧 음양의 기준이 된다. 한 주일의 첫째 날은 일요일이고, 이는 태양이다. 둘째 날은 월요일, 이는 달을 의미한다. 그 다음 화·수·목·금·토는 각각 화성·수성·목성·금성·토성의 다섯 개 별을 나타낸다. 곧 일 주일을 구성하는 일(日)부터 토(土)까지는 하늘에 있는 일곱 개 별의 이름에 따라 구성된 것이다.

일곱 개 별을 일 주일의 지표로 사용하게 된 것은, 고대인들이 하늘의 변화에 따라 삶이 좌우된다고 믿고 별에 제사를 지낸 데서 그 배경을 찾을 수 있다. 제사의 대상은 날마다 바뀌었는데, 첫째 날은 태양에 대하여, 둘째 날은 달에 대하여, 다음으로 화성·수성·목성·금성·토성 순서로 제사를 지내다가 일곱 날이 지나면 다시 태양부터 그 순서를 반복했다고 한다.

나. 오행의 기운

오행이란 수(水)·화(火)·목(木)·금(金)·토(土)의 다섯 가지 기운이다.

수(水)는 물처럼 아래로 내려가려는 기운이다. 모든 물체는 아래로 떨어지려는 성질을 갖는다. 이것을 물리학에서는 중력이라고 하며, 오행 가운데 물의 성질에 해당한다.

물은 마치 겨울의 기운과 같다. 겨울에는 온도가 아래로 내려가고 생명체는 활동력이 거의 정지된다. 이는 다음 기간까지 생명력이 준비를 갖추는 것을 뜻한다.

목(木)은 나무와 같이 수직 상승하는 기운을 말한다. 하늘로 올라가려는 성질이다. 목의 기운은 물리학상 원심력에 해당한다. 목은 사계절 가운데 봄에 해당한다. 봄에는 모든 생명체가 희망차게 하늘을 향해 솟아오른다. 솟아오르는 생명력이 바로 목에 해당한다.

화(火)의 기운은 불꽃과 같이 기운이 사방팔방으로 확산되어 폭발하는 힘을 말한다. 불은 힘이 격렬하게 분출되는 것을 뜻하며, 태양열 같은 성질이다. 현대 물리학에서는 열 에너지가 이에 해당된다. 불에 해당하는 계절은 여름이다. 여름에 나무가 무성해지고 꽃이 만발하는 것도 그 힘을 확산하려는 현상이다.

오행	방위	수	계절	색	사신사
수(水)	북	1, 6	겨울	검은색	현무
화(火)	남	2, 7	여름	붉은색	주작
목(木)	동	3, 8	봄	푸른색	청룡
금(金)	서	4, 9	가을	흰색	백호
토(土)	중앙	5, 10	변절기	노란색	사람

▲ 오행와 각각의 의미

수축하려고 하는 힘을 금(金)이라고 한다. 가을이 되면 모든 물체는 쌀쌀한 기운 때문에 움츠러든다. 중심점으로 향해 움츠러드는 현상이 금이다. 현대 물리학에서 구심력이 여기에 해당한다. 금은 가을의 기운에 해당한다.

토(土)는 수·화·목·금의 기운을 골고루 갖고 있는 기운이다. 토는 균형을 유지하는 작용을 한다. 서로 다른 네 기운이 분열되지 않도록 하는 포용력을 지니고 있다. 이는 마치 흙이 모든 생명체를 포용하고 있는 것과 같다. 토는 한 계절에서 다음 계절로 넘어가는 중간쯤을 의미한다.

다. 오행의 상생과 상극

다섯 기운은 각각 고유한 성질을 갖고 있으면서 다른 기운과 일정한 관계를 유지하고 있다. 그 관계는 크게 상생과 상극으로 나뉜다.

상생(相生)이란 한 기운이 다른 기운을 북돋아 주고 만들어 주는 것을 일컫는다.

물은 나무가 살도록 돕는다. 그러므로 물과 나무는 서로 좋아하는 관계다. 이를 수생목(水生木)이라고 한다. 나무가 있으면 쉽게 불을 만들 수 있다. 곧 불은 나무를 통해 생명력을 갖는다. 그러므로 나무와 불은 서로 돕는 관계다. 이를 목생화(木生火)라고 한다. 불이 타고 나면 흙으로 돌아간다. 재와 같은 흙은 불을 통해 이루어진다. 그러므로 흙과 불은 서로 조화하는 관계다. 이것을 화생토(火生土)라고 한다. 흙 속에서 단단한 쇠가 이루어진다. 곧 쇠는 흙에서 그 기운이 형성된다. 그러므로 쇠와 흙은 서로 좋아하는 관계며, 이것을 토생금(土生金)이라고 표현한다. 쇠와 물의 관계를 보면, 금속 표면에는 물방울이 생기게 마련이다. 이렇게 단단하고 차가운 물질에서는 기운이 수축해서 물이 생기는 만큼, 금속과 물은 서로 조화하는 관계다. 이 관계를 금생수(金生水)라고 표현한다.

정리하면, 물은 쇠 기운에서 생겨나고 나무에 기운을 전달한다. 그러므로 물은 쇠와 친하고 나무와도 친하다. 나무는 물에서 그 기운이 형성되고, 자신의 기운은 불의 기운을 만들어 준다. 그러므로 나무는 물과 불의 기운과 잘 어울린다. 불은 나무에서 기운이 형성되고, 자신의 기운은 흙의 기운을 만들어 준다. 그러므로 불은 나무나 흙과 친하다. 금은 흙에서 기운이 형성되고, 자신의 기운으로 물의 기운을 만들어 준다. 그리므로 금은 흙 기운, 물 기운과 친하다.

한편 오행 각각의 기운은 서로 싫어하는 기운이 있는데 이러한 관계를 상극(相剋)이라 한다.

불의 기운은 물을 통해 억제된다. 불이 아무리 강해도 물한테는 이

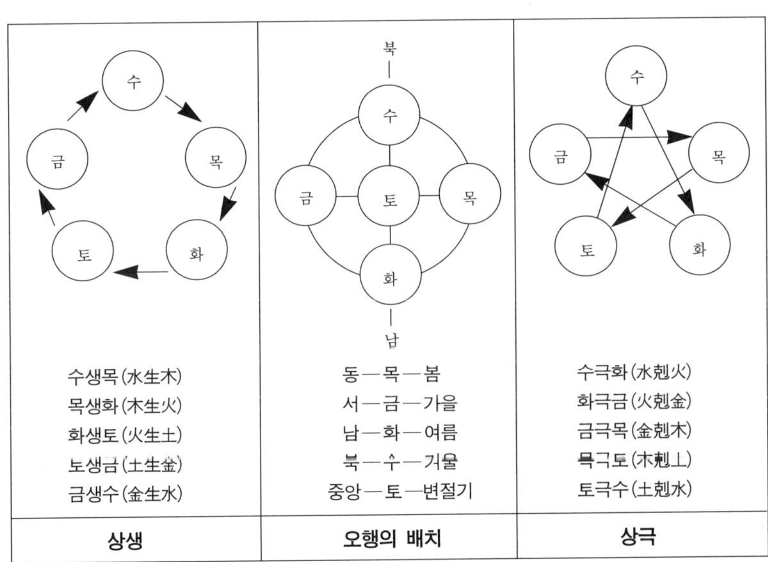

▲ 오행의 배치와 상생 · 상극

길 수 없다. 이러한 현상을 수극화(水剋火)라고 한다. 쇠는 매우 강하지만, 뜨거운 불에 달구어지면 무력해진다. 이러한 현상을 화극금(火剋金)이라고 한다. 나무의 기운은 하늘로 높이 솟아오르려는 기운이지만, 도끼의 쇠와 같이 강한 기운으로 잘려진다. 이러한 현상을 금극목(金剋木)이라고 한다. 흙의 기운은 모든 기운으로 뭉쳐져서 정지하려는 성질이 크다. 이에 비해서 나무는 흙에서 솟아오르려는 기운을 갖고 있다. 이러한 관계를 목극토(木剋土)라고 한다. 물은 쉬지 않고 흐르려 하지만 이런 물의 기운도 제방을 쌓으면 그 흐름이 정지된다. 곧 물의 기운은 흙의 기운으로 억제된다. 이러한 관계를 토극수(土剋水)라 한다.

3. 오제 사상과 영혼의 순환

하늘의 기운, 곧 기(氣)는 동·서·남·북·중앙의 다섯 개 방위로서 구분되고, 각각의 기(氣)는 목·금·화·수·토의 다섯 종류로 구분되며, 이들 기는 순환하면서 다른 종류의 기로 변화한다. 다섯 기는 각각 생명체를 만든다. 오행의 첫 번째 기운인 물 속에서는 어류가 살게 되고, 불의 기운을 받고 태어난 동물들은 조류이고, 나무의 기운을 받고 태어난 생물은 식물이며, 금의 기운을 받고 태어난 생명체는 동물이다. 흙의 기운을 받고 태어난 생명체는 사람이다.

다섯 기는 서로 순환한다. 물은 나무로 변하고, 나무는 불로 변하며, 불은 흙으로, 흙은 쇠로, 쇠는 다시 물로 변한다. 이러한 변화와 순환의 성질을 생명체에 적용하면, 지구에 존재하는 모든 동식물의 영혼이 회전하며 변화하고 있음을 알게 된다. 영혼은 계속 순환하며 상생하는 방향으로 새롭게 태어난다. 반면에 생명체가 다음 생명체로 환생하기보다는 본래 모습을 원하는 경우도 있는데, 이러한 때는 상생과 반대 방향으로 태어나기도 한다. 예를 들면 물고기가 죽으면 수생목(水生木)에 따라 나무로 태어나는 것이 일반적이지만, 금생수(金生水)에 의해 짐승으로 환생할 수도 있다. 사람의 경우에는 흙에 해당하므로 죽어서 토생금(土生金)에 따라 짐승으로 태어나게 된다. 그러나 사람이 자기 이전의 모습으로 태어나기를 원할 때는 화생토(火生土)므로 사람 이전 생명체인 새로 환생하게 된다. 이러한 흐름은 상생에 반대되므로 역순이라고 본다.

이 사실은 다섯 종류의 생명체가 한 형제임을 뜻한다. 다섯 형제 가운데 무엇이 가장 훌륭하다고 할 수 없다. 각자 기능이 다르기 때문이다. 일반적으로 사람을 만물의 영장(靈長)이라고 하지만 이는 사람이 만든 말일 뿐이다.

사람은 홀로 살 수 없고 나무 열매를 먹거나 동물을 잡아먹어야만 살 수 있기 때문에, 다른 동물들 덕택으로 살아가는 한 만물의 영장이라고 할 수 없다. 오히려 동식물들에게 신세를 지며 살아가는 것이다.

동해안 감포 앞바다에는 신라 문무왕의 해중릉이 있다. 죽어서도 동해 바다의 용이 되어 신라를 왜적으로부터 보호하기 위해 바다에 시신을 묻어 달라고 한 문무왕의 유언을 받들어 만든 것이다. 이러한 사실은 사람이 죽은 뒤에 그 영혼이 동물로 될 수도 있다는 영혼의 순환 관계를 잘 나타내고 있다.

4. 삼신 오제 사상과 음양 오행설의 관계

음양 이론은 『주역』에서 그 근원을 볼 수 있다. 『주역』은 자연을 구성하고 있는 하늘과 땅을 대표하는 기운이 양과 음으로 변화하는 과정을 설명하고 있다. 음양 사상을 구성하는 요소는 음의 기본이 되는 땅과 양의 기본이 되는 하늘 두 가지로 압축된다. 이런 이원적인 해석은 삼신 사상에서 그 근원을 찾을 수 있다.

삼신 사상에서는 자연을 천일(天一)·지일(地一)·태일(太一) 세 가지로 구분한다. 천일은 하늘의 커다란 기운을, 지일은 땅의 커다란 기운을, 태일은 생명력의 근원인 영적인 힘을 말한다. 영혼과 하늘의 기운과 땅의 기운이 결합해서 생명력이 이루어진다고 보는 것이다. 음양 이론에서는 생명력을 단순히 하늘과 땅 두 기운이 결합한 것으로 본다. 이와 같이 천(天)·지(地)·태(太)의 삼신적인 구분에서 천지를 음양 이론에 따라 양분하는 방법이 발전했다. 그러므로 음양설의 근원은 삼신 사상에 있고 오행설의 근원은 오제 사상에 있다.

5. 풍수지리의 이론적 바탕

사람은 어디서 와서 어디로 갈까? 사람이 살아가는 의미는 뭘까? 인간의 본질에 관한 질문과 대답은 인류가 생겨난 뒤로 수없이 되풀이되어 왔다. 수많은 철학자와 과학자, 예술가들이 그것에 답하기 위해 고민하면서 철학과 과학의 깊이와 넓이를 채웠고 예술의 꽃을 피웠다. 하지만 어느 누구도 완벽한 정답을 내놓진 못했다.

풍수지리는 만물의 근원을 기(氣)라고 본다. 기는 세상 모든 만물을 구성하고 모든 현상을 일으키는 기초다. 그러므로 모든 살아 있는 것, 곧 모든 생명은 기로 만들어지며 기로 삶을 영위하며 기가 다할 때 죽음을 맞는다. 사람 역시 그러하다.

사람은 기의 모임이다. 그러므로 기가 모이면 살고 기가 흩어지면 죽는다(人之生 氣之聚也, 聚則爲生 散則爲死). 모든 우주 만물의 근본이

기듯이 사람이 나고 죽는 것도 다 기가 모이고 흩어지는 과정이다.

어떤 기가 모였느냐에 따라 사람은 천차만별이다. 이것은 식물의 성장과 결실이 저마다 다른 것과 같은 원리다. 건강한 사람이 병들고 부자가 하루 아침에 망하는 것도 다 기가 모임과 흩어짐에 따라 변화 무쌍하게 결정되기 때문이다.

사람의 육체는 음기와 양기로 구성되고, 사람의 영혼은 하늘에서 내려온다. 사람이 하늘의 기운을 받아 태어났다는 인식은 고대 천문 사상에 잘 나타나 있다. 모든 생명체는 잉태되는 순간 하늘의 기, 곧 천기(天氣)를 받게 된다. 그 가운데 해와 달과 수·화·목·금·토 다섯 별을 비롯한 무수한 별들이 결정적인 영향을 미친다. 이렇게 하늘의 기운으로 잉태된 사람은 조상과 땅의 기운으로 살아가게 된다. 그러니 땅의 기운을 살펴 살자는 생각에서 체계적인 사상과 이론으로 발전한 것이 바로 풍수지리다.

『주역』에서는 우주 생명의 주인이며 원리를 태극(太極)이라 한다. 태극이 음양을 낳고 음양에서 하늘과 땅이 만들어졌으며 또 그 속에서 만물이 생겨 삼라만상이 나타나게 된다고 본다.

퇴계 이황은 우주 생성의 근원을 기로 보고, 그 기를 태극에서 생겨난 '일원지기(一元之氣)'라 했다. 천지와 삼라만상은 모두 기에 의해 생기고 자라며 죽음에 이른다. 그러므로 죽음은 단지 기가 생기기 전의 상태로 분해되는 것일 뿐이다.

이처럼 세상 모든 것의 원천인 기는 사람 몸 안에도 흐르고 땅에도 흐른다. 그 중에서도 생기(生氣)는 음양과 오행이 결합해 만들어지는 가장 본질적인 기로, 만물을 구성하는 바탕이 된다. 사람도 음양 오행의 생기에 따라 태어나 자라고 늙고 죽어간다. 따라서 생기를 받고 사는가 그렇지 않은가에 따라, 건강하고 행복하게 사는가 그렇지 못한가가 결정된다. 이처럼 풍수 사상은 인간 역시 자연의 일부로 생각한다. 인간은 자연의 기에서 생겨났기 때문에 그 발전이나 성장 역시 자연에서 기를 흡수하는 것에 따라 달라진다고 보는 것이다.

그러므로 풍수에서 '명당'이란 '생기'가 흐르는 땅이다. 집을 짓거나 묏자리를 택할 때 풍수를 따지는 것은 좋은 땅의 기를 받자는 것이다. 그렇다면 좋은 기가 흐르는 땅을 어떻게 찾을 것이냐가 문제다. 보이지도 들리지도 잡히지도 않는 기에서 좋은 기를 찾아 내야 하기 때문이다.

풍수에서는 여러 기가 결합해서 인간에게 유익한 기운을 만들면 길한 것으로, 인간에게 나쁜 기운을 만들면 흉한 것으로 풀이한다. 그러므로 풍수에서 생기가 흐르는 좋은 땅이란 간단히 말해, 음과 양이 조화로운 땅이다. 산과 물, 음과 양이 조화롭고 균형을 이룬 곳에서는 좋은 생기가 나오지만, 반대로 어느 한쪽 기운만 큰 곳에서는 나쁜 기운이 나오기 때문이다.

풍수지리는 지기로 이루어진 살아 있는 땅에 인간이 어떻게 잘 어울려 살 것인가 하는 문제 의식에서 출발한다. 인간이 땅의 기를 느껴서 자신과 잘 맞는 장소를 선택하는 것이다. 땅의 모양이나 물의 흐름 등 여러 가지 단서들을 가지고 지기를 파악하려는 모든 노력이 풍수지리 이론을 형성하고 있는 것이다.

풍수지리 이론의 3요소로 꼽히는 산·수·방위를 살피는 것도 그것들이 여러 가지 기의 발원지이기 때문이다. 풍수지리에서 산의 형태와 품격을 나누는 데도 이들 각각의 기가 그 주변에 사는 인간에게 이로운지 해로운지가 그 기준이 된다. 인간에게 이로우면 길한 것이며, 해로우면 흉한 것이다.

6. 인간의 본질

하늘과 땅의 기운을 받아 태어난 인간은 그 존재 자체가 하나의 소우주로 천지의 형상을 이루고 있다. 머리는 둥글어 하늘을 닮았고, 사계절의 기운을 받아 팔과 다리가 네 개가 되었으며 눈과 귀는 해와 달을 상징한다. 오행의 기운은 사람 몸 안에 오장을 만들고, 하루가 12시간으로 이루어지는 것처럼 12경맥을 가진다. 이렇듯 사람의 신체 구조는 모두 천지의 운행에 따른 것이다.

더불어 인간 심리나 지각 작용도 모두 기에 의해 움직인다. 인간 심성에는 우주의 모든 이치가 들어 있다. 인간 심성은 지성과 덕성으로 구별하는데, 우주 창조의 도리가 인성에 부여된 것이 지성이고, 우주 생명의 공덕이 사람의 마음에 각인된 것이 덕성이다. 우리가 양심이라 부르는 것은 덕성이다.

사람의 감정은 일곱 가지로 분류되는데 이를 '칠정(七情)'이라 한다. 퇴계는 이기(理氣)에 대한 자신의 학설에서 칠정을 희노애구애오욕(喜怒哀懼愛惡欲)으로 보고, 이 역시 기에 의한 것이라 했다. 이것은 사람 얼굴에 구멍이 일곱 개(두 개의 눈·콧구멍·귀, 하나의 입) 있고 태양에도 일곱 가지 색이 있음과 같은 이치라고 했다. 요컨대 인간의 육체와 정신이 모두 기에 의해서 나고 움직이는 것이다.

이처럼 사람은 부모의 자식일 뿐 아니라 하늘과 땅의 자녀다. 하늘을 아버지로 땅을 어머니로, 음과 양이 결합해서 사랑하게 될 때 사람이라는 생명체가 태어나고, 살아가는 동안에도 하늘과 땅의 기운으로 생명을 유지한다.

사람이 하늘과 땅, 그리고 부모의 자녀라는 사실은 우리에게 자연을 대하는 태도가 어떠해야 하는지를 가르쳐 줄 뿐 아니라 사람 사이의 관계가 어떠해야 하는지도 말해 준다.

가. 삼신 사상과 사람의 의학적 구분

한의학에서는 사람이 정(精)·기(氣)·신(神) 3요소로 구성된 것으로 본다. 정(精)은 물질적이며 육체적인 바탕을 말한다. 기(氣)는 육체 내부에서 순환되는 기운이다. 신(神)은 사람의 마음 및 정신 능력을 말한다. 인간을 구성하는 정·기·신은 바로 자연을 구성하는 천일·지일·태일의 압축물이다. 결과적으로 사람의 생명체는 하늘 기운(영적인 작용)과 땅 기운(육체적인 구조), 그리고 신 기운(하늘과 땅 사이를 연결하는 기운)으로 구분된 세 기운의 결합으로 이루어졌다고 본다.

나. 사람의 얼굴

사람은 자연의 기운에 따라 생명력을 받는다. 그러므로 사람은 자연의 형태가 축소된 것으로 볼 수 있다.

사람의 얼굴은 둥글고, 몸체는 편편한 사각형이다. 이것으로 보아 사람의 얼굴은 하늘의 기운을, 몸은 땅의 기운을 많이 받는 것이라고 해석된다. 얼굴의 가장 중심에 코가 있다. 코는 바람을 들이쉬고 내뿜는 작용을 한다. 사람은 바람이 정지된 대기권 밖에서는 살 수 없다. 따라서 코가 중심에 위치한다는 것은 생명을 유지하는 데 바람이 매우 중요함을 나타낸다.

얼굴 아래 부분에는 입이 있다. 입은 주로 물질을 받아들이는 기능을 하며, 그 물질의 대부분은 물이다. 지구상에서 물이 아래쪽에 위치하는 것과 사람의 얼굴 아래쪽에 입이 있는 것은 서로 닮았다. 코 위에는 두 개의 눈이 있는데 두 눈은 반짝이고 있다. 두 눈은 바로 태양과 달을 의미한다. 왼쪽이 태양, 오른쪽이 달이다. 곧 왼쪽은 양, 오른쪽은 음의 기운을 띤다. 이는 햇빛과 달빛에 따라 사람이 살아감을 나타내고 있다.

얼굴 맨 위에는 무수한 머리카락이 있다. 이는 하늘의 별과 관련이 있다고 생각한다. 곧 사람은 하늘에 있는 무한한 별에서 힘을 받아 살아간다는 것으로 해석된다.

얼굴 양쪽에는 귀가 있다. 귀는 입으로부터 들어온 물을 눈과 머리카락으로 들어온 기운과 결합시켜 주는 역할을 한다. 그리고 귀로부터 들어온 바람은 입과 코와 눈, 머리카락에서 온 기운을 회전시키고 결합하는 역할을 하는 것으로 해석된다.

따라서 얼굴 생김새를 통해 생명력을 구성하는 데는 바람이 가장 중요하며, 바람을 이루는 보조 기운으로 물과 태양빛, 달빛 그리고 우주에서 오는 큰 기운이 있으며, 이들의 결합에 따라 생명체가 이루어짐을 알 수 있다.

다. 사람의 신체

우리는 흔히 사람은 왼쪽, 자동차는 오른쪽이라고 해서, 도로에서 좌측 통행을 생활화하고 있다.

좌측 통행은 음양 이론으로 보면 합리적이지 않다. 사람의 행동을 살펴보면 왼쪽 손과 오른쪽 손의 움직임에는 차이가 있음을 알 수 있다.

왼손은 물질을 받아들이는 힘이 강하고 오른손은 밖으로 던지는 힘이 강하다. 사람들은 주로 오른손잡이여서, 오른손의 활동이 더 많다. 야구 경기를 보더라도 왼손으로는 잡아들이고 오른손은 공을 던진다. 축구에서도 오른발을 왼발보다 더 많이 사용한다.

이러한 사실을 통해 왼쪽이 음이고 오른쪽이 양임을 알 수 있다. 오른손잡이 · 오른발잡이가 많다는 것은 동서양이 마찬가지다. 사람은 외부 기운을 받아들이기도 하고 외부로 자신의 기운을 발산시키기도 한다. 이 때 외부 기운을 받아들이는 것은 왼쪽이고 외부로 자신의 기운을 전달하는 것은 오른쪽이다. 사람은 걷거나 뛸 때도 오른발과 오른손이 더 힘차게 활동한다. 신체를 밀어내는 힘이 왼발보다 오른발이 더 강하기 때문이다.

빙상 스케이트 경기 트랙은 시계 반대편으로 회전하게 되어 있고, 달리기 경기 역시 시계 반대 방향으로 회전하도록 되어 있다. 이는 오른다리의 추진력이 왼쪽보다 강하기 때문이다. 사람이 똑같은 힘으로 전진할 경우에 자연스럽게 왼쪽으로 회전하는 성질을 이용한 것이다. 실제로 시계 반대 방향으로 회전해야 속도가 더 빨라지는데 그 방법이 더 강한 오른쪽 힘을 많이 활용할 수 있기 때문이다. 마라톤 코스 역시 시계 반대 방향으로 회전하도록 해야 이상적임은 물론이다.

그러므로 사람이 좀더 활기차게 걷기 위해서는 오른손이 자유로워야 한다. 그러기 위해서는 오른쪽으로 통행하는 것이 더욱 편안하다. 좌측 통행을 한다면, 오른쪽이 반대편 사람과 부딪치게 되므로 활동이 불편해진다. 책가방이나 물건을 들고 갈 때도 되도록 왼손으로 물건을 들고 오른쪽으로 활동을 하면서 걷는 게 좋다. 오른쪽으로 걸을 때는 상대편에서 오는 사람과 크게 방해를 받을 일이 없다. 그러므로 좌측 통행보다는 우측 통행이 사람에게 편한 방식이다.

라. 동양인과 서양인의 신체적 특징

지구상에는 여러 종류의 사람들이 살고 있다. 사람들은 그들이 살고 있는 땅에 따라 외형상이나 생활상 특징이 나타난다. 사람이 사는 땅은 크게 5대양과 6대주로 구분되는데, 인종도 그 색깔에 따라 오색 인종으로 구분하는 것이 일반적이다. 오색 인종이란 황인종 · 흑인종 · 백인종·납색 인종·회색 인종을 말한다.

사람의 피부색이 이렇게 다른 것은 사람이 사는 지역의 기운이 다르다는 것을 의미한다.

사람이 사는 땅을 크게 동양과 서양으로 구분하기도 한다. 지구는 둥그런 구(球) 모양이므로 어느 지점을 기준으로 해서 동양과 서양이 구분되는지는 정확하지 않다. 마찬가지로 지구가 둥글기 때문에 해가 뜨는 시점 역시 언제로 볼지를 결정하는 것도 매우 어려운 일이다.

그러나 지구를 자세히 보면 가장 큰 바다인 태평양이 육지와 바다를 구획하고 있는 것을 알 수 있다. 따라서 태평양을 지나서 제일 처음 태양을 맞이하는 아시아를 동양으로 보는 것이 타당하다고 생각한다. 아시아에서 시작하는 대륙은 유럽과 아프리카 그리고 아메리카로 연결된다. 그러므로 아시아는 동양이 되고, 유럽과 아메리카는 서양이 된다.

풍수 이론으로 동양과 서양을 구분하면, 동양은 떠오르는 태양의 힘을 많이 받는 지역이며, 서양은 태양이 지는 쪽이다. 태양이 지는 것은 땅 기운이 더 강하다는 것을 의미하고, 태양이 뜬다는 것은 하늘 기운이 더 강하다는 것을 나타낸다. 동양은 하늘 기운을 많이 받는 지역, 서양은 땅 기운을 더 많이 받는 지역이라는 것이다. 태양 힘은 하늘 힘의 일부이기 때문이다.

이런 견해를 바탕으로 동양인과 서양인의 외형을 보면, 동양인은 머리가 까맣고 서양인은 머리가 노랗다.

머리 색은 사람이 사는 지역의 기운을 대표한다. 예로부터 천지현황(天地玄黃)이라고 해서, 하늘은 까맣고 땅은 노랗다고 이야기해 왔다. 많은 이들이 하늘이 푸르다고 생각하겠지만, 이것은 하늘 빛이 공기 중 수분과 마찰해서 생기는 빛이다. 인류 최초로 달을 탐험했던 암스

트롱도 우주선에서 지구를 바라보며 하늘이 온통 까맣다고 이야기한 바 있다. 이와 같이 하늘의 색은 검다고 보는 것이 타당하다. 하늘의 색이 검기 때문에 동양 사람들은 하늘의 기운을 많이 받아서 머리 색이 까맣다. 서양 사람들은 하늘보다 땅의 기운을 더 받기 때문에 땅의 색인 노란색을 띤다.

마. 동양인과 서양인의 정신적 특징

사람의 몸은 크게 머리와 몸통으로 구분된다. 머리는 양에 해당하고 몸은 음에 해당한다. 양은 철학·정신·형이상학적인 것을, 음은 육체·물질·현실적인 것을 나타낸다. 하늘과 땅을 음양으로 구분하면 하늘이 양이며, 땅이 음에 해당한다. 하늘의 기운은 높은 곳에 있고 땅의 기운은 아래에 있어 위치적으로 상하가 구분되기 때문이다. 인체의 구성에서 머리가 위에 있고 몸체가 아래에 있는 것 또한 하늘과 땅이 놓인 모습과 동일하다.

동양과 서양을 음양으로 구분하면 동양은 하늘의 기운과 떠오르는 태양의 기운을 받기 때문에 양에 속하고, 서양은 땅의 기운과 지는 해의 기운을 많이 받으므로 음에 속한다. 그러므로 동양은 철학적이고 정신적인 문화권인 반면 서양은 육체적이고 물질적인 문화권이라고 풀이된다. 동양 사람들이 정신을 중요시하는 반면 서양 사람들이 물질을 더욱 중요시하는 것도 이러한 음양의 기준으로 해석해 볼 수 있다.

'귀에 걸면 귀걸이, 코에 걸면 코걸이'라는 우리 나라 속담이 있다. 마음먹기에 따라서 이렇게도 저렇게도 될 수 있다는 뜻으로, 이렇듯 마음을 위주로 하는 정신이 바로 동양인의 대표적인 정신이다. 이에 비하면 '몸이 멀어지면 마음도 멀어진다'는 서구의 경구는 정신보다 물질이 우선하는 서구 문화를 잘 나타낸다. 동양에서 여러 종교와 철학이 발달할 수 있었던 것도 하늘의 기운에 의한 것이며, 서양에서 물리학이나 화학이 더 발달한 것은 서양이 지니고 있는 땅의 기운에 의한 것이라고 볼 수 있다.

3 산과 명당

1. 땅의 기운과 생명

하늘과 땅에는 혼이 있다. 하늘의 영혼은 하느님이며, 땅의 영혼은 땅님 또는 토지신(土地神), 지신(地神)이다.

사람이 정(精)·기(氣)·신(神)의 세 가지 요소로 구성되어 있듯이 땅도 토질·기운·지신의 세 가지 요소로 구성되어 살아 있는 생명체와 같은 구조를 이루고 있다.

토질은 진흙·모래·바위 등과 같이 지면을 이루는 여러 가지 광물질이다. 땅의 기운은 땅이 갖고 있는 전기·자기·지열·수기 그리고 토질이 포함하고 있는 기운과 생명체를 만드는 오행 같은 기운이다.

지구 위에 살고 있는 여러 생명체는 모두 하늘과 땅에서 생명력을 받아 태어난다. 그래서 옛 사람들은 땅을 인간과 모든 생명체를 만들어 주는 어머니로 생각했다. 그것이 곧 지모 사상(地母思想)이다. 땅을 지키는 것은 곧 자기 어머니를 보호하는 일이며, 어머니를 공경하면

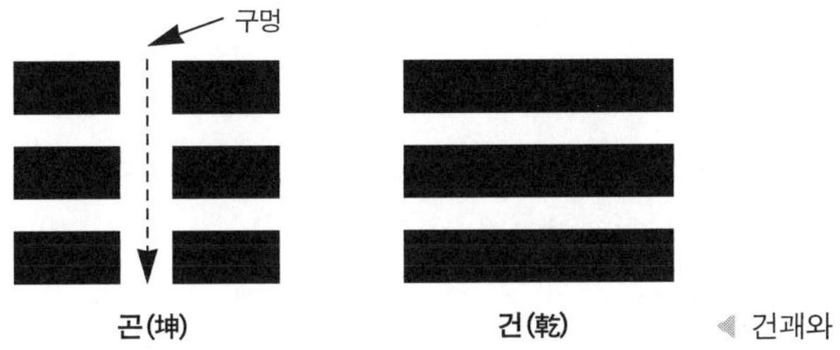

괘명	곤(坤)	진(震)	태(兌)	건(乾)
괘상				
의미	땅	진동	희열	하늘
해석	구멍이 깊고 순(順)해 끌어 당기는 힘이 크다.	깊은 구멍에 양이 들어가면 진동하기 시작한다.	구멍에 양이 차올라오면 희열을 이룬다.	상(强)하며 기운을 발산한다.

▲ 『주역』에 나타난 땅 기운의 변화 과정

마음도 즐겁고 오래도록 덕이 내려온다. 땅은 사랑한 만큼 열매를 맺게 한다. 이는 땅이 살아 있는 생명체임을 뜻한다. 만약 땅이 영혼이 없는, 죽어 있는 광물체라면 생산적인 기운이 있을 수 없다.

옛날 사람들은 지위 고하를 막론하고 농사와 생산을 위해 지신에게 제사를 지냈다. 이것은 땅을 거대한 생명체로 인식하고, 땅에게 감사하고 숭배하는 사상에서 비롯되었다. 땅을 단순히 광물질로만 인식하는 서구식 물질주의와는 상당히 차이가 있는 것이다.

『주역』에서 땅을 표시하는 '곤(坤)'괘는 아래에서 위까지 모두 구멍으로 관통된 형태를 이루고 있다. 이러한 현상은 흙이 갖고 있는 성질을 상징적으로 나타낸다. 구멍은 물체를 그 속에 빠지게 하는 성질을 갖고 있으므로, 땅이 무엇이든 끌어당겨 그 속에 한없이 집어 넣는 성질을 갖고 있음을 의미한다.

땅의 이러한 흡입력에 비해 하늘은 땅으로 쏟아 내는 성질만 갖고 있어서, 땅과는 근본적으로 성질이 다르다.

하늘은 햇빛과 달빛, 비와 눈, 그리고 각종 바람을 땅으로 쏟아 낸다. 이러한 현상은 모든 것을 그대로 받아들이는 구멍, 곧 땅이 있기 때문이다. 땅은 구멍을 통해 하늘의 기운을 받아들이는 동시에, 구멍을 통해 새로운 생명을 만들어 낸다. 내부가 비어 있는 땅은 공허감을 느끼고 비어 있는 부분이 가득 차기를 희망한다. 허전한 공간을 채우는 것은 사랑이다.

『주역』에서 '태(兌)' 괘는 연못과 같아 단단한 양 두 개가 아래에 있고, 음 하나가 위에 있어서 마치 연못에 물이 고여 있는 듯한 상태를 나타낸다. 태괘는 곤괘 아래의 깊은 구멍 두 개가 양으로 가득 채워져서 물이 상부에 올라와 있는 상태다. 이러한 태괘의 내용은 인간에게 가장 행복한 상태를 나타낸다.

아무것도 담긴 것 없이 비어 있는 그릇은 보기에 허전하고 불안한 반면 음식이나 물이 가득 차 있으면 안전하고 충만감 있어 보인다. 속이 빈 땅은 언제나 허전해서 안정을 이루지 못하는데, 이 빈 공간은 사랑으로 채울 수 있다. 그러므로 곧 땅은 사랑으로 존재하게 된다.

땅의 성질은 순하다. 땅은 외부의 영향을 조금도 거역하지 않고 모두 수용한다. 하늘에 붉은 태양이 떠오르면 땅은 태양 빛을 받아 붉게 빛나고, 밤이 되어 하늘이 검게 변하면 땅도 검은 하늘 색을 그대로 따른다. 하늘의 변화에 순종하는 것이다.

땅의 성질은 흔히 의자에 비유된다. 의자는 누구나 받아들이기 때문이다. 땅이 순종하는 것은 외부 작용에 대해 자기 고유 영역을 깨뜨리는 고통의 과정이며, 동시에 관용의 덕을 베풀어 외부의 힘을 포용하는 과정이다. 땅이 순종하는 덕은 새로운 생명체를 잉태하고 생산하는 능력으로 보상받는다.

사람이 태어나고 자라고 늙어서 죽는 현상은 다섯 가지 기운 때문이다. 각 기운의 성질을 색으로 표현하면 푸른색·붉은색·노란색·흰색·검은색 등이다. 이 다섯 가지 색 중 푸른색은 생명체가 푸른 나무와 같이 푸르고 싱싱하게 태어나 성장하는 기운을 의미한다. 붉은색은 생명체가 태양과 같이 맹렬하게 활동하는 힘을 상징한다. 흰색은 인생의 황혼기를 뜻하며, 검은색은 죽음, 곧 생명체 전후의 무한한 공간의 기운을 뜻한다. 그리고 노란색은 앞의 네 가지 기운을 모두 포용하는 동시에 네 가지 기운의 중심이 된다.

땅은 앞의 네 가지 기운을 모두 갖고 있는 노란색이다. 사람은 땅과 하늘에서 생기는 기운을 받아서 활동한다. 아침에 일어나 직장으로 출발하는 시간에는 땅의 푸른색 기운을 받고, 한낮에 활기차게 일할 때는 땅으로 전달된 태양의 붉은색 기운을 받으며, 저녁에 지쳐서 집으로 돌아갈 때는 흰색 기운을 받는다. 그리고 휴식을 위해 잠을 자고 있을 때는 한밤의 검은색 기운을 받는다. 이렇게 계속 진행될 수 있는 것은 땅이 갖고 있는 노란색 기운 때문이다.

인간은 부모에 의해 태어나서 부모의 정성으로 성장한다. 부모가 없다면 누가 이 세상에 태어날 수 있겠는가. 하늘과 땅은 지상의 모든 생명체를 만든다는 점에서 부모와 같다. 사람은 땅에서 발생하는 기에 의해 체격과 영혼이 이루어지기 때문에, 사람의 체질이나 마음은 자신이 태어나고 성장한 땅의 기운에 의해 완성된다. 그래서 예로부터 사람들은 산천의 정기를 받아 태어난다고 했다. 따라서 우리는 우리의 생명이 우리 국토의 바람과 물, 그리고 영혼으로 이루어져 있다는 사

실을 깨달아야 한다. 또 이 땅을 강하고 훌륭한 국가로 만들어 죽어서
도 이 땅에 묻히겠다는 각오를 해야 한다.

2. 산의 기운

세계 어느 민족에게나 산은 힘을 갖고 있는 두려운 대상으로 숭배
되어 왔다. 특히 한국은 지형상 신령한 산이 많아 오래 전부터 산악
숭배 사상이 다른 민족보다 유난히 발달해 왔다. 산의 정상은 높이 솟
아 있고, 시간적·공간적으로 언제나 엄숙한 기운을 느끼게 한다. 안
개와 구름이 산허리를 둘러싼 모습, 골짜기에서 들려 오는 기묘한 소
리, 그리고 산울림 등은 산이 알 수 없는 신비로 가득 차 있음을 느끼
게 한다.

단군이 최초로 국가를 이룩한 곳도 태백산의 신단수 아래였고, 단군
이 죽어 산신이 된 곳도 바로 거기였다.

한국에서 산신은 크게 보면 국가를, 작게 보면 한 마을을 수호하는
수호신으로 숭상되어 왔다. 전쟁과 같이 국가적인 환란이 있을 때는
왕이 승전과 국가의 평화를 위해 산신에게 기원했다. 사람들은 산신에
게 자신의 소원 성취를 빌었으며, 가뭄이나 홍수 또는 질병에 대해서
도 산신의 보호를 구하는 것이 전래 신앙이었다. 얼마 전까지만 해도
시골 마을 성황당은 신과 인간이 서로 만나는 공간이었다.

이렇게 오랫동안 많은 사람들이 산신을 신봉했던 근거는 산이 사람
보다 월등한 능력을 갖고 있다고 믿었기 때문이다. 땅에 토지신이 있
듯 산에는 산의 영혼, 곧 산신이 있어 여러 생명체를 낳아 주고 보호
해 준다고 믿었고, 간절한 소망을 들어준다고 믿었다.

산은 평지보다 더 강한 기운을 갖고 있기 때문에 지세를 분석하고

집터를 선정하는 데 있어 가장 중요한 부분을 차지한다. 풍수지리에서는 평지보다 조금만 높아도 산으로 해석한다. 3cm만 높아도 땅에서 발산하는 힘이 다르며, 그 높이에 의해 물이 흐르는 방향이나 바람 부는 방향이 달라지기 때문이다.

『주역』에서 산을 나타내는 '간(艮)'괘는 3효(爻) 중 맨 밑인 초효(初爻)와 그 위에 있는 2효가 음을 나타내고, 위에 있는 3효는 양을 나타낸다. 이러한 형태는 땅은 아래에서 위로 솟아오르는 성질을 갖고 있어서 땅이나 바다에서 솟아 올라가는 작용을 함을 나타낸다.

산이 솟아오르는 힘은 하늘의 양전기가 산의 음전기를 끌어당기는 데서 나온다. 양전기의 인력에 의해 음전기의 산이 솟아오르는 것이다. 땅과 이어져 있으며, 땅의 기운이 크게 뭉쳐서 나타나는 산은 그 지역 땅의 기운을 대표하고 있다. 비가 오는 날 높은 산일수록 벼락과 천둥이 많이 치는 이유는 산이 평지보다 많은 음전기를 갖고 있기 때문이다.

산은 살아 있는 생명체와 동일한 능력을 갖고 있다. 이러한 산의 생동력 가운데는 인간에게 유익한 기운도 있고 해로운 기운도 있다. 모든 식물들이 각기 뿌리내린 토양의 성질에 따라 성장 과정이나 결실 내용이 달라지듯, 좋은 기가 흐르는 곳에서는 사람의 몸과 마음이 편안하고 아름다워진다. 반대로 나쁜 기가 흐르는 곳에서는 마음이 불안해지고 생활도 발전하지 않는다.

명산이 있는 곳에서 큰 인물이 태어나는 것도 바로 이런 산 기운 때문이다. 산의 크기나 모습이 모두 다르듯 산의 기운도 제각각 다르다. 그러므로 좋은 집터나 사업장을 찾기 위해서는 생기가 많은 산을 구분해야 한다. 좋은 산이 있는 지세에서는 개인이나 단체가 발전할 수 있지만, 흉한 산이 있는 곳에서는 발전을 기대하기 어렵다.

3. 지세의 구성

지세란 산이나 강, 들판 등 한 지역의 지기를 이루고 있는 자연 조건을 말한다. 한 지역의 지기를 분석하기 위해서는 지세를 관찰해야 한다. 지세는 크게 산과 물 두 가지로 구분된다. 지세를 이루고 있는 산에는 주산, 청룡·백호·주작·현무의 사신사와 조산, 그리고 안산 등이 있다.

주산은 한 지역에 있는 여러 산 가운데 가장 높고 큰 산을 말한다. 이 주산은 그 지역 전체 기운에 영향을 주기 때문에 지세 분석에서 가장 중요한 부분을 차지한다.

주산은 주위에 있는 산보다 월등하게 높고 커야 하며, 다른 산에 비해 위엄을 보여줄 수 있는 것이면 더욱 좋다. 주산의 기운이 하나로 뭉쳐진 산에서는 강하고 진취적인 인물이 많이 배출되며, 서로 화목하고 단결해서 평화롭게 살아간다.

주산 주위에 주산을 호위해 주는 산이 있으면 주산이 더욱 강한 기운을 지니게 되며, 그렇지 않으면 힘이 미약해진다. 주산 옆에 주산과 같은 규모의 산이 두 개 또는 그 이상 있어서 주산의 기운이 분산된 지역에서는 나약한 인물이 나오게 되며, 의견이 분열되어 큰 발전을 기대하기 어렵다.

4. 산의 앞과 뒤

사람은 앞과 뒤가 서로 달라 얼굴이 있는 앞면은 색이 밝고 광채가 있으나 머리가 있는 뒷면은 색이 어둡다. 또 앞에 있는 배는 전체적으로 부드러우나 등에는 등뼈가 많은 부분을 차지하고 있다.

사람의 신체에서 중요한 부분인 이목구비나 생식기는 모두 몸 앞면에 있다. 나뭇잎도 앞면은 마치 기름을 바른 듯 매끈하고 반짝이지만, 뒷면은 거칠고 빛이 나지 않는다. 산에도 사람과 같이 앞과 뒤가 있고, 그 형태도 같은 이치다.

명당은 산의 앞면에만 있다. 이것은 사람의 생식기가 몸 앞에 있고, 꽃과 열매가 잎 앞면에서만 피고 맺는 것과 동일하다. 따라서 명당을 찾기 위해서는 먼저 산의 앞과 뒤를 구분해서 산의 앞면에서 찾아야 한다. 산의 뒷면에서 명당을 찾는 것은 헛수고다.

산의 앞과 뒤를 구분하기 위해서는 형태를 정확하게 관찰해야 한다. 산의 앞면은 형태가 평탄하고 안정적이며, 지면에 밝은 기운이 서려 있다. 그러나 산의 뒷면은 굴곡이 심하고 험한 바위가 불규칙하게 있으며, 지면이 어둡고 험한 분위기를 보인다. 또 산의 앞면은 들판을 향하고 있으면서 높은 산이나 큰 강을 등지고 있다.

한국의 산은 대부분 백두산에서 출발해서 남쪽으로 뻗어 내려온다. 그래서 남쪽을 향하고 있는 산이 비교적 많지만 그렇다고 모든 산이 다 그런 것은 아니다. 산의 앞과 뒤는 남향이니 북향이니 하는 방위와 관계없이, 산맥의 흐름에 의해서만 결정된다.

산의 앞과 뒤를 구분하면 생기가 있는 땅, 곧 명당을 찾는 일이 훨씬 수월하다. 오래된 농촌 주택들을 살펴보면 크고 작은 산 앞쪽에 있어 산을 배경으로 마을이 형성되어 있다. 반면, 산 뒤로는 마을이 형성되어 있지 않다. 이것은 오랜 시간이 흐르면서 산 앞쪽에 살던 사람들은 계속 발전해서 대를 이어 온 반면에 산의 뒤쪽에 살던 사람들은 그렇지 못하고 그 곳을 떠났기 때문이다.

따라서 집터를 정할 때는 반드시 산의 앞과 뒤를 구분한 다음, 산 앞쪽에 집을 지어야만 개인과 가정의 발전을 기대할 수 있다. 아름다운 산이 집터를 바라보고 있는 지세에서는 여러 사람들에게 존경과 사랑을 받으며 살 수 있지만 산 뒤에 살면 사람들로부터 따돌림을 당하게 되고, 배반을 당해 손해를 입게 된다.

5. 산의 토질

모든 식물은 토질에 의해 성장이나 결실 내용을 달리한다. 토질이 적합하지 않은 곳에서는 식물이 잘 자라지 못한다. 마찬가지로 사람도 생활하는 토질의 기운에 따라 그 영향이 다르게 나타난다.

토질에는 백토·진흙·모래 등 여러 종류가 있다. 주택지로서 가장 이상적인 토지는 단단하며 광채가 있고, 습기가 적당해서 탄력을 갖고 있는 백토 또는 마사토다.

서울 시내 토질은 대부분 백토로 구성되어 있다는 점이 특징이다. 그래서 옛날부터 서울 하늘에는 언제나 밝은 빛이 감돌고 있었다. 서울의 옛날 명칭인 '한양(漢陽)'은 크게 빛난다는 뜻이다. 서울 토질 자체에서 밝은 빛을 발산하고 있었기 때문에 그런 이름이 붙여진 것이다. 옛날에 시골에서 서울로 올라오던 사람들은 과천에서부터 기어 왔다고 한다. 과천에서 서울 하늘을 쳐다보면 밝은 빛이 가득 차 있어 그처럼 밝은 하늘을 보지 못했던 사람들이 겁을 먹고 기어서 서울에 들어왔다는 것이다. 그러나 안타깝게도 서울의 서기(瑞氣)는 이제 공해로 인해 볼 수 없게 되었다.

흙 중에는 죽은 흙도 있는데, 물론 이런 땅은 주거지로서 마땅치 않다. 죽은 땅에서 나오는 나쁜 기운은 사람의 건강을 해치는데, 특히 거기에서 흘러 나오는 물에는 독이 있기 때문이다.

죽은 땅이란 흙에 수분이나 탄력이 없고 단단하지 못한 땅을 말한다. 중동의 사막 지대나 외국의 평탄한 대지는 비록 땅덩이는 넓어도 바람이 불면 흙먼지가 바람에 날린다. 이런 땅은 기운이 분산되는 형태로서 생명력이 부족하다. 한국의 흙 중에서도 바닷가에 있는 뻘과 같이 흙이 단단하지 못하고 사람이 밟으면 발자국이 생기거나, 먼지가 일어날 정도로 푸석푸석한 땅이 죽은 땅에 속한다.

6. 산의 종류

가. 품격과 체형에 따른 구분

산은 저마다 고유한 기운을 갖고 있는데, 이 기운을 구분하는 방법으로 품격에 의한 것과 체형에 의한 것이 있다.

먼저 산이 갖고 있는 기운은 품격에 의해 주인격·보조격·배반격 등 세 가지로 구분된다. 주인격 산이란 한 지역에서 주인과 같이 강한 능력을 갖고 있는 산을 말하며, 그 기품이 마치 주인 또는 지도자와 같은 형태의 산을 말한다. 보조격 산이란 보조자의 기운만 갖고 있고 주인의 강한 기운이 부족한 산을 말한다. 배반격 산이란 주인격 산의 기운을 도와 주는 것이 아니라 오히려 주인격 산의 기운을 빼앗아 가는 산을 말한다. 이러한 산의 품격은 그 형태에 따라 구분된다.

주인격 산은 모양새가 피라미드와 같다. 중심이 안정되고 단아하며, 좌우 균형을 이루어 위엄을 갖추고 있다. 산의 중심에는 강한 기운이 집중되어 있다. 주인격 산의 능선은 중심 봉우리가 산 아래 들판을 향해 힘차게 뻗어 나가는 모양을 하고 있다. 이런 산이 있는 지역은 명당이며, 정치적으로나 경제적으로 강력한 지도자가 배출된다.

보조격 산은 형태적으로 중심 부분의 높이가 낮고 넓이도 좁아서 기운이 중심에 모이지 않고 왼쪽이나 오른쪽으로 분산되는 형태의 산을

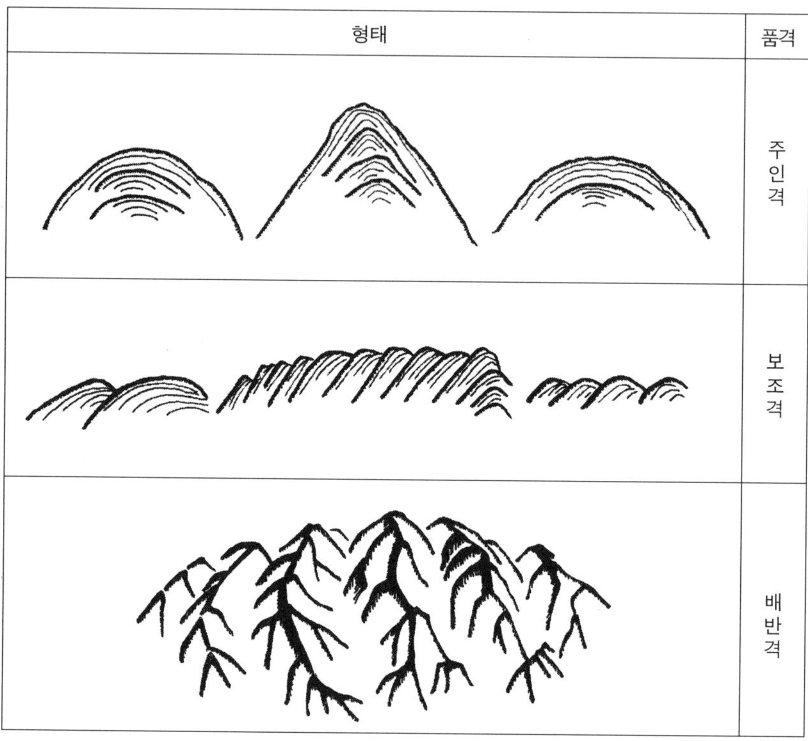

▲ 산의 형태에 따른 3품격

말한다. 산의 중심 기운이 부족해서 산 정상부가 수평 형태를 이루고 있다. 보조격 산만 있고 주인격 산이 없는 지세에서는 큰 인물을 보조하는 인물이 주로 배출되며, 강력한 추진력을 가진 지도자는 배출되기 어렵다.

배반격 산은 주산을 향해 마주 보지 않고 주산에 등을 지고 있는 산을 말한다. 이러한 산은 주산에 기운을 보내지 않고 오히려 주산의 기운을 빼앗아 간다. 배반격 산이 있는 경우에는 가까운 사람에게 배반을 당하거나 부도가 나는 등 명예를 잃거나 재산 피해를 입게 된다.

지세에서 주인격 산은 주인의 기운을 만들어 주며, 배반격 산은 배반자의 기운을 만들어 준다. 주인격 산과 배반격 산이 함께 있는 경우에는 두 산의 기운을 동시에 받게 되는데, 그 중에서 힘이 강하게 작용하는 산의 기운을 더 많이 받게 된다. 또 거리가 가까운 산의 기운을 먼 산의 기운보다 먼저 받게 되며, 멀리 있는 산의 기운은 좀더 시간이 지난 뒤에 받게 된다.

고려 수도였던 개성은 주인격 산인 송악산이 거리적으로 가깝고 힘도 강해 수도로서 적합하지만, 배반격인 삼각산이 멀리 있어서 뒤늦게 그 기운을 받고 망한 대표적인 경우다.

개성을 도읍지로 정한 사람은 풍수지리에 능한 도선이었다. 도선은 고려 시조인 왕건의 사람됨을 일찍이 알아보고 그를 도왔고, 고려를 세울 때 개성을 도읍지로 정해 주었다. 개성은 송악산을 주산으로 해서 좌청룡·우백호·전주작이 모두 빼어나게 아름답고, 장풍과 득수에 의해 강력한 생기를 이루고 있는 천하의 명당이었기 때문이다.

그러나 개성의 남쪽 멀리에 서울의 진산인 삼각산이 보이는데, 이 삼각산은 아이를 업고 남쪽 서울을 향해 도망가는 배반자의 형태를 이루고 있다. 도선이 개성의 지세를 관찰하던 날은 마침 날씨가 흐려 멀리 보이는 삼각산이 배반격 산임을 미처 파악하지 못했던 것이다. 얼마 뒤 맑은 날, 멀리 삼각산을 바라본 도선은 자신이 실수한 것을 알고 크게 후회했으나 이미 때는 늦었다. 그는 고려의 앞날을 운명에 맡기기로 했는데, 뒷날 고려는 이성계에 의해 왕권이 바뀌었으며 수도도 한양, 지금의 서울로 변경되었다.

산은 또 형태에 따라 강체(强體)·중체(中體)·약체(弱體)·병체(病體)로 구분된다. 이것은 마치 사람의 20대·40대·60대·80대와 같다. 20대는 혈기 왕성한 젊은 시절이며, 40대는 건강하면서 무르익는 시절, 60대는 허약한 시절, 80대는 병든 시절을 말한다.

강체는 전체적으로 힘이 강하고 단단하게 뭉쳐진 산을 말한다. 사람으로 비유하면 운동으로 발달된 근육을 갖고 있는 사람으로, 갓 피어나는 꽃봉오리나 처녀의 젖가슴과 같이 탐스럽고 통통하게 생긴 산이다. 이러한 산에서는 당연히 건강하고 왕성한 생기가 발생한다.

중체는 정상부에서 하부에 이르기까지 직선으로 연결된 형태의 산을 말하는데, 전체적으로 강한 근육은 없지만 골짜기도 없어 평탄한 경사면을 이루고 부드러운 기운을 만든다. 대부분의 산이 중체에 속한다.

약체는 정상부에서 중간 높이까지 연결되는 능선이 힘없이 늘어진 형태의 산이다. 산 중간 중간에 골짜기나 계곡 등이 있어서 우그러든 형태이며, 약한 기운이 흐른다.

병체는 형태가 안정감이 없고 좌우가 불안정하며, 바위와 흙이 서로 분리된 산을 말한다. 병든 산에서는 당연히 불안정한 기가 생겨나 사람들을 불안하게 만든다.

나. 오행에 따른 구분

오행산은 산의 기운을 음양 오행설에 따라 구분한 것을 말하며, 목산·화산·토산·금산·수산의 다섯 가지로 나눈다.

목산(木山)은 정상부에서 꽃봉오리 모양을 이룬 산을 말하며, 수직 상승하는 기운이 많은 산이다. 목산 중에서도 산 정상부가 마치 붓끝같이 뾰족한 산을 문필봉(文筆峰)이라 한다. 목산이 있는 지세에서는 음택이든 양택이든 관계없이 학문을 숭상하는 사람이 많이 배출된다. 학덕을 익히게 되면 자연히 지도자가 되게 마련이며 출세한다. 따라서 목산이 있는 곳에서는 국가 시험에 합격해 고급 공무원을 지내는 사람이 많이 나타난다. 서울 지세에서 경복궁과 청와대의 주산이 되는 북

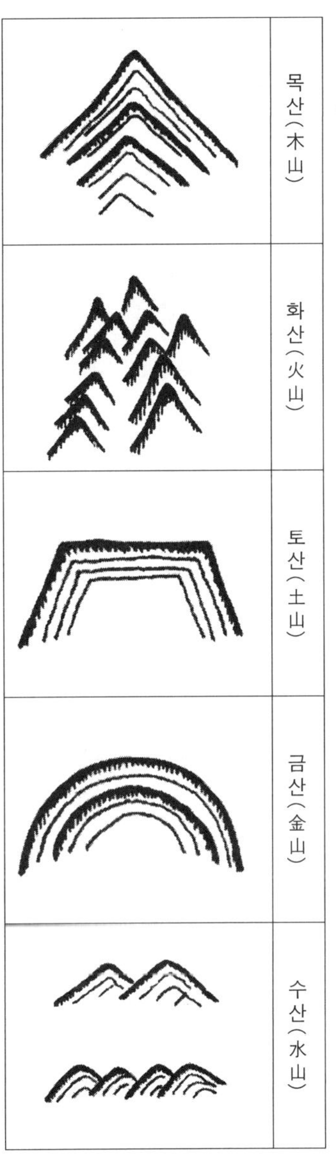

	목산(木山)
	화산(火山)
	토산(土山)
	금산(金山)
	수산(水山)

▲ 오행산의 형태

악산이 목산이자 문필봉의 대표적인 형태다. 피라미드 형태의 산도 목산에 해당하며, 역시 기운이 모여 있는 좋은 산으로 본다.

화산(火山)은 산의 정상부가 두 개 이상의 뾰족한 봉우리를 이루면서 나무가 불에 탈 때 나타나는 불꽃의 형태를 닮은 산을 말한다. 불은 폭발해서 확산하는 기운이 있는데, 화산 또한 하늘로 높이 폭발하는 기운을 갖고 있다. 서울 남쪽에 있는 관악산이 화산의 대표적인 형태다.

화산이 있는 지세에서는 화재가 자주 발생하는데, 조선 시대에 서울을 수도로 정한 이후 관악산의 영향으로 큰 화재가 발생하자 경복궁 앞에 물을 상징하는 해태 석상을 만들어 그 화를 면한 것으로 전해지고 있다. 화산의 화기를 억제하기 위해 산 정상의 땅 속에 소금 단지를 묻기도 했는데, 이른바 '소금묻이산'이 그것이다. 화산이 있는 지세에서는 종교인이나 예술가가 배출된다.

토산(土山)은 산의 정상부가 평탄하게 수평으로 펼쳐진 것을 말하는데, 일(一)자와 유사해서 '일자문성(一字文星)'이

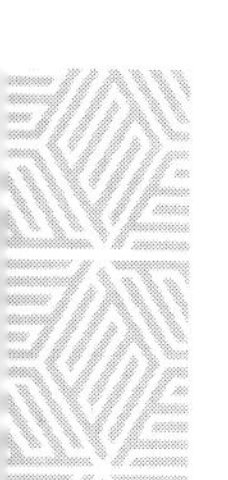

라고도 부른다. 오행에서 토는 균형을 이루는 기운을 말하므로, 토산은 좌우 힘이 고르게 균형을 이룬 형태의 산을 말한다. 경상북도 선산군에 있는 고 박정희 대통령 선산 앞에는 천생산이 안산으로 있는데, 이 산이 바로 토산의 형태다. 고 육영수 여사의 고향인 충청북도 옥천군 생가 바로 옆에도 토산이 있다.

지세에서 토산이 있는 곳에서는 왕이나 왕비가 나오는 것으로 되어 있는데, 토(土)를 모든 기운을 다 포용하는 중심적인 힘인 왕기(王氣)로 보기 때문이다. 면류관의 형태가 사각형이면서 상부가 평탄하게 되어 있는 것도 '토'의 의미가 내포된 것이다.

산의 형태가 전체적으로 둥근 모양을 하고 있어서 마치 바가지를 엎어 놓은 듯한 산을 금산(金山)이라고 한다. 농사를 끝내고 노적가리를 쌓아 놓은 형태와 유사하다 해서 노적봉(露積峰)이라고도 하는데, 금산이 있는 지역에는 재물을 많이 모아 부자가 되는 사람이 많다.

서울에서는 인왕산이 금산이다. 산 형태가 둥글면서 힘차게 보이는 산은 금산 중에서도 '투구봉'이라고 한다. 투구는 군인에게 꼭 필요한 장비일 뿐 아니라 권위의 상징이기 때문에 금산이 안산으로 있는 지세에서는 장군이 배출되기도 한다. 노태우 전 대통령의 고향인 대구 생가 앞에는 금산형의 안산이 있다.

수산(水山)은 산 정상부에 봉우리 여러 개가 부드럽게 연결되어 있어 마치 물결이 굽이치는 듯한 형태를 말한다. 두 개 이상의 봉우리가 거의 비슷한 크기를 이루며 연결된 것이 특징이며, 여러 개의 봉우리가 비슷한 형태를 이루며 점진적으로 연결되거나 여러 개의 산봉우리가 좌우로 길게 벌어져서 마치 병풍을 둘러친 듯한 형태를 이룬 것도 수산이다.

수산은 부드럽고 평화롭게 보이는 장점이 있다. 단점은 기운이 한 지점에 모이지 않고 여러 곳으로 분산된다는 것이다. 서울 남산이 수산의 형태인데, 산 정상부가 두 군데로 나누어져 있고 가운데 부분이 잘록해서 마치 말 잔등과 같은 형태를 이루고 있다. 이러한 형태는 산의 기운이 중심에 모여 있지 않고 좌우로 분산되어 있다. 그러나 대부분의 오행산은 산 정상부를 정점으로 해서 좌우가 낮게 되어 있어서 산 중심부에 집중되는 힘을 느끼게 한다.

오행 중 한 형태만 닮은 산은 오행산으로 간단하게 구분할 수 있지만, 실제는 오행으로 구분되지 않는 산의 형태도 많다. 특히 오행의 두 가지 기운이 혼합된 형태의 산은 더욱 구분하기 어려운데, 복산과 화산의 중간 형태 산이 있는가 하면 토산과 수산의 중간 형태 산도 있다. 이런 산은 기운도 혼합되어 있다. 목산과 화산이 혼합된 산은 학문과 예술, 관직과 예술을 동시에 갖고 있는 것으로 해석한다. 오행 혼합 산인 경우, 산 정상과 그 아래를 구분해서 상부가 목산이고 아래가 금산이면 목금 혼합산이라고 부른다.

다. 기타 산 형태

쌍태봉(雙胎峰) : 일반적으로 산은 하나의 정점으로 이루어져 있다. 산 정상 부분에 두 개의 정점을 갖고 있는 산도 있는데, 이런 산을 쌍태봉이라고 한다. 쌍태봉을 마주 보고 있는 마을에서는 유난히 쌍둥이가 많이 태어나는 것으로 알려져 있다. 전라남도 여천에 있는 쌍둥이 마을은 70여 가구 가운데 38가구에서 쌍둥이가 태어나 세계 기록을 갖고 있는데, 이 마을 남쪽에서 쌍태봉이 마을을 정면으로 내려다보고 있다.

역봉(逆峰) : 산은 높은 봉우리에서 차츰 낮은 능선으로 연결되는 것이 일반적이다. 이런 산은 상하 순서를 잘 지킨다는 뜻에서 순한 산,

▲ 규봉 · 월봉 · 이금치사

또는 순룡(順龍)이라고 한다. 순한 산이 있는 지역에서는 자식이 부모에게 효도하며, 남녀 또는 신분 사이에서 질서를 잘 지켜 안정을 유지한다. 그래서 효자나 충신이 많이 배출된다.

이와 반대로 산이 높은 봉우리에서 능선을 따라 조금씩 내려가다가 다시 높이 솟아올라 새로운 봉우리를 이루며 기운이 뭉쳐지는 형태도 있다. 이처럼 낮아지던 산의 능선이 다시 솟아올라 새롭게 봉우리를 이루는 것을 역봉이라고 하는데, 이것은 산 중심에 있는 기운을 새로운 봉우리로 빼앗아 가는 성질을 갖고 있다. 그래서 역봉이 있는 마을에서는 부모에게 불효하거나 상관에게 불복종하는 사람이 나온다.

월봉(越峰) : 가까운 곳에는 낮은 산이 있고 그 너머로 높은 산이 보이는 경우, 뒤에 있는 높은 산을 월봉이라고 한다. 이런 경우 경치는 아름답더라도 지세의 분위기가 산만해지는 결점이 있다. 월봉의 기운이 가까운 산의 기운과 조화를 이루지 못하기 때문이다. 월봉이 있는 지역은 외부 세력에 의해 간섭을 받게 되므로 중심 기운이 부족해진다. 서울 시내는 사면이 산으로 둘러싸여 있는데, 북쪽 멀리 높이 솟은 북한산 보현봉은 북악산을 넘어 서울 시내를 내려다보고 있는 형태여서 대표적인 월봉의 형태를 이루고 있다.

규봉(窺峰) : 멀리 있는 산봉우리가 가까이 있는 산 너머로 보이되, 그 형태가 보일 듯 말 듯한 산을 규봉이라고 한다. 이러한 산은 앉은 자세에서는 보이지 않지만 일어서면 보이는 형태를 이루고 있는데, 마치 담 너머에 있는 도둑이 집 안을 들여다보는 듯한 모습이어서 '도둑봉'이라고도 한다. 규봉이 있는 지역에서는 도둑 피해를 자주 입게 된다.

이금치사(以金致死) : '이금치사'란 작두로 사람의 목을 잘라 죽이는 것을 말한다. 지세에서 가까이 있는 산 너머로 뒷면에 있는 산의 능선이 나란히 겹을 만들어 작두 형상을 이루고 있으면 이금치사와 같은 불행한 일을 당하게 된다. 이런 산이 있는 지세에 살면 자동차 사이에 끼여 죽는다거나 기계 사이에 끼여 목숨을 잃는 불행한 일을 겪게 된다.

여근곡(女根谷) : 산 골짜기가 여자의 아랫배와 같이 탐스럽게 갈라져 있는 산을 말한다. 이러한 지세에서는 여자의 기운이 강하고, 남자들은 여자를 지나치게 좋아하게 되어 건강을 해칠 우려가 있다.

양물(陽物) 바위 : 남성의 생식기를 닮은 바위를 말한다. 집이 이런

여근곡

양물 바위

▲ 여근곡과 양물 바위

바위를 마주 보는 지세에 있으면 여자들이 남자를 욕심내게 된다.

현군사(縣裙砂) : 산이 여러 갈래의 능선으로 분산되어 있는 형태를 말한다. 이러한 산의 능선은 옆에서 보면 마치 여자의 주름진 치마와 같은 모양을 하고 있다. 현군사는 능선과 능선 사이에 골짜기가 형성되는데, 골짜기는 여성을 상징하는 물이 흐르게 마련이다. 따라서 집 주변에 현군사가 있으면 남자에게 골짜기 수만큼 여자가 따르게 되며, 여러 여자가 한 울타리 안에서 서로 의좋게 살아간다.

빈산(貧山)과 부산(富山) : 빈산은 늙은 호박에 주름이 파인 것같이 산의 형태가 통통하지 못하고 골짜기가 많은 산을 말한다. 빈산이 있는 지역 사람들은 가난한 생활을 면치 못한다. 부유한 산인 부산은 산의 형태가 통통하고 탄력이 있는데, 왕성한 기운을 갖고 있어 큰 부자가 생긴다. 가난한 사람도 이 지역에 살면 부자가 될 수 있다.

흉석(凶石) : 마주하고 있는 산의 돌이 흉석인 경우에는 살인 사건 등 좋지 않은 일이 일어난다. 언젠가 토막 살인 사건이 난 곳에 가서 그것을 실제 확인할 기회가 있었다. 살인이 난 흉가는 언덕에 위치해서 바로 앞에 있는 야트막한 산을 마주 보고 있었는데 산 위쪽으로 흉한 바위 덩어리가 여기저기 어지럽게 놓여 있었다. 마치 생선을 토막 내 이리저리 벌여 놓은 것과 같은 형상이었다.

길산(吉山)과 흉산(凶山) : 산의 땅 속 기운은 언제나 외부로 발산되고 있다. 이 기운은 산에 따라 그 규모와 종류가 각각 다르다. 사람에게 유익한 기운이 있는가 하면 해로운 기운도 있다. 유익한 기운을 발산하는 산은 길한 산이며, 형태도 아름답다. 그러나 좋지 않은 기운을 발산하는 산은 보기에도 추하고 흉하다. 또 같은 산이라도 앞면은 길한 산이고, 뒷면은 흉한 산도 있다. 하나의 산에서도 앞면과 뒷면의 기운이 서로 다르기 때문이다.

산의 형태는 이러한 산의 기운에 의해 길산과 흉산으로 구분된다. 산의 3격 중 주인격 산과 보조격 산은 길산이며, 배반격 산은 흉산이다. 산의 4체형 중에서는 강체와 중체가 길산이며, 이런 산을 마주 보고 살면 마음이 평안하고 즐거워진다. 또 경사스러운 일이 일어나며 훌륭한 인물이 많이 배출된다. 병체인 산은 흉산이 되는데, 이런 지세에서 오래 살면 이웃 사이에 싸움과 불상사가 자주 일어나게 된다.

영상사 (領相砂) : 산의 형태가 우람하고 힘 있게 솟은 산을 영상사라고 한다. 이러한 산은 기운이 강해 장관급 인물이 배출된다.

문필봉 (文筆峰) : 산의 형태가 아담한 봉우리 같이 생긴 산으로 학자가 배출되며, 때로는 고위 공무원이 배출되기도 한다.

아미사 (峨眉砂) : 산의 형태가 아름다운 여성의 눈썹과 같이 생긴 산이 있는 지세에서는 미녀들이 태어난다.

군왕사 (君王砂) : 산의 형태가 우람하고 높이 치솟아 있어서 강한 힘을 갖고 있는 산은 대통령을 만드는 기운이 발생한다.

부봉사 (富峰砂) : 산의 형태가 풍만해서 부자를 만들어 준다. 바가지를 엎어 놓은 것 같은 형태이다.

어병사 (御屏砂) : 산이 병사들이 둘러서 있는 모양이다. 군인들을 지휘하는 장군이 배출된다.

산산형 (散山形) : 기운이 분산되어 흩어지는 형태를 산산형 또는 분산형이라고 한다. 이런 산이 있는 지세에서는 재산이 분산되어 살림이 어렵다.

절산형 (絶山形) : 산의 맥이 끊어진 형태로, 이런 곳에서는 자손이 끊어진다.

도주형 (逃走形) : 산이 도망가는 형태를 취하고 있다. 이런 곳에서는 도망자가 발생한다.

역리형(逆理形) : 끝 부분이 치솟아 오른 형태의 산으로, 이런 지세에서는 역적이 태어난다.

결항형(結項形) : 목을 매어 늘어진 형태의 산으로, 목매달고 죽는 사람을 만든다.

압사형(壓死形) : 납작하게 찌그러진 형태의 산으로, 자동차나 커다란 기계 사이에 끼어 불행한 일을 당한다.

낙사형(落死形) : 땅에 떨어뜨린 메주처럼 납작하게 분산된 형태다. 이런 산이 있는 곳에서는 추락해서 다치는 사람이 생긴다.

수갑형(手匣形) : 마치 수갑과 같이 둥그런 산으로, 이런 곳에서는 형무소에 들어가는 사람이 생긴다.

주먹봉 : 주먹을 쥐고 있는 모양의 산으로, 이런 지세에서는 주먹을 쓰는 사람, 곧 권투 선수나 폭력배가 나온다.

7. 지세의 종류

많은 사람이 모여 살기 위해서는 넓은 들판이 있어야 한다. 그리고 들판 주변을 산들이 둘러싸고 있어 바람을 막아 주어야 생기가 돈다. 산에 둘러싸이지 않은 들판에는 바람이 강하게 불어 생기가 모이지 않게 되므로, 큰 재물이 모이거나 큰 인물이 배출되기 어렵다. 들판을 둘러싸고 있는 산은 여러 형태를 이루고 있는데, 그 형태에 따라 들판의 기운도 달라진다.

가. 분지로 구성된 지세

전체적으로 솥뚜껑과 같이 둥글고 평탄하면서 땅의 중심 부분이 언덕이나 분지와 같이 솟아 있는 지세를 금반형(金盤形) 지세라고 한다.

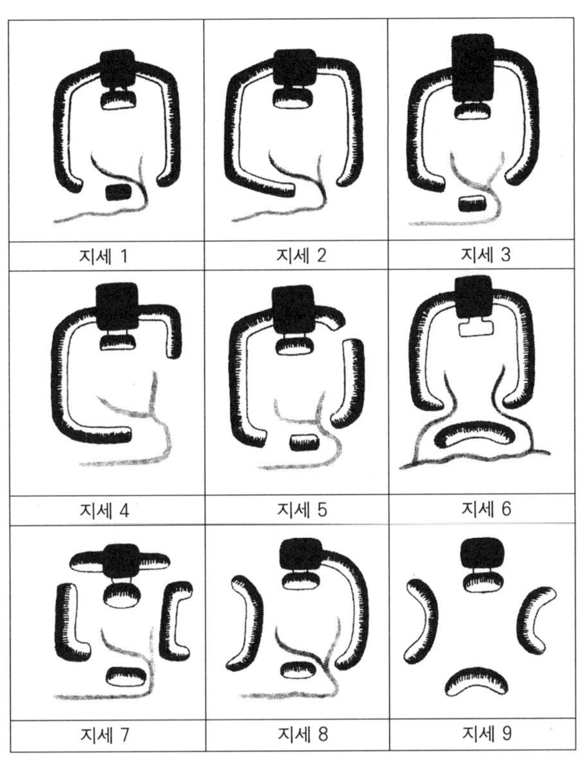

지세 1	지세 2	지세 3
지세 4	지세 5	지세 6
지세 7	지세 8	지세 9

◀ 지세의 여러 종류

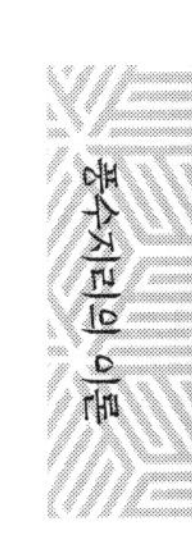

지세 1 명당의 가장 대표적인 형태.

지세 2 백호와 안산이 연결된 명당. 재산이 크게 늘어나서 재벌이 되며, 특히 여성이 크게 출세
한다.

지세 3 주산에서 청룡과 백호의 연결점이 다른 상태의 명당.

지세 4 야(也) 사 형태의 명당. 청룡이 짧은 것이 흠인 반면 백호가 감싸고 있어 명당에 속한다.

지세 5 청룡의 상부는 끊어졌으나 보조격을 이룬 형태. 집안의 재산이 크게 일어나지만 장남은
좋지 않게 된다.

지세 6 주산·청룡·백호는 좋으나 안산이 배반격 형태로 물이 양쪽으로 흘러 나간다. 주변으로
부터 험담을 듣게 되며 가족들이 흩어져 살게 된다.

지세 7 청룡 상부가 끊어지고 배반격이며, 백호의 상부는 끊어졌으나 보조격이다. 여자가 남자
로부터 배반당한다.

지세 8 청룡이 좋아서 남자들은 출세한다. 그러나 백호 상부가 끊어지고 배반격이어서 여자가
재물을 가지고 가출할 수 있다.

지세 9 주산·청룡·백호·안산 모두 배반격이어서 모든 사람들로부터 멀어져 외롭게 살게 된다.

이런 지세는 오행산으로는 토산에 속한다. 이 지세는 알맞은 높이의 중심부를 정점으로 해서 동서남북 사면이 완만한 경사를 이루고 있으며, 외곽에 강물을 갖고 있는 것이 특징이다. 금반형 지세에서는 어느 곳이나 집터로 좋은데, 특히 좋은 곳은 기운이 제일 많이 모여 있는 정상 부분이나 앞 부분이다.

나. 원형이나 사각형 산 울타리 속의 지세

들판을 중심에 두고 산이 동서남북 사면으로 둥글게 감싸고 있는 형태는 가장 좋은 지세다. 이런 원형 지세에서는 땅의 기운과 하늘의 기운이 회전 운동을 일으켜 가장 큰 생기가 모여 명당을 이룬다. 정사각형 들판도 원형 들판과 같이 생기가 많이 모인다. 그러나 들판을 둘러싸고 있는 산의 형태에 따라 기운이 다르게 나타나므로, 이들 산의 형태에 대한 면밀한 분석이 필요하다.

4산 원형 지세 : 산 네 개가 원형 또는 정사각형 들판을 중심으로 전후좌우 사면을 감싸고 있는 들판의 형태로, 가장 이상적인 명당이다. 이러한 지세에는 바람이 부드러워 생기가 많이 모이고, 분위기도 평화로워 재물이 많이 모이며 큰 인물도 많이 배출된다. 4산 원형 지세에서 가장 중요한 점은 산 네 개가 모두 들판을 향해 앞면을 보이고 있어야 한다는 점이다. 만일 산이 뒷면을 보이고 있다면 명당을 이룰 수 없다.

대표적인 4산 원형 지세는 서울이다. 서울은 4대문을 중심으로 북쪽의 북악산, 동쪽의 낙산, 서쪽의 인왕산, 남쪽의 남산 등 네 산이 감싸고 있는 형태로 세계적인 명당을 이루고 있다. 서울이 인구가 많이 모이고 경제력이 밀집되며, 정치나 문화 등 모든 면에서 중심을 이루는 것도 지세가 명당이기 때문이다.

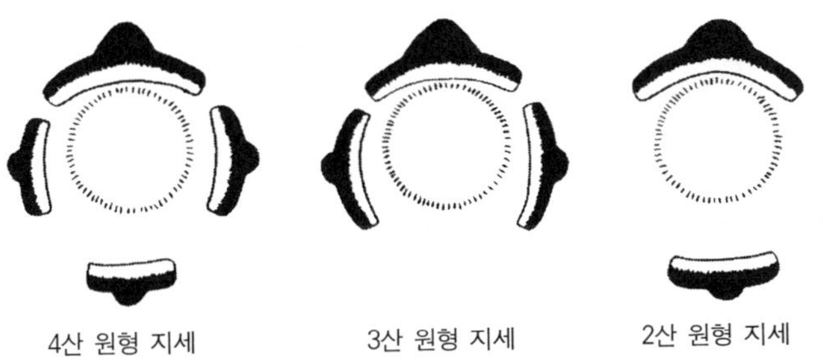

▲ 원형 지세의 종류

3산 원형 지세 : 세 산이 들판을 중심에 두고 원형으로 감싸고 있는 지세를 말하는데, 이러한 지세에도 생기가 많이 모인다. 4산 원형 지세보다는 생기가 약하다.

2산 원형 지세 : 두 산이 들판을 가운데 두고 서로 마주 보면서 원형을 이루고 감싸 주는 지세를 말한다. 이러한 지세에도 생기가 모여 재물이 쌓이고 큰 인물이 배출된다. 2산 원형 지세는 두 산이 모두 들판을 항해 앞면을 보고 있어야 하며, 만일 뒷면을 보이는 지세라면 생기가 모이지 않는다.

다. 삼태기 지세

산 중심이 높이 서 있고 좌우가 벌어져 있으며, 그 중간에 평탄한 들판을 이루고 있어 삼태기와 같은 형태를 하고 있는 산의 지세를 말한다. 중심의 높은 봉우리는 주산이 되며, 좌우로 벌어진 능선은 청룡과 백호가 된다. 이런 지세에도 생기가 모이며, 때로는 명낭이 되기도 한다.

삼태기 지세에서 가장 중요한 점은 산 중심 부분이 높아서 중심에 기운이 모여 있어야 한다는 것이다. 만약 기운이 중심에 모이지 않고

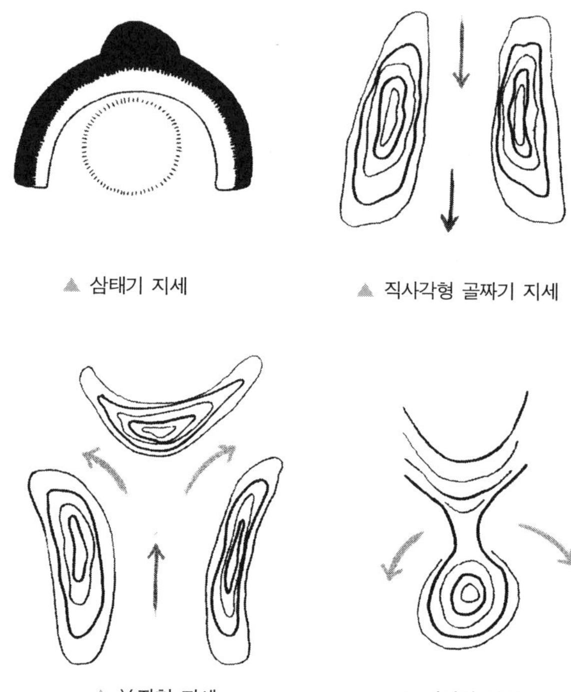

좌우로 빠져 나가는 지세라면 결코 생기를 이루지 못한다. 또 좌우로 벌어진 능선이 들판의 중심을 향해 앞면을 보이고 있어야 한다. 등을 보이고 있으면 생기가 발생하지 않는다.

라. 직사각형 골짜기 지세

두 산의 능선이 서로 평행을 이루며 길게 뻗어 내려가는 사이에 전체적으로 직사각형을 이루는 들판이 있는 지세다. 이런 지세는 계곡에서 많이 나타나는데, 계곡 사이로 부는 바람이 강하고, 하늘과 땅의 기운이 회전 운동을 못해서 생기가 모이지 않는다. 이런 지역에 집을 짓고 살면 중풍에 걸리기 쉽다.

마. Y자형 지세

왼쪽과 오른쪽에 있는 산 사이에 골짜기를 이루고 있고, 그 골짜기 끝 부분에 다른 산이 놓여 있어서 마치 'Y'자 같은 형태나 삼거리 같은 형태를 이루는 지세를 말한다. 이런 지세의 들판에는 바람이 빠르게 불고 땅과 하늘의 기운이 회전 운동을 일으키지 못해 생기가 발생하지 않는다. 특히 Y자 중심부에서는 언제나 급한 바람이 부딪치게 되므로 이런 곳은 매우 위험한 자리다. 이런 터에 집을 지으면 벙어리가 되거나 건강을 잃고, 가족 사이에 불화를 면치 못한다.

바. 말안장 지세

산의 능선이 연결되어 내려오다가 잠시 평탄해진 뒤 다시 높이 올라가서 중심 부분은 낮고 앞면과 뒷면은 높아 말 안장과 같이 된 형태를 말한다. 산 마루턱 위치가 대표적인 말안장 지세다. 이런 지세에서는 능선 중심에서 볼 때 물이 좌우로 분산된다. 또 산마루는 바람이 통과하는 공간이므로, 땅의 기운과 하늘의 기운이 회전 운동을 이루지 못해 생기가 발생되지 않는다. 이런 지역에서도 당연히 명당이 이루어질 수 없다.

사. 산이 없는 평탄한 땅

우리 나라에는 산이 없는 평탄하고 넓은 평야가 그리 많지 않지만 중국이나 미국·아프리카·러시아처럼 땅이 넓은 지역에서는 이런 곳을 흔히 볼 수 있다. 이런 넓은 평야는 바람을 막아 주는 산이 없으므로 바람의 속도가 매우 빠르다. 이런 빠른 바람은 땅의 기운을 분산시킨다. 따라서 생기가 모이지 않으므로 큰 인물이 나오지 않으며 재물도 모이지 않는다. 평야 지대의 땅 기운은 전체적으로 비슷해 건물 주변에 나무를 심을 경우 바람을 막아 주지만, 생기는 부족하다.

8. 산세를 분석하는 방법

집이나 건물을 지을 대지 주변을 둘러보면 산이 전혀 없이 평탄한가 하면 산이 한 개 또는 여러 개 있는 경우도 있다. 산은 한 지역 기운을 대표해서 나타내고 있으므로 대지의 성질을 분석하기 위해서는 주변에 있는 산의 기운부터 분석해야 한다. 산의 기운을 분석하기 위해서는 주산과 그 주변에 있는 산의 배치 관계부터 파악해야 한다. 지세를 단계별로 파악하는 방법은 다음과 같다.

① 산의 앞과 뒤를 구분한다. 생기가 모이는 공간은 산의 앞면이므로 이 곳을 선택한다.

② 산봉우리를 중심으로 품격 · 체형 · 오행산을 구분한다. 산을 품격에 따라 주인격 · 보조격 · 배반격으로 구분하는데, 주인격 산이 가장 좋고 보조격은 그 다음으로 좋다. 배반격은 좋지 않으므로 선택하지 않도록 한다.

산의 체형을 볼 때도 강체와 중체를 고르도록 하고, 약체는 가급적 선택하지 않도록 한다. 병체인 산은 절대 고르지 말아야 한다. 또한 산의 형태를 오행산으로 분석해서 강한 기운이 있는 목산 · 금산 · 토산을 고른다. 기운이 분산되는 화산이나 수산은 피한다.

③ 산 정상에서 연결되어 내려오는 중심 용(능선)을 찾는다.

④ 청룡과 백호, 안산을 살핀다. 이들 용호(청룡과 백호)가 앞쪽으

로 면하고 있으면 생기를 만들어서 좋지만, 뒤쪽을 바라보고 있으면 배반하는 기운을 갖고 있으므로 좋지 않다.

⑤ 물이 흐르는 모양과 수구를 살핀다. 물이 곡선으로 흐르며 역수하는 곳이 명당이다. 수구는 좁아야 좋다.

⑥ 중심 용의 중간 부분에서 명당을 찾는다.

⑦ 방위를 분석해서 주건물과 대문의 위치를 정한다.

명당은 산과 물의 기운이 음과 양의 조화를 이루는 지세에서 이루어진다. 특히 혈을 중심으로 해서 주변 사면을 아름다운 청룡·백호·주작·현무가 감싸 주어야 한다. 현무는 명당에 맥을 연결해서 지기를 공급하는 산이 되며, 한 지세에서 가장 중심이 되는 산이어서 주산이라고도 한다. 주산은 주인격 산으로 강체인 경우에는 강한 생기를 만들 수 있다. 청룡이나 백호, 안산 등은 주산의 기운을 보조하는 보조격 산이다.

# 4 물과 명당

1. 물의 기운

인류 역사가 물가에서 시작했다는 것은 물이 사람 생활에 꼭 필요한 요소라는 사실을 잘 나타낸다. 그래서 오래 전부터 사람들은 물을 찾아 물이 가까운 곳에 마을을 이루며 살아왔다.

풍수지리 이론으로 분석하더라도 물은 명당을 이루는 가장 중요한 요소다. 풍수, 곧 바람과 물이라는 용어에도 나타나듯이 물이 있어야만 명당이 이루어진다. 『주역』의 기가 발생하는 순서에서 보듯이 물은 모든 생명체에 가장 우선적으로 필요한 것이다.

어느 땅이나 반드시 물이 있어야 한다. 물과 짝한 다음이라야 생성의 묘(妙)를 다할 수 있다. 기는 바람을 타면 흩어지고 물을 만나면 멈춘다. 강이나 바다가 있는 지역에서도 물의 형태에 따라 기운이 모이는 위치가 달라진다. 그러므로 풍수지리에서도 지세를 볼 때 물을 제일 중요하게 여긴다.

물은 재록을 맡은 것이므로 큰 물가에 부유한 집과 유명한 마을이 많다. 비록 산중이라도 또한 시내와 간수(골짜기에서 흐르는 물)가 모이는 곳이라야 여러 대를 이어가며 오래 살 수 있는 터가 된다. 산과 물을 활동성으로 나눈다면, 산은 음이며 물은 양으로 해석된다. 산은 인사를 관리하고 물은 재물을 관리하므로 산과 물이 어우러져야 비로소 조화를 이룬다.

물이 지세에 어떤 영향을 주는지를 알기 위해서는 물의 성격을 따져 보아야 한다. 풍수에서는 물의 성격을 분석하는 방법으로 물의 규모, 흐름의 상태, 수질, 물이 흐르는 방위 등을 살핀다.

물에는 여러 종류가 있다. 가장 큰 물인 바다, 그보다 작은 강이 있으며, 개천이나 조그마한 샘물도 물에 속한다.

심지어는 논두렁이나 밭고랑에 있는 조그마한 물도 풍수지리에서는 중요하게 취급된다. 높이가 3cm인 산도 용(龍)으로 보는 것과 마찬가지다.

명당은 바닷가보다 오히려 개천이나 작은 강이 있는 곳에 더 많이 이루어진다. 음양으로 보면, 물은 수축하는 힘이고 수축하는 힘은 자연의 기운을 빨아들이는 작용을 한다. 이에 비해 불은 확산하는 힘이고, 기운을 분산시키는 작업을 한다. 명당은 물의 기운과 불의 기운이 균형을 이루는 공간에서 이루어지는데, 물이 지나치게 많은 곳에서는 균형을 잃어 명당이 이루어지지 않는다. 강한 물의 기운이 지상에 흩어져 있는 불의 기운을 모두 흡수해서 지상의 양기가 고갈된 곳이 바다다.

사람을 물과 불의 성질로 비교해 보면, 남성은 불과 같이 뜨거운 격정으로 활동하고 여성은 냉정하고 수용하는 기운으로 활동한다. 따라서 남성은 불의 기운으로 여성은 물의 기운으로 구성되어 있다고 볼 수 있다. 오행 이론으로 물과 불의 관계를 보면, 수극화해서 물의 기운이 불의 기운을 억제하는 것을 알 수 있다. 불의 기운은 물의 기운이 많은 곳에서는 힘이 미약하고, 물 속에서는 생명력을 잃게 마련이다. 그러므로 바닷가에서는 물의 기운이 많기 때문에 남성들이 건강을 상하기 쉽고, 그 결과 대체로 일찍 죽는다. 반면에 여성들은 오히려 물의 기운을 받아서 건강하다. 그래서 바닷가에는 여성들이 남성들보다 오래 산다.

2. 물의 규모

가. 바닷가 명당

바다가 시원하게 보이는 지세는 경치가 좋은 곳으로 이야기된다. 그러나 경치가 좋다고 반드시 명당이 되는 것은 아니다. 바닷가에서 명당이 되기 위해서는 바다에서 불어오는 바람을 막아 주는 포구가 있어야 한다. 포구는 자연적인 포구와 인공적인 포구로 구분되는데, 자연적인 포구가 더 강력하게 바람을 막아 주는 것으로 분석된다. 포구로 둘러싸여 있는 곳은 바다를 직접 면한 곳보다 한결 바람이 부드럽다. 바람이 부드러운 곳에 기운이 모이므로, 포구로 둘러싸인 바닷가에 명당이 형성된다. 포구가 없는 바닷가는 비록 경치는 좋지만, 강한 바람이 불어서 기운이 흩어질 뿐 아니라 폭풍 피해를 받기 쉬워 명당이 될 수 없는 것은 물론이다.

바닷가에 명당이 이루어지는 경우 포구 안쪽이 더 바람직한 공간이 되고, 바깥쪽은 바람이 강하다. 미국 샌프란시스코가 그 대표적인 경우다. 바닷가에 포구가 크게 둘러싸여 있는 곳은 큰 도시로 발달하며, 작은 포구에서는 한두 집이 명당을 이룬다. 플로리다 주에 있는 에디

슨의 여름 별장도 전형적인 작은 포구로 둘러싸여 있는 주택이다. 이런 지세 덕분에 이 연구소에서 훌륭하게 연구를 진행할 수 있었던 것이다.

나. 강가와 개천가 명당

큰 강이 있는 곳은 물의 기운이 많아서, 명당을 이루기 어렵다. 또 바람이 강하게 불기 때문에 명당으로 적당하지 못하다.

곡선으로 흐르는 강이 명당을 이루는 경우가 많다. 곡선으로 흐른다는 것은 부드럽게 흐름을 뜻하고, 따라서 바람의 속도가 약하기 때문이다. 반대로 곧게 흐르는 강은 강한 바람이 불기 때문에 명당이 이루어지지 못한다. 바람은 기운을 쓸어 가기 때문에 바람이 많이 부는 곳은 사람의 건강을 해치는 곳이다.

강이 흘러가는 것이 시원하게 보이는 곳이나 강이 멀리서 흘러오는 것이 직접 보이는 지세 역시 바람에 직접 노출되는 공간인 만큼 명당이 될 수 없다.

서울은 500년 동안 조선의 수도였다. 조선의 역대 왕들은 그들의 무덤을 서울 근방 명당에 만들었다. 오늘날 조선조 왕릉의 위치를 살펴보면, 한강 가까이에는 하나도 없는 것을 보고 놀라게 된다. 서울과 한강이 거리적으로 매우 가까운데도 한강 가에 왕릉이 없다는 사실에서 당시의 명당 이론 역시 한강 같은 큰 물은 피했음을 알 수 있다. 왕릉이 자리한 지세에서는 강물이 전혀 보이지 않는다. 이러한 사실로 보아 강물이 보이는 곳에는 명당이 생기지 않는다는 학설을 확인하게 된다. 따라서 바닷가에 왕릉이 없는 것은 더더욱 당연하다. 바다가 멀어서가 아니라 바닷가에는 명당이 없다는 것을 알았기 때문이다. 그러므로 집터를 고를 때도 큰 강이나 바닷가를 멀리하는 것이 바람직하다.

시골 강가 경치 좋은 곳에 정자를 지어 놓은 것을 쉽게 볼 수 있다. 정자는 사람들이 모여서 더위를 식히고 시원한 바람을 쏘이는 쾌적한 공간으로서, 대체로 강이 시원하게 바라보이는 곳에 세운다. 그러나 이러한 정자 위치도 명당하고는 거리가 멀다. 정자는 바람을 쏘이는 공간은 되지만, 바람을 받아들이는 공간은 되지 못하기 때문이다. 따라서 밤에 정자에서 잠을 자서는 안 된다. 바람에 사람의 기운도 날아가기 때문이다. 그러므로 정자 터와 같이 전망 좋고 시원한 곳은 경치는 좋아도 명당 터나 집터로는 좋지 않다.

산소 위치도 큰 바닷가나 큰 강가는 좋지 않다. 명당은 청룡과 백호가 감싸고 있는 내부에서만 이루어지기 때문에 좀 답답하게 느껴지기도 한다. 청룡과 백호가 울타리 역할을 하기 때문이다. 그러나 비록 보기에는 답답해도 이런 곳이 기운이 많이 모이므로 집터나 산소 자리로는 명당이다.

명당은 개천과 같이 작은 물이 있는 곳에서 이루어진다. 작은 물에서 생기는 수증기가 공기 중에 퍼져 균형을 이루기 때문이다. 대표적으로 서울 청계천이 바로 명당을 이루는 중요한 물이다.

3. 물의 형태

지상에서 용과 함께 흐르던 기운은 강이나 바다를 만나면 정지되어 한 곳에 모인다. 그 위치는 물의 형태에 따라 달라진다. 따라서 지세를 분석하기 위해서는 물에 대한 정확한 분석이 필요하다.

물은 크기에 따라서 바다·강·댐·호수·계곡·밭고랑·연못 등으로 구분된다. 명당은 바다나 강과 같이 큰 물이 있는 곳에서는 형성되지 않고 개천이나 논두렁, 밭고랑처럼 작은 물이 있는 곳에서 형성된다.

 심지어 실개천과 같은 매우 작은 물이 있는 곳에서도 명당이 형성되기 때문에, 명당은 공기 중에 약간의 수분만 있어도 형성되는 것으로 분석된다.

 바다는 물의 근원이지만 생기를 발생하지 않는다. 바닷물이 강한 음기이므로 양기가 힘을 발휘하지 못하기 때문인데, 모든 생기는 양기와 음기가 서로 균형을 이룰 때 발생하며, 양이나 음 한 쪽만 강한 경우에는 생기가 발생하지 않는다.

 포구로 둘러싸인 지세는 바다의 기운을 어느 정도 막아 주기 때문에 생기가 조금은 형성되지만 완전한 혈이 형성되기는 어렵다. 바다에 가까우면서 낮은 산에 둘러싸여 바다가 전혀 보이지 않는 지역에 생기가 잘 모인다.

 강과 집터 사이에 야트막한 산이 가로막고 있어 어느 정도 강의 기운을 막아 주는 지세라면 명당이 형성된다. 한강 주변에 조선 시대 왕릉이 하나도 없다는 사실을 통해서도, 큰 강 주변에는 혈이 없음을 알 수 있다.

 강물이 흐르는 형태는 지세에 의해 직선으로 흐르기도 하고 굽이치며 흐르기도 한다. 그러므로 강물의 흐르는 형태에 따라 명당이 형성되는 위치가 다르다. 직선으로 흐르는 강가 좌우에는 바람이 강하게 불기 때문에 기가 모일 수 없다. 이렇게 흐르는 물은 마치 화살이 급하게 지나가듯 바람도 살풍이어서 지상의 기를 흩어지게 한다.

 풍수에서 이상적인 물의 형태를 '궁수(弓水)'라고 하는데, 활의 둥근 모양이나 굽이쳐 돌아가는 형태에서 곡선 중심의 안쪽을 말한다. 이러한 지세에서는 물이 잔잔하고 지기가 모여 좋은 집터를 이룬다. 곡선 바깥쪽에는 기운이 모이지 않아 좋은 집터가 되지 못한다. 경상북도 안동 하회 마을이 대표적인 경우다. 서울의 지세를 보면, 한강이 서울 남쪽을 통과할 때는 굽이굽이 돌아 마치 활과 같은 형태를 이루지만, 여의도에서 강화까지는 직선으로 흐른다.

4. 물이 흐르는 방향

물이 흐르는 방향은 산이 높고 낮음과 직접 관련된다. 산이 높은 곳에서 낮은 곳으로 경사를 이루듯, 물의 흐름도 산의 경사도와 일치하게 마련이다. 산의 경사도와 물의 경사도가 같은 방향을 이루는 경우를 산수동거(山水同去)라고 한다. 계곡에서 흐르는 물의 형태로 본다면 양쪽 계곡의 경사와 중앙에서 흐르는 물의 방향이 같은 것을 말한다. 이러한 곳에서는 결코 명당이 이루어지지 않는다. 산의 기운과 물의 기운이 같은 방향으로 흘러, 서로 부딪치지 못하기 때문이다. 명당은 산의 기운과 물의 기운이 서로 부딪치면서 조화를 이루어야만 가능하다.

물이 산의 경사와 반대로 흐르는 경우를 역수(逆水)라고 하며, 이 경우에만 명당이 발생한다. 산의 기운과 물의 기운이 서로 마주칠 수 있기 때문이다. 이 곳에서는 바람이 잔잔해서 마치 흐르지 않는 것처럼

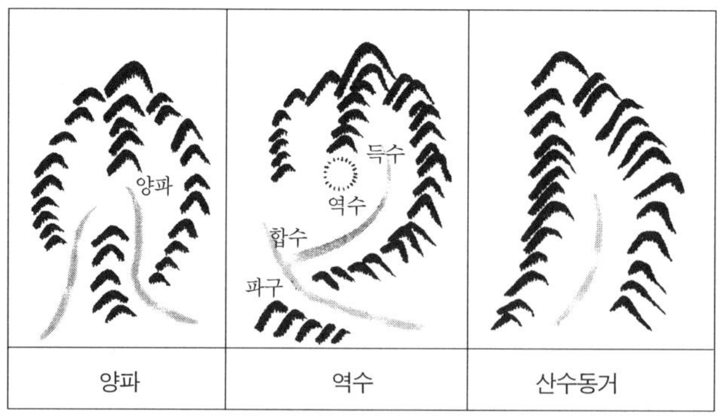

◀ 물 흐름의 종류

느껴진다.

가. 주걱형 지세

명당은 물의 흐름이 산의 기운과 서로 마주치는 지역에서 발생한다. 강가에서 물의 방향은 일정하게 아래로 흘러가게 마련이다. 이러한 강가에서 명당이 발생되려면 물의 흐름을 걷어올리는 듯한 주걱과 같은 지세여야 가능하다. 물이 흘러오는 쪽을 향해 산이 앞을 마주보고 있으면서 역수를 이루는 곳이라야 하는 것이다.

이런 지세에서는 물의 기운이 음양으로 결합되어 명당을 이룬다. 뉴욕 맨해튼 서쪽이 바로 이렇다. 맨해튼 서부에 있는 허드슨 강이 북에서 남으로 흐르는 반면 맨해튼 서쪽 지역이 물을 걷어올리는 형태로 보이기 때문이다. 캐나다 밴쿠버 역시 역수에 의해서 이루어진 도시다.

서울은 동쪽에 있는 청계천이 역수 지형이다. 남산에서 흘러 들어온 물이 청계천 7가에서 역수로 만나게 된다. 청계천 7가는 바로 청계천이 빠져 나가는 수구다. 이 곳이 서울의 생기를 만들어 주는 곳이다.

나. 행주형 지세

행주형(行舟形)은 강물을 따라 형성되는 명당의 대표적인 형태다. 행주형 지세는 강가에 물이 굽이쳐서 그 지역이 마치 배의 형태 또는 반달과 같은 형태의 지역을 말한다. 행주형은 흘러내려 가는 강물을 마수보고 퍼 올리는 숟가락 또는 배 형태를 이루고 있다. 숟가락은 직선으로 긴 손잡이 부분과 볼록하게 패어 있는 부분으로 이루어져 있는데, 움푹하게 패어 음식물이 고이는 부분이 바로 명당에 해당한다. 배의 형태로 보면, 상부에 가까운 부분이 명당이 되며 하부는 명당이 되지 못한다.

행주형은 반달 또는 초생달의 형태라고도 말한다. 초생달은 보름달과 달리 한쪽이 우묵하게 패어 있는 형태다. 이러한 행주형은 강물이 흘러가는 지세의 한쪽에 위치하게 되며 강물의 하부에서는 물이 휘어 나가게 되어 있다. 이 휘어 나가는 부분이 수구가 된다.

행주형 도시로는 경주의 반월성이 있다. 청주·평양 등도 행주형 명당으로 알려져 있다. 미국에서는 워싱턴·리치먼드·코스마운스·보스턴·디트로이트·시카고 등이 이에 속한다.

5. 물의 청탁

물에는 맑은 물과 탁한 물을 비롯해서 여러 종류가 있다. 풍수로 볼 때 맑고 깨끗한 물이 있는 곳에서는 훌륭한 인물이 태어나고, 사람들이 건강하게 성장한다. 물이 깨끗하지 못한 곳에서는 사람들이 정상적으로 성장하지 못하고 기운도 약해진다. 그러므로 물이 깨끗한 곳에서만 명당이 이루어진다.

요즘 들어 오염된 강물 속에 사는 물고기들이 흉하게 변한 것을 자주 본다. 이렇게 탁하고 오염된 물이 사람에게도 불행을 초래할 것은 자명하다. 물의 청탁은 사람의 건강과 행복에 직결된다. 중국의 황하는 언제나 흙이 많아서 탁한데, 300~400년에 한 번씩 맑아진다고 한다. 그리고 이 때 큰 인물이 태어난다고 전해진다.

6. 물이 흐르는 속도

명당은 물이 천천히 흐르는 지역에서만 이루어진다. 급류 지역에서는 바람도 빠르게 불어 땅의 기운이 분산되고, 물이 천천히 흐르는 곳에서는 바람 역시 잔잔해서 기운이 모여 생기가 이루어지기 때문이다.

따라서 폭포가 있는 지역에서는 명당이 이루어지지 않는다. 폭포는 물이 빠른 속도로 흐르는 공간이며, 높을수록 물의 속도 또한 빠르기 때문이다. 따라서 경치 좋은 곳으로는 인기가 있으나 풍수로 봐서는, 명당이 이루어지는 곳은 아니다. 특히 폭포에서 물이 떨어지면서 나는 소리는 사람들의 기운을 좋지 않게 만든다. 밤에는 물 소리가 귀신이 우는 소리와 비슷하기 때문에 두려움과 공포심을 느끼게 한다. 물은 잔잔하게 흘러서 물결이 일지 않을 정도로 고요해야 좋다.

7. 물의 맛

사람은 날마다 일정한 양의 물을 먹어야만 살 수 있다. 물 맛은 지역에 따라 달라서 바닷물처럼 짠 물이 있는가 하면 단 맛이 나는 물도 있다.

신기하게도 명당에는 깨끗한 물이 솟는 약수가 꼭 있다. 강릉에 있는 오죽헌은 신사임당이 율곡을 배출한 터로 유명하다. 이 오죽헌에 샘이 하나 있는데 물 맛이 특히 좋아서, 사람들이 건강해지고 훌륭한 인물이 많이 난다고 한다. 이 집에서 자라서 출가한 여인들이 임신해서 출산이 임박해졌을 때, 이 곳에 와서 물을 먹고 기거하면 건강한 아기를 날 수 있다고 전해지기도 한다.

8. 수구와 집터

물이 한 지역의 낮은 부분에서 강이나 개천으로 흘러 나가는 부분을

'수구(水口)'라고 한다. 이 명칭은 용의 끝과 물이 만나는 지점, 곧 청룡과 백호가 얼싸안은 곳을 용이 물을 마시는 입으로 본 데서 유래됐다는 주장이 있는가 하면, 청룡과 백호가 명당 앞면에서 서로 입을 마주 대고 상대방의 물을 먹어 생기를 찾는다는 뜻에서 연유되었다는 주장도 있다. 아무튼 한 지역의 물은 모두 수구로 빠져 나가므로, 수구는 모두 낮은 지역에 있다.

수구의 기능은 물탱크의 배수 밸브와 같다. 배수 밸브가 열린 곳에는 물이 고이지 못하고 밸브가 닫혀 있는 곳에만 물이 고일 수 있다. 또 수구는 인체의 항문과도 그 기능이 같다. 항문은 평상시에는 닫혀 있어서 체내 기운이 외부로 유출되는 것을 막고 생명력을 유지시킨다. 그러나 사람이 죽으면 항문이 열려 모든 기운이 빠져 나간다. 이와 같이 수구는 지세에서 생기의 발생과 그 유무에 직접적인 영향을 미친다.

수구로는 물뿐만 아니라 바람도 빠져 나간다. 그러나 명당에서는 수구를 통해 물이 빠져 나가더라도 바람은 빠져 나가지 않아야 한다. 따라서 물이 흘러 나가는 하류, 곧 수구가 산으로 가로막혀 있는 지세에서는 물이 산을 감싸고 돌아 나가는 형태를 이루고 있기 때문에 비록 물은 산을 돌아 빠져 나가지만 바람은 직접 빠져 나가지 않는다. 이러한 형태가 곧 막힌 수구다.

수구에 산이 없어 넓은 강물이 일직선으로 흘러 나간다면, 동시에 바람도 빠른 속도로 흘러 나가게 된다. 이런 수구를 막힌 수구의 반대 개념으로 열린 수구라고 하기도 하고, 좁은 수구에 반해 넓은 수구라고 하기도 한다. 수구가 막힌 지세에서는 생기가 많이 쌓이기 때문에 큰 부자나 훌륭한 인물이 많이 배출되고 열린 수구에서는 생기가 전혀 모이지 않아 건강과 재물, 명예를 잃게 된다.

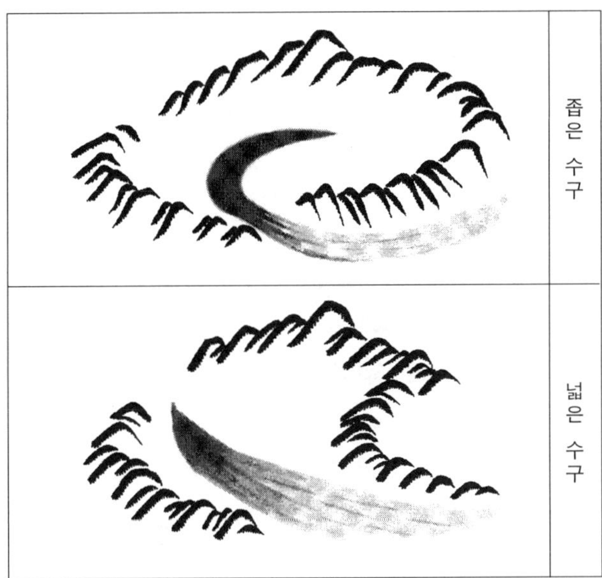

◀ 수구의 종류

수구를 이루는 용은 청룡이나 백호에 관계없이 반드시 역수를 해야
한다. 역수를 하면 그 수구는 좁은 수구가 되고, 그렇지 않으면 넓은
수구인 동시에 산수동거가 되기 때문이다.

수구를 이루는 용이 역수하는 힘이 크면 클수록 수구에서 기를 모아
주는 힘도 커지고, 이에 따라 혈에 발생하는 생기도 더욱 많아진다. 청
룡의 끝 부분에 수구가 이루어지면 청룡이 역수를 해야 하며, 백호 끝
부분에서 수구가 이루어지면 백호가 역수를 해야 한다. 그래야 수구가
좁아지고, 동시에 혈에 생기가 발생한다. 수구 중에서 청룡의 끝과 백
호의 끝 부분이 서로 한 지점에서 합치거나 겹쳐 있는 것이 가장 이상
적이다. 수구를 음과 양으로 구분해서 청룡에서 만들어진 수구를 양
수구, 백호에서 만들어진 수구를 음 수구라고 한다.

한국의 지세는 동쪽이 높고 서쪽이 낮아서 강물은 대부분 서해로 흘

러 들어간다. 그러나 서울 시내를 관통하며 흐르는 청계천은 서울의 서쪽에 있는 인왕산에서 시작된 물이 북쪽에 있는 삼청 공원의 물과 합류해서 동쪽으로 흘러, 동대문을 지나 한양 대학교 앞에서 한강에 합류된 뒤에야 비로소 서쪽으로 흐른다. 이처럼 청계천이 동쪽의 낙산을 지나 동쪽으로 흐르는 과정이 바로 역수다.

서울의 중심인 경복궁을 기준으로 본다면, 낙산은 왼쪽에서 오른쪽으로 맥을 연결하고 청계천은 오른쪽에서 시작해서 왼쪽으로 흘러 산과 물의 방향이 반대가 된다. 서울의 지세가 세계적인 명당이 되는 것은 바로 청계천의 역수에 있다. 서울이 명당이라는 사실은 태조 이성계가 서울을 수도로 정한 뒤 600년이 지난 지금까지 인구 1000만 명이 넘는 세계적인 대도시로 발전하고 있는 것으로 알 수 있다.

서울 청계천 7가에는 조선 시대 때 세운 수구문(水口門)이 있다. 이 수구문은 남산의 끝 부분인 신당동과 서울의 중심지를 가로지르며 흐르는 청계천이 만나는 자리로, 풍수지리 차원에서 수구문이라는 이름이 붙었다. 수구문의 위치는 청계천이 서울의 청룡인 낙산의 끝 부분을 빠져 나가는 지점과도 일치한다. 수구문 주변에 안산과 청룡이 동시에 좁은 수구를 이룸으로써 서울을 명당으로 만들고 있는 것이다.

방배동의 이른바 카페 골목은 한강 주변 다른 지역보다 상권이 많이 발달된 곳이다. 이 곳의 지세를 분석하면 한강이 북쪽에 위치해서 동쪽에서 서쪽으로 흐른다. 방배동 앞면에서 볼 때, 한강이 흘러 내려가는 서쪽 끝에는 국립 묘지 산이 한강이 흘러오는 동쪽 앞으로 향하고 있다. 이 산은 한강이 흐르는 방향에서 역수해서 수구를 좁게 만들어 주고 있다. 따라서 방배동은 국립 묘지 산이 청룡으로 수구를 막아 줌으로써 명당이 된다. 방배동과 유사한 외국 도시로는 캐나다 서남부에 위치한 밴쿠버가 있다.

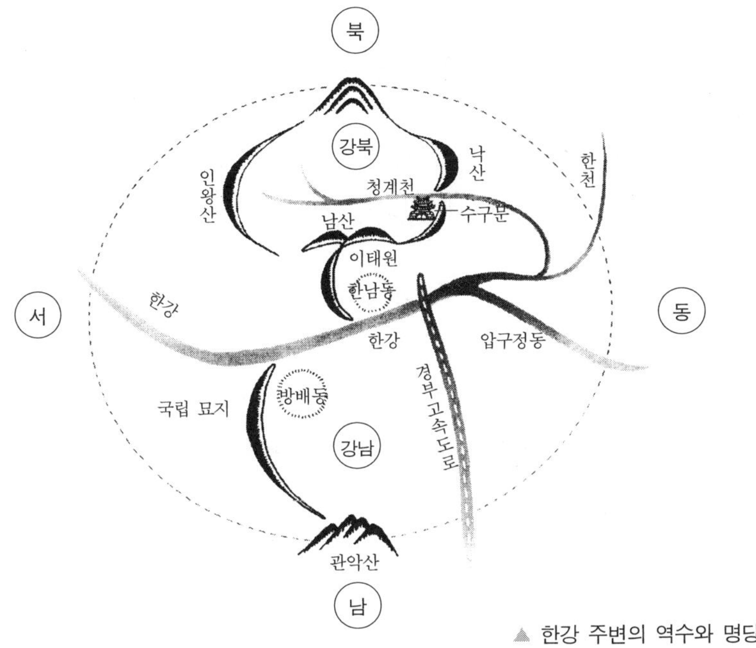

▲ 한강 주변의 역수와 명당

　합수(合水) 지역에서도 명당이 형성되기 쉽다. 두 개 이상의 강이나 개천이 하나로 합쳐지는 지세인 합수는, 물이 합쳐지면서 기운이 합쳐져 강해지기 때문이다.

　득수(得水)란 물을 얻는다는 뜻으로, 지세에서 처음 물이 보이기 시작한 위치를 말한다. 물이 마지막으로 보이는 지점은 파구(波口)라고 한다. 혈은 용과 물 두 기운이 결합됨으로써 이루어지는 만큼 지세에 반드시 물이 있어야 명당을 이루게 된다. 골짜기는 불이 없어도 불로 해석한다.

　내룡(來龍)의 좌선(左旋) 또는 우선(右旋)에 따라서 득수 지점이 왼쪽이냐 오른쪽이냐를 결정한다. 내룡이 우선일 경우에는 청룡 쪽에 득

수가 있어야 명당을 이루고, 내룡이 좌선을 이룰 경우에는 백호 쪽에 득수가 있어야 명당이 이루어진다. 용이 좌우 혼합된 경우에도 득수가 왼쪽이나 오른쪽 한쪽으로 이루어지는 것이 일반적이다. 용이 직선으로 내려갈 경우에는 물이 왼쪽과 오른쪽 양쪽으로 분산되어 흐르게 되는데, 이런 경우를 양파(兩波)라고 한다. 이 지세에서는 가족이나 재물이 흩어지게 된다.

마당에 연못이나 분수, 수영장을 만들어 놓은 집이 있다. 이런 집은 풍수로 보아 그리 좋은 집이 못 된다. 마당에 있는 많은 물은 수분을 만들고, 이 수분은 공기 중에 포함되어 집 안까지 전달된다. 음기인 수분은 공기 중에 있는 양기를 흡수하는 작용을 하므로, 집 안에 늘 양기가 부족하게 된다. 이런 집에서 살면 남자들이 기운을 잃게 되고, 중풍과 같은 질병을 앓게 된다. 특히 우리 나라 같이 담장을 높게 둘러싼 주택에서는 연못에서 발생된 수분이 외부로 빠져 나가지 못하고 집 안 전체를 습하게 만들기 때문에 더욱 해롭다.

9. 수맥과 집터

지표면 하부에는 위치에 따라 여러 종류의 물이 흐르고 있는데, 크게 건수(乾水)와 수맥(水脈)으로 구분된다. 건수는 비 등으로 지상에 모인 물이 지하에 스며들어 흐르는 물을 말하며, 수맥은 지하에 지속적으로 흐르는 물이다. 수맥의 위치나 크기, 깊이 등은 일정하지 않다. 그러나 일반적으로 수압이 높은 물이 흐르며, 전파가 강하게 발생한다.

수맥은 눈으로는 잘 볼 수 없다. 그래서 집을 짓거나 건물을 지을 때 수맥의 위치를 따지지 않고 집을 짓는 경우가 대부분이며, 간혹 그 위치를 안다고 해도 도시에서는 좁은 지역에 많은 주택을 세우기 위해 이를 무시하곤 한다.

수맥은 사람에게 상당한 영향을 미친다. 지하에 흐르고 있는 수맥은 콘크리트 구조물에 금이 가게 하는 등 구조적 결함을 초래하고, 수맥이 지나가는 방에서 잠을 자는 사람은 그 기운 때문에 중풍을 비롯한 여러 질병을 앓는다. 수맥에 의해 발생된 질병은 현대 의학으로도 규명이 어렵고, 잠자리를 바꿔야만 치료가 가능하다.

고층 아파트인 경우에도 수맥의 영향은 마찬가지여서, 1층이건 10층이건 동일한 장소에서 맥이 흐른다. 수맥에 의해 사람이 건강을 잃거나 콘크리트 구조물에 금이 가는 현상 등의 원인은 아직 정확하게 밝혀지지 않고 있다. 다만 물의 성질상 수맥이 관통하는 물길과 수직선상에 있는 수분을 끌어당기거나, 수맥에서 발생되는 다른 기운 때문인 것으로 추측할 뿐이다.

수맥에 의해 생기는 피해를 사전에 막기 위해서는 수맥을 찾아 그 자리를 피하는 것이 가장 좋고, 만일 부득이하다면 수맥 상부에 동판을 깔아 기운을 차단하도록 해야 한다. 건물 기초 공사를 할 때 수맥의 상부 또는 건물 바닥 전체에 동판을 깔면 피해를 막을 수 있다.

수맥을 찾는 방법에는 여러 가지가 있는데, 가장 손쉬운 방법이 버드나무 가지를 이용하는 것이다. 살아 있는 버드나무 가지 중 끝 부분이 Y자 모양으로 벌어진 것을 꺾어, 잘려진 부분을 앞쪽으로 해서 양손으로 수평선이 되게 쥐고 걸으면, 수맥이 흐르는 부분에 이르러 버드나무 끝 부분이 갑자기 땅 쪽으로 휘어져 내려가는 증상을 보인다. 버드나무는 물을 많이 흡수하는 식물로서, 잘려진 부분이 물이 있는 곳을 향하려는 성질이 있기 때문이다.

5 용과 명당

1. 용의 일반적인 형태

풍수지리에서 말하는 '용(龍)'이란 산과 능선을 말한다. 따라서 지세의 기운을 분석하는 작업은 지세를 구성하고 있는 용의 기운을 해석하는 작업이라고 해도 과언이 아니다. 용을 정확하게 분석하면 혈을 찾을 수 있고, 지세의 기운도 정확하게 해석할 수 있기 때문이다.

풍수에서 산과 능선을 용이라고 말한 것은 산과 능선이 갖고 있는 신비하고 강한 기운 때문이다. 산의 신출귀몰하고 변화 무쌍한 흐름을 마치 용이 살아 움직이는 형상과 같이 본 것이다.

지세를 분석할 때 산봉우리의 기운만을 분석할 때는 '○○봉'이라고 부르지만, 산봉우리를 비롯해 전체 능선의 기운을 분석할 때는 용이라는 용어를 쓴다. 용은 산맥의 표면 형태고, 기운은 맥 속에 흐르는 힘이다. 따라서 지세를 분석하는 것은 용을 통해 흐르는 기운의 성질을 분석하는 것이다.

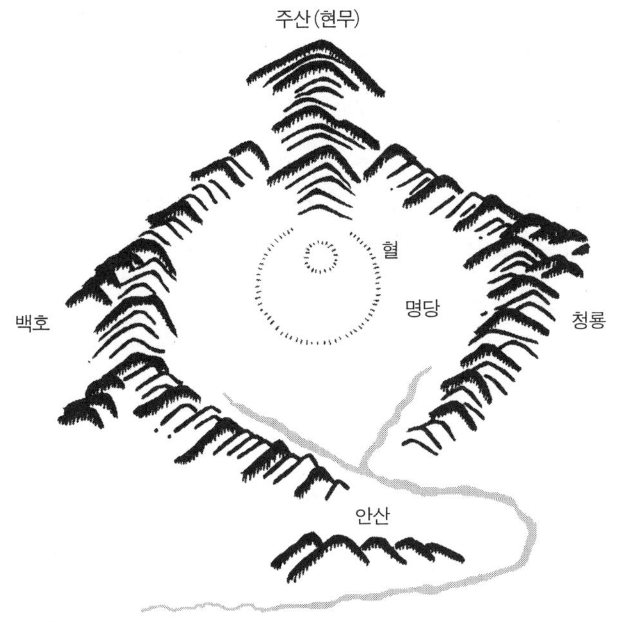

▲ 명당의 지세

　산 정상에서 출발한 용이 혈에 이르기까지는 직선 형태와 곡선 형태 두 가지가 있다. 직선적인 용이라고 해서 반드시 직선으로만 된 것이 아니라, 좌우로 약간의 변형을 갖고 있다. 좌우 어느 쪽으로도 기운이 기울지 않으며 앞으로 진행하는 직선 형태의 용은 '중심룡'이라고 한다.

　이에 반해 곡선적인 용이란 산 정상에서 혈까지 커다란 곡선을 이루고 있는 용으로, 곡선 형태에 따라 좌선룡(左旋龍)·우선룡(右旋龍)·혼합 곡선룡 등으로 구분된다.

　좌선룡은 주봉에서 연결되어 내려온 용이 마치 사람의 왼쪽 팔과 같이 왼쪽에서 시작해 오른쪽으로 곡선 방향이 변하는 것을 말하고, 우

선룡이란 주봉에서 내려온 용이 오른쪽에서 시작해서 왼쪽으로 곡선의 방향이 바뀌면서 연결되는 용을 말한다. 혼합 곡선룡은 산의 주봉에서 연결된 용이 처음에는 좌선을 한 뒤에 다시 우선을 하는 등 전체적으로 좌선과 우선의 변화를 갖고 있는, 곧 'S'자 모양을 한 용을 말한다.

혈은 중심룡이나 곡선룡에 관계없이 이루어질 수 있으며, 혈을 이루고 있는 지세에서 혈은 중심룡에, 청룡은 좌선룡에, 그리고 백호는 우선룡에 위치하는 것이 가장 좋은 형태다.

2. 용의 앞과 뒤

용은 산봉우리에서 시작해서 능선을 이루며 평탄한 들판을 향해 조금씩 낮게 내려가기도 하고, 물이 있는 쪽을 향해 내려가기도 한다. 용의 앞면은 비교적 지면이 균일하고 안정적이어서 아름답고 밝은 빛을 띤다. 그러나 용의 뒷면은 험한 바위가 튀어나와 있어 지면이 안정되지 못하고, 땅 색도 어둡고 음산하다.

좌선룡일 경우에는 용에서 내려다봤을 때 오른쪽이 앞면이고, 왼쪽이 뒷면이다. 반대로 우선룡일 경우에는 오른쪽이 뒷면이고 왼쪽이 앞면이다. 지세의 기운을 분석할 때는 용의 앞뒤를 구분하는 것이 매우 중요하다. 용의 앞은 생기가 있어서 명당을 이룬다. 따라서 집터를 선정할 때는 용의 앞을 고르는 것이 좋다. 용의 뒷면은 흉가가 생기기 쉽다.

예를 하나 들어 보자. 서울 신당동은 남산의 맥이 장충 체육관을 지나 청계천을 향해 내려가는 능선을 중심으로 자리잡고 있어서 명당에 속한다. 그래서 박정희 대통령을 비롯해, 삼성 그룹 설립자인 이병철 회장 같은 유명 인사들이 많이 살았다.

(우선룡) ← 중심룡 → (좌선룡)

우선룡   혼합 곡선룡   좌선룡   ◀ 용의 종류

그러나 신당동이라고 해서 모두 명당은 아니다. 얼마 전에 아버지를 살해한 대학 교수가 살던 곳도 바로 신당동이다. 그 흉가를 직접 찾아가 분석한 결과, 바로 용의 뒷면에 위치하고 있는 것을 확인할 수 있었다. 그 집은 남향으로 반듯한 형태를 이루고 있고 앞면은 대로에 접해 있으며, 뒷면은 높이 4~5m의 야트막한 언덕에 의지하고 있는 이른바 배산임수와 남향의 조건을 갖추고 있었다. 그래서 웬만한 풍수 전문가가 보아도 명당으로 해석하기 쉬운 지세였다. 그러나 이 집은 용의 뒷면에 위치하고 있어 생기가 없고 흉한 바람이 불며, 흉흉한 소리가 들린다. 따라서 이 곳에 사는 사람의 마음은 늘 불안하고 악한 마

음이 생기게 된다.

용의 앞면과 뒷면은 종이의 앞뒤처럼 거리로는 매우 가깝다. 그러나 햇빛이 앞면에 비칠 때 뒷면은 음지가 되는 것과 같이, 명당은 용의 앞면에서만 이루어진다. 비록 4~5m의 작은 능선에 의해 구분되지만, 그 기운 차이는 실로 엄청나다.

3. 용의 3격과 4체형

용은 모두 서로 다른 기운을 갖고 있어 생기를 만들어 주는 용이 있는가 하면, 생기가 부족한 용도 있다. 그러므로 용에 따라 생기의 발생에 차이가 있으므로 생기를 만들어 주는 용을 찾는 것이 명당을 찾는 지름길이다.

용의 형태와 기운은 세 가지 품격과 네 가지 체형으로 구분된다. 먼저 품격으로 구분하면 크게 주인격·보조격·배반격으로 나뉜다. 이는 산의 품격을 구분한 것과 같다.

주인격 용은 주인격 산과 같이 기운이 왕성하고, 용의 변화가 아름다워 혈을 이루는 용을 말한다.

주인격 용 옆에는 반드시 보조격 용이 있어서 주인격 용의 기운을 보조하는데, 명당 지세에서 주산과 주룡은 주인격 용에 해당한다. 주인격 용은 주산에서 가장 큰 힘을 갖고 내려오는 용으로, 주변 용보다 강한 힘을 갖고 있어야 한다. 만일 주변에 주인격 용보다 강한 용이 있을 경우에는 주인격 용의 기능을 다하지 못하게 된다. 주인격 용이 있는 지세에서는 명당이 형성되므로 정치적·경제적으로 성공하는 인물이 배출된다.

보조격 용은 기운이 부족해 혈을 이루지는 못하지만 주변에 있는 주인격 용에 혈이 이루어지도록 도와 주는 역할을 한다. 보조격 용은 명당을 향해 절하는 자세로 공손하게 마주 보고 있는데, 명당 지세에서 청룡이나 백호는 보조격 용의 대표 형태다. 청룡이나 백호는 스스로 혈을 만들지 못하지만 주룡에 생기를 보내 돕는 작업은 가능하기 때문이다. 보조격 용이 있는 지세에서는 여러 사람이 협력해서 큰 일을 이룬다.

배반격 용은 용의 뒷면, 곧 등을 보이고 있는 용으로 자기 기운은 명당 쪽으로 보내지 않으면서 명당의 기운을 빼앗아 간다. 이런 지세에서는 이웃을 배반하는 사람들이 많아서 인심이 좋지 않다. 큰 인물도 배출되지 않는다

용의 체형은 용에 흐르는 기운을 청탁(淸濁)과 길흉(吉凶)의 성질로 해석하기 위해 구분하는데, 용의 단면 형태를 기준으로 해서 강체·중체·약체·병체 네 가지로 구분한다. 마찬가지로 산의 4체형 구분과 기본 개념이 같다.

강체는 한옥의 수키와를 엎어 놓은 것처럼 둥그렇게 솟아오른 형태로, 좌우 균형이 알맞고 적당하게 탄력을 이룬 능선을 말한다. 강체인 용은 깨끗하고 강하며 여유 있는 기운이 통과해서 혈과 명당을 이룬다.

중체는 단면은 좌우 균형을 이루고 있으나 직선으로 되어 있어서 강체보다는 힘이 여유롭지 못한 편이다. 그러나 중체인 용에는 깨끗한 기운이 흘러 혈과 명당을 이룬다.

약체는 단면은 삼각형을 이루고 있으나, 좌우 경사면에 근육이 부족해서 뾰족한 형태를 이루고 있다. 기운이 깨끗하지만 강체나 중체에 비해 약하다.

병체는 단면이 좌우 중심을 이루지 못하고 불균형한 형태를 이루며,

정상적인 변화가 부족해 탁한 기운이 흐른다.

명당을 찾고자 하는 사람들 중에는 이왕이면 대명당을 찾으려는 사람들이 많다. 대명당은 큰 용에 의해 이루어진다고 여겨, 높은 산의 상부를 명당으로 해석하고 이러한 자리에 묘를 쓰는 경우가 더러 있다. 그러나 높은 지세에서는 용이 커도 명당이 이루어지지 않는다. 명당은 산의 기운과 물의 기운이 결합하는 비교적 낮은 지세에서 이루어지기 때문이다. 평탄한 지면의 용은 크지 않아도 명당이 많다. 그러므로 명당을 찾을 때는 높은 산 위의 큰 용을 찾는 것보다는 낮은 지세의 작은 용이라도 강체를 찾는 것이 효과적이다.

4. 내룡의 형태와 영향

내룡(來龍)이란 산의 주봉에서 혈까지 연결된 능선을 말한다. 혈의 기운은 주봉의 기운이 용을 통해 모이는 과정에서 이루어지는 만큼 용의 기운이 좋으면 혈도 따라서 좋은 기운을 받게 된다. 반대로 용의 기운이 좋지 않을 경우에는 혈에도 좋은 기운이 모일 수 없다. 용의 기운은 혈 기운에 중요한 요소가 된다. 용의 기운을 분석하는 데에는 여러 가지 방법이 있다.

내룡의 기운이 왕성하면 기운이 좋은 자손이 태어난다.
내룡이 후부(厚富)하면 자손이 부유하다.
내룡맥(來龍脈)에 가지가 많은 경우에는 자손이 많이 태어난다.
내룡맥이 광채를 갖고 있으면 귀한 아들이 태어난다.
내룡이 순룡이면 충신과 효자가 태어난다.
내룡이 길게 연결되어 있으면 발복 기간이 연장된다.

내룡맥이 우뚝하면 기세 좋은 자손을 둔다.

내룡의 중심 부분이 강하면 장손이 잘 되고, 가지 부분이 강하면 지손이 잘 된다.

내룡맥의 힘이 약하면 힘 없는 자식이 태어난다.

내룡의 기운이 약하면 빈한한 자손이 태어난다.

내룡맥이 고룡(孤龍)이면 자손들이 외롭다.

내룡맥이 흩어지면 자손이 건강을 잃는다.

내룡맥이 분산되어 있으면 축첩하는 자손이 나온다.

내룡맥이 흩어지면 불구 자손이 나온다.

내룡맥이 편룡(偏龍)이면 과부·홀아비가 나온다.

내룡맥이 끊어지면 자손이 끊어진다.

5. 용의 변화와 발복 기간

주산의 기운이 혈과 명당을 이루기 위해서는 주산과 혈 사이 용이 끊어지지 않고 연결되어 기운이 통해야 한다. 이는 나무 뿌리에서 꽃까지 줄기와 가지를 통해 일관된 기운이 흐르는 것과 같다.

주산에서 출발한 용의 기운이 혈까지 전달되기 위해서는 용 중간 중간이 일정한 형태의 변화 과정을 거쳐야 한다. 곧 산봉우리에서 혈까지 여러 형태로 변하면서 기운을 전달하는 통로를 이룬다. 이렇듯 용의 형태가 변화되어 있으면 기운이 통하는 생룡(生龍)이며, 용의 변화가 이루어지지 않고 직선으로만 연결되어 있으면 기운이 없는 용이서나 죽은 용, 곧 사룡(死龍)이 된다. 따라서 용의 변화 형태로 기운을 파악할 수 있게 된다.

용의 진행은 그 방향에 따라 해석이 달라진다. 용이 갈 지(之) 자와 같은 형태를 이루고 있는 것은 '좌우 진행형'이라고 하는데, 뱀이 앞으로 나아가기 위해 구불구불 움직이는 형태와도 비슷하다. 사람의 걸음걸이도 발자국만 보면 왼쪽과 오른쪽으로 구불구불 변하면서 이런 형태를 이루고 있다. 사람은 발자국 사이 폭이 대략 60cm면 정상이라고 본다. 건강한 용은 15m를 한 걸음, 곧 한 폭으로 본다. 따라서 15m마다 왼쪽과 오른쪽에 발자국과 같은 형태의 변화를 이루며 앞으로 진행해 나가는 것을 가장 이상적인 변화 과정으로 본다.

용에 따라서는 걸음 폭이 20m를 넘는 경우도 있지만, 30m를 넘어도 변화가 없는 경우에는 사룡으로 해석한다. 왼쪽과 오른쪽으로 진행하면서 이루는 변화 각도는 30도가 대표적이며, 힘이 강한 용일수록 변화 각도가 커 90도를 이루는 것도 있다. 반면 힘이 약한 용은 30도에 미치지 못하고, 사룡은 아예 변화 각도가 없다.

용이 솟아올랐다 떨어지고, 다시 솟아올랐다가 떨어지는 형태인 '상하 진행형'도 있다. 깊은 바닷속에서 사는 용이 하늘로 승천하기 위해서는 높이 솟아올랐다가 떨어지고, 다시 솟아올랐다가 떨어지는 상하 운동을 반복해야 한다는 얘기가 있다. 산의 능선이 높았다 낮아지고, 다시 높아졌다가 낮아지는 형태를 용이 승천하기 위해 움직이는 것과 동일하게 보고, 상하 운동을 진행하는 용이 강한 기운을 갖고 있다고 분석한다.

또 용이 내려오는 도중 한 마디에서 왼쪽·오른쪽·앞쪽 세 방향으로 뻗어 나가 내룡까지 합해 십자 모양을 이루는 것도 있다. 십자맥에서 주룡은 직선으로 내려가고 두 개의 맥은 왼쪽과 오른쪽으로 동시에 뻗어 나가 백호를 이루게 되는데, 이러한 십자맥은 용의 기운이 매우 강한 경우에만 발생한다. 그래서 십자맥을 왕기(王氣)를 갖고 있는 용으로 해석해서, 왕이나 큰 재벌이 나온다고 본다.

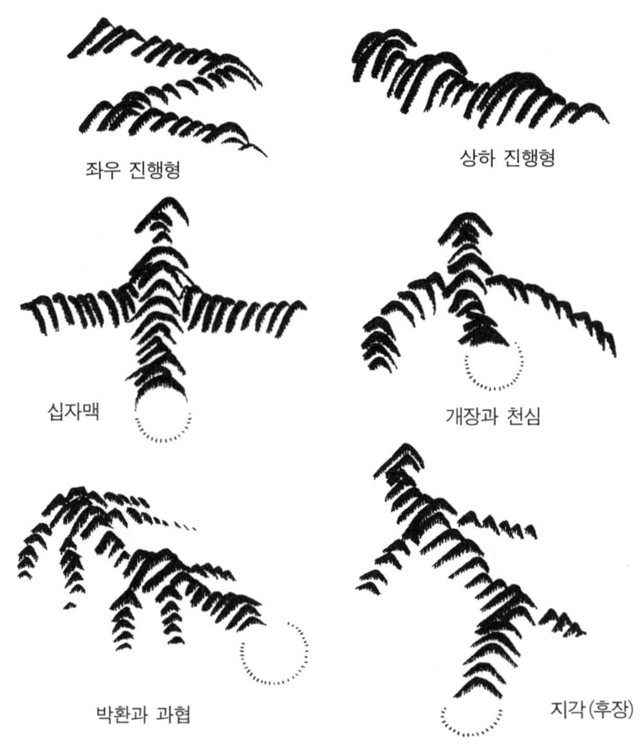

좌우 진행형　　　　　　　　상하 진행형

십자맥　　　　　　　　개장과 천심

박환과 과협　　　　　　　　지각 (후장)

▲ 용의 여러 모양

　주산과 혈 사이에 있는 주룡은 '개장(開帳)'과 '천심(穿心)'의 변화를 이루게 된다. 개장이란 장막을 병풍처럼 넓게 펼친다는 뜻으로, 산이 주산을 중심으로 좌우로 넓게 펼쳐진 것을 뜻한다. 개장된 산의 형태는 마치 독수리가 날개를 좌우로 넓게 펼치고 있는 모습과도 같다. 좌우 양쪽 날개는 동일한 정점에서 출발하기도 하지만 서로 다른 정점에서 출발하기도 한다. 이 때 좌우 양날개가 동일한 지점에서 출발한 경우에는 십자맥이 되어 더욱 강한 혈을 이룬다.

천심이란 주산의 기운이 혈에 이르기까지 맥이 통하는 과정을 말하는데, 주산의 기운이 혈까지 전달되기 위해서는 주봉의 기운이 강해야 하며 동시에 생룡이어야 한다.

용의 변화에 따라 '박환(剝換)'과 '과협(過峽)'으로 구분하기도 한다. 박환이란 강하고 험한 용이 부드러운 형태로 변화하는 과정을 말하고, 과협은 용으로 관통하는 기운이 혈을 이루기 위해서 통과하는 목과 같이 가늘고 강한 용을 말한다. 용의 형태가 바뀌면 기운의 종류도 강한 기운으로부터 생기로 변화된다. 과협은 강한 기운이 통과하면서 마치 끈으로 묶인 것 같은 형태를 이루고 있어 '속기(束氣)'라고도 한다.

용은 산봉우리를 뒤로 하고 낮은 지역을 향해 내려가는 성질을 갖고 있는데, 마디에서 받쳐 주는 힘의 진동에 의해 앞으로 진행하게 된다. 이 때 뒤에서 받쳐 주는 용을 '지각(枝脚)' 또는 '후장(後杖)'이라고 한다. 용의 힘은 지각의 크기에 따라 결정된다. 큰 지각을 갖고 있는 용은 강한 힘으로 전진하게 되며, 작은 지각을 갖고 있는 용은 뿌리를 갖지 못한 약한 용이 된다. 지각은 청룡이나 백호가 되기도 하는데, 지각이 하나의 봉우리를 일으킨 뒤에는 주룡으로 변해서 혈을 이루기도 한다.

이상적인 생룡은 대략 15m마다 한 절(節)을 이루고 있다. 절의 수는 곧 발복 기간을 의미하며, 한 절의 발복 기간은 30년이다. 절은 바위나 새로운 작은 가지로 마디를 이루고 있다. 따라서 혈에서 주봉까지 생룡 길이가 45m면 3절이 되며, 300m면 20절이 된다. 그리고 혈에 연결된 용의 길이가 3절이면 90년 동안 발복했음을 의미한다. 용이 중간에서 끊겼으면 혈에서 끊긴 곳까지 절 수를 세서 발복 기간을 계산하는데, 끊어진 뒤에 있는 용은 계산하지 않는다. 각 산마다 절의 길이는

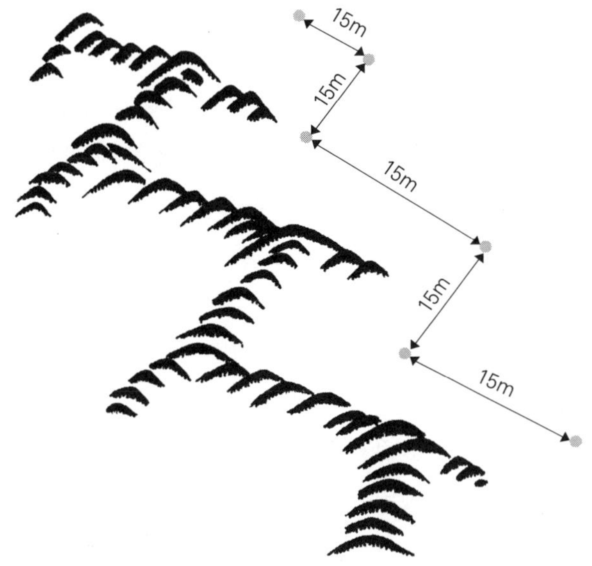

◀ 용의 마디

용에 따라 차이가 있기 때문에 혈에 연결된 용의 절 수는 직접 가서 보고 따져야 한다.

6. 용의 종류

생룡(生龍)과 사룡(死龍) : 생룡에는 생기가 통하고 있어서 혈을 이루는 반면, 사룡에서는 생기가 이루어지지 않는다. 따라서 명당은 생룡에서만 이루어진다. 생룡과 사룡은 형태로 구분하는데, 갈 지(之) 자 형태나 상하 운동하는 변화를 이루고 있으면 생룡으로 보고, 변화가 없이 펑퍼짐하게 퍼져 있으면 사룡으로 본다. 생룡의 흙은 밝고 생기가 있는 반면, 사룡은 푸석푸석하고 탄력이 없으며 기운이 없는 죽은 색을 갖고 있다.

　정룡(正龍) : 용이 산봉우리와 강하게 연결되어 있으면서 변화가 아름다운 것을 정룡 또는 주룡(主龍)이라고 한다. 정룡은 혈을 이루는 용으로서, 주봉에서 혈까지 직접 연결되어 '내룡(來龍)'이라고도 한다. 주룡이 생기를 발하며 앞으로 진행하기 위해서는 절점에서 왼쪽과 오른쪽에 작은 용을 만들며 진행해야 한다.

　간룡(幹龍)과 지룡(枝龍) : 나무에 줄기와 가지가 있는 것처럼 용에도 간룡·지룡·작은 가지룡 등이 있다. 간룡이란 백두산·태백산과 같이 거대한 산맥에 의한 용으로, 거대하고 과격한 용을 말하며 '원룡(原龍)'이라고도 한다. 지룡이란 간룡으로부터 뻗어 나온 용을 말하며, 작은 가지룡은 다시 지룡에서 출발한 것을 말한다.

　용의 형태에 의해 간룡은 대룡(大龍)으로, 지룡은 중룡(中龍)으로, 작은 가지룡은 소룡(小龍)으로 구분하기도 한다. 대룡은 능선의 높이나 좌우 폭이 넓은 용으로, 기운을 많이 만든다. 이에 비해 중룡과 소룡은 높이나 좌우 폭이 작다. 대룡은 단면의 길이가 폭 30m 높이 20m를 넘는 용이며, 중룡은 폭 20m이며 높이 10m 이상 20m까지, 소룡은 폭 10m 높이 10m 미만으로 각각 구분한다.

　전선 굵기에 따라 전류의 양이 각각 다르게 흐르듯, 용의 단면적에 따라서 지기가 흐르는 양도 비례한다. 일반적으로 간룡은 바다와 같이 큰 물이 있는 쪽으로 흘러 내려가며, 지룡이나 작은 가지룡은 이와 반대로 강물을 등지고 평탄한 들판을 향해 내려가는 경우가 많다. 또 꽃이 줄기에 피지 않고 가지에 피듯, 명당도 바다를 향해 내려가는 간룡에는 이루어지지 않고 들판을 향해 내려가는 지룡이나 작은 가지룡에 이루어진다.

　순룡(順龍)과 역룡(逆龍) : 일반적으로 용은 산의 높은 봉우리에서 시

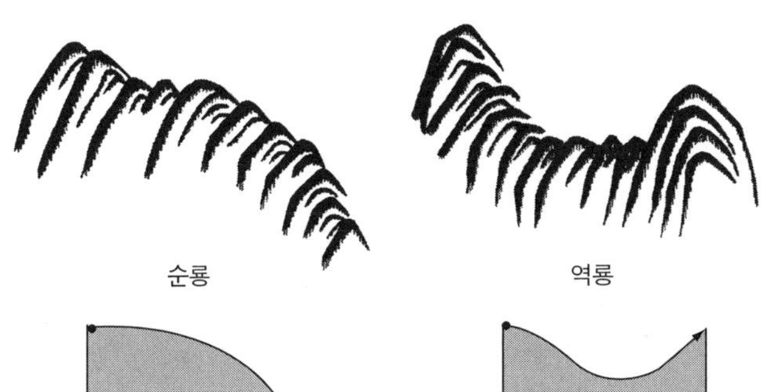

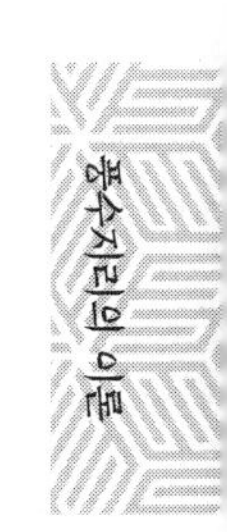

◀ 순룡과 역룡

작해서 조금씩 낮은 곳으로 이동한다. 이처럼 높은 곳에서 시작해서 내려갈수록 낮아지는 형태의 용을 순룡이라 한다. 반대로 역룡은 높은 곳에서 조금씩 낮아지면서 다시 높이 솟아올라 역봉을 이루는 형태를 말한다. 순룡이 있는 지세에서는 사람들이 모두 순한 마음을 갖고 부모에게 효도하며, 국가에 충성하는 인물이 많이 배출된다. 반면 역룡이 있는 지역에서는 하극상이 자주 일어난다.

병룡(病龍)과 결항사(結項砂) : 용의 형태가 좌우 균형을 이루지 못했거나, 좌우 상하 변화가 부족한 것을 병룡이라고 한다. 병룡이 있는 지세에서는 병적인 기운이 통해 불구자가 나온다. 결항사는 용이 변화 없이 길게 늘어져 있으면서 끝 부분이 둥글게 솟아올라 있어 마치 목 매달고 죽어 축 늘어진 시신을 눕힌 형태를 이루고 있는 산을 말한다. 이런 지세에서는 목을 매달아 자살하는 사람이 생긴다.

7. 용세 12격

용의 기운은 매우 다양한데, 그 중 대표적인 열두 기운을 '용세 12격(龍勢十二格)'이라고 한다. 이 12격 가운데 왕룡·반룡·은룡·독

룡·비룡·회룡은 생룡이고, 쇄룡·광룡·천룡·편룡·기룡·직룡은
사룡이다.

왕룡(王龍) : 강하고 밝은 기운을 발한다. 강체인 용에서 이루어지
며, 큰 혈과 대명당을 이루는 용으로 단면이 좌우 균형을 이뤄 상하
변화가 아름답다. 용 가운데 가장 이상적이다.

반룡(盤龍) : 용의 기운이 둥글게 회전하는 형태를 이루며, 뱀이 둥
글게 또아리를 튼 형태로도 비유된다. 혈과 명당을 이루는 생기를 갖
는다.

은룡(隱龍) : 일반적인 용은 지면보다 높이 솟아올라 눈으로 쉽게 구
분되는 반면, 은룡은 땅 속에 숨어 있다. 은룡은 지면 아래에서 바위나
흙으로 연결되어 있으며, 혈과 명당을 이루는 기운이 있다.

독룡(獨龍) : 용의 진행 과정에서 왼쪽이나 오른쪽으로 가지가 나오
지 않고 중심이 되는 한 가닥만으로 이루어진 것을 말한다. 이 지세에
서는 대대로 독자가 출생하게 되는데, 지세에 따라 명당을 이루기도
하지만 주변 지세의 도움이 없으면 사룡이 된다.

비룡(飛龍) : 좌우 상하로 움직임이 많은 용을 말한다. 강한 생기를
이루고 있어서 혈과 명당을 이룬다.

회룡(回龍) : 주봉에서 출발한 용이 진행하는 동안, 조금씩 회전해서
주봉을 마주 보는 상태로 있는 것을 말한다. '용이 회전해서 조상을
돌아본다'는 뜻으로 '회룡고조(回龍顧祖)'라고도 하며, 혈과 명당을 이
룬다.

쇄룡(碎龍) : 땅에 변화가 없고 동시에 생기가 미약한 용을 말한다.
이러한 땅은 탄력이 없어 흐물흐물 흩어지는 토질로 이루어져 있다.

광룡(狂龍) : 역룡과 같은 형태를 이루고 있는데, 용이 안정되지 못
하고 미쳐 날뛰는 것 같은 모양을 하고 있다. 험한 바위들이 불규칙하

게 솟아 있는 것이 특징이다.

천룡(賤龍) : 용의 형태가 단정하지 못하고 분산된 기운을 갖고 있다. 또 기운이 음습해서 잡초가 무성하게 자란다.

편룡(片龍) : 단면상 왼쪽이나 오른쪽 한 쪽이 급경사를 이뤄 좌우 균형을 잃은 용을 말한다. 기운이 충분히 통하지 못해 혼자 사는 사람이 많은 지세다.

기룡(騎龍) : 용이 급하게 달려가는 형태를 말한다. 주로 높은 산맥의 정상 부분에 많이 있으며, 산의 기운은 강하나 음양의 조화가 부족해서 생기는 이뤄지지 않는다.

직룡(直龍) : 용이 전혀 변화하지 못하고 직선으로 늘어진 형태를 말한다. 용의 기본 마디가 15m인데, 30m 이상을 변화 없이 직선으로 뻗은 용을 직룡으로 구분한다. 대표적인 사룡이다.

8. 용과 명당

혈과 명당을 찾기 위해서는 산과 생룡부터 찾아야 한다. 명당은 생룡 위에 자리잡고 있기 때문이다.

태조 이성계는 풍수지리 원칙에 따라 수도를 개성에서 한양으로 옮겼다. 도읍지뿐 아니라, 경복궁이나 창덕궁 등 왕궁의 위치도 모두 풍수지리 원칙에 따라 명당을 찾아 정했다. 조선이 이전 다른 나라들에 비해 오랜 역사를 유지한 것은 명당에 터를 잡았기 때문이다.

유명한 사찰들은 모두 명당에 자리잡고 있다. 해인사·송광사·통도사 등 현존하고 있는 큰 사찰들의 가장 중요한 공간인 대웅전은 모두 생룡과 강룡 위에 자리잡고 있다. 대웅전 뒷면은 산으로 연결되어 있는데, 이 산은 바로 주봉으로 연결된 주룡이다. 명당에 자리잡은 사찰은 지기의 영향으로 오랫동안 큰 스님들을 많이 배출했고, 많은 신자들을 제도하는 큰 사찰로 발전했다.

이에 반해 익산의 미륵사지나 경주의 황룡사지 같은 폐사찰들은 모두 용을 갖지 못한 채 평탄하거나 골짜기 같은 지세, 곧 지기가 부족한 땅에 자리잡은 경우가 대부분이다. 결국 명당 위에 자리잡은 사찰은 오랜 세월 동안 발전해서 유명 사찰로 내려오는 반면, 터를 잘못 잡은 사찰은 아무리 건물을 크게 지어도 오래 가지 못한다는 사실을 입증한다.

사찰뿐만 아니라, 천주교 성당도 대부분 명당에 자리잡고 있다. 이것은 외국에서도 마찬가지다. 외국의 성당 지하실은 본래 묘지로 사용되었다. 신자 입장에서는 죽은 뒤 성당 지하실에 안치되는 것이 최고 영예였다. 지하실 공간이 부족하면 성당 주변 들판을 묘지로 사용했다. 결국 천주교 신자들은 살아서는 명당에서 예배를 보고, 죽어서는 명당에 묻히게 되는 셈이다.

좋은 학교도 대부분 명당에 자리잡고 있다. 소위 명문 소리 듣는 학교는 대부분 명당에 있다. 참으로 신기한 일이 아닐 수 없다. 그러나 그것도 알고 보면 좋은 위치에 건물을 세웠기 때문에 명문 학교가 되었으리라고 본다. 처음 학교를 세울 때부터 명문 학교는 아니었을 것이다. 그 학교 교육이 훌륭하고, 그 학교를 졸업한 뒤 사회에 나가 일을 잘해서 명문 학교가 되었을 것이다. 명당에 있었기 때문에 그 기운을 받아 학교 교육이 잘 되었다는 것이다.

명당에서는 사람에게 유익한 기운이 나온다. 그래서 명당에 살면 마음이 편안하고 건강이 좋아지며, 정치·경제에 영향력이 큰 인물이 배출된다. 사람이 사는 집뿐만 아니라, 생산 현장인 공장도 명당에 있어야 좋다. 명당에 자리잡은 공장은 생산이 원활히 이루어져 성공을 거

두는 반면, 지세가 좋지 못한 공장에서는 뜻밖의 사고가 일어나거나
분쟁이 일어나고 생산성이 떨어지는 등 이롭지 않다.

6 혈과 명당

명당이 정말 있을까? 명당이란 한 마디로 좋은 기운이 많이 모여 있는 땅을 말한다. 좋은 기운은 사람에게 건강을 주고 마음을 편안하게 해 주며 생활에 의욕을 주는 기운이다.

명당 중에서도 특히 기운이 많이 모여 있는 땅을 혈(穴)이라고 한다. 그러므로 혈은 명당에서 가장 중요한 위치를 차지한다. 땅에 명당이나 혈이 생기는 과정은 사람 얼굴에 입이 있고 신체에 생식기가 있는 것과 유사하다. 사람의 생식기는 생명체의 가장 중요한 기운이 모여 있는 곳이다. 생명체마다 생식기가 하나씩 있듯이 거대한 산에도 생식기가 있다. 그것이 바로 혈이다. 혈은 곧 생기를 만들어 내는 공간이다.

풍수지리의 궁극 목적은 명당과 혈을 찾는 것이다. 지세를 분석해서 혈의 위치를 찾아내는 것은 어려운 일이다. 꽃 한 송이가 피기 위해서는 뿌리·줄기·잎이 모두 건강하게 자라야 한다. 이와 마찬가지로 산에서 혈이 하나 이루어지기 위해서는 뿌리에 해당하는 봉우리와 줄기에 해당하는 능선(용), 그리고 잎에 해당하는 청룡과 백호 가 모두 잘 구성되어 있어야 한다. 이렇게 혈이 이루어지기 위해 필요한 여러 조건을 검토한 뒤에야 혈의 위치를 찾을 수 있다.

1. 주봉의 기운과 그 영향

혈의 기운은 주봉(主峰)의 기운이 용을 통해 모여서 이루어진다. 주봉이 힘차면 혈에도 강한 기운이 모인다. 그래서 주봉의 형태나 그 기운은 혈의 기운을 가늠하는 데 중요한 기준이 된다.

산 정상은 그 모양이 각각 다르다. 둥글기도 하고, 뾰족한 칼날 같기도 하며, 평탄하기도 하다. 정상이 흉하게 비뚤어져 있는 산도 있다. 산에서 정상은 땅 기운이 모두 모여 있는 곳이다. 따라서 정상 이 아름답게 생긴 산이 기운도 좋다고 보며, 생기가 있는 명당도 이러한 곳에 구성된다. 산 정상이 험하거나 불안하면 주변 땅의 기운도 그다지 좋지 않아서, 이러한 곳에서는 명당을 찾기가 매우 어렵다.

산봉우리 가운데 가장 높은 것을 보통 주산이라고 한다. 주산의 형태를 분석하는 것은 그 지역의 지세를 분석하는 데 가장 중요한 요소 가운데 하나다. 산봉우리는 갓 피어나는 꽃봉오리처럼 원형이고 탐스러운 형태가 가장 좋다. 산에 골짜기가 많으면 늙은 호박처럼 줄기가 많이 있어서 생기가 부족한 산으로 본다.

주봉이 신성하면 훌륭한 인물이 배출된다.
주봉의 기운이 왕성하면 강력한 지도자가 배출된다.
주봉이 맑은 기운을 발산하면 고급 공무원이 배출된다.
주봉이 아름다우면 영웅이 태어난다.

주봉이 후부(厚富)하면 재벌이 배출된다.

주봉이 흩어져 있으면 천한 자손이 태어난다.

주봉이 무기력하면 나약한 자손이 태어난다.

주봉이 산란하면 불화하는 자손이 태어난다.

주봉이 험악하면 흉한 자손이 태어난다.

주봉이 힘이 약하면 약한 사람이 태어난다.

주봉의 기운이 음습하면 도적이 태어난다.

2. 혈의 발생

혈은 자연에 있는 음기와 양기가 결합해서 발생한다. 양기는 공기 중에 분포되어 있는 양전하고 음기는 땅에 분포되어 있는 음전하다. 비오는 날 높은 산이나 뾰족한 나무에 벼락이 치는 것은 땅 위로 솟아 나온 부분에 음전하가 많이 모여 있다는 증거다. 음전하가 많이 모여 있는 곳에는 양전하도 많이 모인다. 양전하와 음전하가 결합하는 과정에서 번개와 우레가 발생한다는 것은 잘 알려져 있는 사실이다. 풍수에서 말하는 혈도 하늘의 양전하와 땅의 음전하가 결합하는 과정에서 이루어진다. 이러한 과정을 풍수지리에서는 양래음수(陽來陰受)라고도 하는데, '양이 오면 음이 붙잡는다' 는 뜻으로, 양과 음이 결합하는 과정을 설명하는 말이다.

음전하와 양전하가 장기적 결합을 이루기 위해서는 첫째, 음전하가 모이는 산과 용이 있어야 하고, 공기 가운데 양전하를 만들어 주는 수분이 있어야 한다. 그리고 청룡·백호·주작·현무 같은 바람막이가 있어야 한다. 사신사가 바람을 막아 주는 내부에서 지표면의 음 기운과 공기 중의 양 기운이 서로 장기적으로 결합해 밝은 기운이 발생한다.

주산에서 발생된 기운이 혈까지 전달되는 과정은 태조(太祖), 중조(中祖), 소조(小祖), 입수(入首), 혈판(穴板)의 5단계를 따르며, 각 단계 사이에는 용이 있어서 앞뒤 기운을 이어 준다. 혈을 이루기 위해서는 반드시 이 다섯 과정이 필요하다. 만일 단계 사이의 용이 끊어지면 혈이 이루어지지 않거나 있더라도 미약해진다.

용의 5단계 결혈 과정 가운데 태조는 주산에 있는 주봉, 곧 용이 연결된 가장 높은 산봉우리를 말한다. 중조는 태조로부터 내려오던 기운이 새롭게 뭉쳐서 이루어진 작은 봉우리를 말하고, 소조는 중조로부터 내려오던 기운이 다시 뭉쳐서 이루어진 작은 봉우리를 말한다. 또 입수는 소조로부터 용을 통해 내려오던 기운이 혈을 이루기 위해 기운을

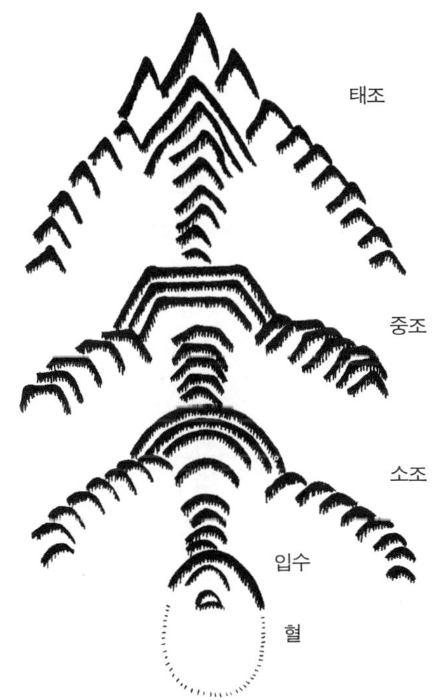

◀ 용의 5단계 변화 과정

단단하고 강하게 뭉쳐 놓은 지점을 말하며, 혈판은 입수에 들어온 기운이 혈을 만들기 위해 만든 널찍한 공간을 말한다. 혈판 중심부에는 혈이 자리잡게 된다. 따라서 혈판 주변 평탄한 공간은 모두 명당이 된다.

3. 혈의 구조와 종류

혈은 용의 거의 끝 부분, 경사진 면이나 평탄한 지면 위에 형성된다. 대부분의 용이 암석으로 되어 있듯 혈도 암석으로 구성된 당판의 중상(中上) 부위에 자리잡는다. 혈은 당판에서 입수와 주작, 좌우 양쪽의 선익에 둘러싸여 있으며, 용·입수·선익·전순 등 여러 가지의 기운에 의해 만들어진다. 혈의 크기는 가로 세로 각 2m 정도가 기본이며, 경우에 따라서는 사방 각 6m가 되는 넓은 혈도 있다. 혈의 생기는 지표면에 가까울수록 많으며, 지하로 깊이 내려갈수록 밀도가 낮아진다.

혈은 형태에 따라 와혈(窩穴)·겸혈(鉗穴)·유혈(乳穴)·돌혈(突穴)로 구분된다. 이 중 와혈과 겸혈은 우묵한 소쿠리와 같은 형태를 이루고 있어 여성 생식기에 비유되고, 유혈과 돌혈은 솟아오른 형태를 이루고 있어 남성 생식기에 비유된다.

와혈은 주룡에서 내려온 기운이 혈판에서 좌우로 각각 맥을 벌려 소쿠리 같은 형태를 이루고 있다. 겸혈은 주룡에서 내려온 기운이 혈판을 이루는 동시에 혈판 양쪽 끝에 받쳐 주는 맥을 갖고 있다. 마치 쇠뿔과 같은 모양을 이루고 있어 우각이라고도 한다. 유혈은 용이 길게 뻗어 내려온 형태로, 여성의 젖가슴과 같다는 의미에서 이 용어를 사용한다. 돌혈은 엎어 놓은 솥처럼 중심 부분이 둥그렇게 솟아오르고, 그 주변에는 솥발과 같은 바위가 솟아오른 형태를 이루고 있다.

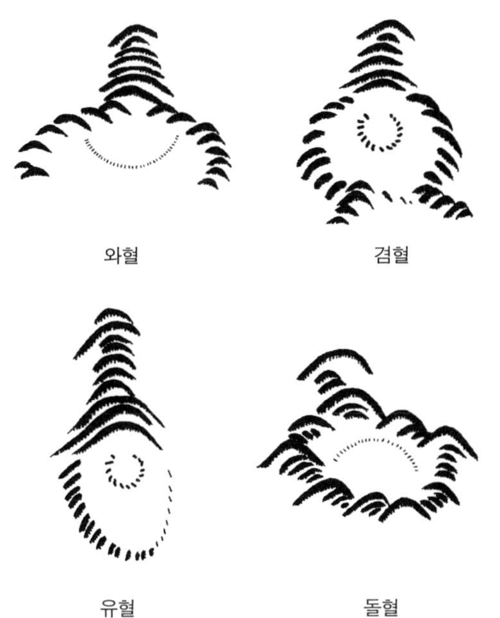

◀ 혈의 4가지 종류

혈은 암석으로 된 입수와 선익, 그리고 주작으로 둘러싸여 있으나 혈 자체는 특수한 토질로 구성되어 있다. 혈을 구성하고 있는 혈토는 일반 흙과는 그 모양새가 다르다. 겉에서 보기에는 마치 바위와 같으나 실제로는 바위와 흙의 중간 성분을 갖고 있는 '비석비토(非石非土)'다. 삽이나 곡괭이 같은 가벼운 기구로도 손쉽게 파낼 수 있으며, 혈토 덩어리는 바위 같은 결을 촘촘히 갖고 있는 것이 일반적이다. 색은 금빛 같은 밝은 색채를 띠고 있으며, 때로는 시루떡처럼 층마다 색이 다르기도 하다.

혈토는 구성이 매우 치밀해 외부에서 물이 스며들지 못하고, 나무뿌리나 벌레, 바람 등을 침투하지 못하게 하면서 신비한 기운을 모으고 있다. 따라서 이러한 혈토에 시신을 묻으면 외부의 나쁜 기운이 근

접하지 못하고 혈토에서 발생되는 생기가 시신을 감싸므로 시신이 안전하게 보전된다.

혈에서는 땅의 기운과 하늘의 기운이 동일한 지점에서 순환하며 조화를 이룸으로써 열과 빛을 발산한다. 그래서 다른 곳보다 따뜻하고 밝아 명당을 이루는 것이다.

4. 혈의 위치와 후손

시신을 혈의 중심에 매장하면 머리에서 발끝까지 균일한 기운을 받을 수 있어 이상적이다. 만일 시신의 일부가 혈 바깥에 놓이면 그 부분만 기운을 덜 받아 시신이 서로 다르게 변화한다. 가령 시신이 혈의 아래 자리에 묻혀서 위 부분만 혈의 기운을 받고 아래 부분은 받지 못하면 위 부분은 깨끗한 황골이 되지만, 아래 부분은 색이 검고 형태가 흉측해지기 쉽다. 시신을 혈보다 높은 위치에 매장했을 경우는 반대가 된다.

시신의 위 부분은 후손 가운데 장남에게 기운이 전달되고, 가운데 부분은 가운데 자손에게, 다리 쪽은 막내에게 영향을 준다. 또 시신의 어느 부위가 변하는지에 따라 자손들도 동일한 부위에 변화가 생긴다. 곧 머리 쪽에 나무 뿌리나 물의 피해를 입으면 후손들에게 머리나 눈에 병이 생기는 일이 많아진다. 시신의 허리 부분을 나무 뿌리가 칭칭 감고 있는 경우에는 허리 디스크 같은 병이 생겨 고생하는 자손이 생긴다. 시신의 다리 부분에 물이 차든가 바람이 들어와서 손상된 경우에는 다리가 아픈 후손이 생긴다.

5. 혈 주변의 지세 분석

혈은 혈을 둘러싸고 있는 산이나 물 같은 자연 조건의 기운을 그대로 받아들인다. 혈 주위에 좋은 산이 있으면 좋은 산의 기운을 받아들이고, 좋지 않은 산이 있으면 그것도 그대로 받아들인다. 여기서 좋은 산이란 산의 앞면을 두고 말하는 것이며, 뒷면을 보이고 있는 산은 어느 경우든 좋지 않다. 산의 앞면을 마주하고 있는 산소는 여러 가지 좋은 기운을 받지만, 산의 뒷면을 바라보고 있는 혈은 기운을 빼앗기고 피해를 당하는 형국이 되기 때문이다.

물도 혈을 구성하는 중요 요소다. 일반적으로 능선 왼쪽이나 오른쪽에는 물이 있게 마련이다.

혈을 만들어 주는 물은 혈판의 앞쪽에 있는 물을 말한다. 혈판이 우선할 경우에는 왼쪽에 있는 물이 혈판을 만들어 주는 역할을 하고, 이 왼쪽 물이 오른쪽 물보다 중요한 역할을 한다. 왼쪽 물이 처음 시작되는 위치가 득수며, 왼쪽 물이 흘러서 주작 끝을 감돌고 나가서 흘러나가 보이지 않게 되는 지점이 파구다.

혈판이 우선하는 경우에 득수 지점은 왼쪽에, 파구는 오른쪽에 위치한다. 그래서 용의 진행 방향과 물의 흐르는 방향이 서로 마주치게 된다. 혈판이 좌선할 경우에는 물이 오른쪽에 득수 득파를 이루게 된다. 좌선의 용에서 득수 지점은 오른쪽 위 부분이며 파구는 왼쪽에 나타난다. 이러한 지세에서 용의 진행 방향과 물의 진행 방향이 서로 마주치게 되어 혈을 이루게 되는 것이다.

산의 형태는 기운이 중심에 모여 있는 형태를 이상적인 것으로, 기운이 좌우로 분산되어 있는 형태는 좋지 않은 것으로 본다. 형태가 좋은 산을 길사(吉砂)라고 한다. 기운이 모여 있는 산은 탄력 있게 보이고 기운이 분산된 산은 늘어져서 맥이 없어보인다. 산의 표면은 전체적으로 평탄하고 깨끗한 산이 좋은 산이고, 계곡이 많이 있는 산은 좋지 못하다.

6. 혈판

가. 구조

혈판이란 혈을 중심으로 상하 좌우에서 둘러싸고 있는 하나의 덩어리를 말한다. 혈판은 중심에 혈을 두고 상부에는 입수, 하부에는 전순, 그리고 왼쪽과 오른쪽에는 선익으로 구성되어 있다.

혈판(穴板) : 혈의 바탕이 되는 것으로서 당판(當坂)이라고도 하며, 한가운데 혈이 이루어진다. 혈판이 이루어지지 않은 곳에서는 정상적인 혈이 이루어지지 않는다. 혈판 상부에는 입수가 주룡에 연결되어 있으며, 입수 아래로는 혈이 있고 혈의 왼쪽과 오른쪽에는 선익(蟬翼)이 위치하고 있다. 혈과 양쪽의 선익 아래에는 전순(前脣)이 있어서 혈과 혈판을 만들어 준다. 이와 같이 혈은 혈판에서 상하 좌우로 둘러싸인 중상(中上) 부분에 자리잡고 있다. 혈판은 혈을 만드는 바탕이 되므로 혈판의 힘이 크면 혈의 기운도 크고, 혈판의 힘이 약하면 혈의 힘도 약하다.

입수(入首) : 산봉우리에서 용을 통해 내려온 지기는 혈을 이루기 위한 준비 단계로 먼저 혈판의 상부에 입수를 만든다. 입수는 용에 흐르는 기운을 끌어당겨 그 기운으로 혈과 선익, 주작을 만든다. 입수는 용의 하단에, 혈의 상부에 위치한다. 형태는 용보다 약간 높이 솟아 있으며, 좌우가 비슷해 안정을 이룬다.

입수에 뭉쳐진 기운은 혈과 선익을 만들며, 혈이 이루어지기 위해서는 입수가 있어야 하므로 입수의 유무는 혈의 유무를 파악하는 데 가장 큰 관건이 된다. 입수의 기운에 따라서 혈이나 선익이 만들어지지 못하는 경우도 있다.

입수는 내룡의 기운 외에 주변 지세, 곧 산이나 물 등의 기운이 복합적으로 결합되어 이루어지는데, 그 가운데 용의 기운이 입수의 기운을 가장 크게 좌우한다. 입수의 기운이 크면 혈의 기운도 크고, 입수의 기운이 약하면 혈의 기운도 약하다.

선익(蟬翼) : 선익은 혈판의 혈을 중심으로 왼쪽과 오른쪽에 있는 부분을 말한다. 선익은 입수에 모인 기운 가운데 일부가 좌우로 나뉘어 뻗어 나가 이뤄진 것으로, 지기가 혈에 모이도록 돕는다. 사람 몸에 비유하면 좌우 갈비뼈가 내장을 보호하는 작용과 같다. 선익은 바위와 같이 단단한 토질로 지반을 이루며, 용 좌우에 평탄하면서도 두둑하게 둘러쳐져 있다.

'선익'이라는 말 자체는 매미 날개를 뜻한다. 매미 날개는 투명해서

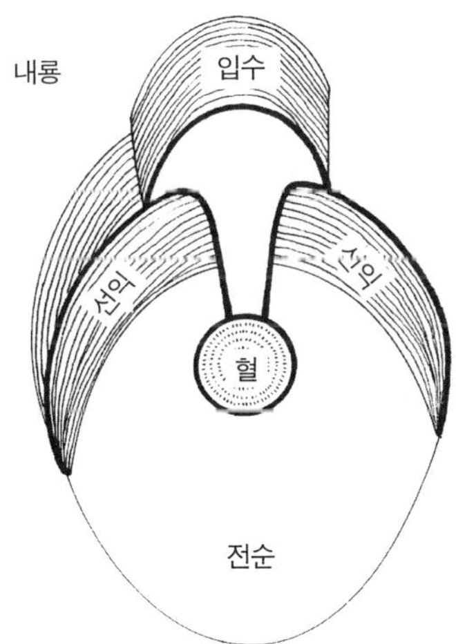

◁ 혈판의 구조

눈에 잘 띄지 않으므로 얼핏 보아 날개가 있는지 없는지도 판단하기 어렵다. 이처럼 혈 좌우에 있는 선익도 쉽게 드러나지 않는다. 선익은 혈판 상부에서 입수가 혈로 전해지는 중심 축을 기준으로 좌우 각 30도 각도를 이루며, 그 크기는 한 절의 길이인 15m 정도다. 선익이 있는 지세에서는 사람들이 건강하고 활기차게 생활하고 이웃에게 사랑과 존경을 받는다. 그러나 선익이 없는 지세에서는 건강을 잃는다.

전순(前脣) : 입수 기운이 혈과 선익을 만든 뒤, 남은 기운이 혈 아래로 평탄하게 모여 있는 공간을 말한다. 전순은 혈판과 이어지는 지면을 이루며, 혈 앞에서는 마치 새 주둥이와 같은 삼각형을 이루는 것이 이상적이다. 전순은 혈에 생기가 모이도록 하는데, 평탄하고 단단한 토질이어야 기운을 모을 수 있다. 전순이 없거나 그 기운이 약한 곳에서는 기운이 모이지 않아 명당을 이루기 어렵다.

이상적인 전순은 혈 앞에서 기운이 끝나는 형태다. 전순에서 생기는 기운은 재물을 만들어 준다. 그래서 전순이 좋은 지세에서는 재벌이 배출된다.

나. 형태와 크기

혈이 하나 형성되기 위해서는 그 주변에 혈판이 형성되어 있어야 한다. 혈은 직경이 약 2.4m 정도인 원형이거나 한 변이 2.4m인 사각형이다. 이러한 혈 주변에 바위나 단단한 흙으로 된 둑이 둘러싸고 있어 혈판을 이루는데, 크기는 좌우로 15m 정도에, 상하 20m 정도다. 전체적으로 널찍한 방과 같은 형태를 이루고 있다.

용에 혈이 맺혀 있는 모습은 마치 꽃나무 줄기에 꽃봉오리가 달려 있는 것과 같다. 줄기는 가늘지만 꽃봉오리는 그에 비해 매우 크다. 그러므로 용의 크기는 작아도 혈판은 크게 벌어지는 것이 특징이다.

다. 기능

입수는 산과 용의 기운이 혈로 진입하는 과정에서 생기를 만드는 역할을 한다. 입수가 솟아 있는 듯한 것은 강력한 기운이 들어 있다는 뜻이다. 이런 입수에서는 정치적으로 크게 활동하는 인물이 태어난다. 입수 부분에 바위가 있으면 역시 정치나 군사 또는 법률 쪽으로 막강한 권한을 가진 사람이 배출된다는 것을 의미한다.

입수 부분이 평탄하면, 마음씨가 너그럽고 이웃과 교제를 잘하며 여러 사람과 사랑을 나누는 큰 인물이 태어난다. 재벌이 태어날 수도 있다. 입수가 넓은 부분에서는 남녀가 다양한 교제를 하게 된다.

입수는 중심에서 좌우로 균형을 이룬 것이 좋다. 입수가 기운 경우, 곧 좌우 높낮이가 다른 경우에는 부인을 잃는 후손이 생긴다. 입수의 기운이 두 줄기로 들어올 경우를 쌍입수(雙入首)라고 하며 쌍둥이를 출생하게 된다. 입수에 기운이 없는 경우는 무입수(無入首)라고 해서 이 경우에는 자손, 특히 남자 자손이 태어나지 않는다. 입수 부분이 한쪽만 있고 한쪽은 없는 경우는 편입수(偏入首)라고 하며 이 경우는 후손들이 정상적인 부부 관계를 유지하지 못하고 홀로 살게 된다.

선익은 혈의 기운을 보호해 주는 역할을 한다. 선익이 없는 경우에는 후손들의 건강이 나빠진다. 왼쪽 선익이 없으면 아들 건강이 나빠지고, 오른쪽이 없으면 딸 건강이 나빠진다. 왼쪽이나 오른쪽으로 바람이 들이닥치는 까닭에 건강을 잃게 되는 것이다.

전순은 평탄하고 넓어야 좋다. 전순의 기운이 강하면 재산이 많이 늘어나게 된다. 반대로 전순의 힘이 약하면 재산이 모두 빠져나가기 기난해진다. 전순이 혈에서 멀리 연결되어 있거나 솟아오른 경우는 특히 좋지 않은데, 전순이 솟아오른 경우에는 후손 가운데 하극상을 하거나 감옥살이를 하는 사람이 생긴다.

혈판에서 위 부분은 입수, 중간 부분은 혈, 아래 부분은 전순으로 해서 상·중·하로 구분할 때, 입수의 기운이 강하면 장손이 발전하고, 전순, 곧 아래 부분이 강하면 막내가 크게 발전한다. 혈판은 안정된 지세에 있는 것이 가장 이상적이다. 지나치게 경사진 곳은 좋지 못하다.

라. 좌선과 우선

좋은 혈은 좌선으로 변화하는 용에 생기기도 하고 우선으로 변화하는 용 위에 생기기도 한다. 혈판 역시 좌선이나 우선의 변화 위에 놓이게 된다. 그러므로 혈의 진부를 확인하기 위해서는 혈판이 좌선인가 우선인가를 반드시 확인해야 한다.

혈판은 좌선과 우선이 변화하는 과정에 따라 청룡이나 백호가 반드시 있어야 한다. 혈이 우선이면 청룡이 있어야 하고, 좌선이면 백호가 있어야 한다. 마주 보는 쪽에서 보호해 주는 용이 있어야 하는 것이다.

좌우선의 변화가 있는 혈판에서는 혈판의 왼쪽과 오른쪽을 비교해 보아 높은 쪽과 낮은 쪽을 구분해서 높은 쪽이 혈의 바깥쪽이 되고 낮은 쪽이 혈의 안쪽이 된다. 혈판이 좌선하거나 우선하는 경우, 혈판 바깥쪽은 단단한 암석질로 되어 있고 안쪽은 부드러운 흙으로 되어 있다. 부드러운 흙 쪽이 용의 앞면이 되며 단단하고 높은 쪽이 용의 뒤 부분이 되는 것이다.

7 사신사

1. 사신사 명칭의 구분

산의 좌우, 전후 사면에 있는 산을 사신사(四神砂)라고 한다. 사신사 각각의 명칭은 주산을 등지고 지대가 낮은 곳을 향해 내려다보는 자세에서 왼쪽에 있는 산을 청룡(青龍), 오른쪽에 있는 산을 백호(白虎), 앞에 있는 산을 주작(朱雀), 그리고 뒤에 있는 산을 현무(玄武)라고 하며, 일반적으로 좌청룡·우백호·전주작·후현무라고 말한다.

청룡이나 백호가 여러 겹으로 있어 산 너머에 또 다른 산이 보이는 경우에는 가까운 곳에 있는 청룡을 '내청룡'이라 하고, 내청룡 뒤에 있는 산을 '외청룡'이라고 한다. 또 혈이나 명당에 가까이 있는 백호를 '내백호'라 하고, 내백호 뒤에 있는 산을 '외백호'라고 한다. 청룡과 백호를 같이 말할 때는 '용호(龍虎)'라고 한다.

청룡 가운데 주산에서 맥이 연결된 청룡을 '본신청룡(本身青龍)'이라고 하고, 주산에서 맥이 연결되지 않고 다른 산에서 연결된 청룡을

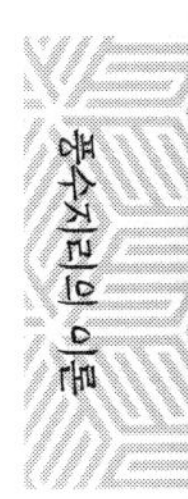

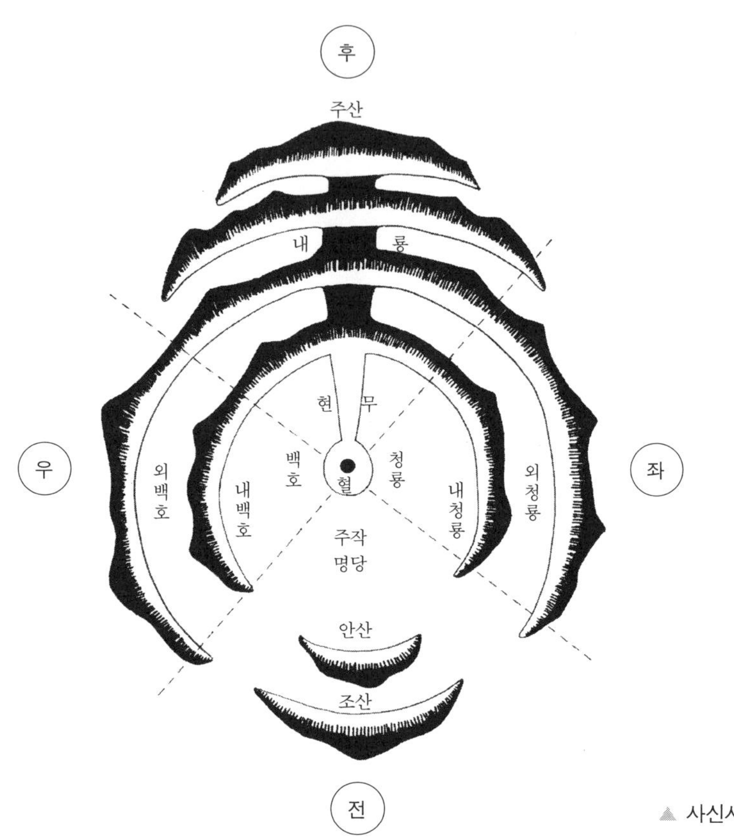

▲ 사신사

‘외산청룡(外山靑龍)’이라고 한다. 또 백호 가운데 주산에서 맥이 연결
된 백호를 ‘본신백호(本身白虎)’, 다른 산에서 맥이 연결된 백호를 ‘외
산백호(外山白虎)’라고 한다. 본신과 외산이 동시에 있는 경우에는 ‘주
합용호(湊合龍虎)’라고 한다. 본신용호는 주산에서 맥이 연결되어 있어
외산용호보다 명당에 생기를 많이 발생시킨다.

　사신사는 고대인의 신앙인 삼신 오제 사상에 근거를 두고 있다. 삼
신이란 하느님의 조화(造化)·치화(治化)·교화(敎化) 세 가지 능력의

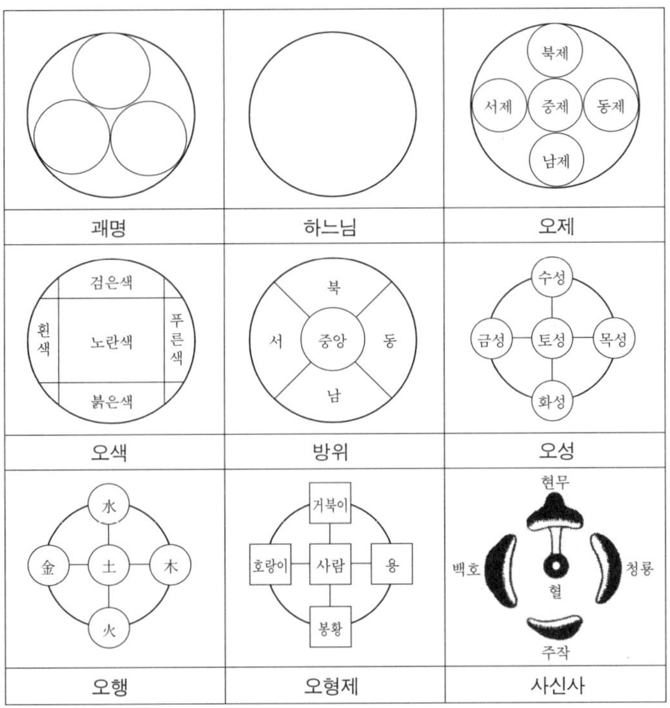

▲ 오제와 사신사

삼위 일체를 말하고, 오제는 동서남북과 중앙의 5개 방위에서 하느님의 업무를 나눠서 수행하는 분신(分神)을 말한다.

하늘에 머물고 있는 오제는 때때로 지상에 내려온다. 오제가 하늘에서 직접 내려오는 경우에는 일정한 생명체의 형태를 갖추고 각각 지정된 공간에 나타나는데, 청제는 용의 형태로 동쪽에, 백제는 호랑이의 형태로 서쪽에, 주제는 봉황의 형태로 남쪽에, 북제는 거북이의 형태로 북쪽에, 그리고 황제는 사람의 형태로 중앙에 나타난다. 이렇게 하늘의 오제가 용·호랑이·봉황·거북이·사람의 형태로 땅 위에 내려온다는 개념은 고대인들이 갖고 있던 신선 사상에 바탕을 둔 것이다.

이러한 신선 사상은 고구려 고분 벽화에도 잘 나타나 있다.

하늘의 신이 지상으로 내려올 때는 산을 통해 내려와 산에 머문다. 오제는 산으로 내려와 동쪽 산에는 청룡, 서쪽 산에는 백호, 남쪽 산에는 주작, 북쪽 산에는 현무가 자리잡아, 가운데서 남쪽으로 향하고 있는 황제를 둘러싸고 보호한다. 따라서 산의 중심 맥이 북쪽에서 남쪽을 향해 내려오는 지세에서는 남쪽을 향해 내려다봤을 때 동쪽, 곧 왼쪽에 있는 산에는 청룡, 서쪽인 오른쪽에 있는 산에는 백호, 그리고 남쪽의 앞에 있는 산에는 주작, 북쪽인 뒤에 있는 산에는 현무가 각각 자리잡아 산의 방위와 사신사가 된다.

주산이 남쪽을 보고 있지 않는 경우에도 방위에 관계없이 왼쪽에 있는 산을 청룡, 오른쪽의 산을 백호, 앞산을 주작, 뒷산을 현무라고 한다.

사신사에는 생기를 만드는 사신사와 생기를 만들지 못하는 사신사가 있다. 생기를 만드는 사신사는 명당과 혈을 이룰 수 있으나, 생기를 만들지 못하는 사신사는 그러지 못한다. 생기가 있는 사신사는 청룡과 백호가 명당이 있는 쪽을 앞면으로 해서 공손한 자세로 마주 보고 있는 반면, 생기가 없는 사신사는 청룡과 백호가 명당을 등지고 있는 형태를 이루어 명당의 기운을 빼앗아 간다.

2. 사신사의 3대 기능

사신사의 기능은 주룡에 있는 혈에 생기를 만드는 것이다. 따라서 혈이나 명당은 사신사에 의해 만들어진다.

그러나 사신사가 있는 곳이 모두 혈이나 명당이 되는 것은 아니다. 혈이나 명당에 생기를 만들기 위해서는 사신사가 바람막이 기능을 해

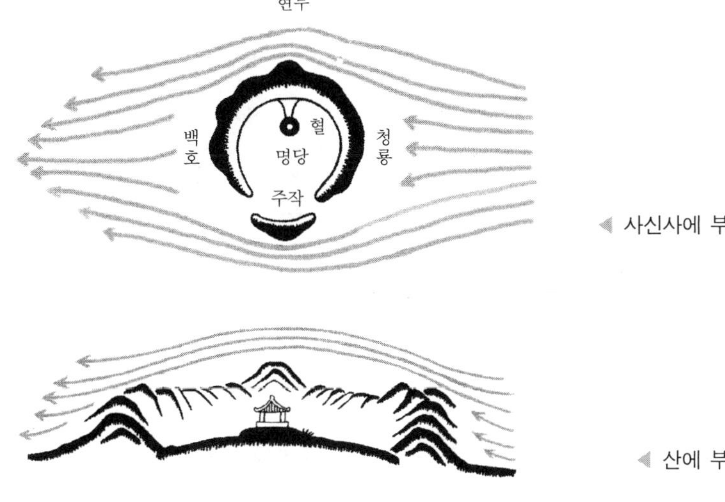

◀ 사신사에 부는 바람

◀ 산에 부는 바람

◀ 평지에 부는 바람

야 하며, 곡면 반사경 기능, 볼록 렌즈 기능 등 세 가지 기능을 갖추고 있어야 한다.

사신사가 바람막이 기능을 해야 하는 이유는 생기가 바람에 의해 만들어지기 때문이다. 강하게 부는 바람은 오히려 기운을 분산시켜 생기가 되지 못한다. 따라서 강한 바람을 순하고 부드럽게 하려면 사신사가 사면에서 불어오는 강한 바람을 약하고 부드러운 바람으로 만들어 주어야 한다. 이처럼 바람을 막고 생기를 만들고 흩어지지 않도록 해 주는 과정을 '장풍(藏風)'이라고 한다.

청룡과 백호가 있다고 해서 모두 바람을 막아 주는 것은 아니다. 지

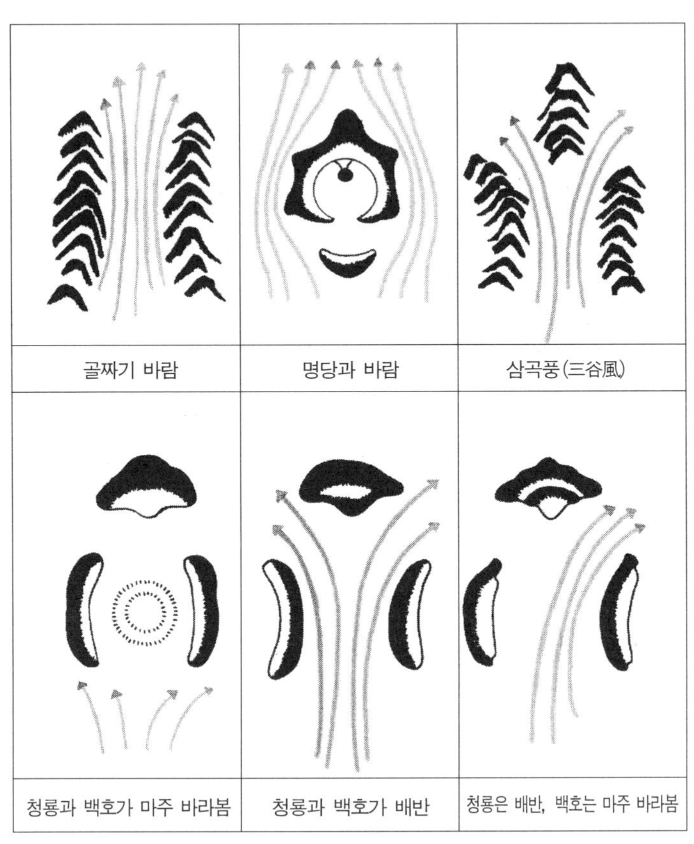

▲ 사신사와 바람

세에 따라서는 오히려 바람을 더욱 강하게 만들어 생기를 분산시키기
도 한다. 용호가 바람막이 기능을 하고 생기를 만들기 위해서는 명당
을 앞으로 해서 혈을 마주 보고 있어야 하는 동시에, 삼태기처럼 둥그
렇게 원형을 이루어 감싸고 있어야 한다. 용호가 명당을 향해 감싸고
있지 않더라도, 명당 쪽을 향해 아름답게 마주 보고만 있어도 바람막
이 역할을 하는 경우가 많다.

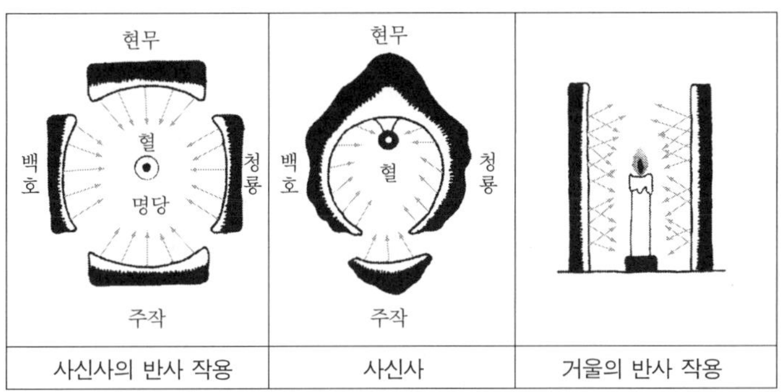

▲ 사신사의 반사경 작용

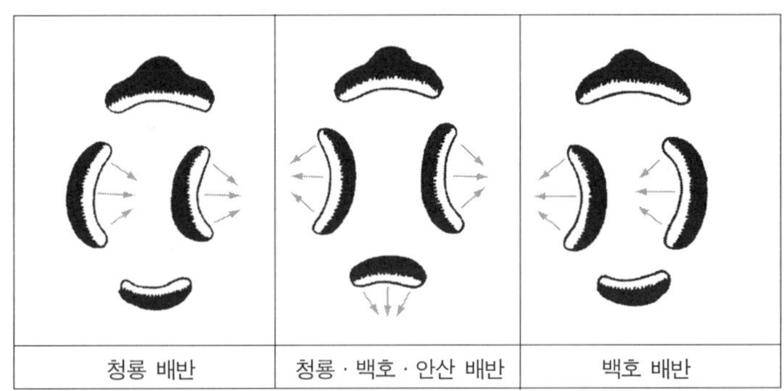

▲ 사신사 반사경의 방향

반면 용호가 명당 쪽에 등을 보이고 있는 경우에는 둥근 형태를 이루고 있어도 결코 바람막이 기능을 할 수 없을 뿐 아니라 오히려 더욱 강한 바람을 일으키게 된다.

반사경이란 빛을 반사하는 거울을 말하는데, 그 중에서도 곡면 반사경은 반사면이 곡면을 이루고 있어 빛을 한 점에 집중적으로 모으는 장점이 있다. 자동차의 헤드라이트가 대표적인 곡면 반사경이다.

산 · 나무 · 강을 포함해서 모든 물체는 자신만의 빛을 가지고 햇빛이

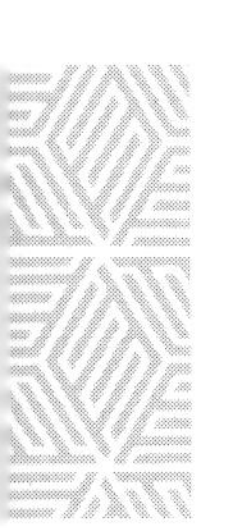

나 달빛을 반사한다. 태양과 달이 청룡과 백호를 비추면 그 빛의 일부는 반사된다. 이 때 반사된 빛이 한 지점에 모여 하나의 초점을 이루면 그 곳에서 신비한 기운, 곧 생기가 발생된다. 바로 이 부분을 혈이라고 하고, 혈 주변을 명당이라고 한다. 여러 종류의 빛이 모이는 공간은 그 빛으로 인해 이름 그대로 명당을 이룬다. 따라서 청룡과 백호가 반사경의 기능을 완전하게 해야 생기가 많아져 명당을 이룰 수 있다.

볼록 렌즈는 흩어져 있는 빛을 한 점으로 모아 매우 밝고 뜨겁게 한다. 사신사의 이상적인 형태는 혈을 중심으로 둥글게 감싸고 있는 모양이다. 이 둥근 형태의 청룡 능선은 볼록 렌즈의 둥근 부분과 같은 모양을 하고 있는데, 바로 이 볼록 렌즈 형태의 청룡이 주변에 흩어져 있는 기운을 모아 하나의 초점을 만든다. 이처럼 청룡은 혈의 왼쪽에서, 백호는 혈의 오른쪽에서, 주작은 혈의 앞에서, 그리고 현무는 혈의 뒤에서 각각 볼록 렌즈와 같은 역할을 하면, 이 네 렌즈의 공통 초점이 되는 곳이 바로 혈이 되어 여기에 엄청난 양의 생기가 모이는 것이다.

3. 사신사의 생기

혈에 생기를 만들어 주는 사신사, 곧 청룡·백호·주작·현무 등은 각각의 생기를 갖고 있다.

가. 청룡

청룡(靑龍)에서 발생되는 생기는 대표적으로 자손 번창의 기운, 권력과 지도자의 기운, 재산의 기운을 갖고 있다. 청룡이 이 세 기능을 다하는 지세에서는 사람들이 건강 상태가 좋고, 후손(특히 남자)들이

고급 공무원이 되거나 재물을 모은다. 또한 자손도 번창한다. 이와는 반대로 청룡이 나쁜 지세에서는 건강을 잃고 자손이 줄어드는데, 심한 경우 대가 끊기기도 한다.

청룡의 형태는 남자들 성격에 그대로 반영되어, 청룡의 산세가 강건하면 힘차고 용감한 남자들이 많이 배출되고 청룡의 지세가 약하면 병으로 고생하는 남자들이 많아진다. 청룡의 산세가 유순한 지세에서는 사람들이 부모에게 효도하며 국가에 충성하는 반면, 청룡의 산세가 상부보다 하부에 높이 뭉쳐 있으면 하극상의 비극을 만드는 사람이 나오고, 등을 돌리고 있는 지세에서는 부모에게 불효하고 사회를 등지는 후손들이 나온다. 또 이런 지세에 거주하는 사람은 주변 사람들에게 배반당하거나 부도 같은 일을 겪게 된다.

청룡의 끝 부분이 집터를 등지고 멀리 뻗어 나간 지세라면 형제 관계를 끊고 멀리 떠나는 사람이 생긴다. 부모를 떠나 멀리 외국으로 이민을 떠나는 경우가 이런 지세의 영향이다.

형제가 여러 명 있을 경우, 청룡의 부분적인 형태에 따라 자식들의 형편이 달라진다. 청룡을 시작점에서 끝 부분까지를 삼등분했을 때 맨 위 부분은 형제 중에서 장남에게, 가운데 부분은 차남에게, 마지막 부분은 막내 아들에게 영향을 미친다.

그래서 청룡 상부에 큰 힘이 뭉쳐 있는 지세에서는 장남이 다른 형제보다 많이 발전하고, 끝 부분에 힘이 뭉쳐 있으면 막내 아들이 더 성공한다. 청룡이 전반적으로 고르면 형제들이 고르게 발전한다.

청룡뿐만 아니라 백호의 길이도 마찬가지 영향을 미친다. 다만 청룡이 남성이라면 백호는 여성이므로, 딸과 며느리에게 그 기운이 전달된다는 것이 다를 뿐이다.

나. 백호

백호(白虎)에서 발생되는 기운은 재산과 여성의 생명력을 갖고 있다. 그래서 백호가 기능을 다하는 지역에서는 부자가 나오고 훌륭한 여성이 많이 배출되는데, 딸은 물론 며느리에게 그 영향이 미친다.

여성의 체질이나 성격에도 반영되어 백호의 산세가 유순한 지세에서는 부모에게 효도하며 가문을 위해 정절을 바치는 여성이 나오는 반면, 등을 돌리고 있는 산세에서는 딸이나 며느리들이 가출하는 경우가 발생한다.

뒷면을 보이는 배반격인 경우에는 재물을 잃고 어려운 생활을 하게 된다.

다. 주작

주작(朱雀)은 혈판 하부, 곧 전순부터 멀리 있는 조산 사이에 있는 산을 모두 말한다. 주작 중에서 집터 가까이에 있는 안산은 재산·지위·평판 같은 기운과 연관된다. 그래서 주작이 좋은 집터에서는 많은 재산을 모으고 사회에서 높은 지위에 오르며, 많은 사람에게 존경을 받게 된다. 주작이 나쁜 집터에서는 재산을 잃고, 직장에서 누명을 쓰고 물러나는 등 명예를 더럽히게 된다.

주작은 현무와 대칭되는 관계에 있다. 현무가 주인이라면 주작은 손님 또는 보조자로서 현무보다 한 계급 낮은 것이 이상적이다. 안산과 조산에서 생기를 보내는 지세에서는 매우 높은 신분으로 상승하며, 명예와 재물까지 동시에 얻게 된다.

거리 면에서 보면 안산은 집터에서 가깝고 조산은 집터에서 멀리 떨어져 있으므로 안산에서 발생한 기운이 먼저 작용하고, 조산에서 발생한 기운은 어느 정도 시간이 경과한 뒤에 전달된다. 따라서 생기를 만들어 주는 기능에서는 가까이 있는 안산이 멀리 있는 조산보다 훨씬 더 중요한 역할을 한다.

주작의 일부인 안산은 집터 또는 묏자리 앞에 놓인 산을 말한다. 안산은 본래 '책상'이란 뜻을 갖고 있는데, 고대인들의 생활에서 책상은 왕 또는 높은 신분을 가진 사람이 업무를 진행하는 도구였다. 따라서 책상을 마주하고 있는 사람은 계급이 상당히 높음을 의미했고, 이러한 높은 신분은 누구에게나 선망의 대상이 되었다. 그래서 풍수에서 안산은 신분의 높고 낮음과 연관이 있다.

안산의 형태는 주택의 길흉에 상당히 큰 영향력을 행사한다. 안산의 형태가 안정되고 힘이 있어서 바가지를 엎어 놓은 것 같으면 부자가 배출되고, 문필봉 형태를 이루고 있으면 관직으로 출세하는 인물이 나온다. 반면 안산의 형태가 불안하거나 흉하면 흉사가 발생한다.

경주의 경우, 남산이 곧 안산이다. 경주 남산은 아름다운 산으로 이름이 높았으며, 신라 시대에는 강력한 국가를 형성했는가 하면 예로부터 그 주변에서 훌륭한 인물들이 많이 배출되었다. 안산이 집터를 향해 등을 돌리고 있는 지세라면 많은 사람에게 배반당하거나 부도가 나는 등 좋지 않은 일이 발생한다.

조산은 집터 앞쪽에 위치하고 있지만 안산보다 멀리 있는 산을 말한다. 서울의 지세에서 안산은 남산이며, 조산은 관악산이다. 경복궁에서 바라볼 때 관악산은 상당히 멀리 떨어져 있고, 더구나 한강과 남산이 중간에 자리잡고 있다. 그러나 화산(火山)인 관악산의 영향을 피하기 위해 광화문 앞에 해태 석상을 세운 것처럼, 조산이 정면으로 마주 보고 있을 경우에는 거리가 멀어도 안산과 같은 영향을 주는 것을 알 수 있다.

서울의 지세는 백운대·인수봉·만장봉이 있어 삼각산이라 부르는

북한산을 주산으로 한다. 이 기운이 다시 남쪽으로 내려와 보현봉으로
이어지며, 보현봉은 다시 남쪽으로 기운을 보내 북악산으로 이어져 서
울 일대를 명당으로 만들고 있다. 이 삼각산은 개성에서 볼 때는 조산
이 된다. 그러나 삼각산이 개성을 등지고 남쪽의 서울을 바라보고 있
기 때문에 고려의 국운은 개성에서 끝나고, 조선의 한양으로 주권을
빼앗기게 된 것이다.

라. 현무

현무(玄武)는 혈에 지기를 직접 전달하고 있어서 사신사 중에서 가
장 큰 영향력을 갖는다. 현무가 사신사 가운데 주인 역할을 할 경우
가장 이상적인 지세가 된다. 따라서 산세 규모나 기상이 청룡·백호·
주작보다 크고 힘차야 하며, 주룡에서 개장과 천심 등 여러 변화 과정
을 이루는 생룡이어야 한다.

현무는 한 집안이나 개인에게 특별한 능력을 만들어 주는 생기를 갖
고 있어, 현무의 지세가 좋은 지역에서는 능력이 출중한 인물이 배출
된다. 현무의 기운은 주작의 기운과 대칭되는데, 주작이 사회적인 평
판이나 여론 등 외부적인 기운을 주는 데 반해 현무는 내부적인 힘을
만들어 준다.

예를 들면, 한 지세에서 현무는 생기를 만들어 주고 주작은 그렇지
못할 경우, 능력은 우수하나 사회적으로 인정받지 못하는 인물이 배출
된다. 반대의 경우에는 개인적인 능력이 부족해도 사회적으로는 인기
를 얻는 사람이 배출된다.

4. 사신사의 길이와 거리가 미치는 영향

혈을 구성하는 지세에서 청룡과 백호의 길이는 같은 것이 이상적이지만, 두 길이가 다른 경우도 많다. 혈과 명당에서 청룡이나 백호까지 거리도 일정하지 않다. 이처럼 용호의 길이나 거리는 지세에 따라 모두 다른데, 이 길이와 거리의 차이에 의해 혈과 명당의 기운도 달라진다.

용호 길이는 사신사 기능에 직접 영향을 준다. 길게 감싸고 있는 청룡은 짧은 청룡보다 바람막이 기능과 반사경 기능, 볼록 렌즈 기능 등을 완벽하게 수행한다. 주산에서 출발한 청룡이 집터나 묏자리의 왼쪽 축을 지나 앞쪽에 이르기까지 길고 둥글게 감싸는 경우, 청룡은 혈을 중심으로 현무의 출발점에서 시작해서 혈의 앞쪽까지 180도를 넘게 된다. 이처럼 청룡이 길게 감싸고 있으면 매우 강한 생기가 발생되어 왕기를 갖게 된다.

혈에서 청룡이나 백호까지 거리는 30m 정도 떨어져 있는 것이 대부분이지만 지세에 따라 짧게는 10m, 길게는 100m 이상 떨어진 것도 있다. 혈에서 청룡이나 백호까지 거리는 발복을 일으키는 시간과 관련된다.

청룡이나 백호가 집터에 가깝게 있을 경우에는 그 영향이 빨리 나타난다. 예를 들면, 좋은 청룡과 백호가 집터에서 30m 떨어져 있는 경우에는 그 집에 입주한 날부터 경사스런 일이 생기기 시작하여 3년 안에 재산과 명예가 따르고 건강해지는 등 이른바 금시발복한다.

반면 흉기를 갖고 있는 청룡과 백호가 혈에서 이 정도로 가까운 거리에 있으면 입주한 해부터 교통 사고나 부도, 질병 같은 불행한 일을 겪게 된다. 집터에서 청룡까지 거리는 가깝지만 백호까지는 먼 경우,

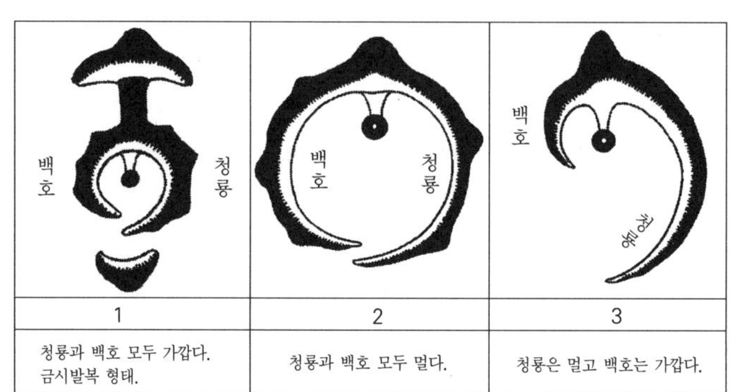

1	2	3
청룡과 백호 모두 가깝다. 금시발복 형태.	청룡과 백호 모두 멀다.	청룡은 멀고 백호는 가깝다.

▲ 사신사의 거리

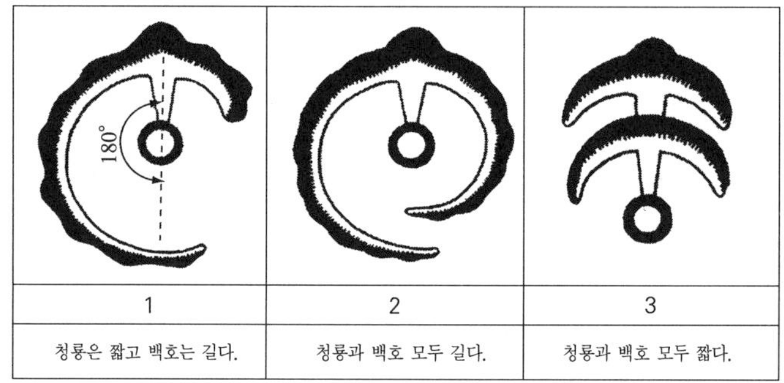

1	2	3
청룡은 짧고 백호는 길다.	청룡과 백호 모두 길다.	청룡과 백호 모두 짧다.

▲ 청룡 · 백호의 길이

청룡의 영향은 금세 발생하지만 백호의 영향은 시간이 좀 지난 뒤에 발생한다.

서울의 지세에서 볼 때 왼쪽 낙산은 청룡, 오른쪽 인왕산은 백호, 앞쪽 남산은 주작, 뒷쪽 북악산과 삼각산은 현무를 이루어 명당을 구성하고 있다. 모든 명당은 산의 앞면에 자리잡고 있다. 사신사 앞과 뒤의 경계선은 능선을 기준으로 해서 명당 쪽이 앞이 되고, 그 반대쪽은 뒤가 된다. 사신사 뒷면은 명당이 되지 못한다. 해방 직후, 혼란한 정치 상황 속에서 이승만 박사는 낙산 앞 이화장에 살고 있다가 대통령

이 되었고, 김구 선생은 백호인 인왕산 줄기 뒷면에 위치한 경교장에
서 살다가 암살당했다. 또 경교장 바로 옆은 이기붕과 그의 가족이 살
다가 몰살당한 터다.

 **방위와 명당**

1. 패철

가. 유래

오늘날 풍수지리에 사용하고 있는 패철(佩鐵)은 언제부터 사용한 걸까. 기록에 따르면 남북을 가리키는 지남철을 사용하게 된 것은 지금부터 약 4000년 전이라고 한다. 중국의 황제씨(黃帝氏)가 전쟁터에서 싸움하는 과정에서 사용한 것이 그 시작이다. 황제는 동쪽에 사는 치우 천왕과 탁록 들판에서 전쟁을 벌였다. 치우 천왕이 안개를 뿌려 전후좌우를 구분할 수 없게 만드는 바람에 황제의 군대는 갈팡질팡하다가 전쟁에서 지고 말았다. 이에 황제가 하늘에 제사를 지냈는데, 그 결과 십간(十干)과 십이지(十二支)를 만들고, 지남차(指南車)를 사용하게 되었다. 이 지남차는 매우 커서 마차에 실어야 가지고 다닐 수 있을 정도였지만, 남북을 가리키는 역할을 충실히 해 주었다. 안개가 껴도 방향을 잡을 수 있게 된 황제는 전쟁을 수월하게 이끌어갔다고 한다.

중국에서 사용되던 지남철은 그 당시 만주와 한반도에서 수입되었다. 중국에서는 지남철 생산이 빈약했던 반면 만주와 한반도에서는 양질의 지남철이 많이 생산되었기 때문이다. 지남철은 그 뒤로 점점 더 간편하게 만들어져서 오늘날과 같이 사람이 갖고 다니기 좋게 만들어졌다.

나. 구성

패철은 집터나 묘지의 좌향(坐向)을 측정하기 위해 사용되었다. 좌향이란 사람이나 집터가 남북을 기준선으로 할 때 어느 쪽을 바라보고 있는가를 측정하는 방법이다. 집은 남향으로 배치하는 경우도 있으나 지세에 따라서는 동향이나 서향, 북향도 가능하다. 패철은 이러한 배치 방위에 따른 기운의 차이를 구분하는 데 사용된다.

패철은 360도 원주를 24방위로 구분해서 사용한다. 24글자는 결국 오늘날 사용하는 나침반 방위의 15도씩에 해당한다. 360도를 15도씩 구분해서 24방위로 나타내는 것이다. 24방위 글자는 천간(天干)과 지지(地支)로 이루어졌다. 천간은 하늘의 기운이며 지지는 땅에 흐르는 기운을 의미한다. 천간은 하늘에 분포되어 있는 기운을 열 개로 구분해서 이것을 각각 갑(甲)·을(乙)·병(丙)·정(丁)·무(戊)·기(己)·경(庚)·신(申)·임(壬)·계(癸)로 나눈 것이다. 하늘의 기운은 또 다섯 종류로 구분된다. 1년은 수(水)·화(火)·목(木)·금(金)·토(土) 다섯 기운에 따라 이루어지는데, 각 기운은 또 강한 기운과 약한 기운으로 구분된다. 강한 기운은 양 기운에 속하며 약한 기운은 음 기운에 해당한다. 그러므로 하늘의 기운은 오행×2=10이 되어 이것이 바로 천간을 이룬다. 패철에서는 열 개 천간 가운데 흙 기운에 해당되는 무와 기를 빼고, 대신 건(乾)·곤(坤)·간(艮)·손(巽)을 넣어 열 개 천간을 열두

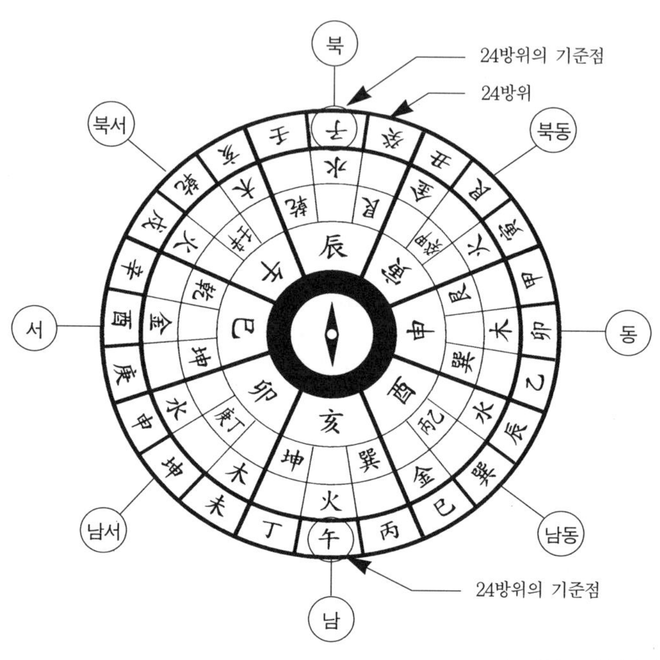

▲ 패철의 8방위와 24방위

개의 천기로 구분했다. 그러므로 패철에 표시된 천기 열두 개는 갑(甲)·을(乙)·병(丙)·정(丁)·건(乾)·곤(坤)·간(艮)·손(巽)·경(庚)·신(申)·임(壬)·계(癸)다.

그리고 패철에 십이지가 적혀 있는데, 바로 자(子)·축(丑)·인(寅)·묘(卯)·진(辰)·사(巳)·오(午)·미(未)·신(申)·유(酉)·술(戌)·해(亥)다. 십이지는 땅에 흐르는 다섯 가지 기운을 말하며, 이것 또한 수·화·목·금·토로 구분한다. 여기서 강한 기운과 약한 기운을 구분해서양과 음을 구분한다. 물의 기운은 자와 해고, 나무의 기운은 인과 묘며, 불의 기운은 사와 오, 쇠의 기운은 신과 유, 흙의 기운은 진·술·축·미로 도합 12개 방위를 이룬다.

패철에는 위와 같은 12지지와 12천간이 하나 걸러 하나씩 배치되어 24방위를 이룬다. 이 24방위는 1년을 24절후로 구분하는 것과 같은 의미를 갖는다. 24절후는 1년 동안 공기가 변화하는 24단계를 나타내며, 특히 농사와 긴밀한 관계를 맺고 있다. 결국 패철의 24방위는 땅이 갖고 있는 24가지 기운과 그 의미를 같이한다.

패철을 가지고 묏자리의 기운을 분석할 때 이와 같은 24방위에 의한다. 양택과 음택이 마찬가지로 좌향을 분석할 때 이 방위를 기준으로 한다. 다만 양택은 지상에 흐르는 기운을 위주로 하며, 음택은 지면을 따라서 그 밑에 흐르는 기운을 기준으로 한다.

다. 용과의 관계

용의 형태는 주봉에서 시작해서 그 기운이 끝나는 물가까지 이른다. 용의 기운은 그 진행하는 방위를 따라 서로 다르게 흐른다고 본다. 음택의 경우 용의 형태가 생룡이면 패철의 방위도 배합의 방위로 읽게 되며, 용이 사룡이면 배합의 방위라 하더라도 불배합 2자나 3자의 방위로 해석한다. 곧 용의 기운에 따라 방위의 기운을 판단하는 기준이 달라질 수 있는 것이다.

라. 방위와 수

패철의 24방위에는 각각 오행의 기운이 포함되어 있으며, 패철 삼선에 그 오행이 나타나 있다. 곧 패철의 자(子) 방위 글자 위에는 수(水)가 표시되어 있는데, 자 방위가 물의 기운을 갖고 있다는 뜻이다.

24방위 가운데 물의 기운을 갖고 있는 것은 자(子)·신(申)·진(辰)이다. 나무의 기운이 흐르는 방위는 해(亥)·묘(卯)·미(未)고, 불의 기운이 흐르는 방위는 인(寅)·오(午)·술(戌)이며, 쇠의 기운을 가진 방

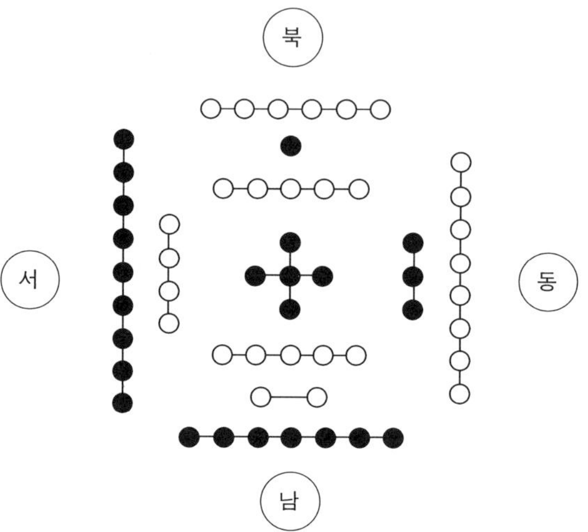

◀ 하도(河圖)

위는 사(巳)·유(酉)·축(丑)이다. 이와 같이 세 방위의 기운이 한 가지 오행 기운으로 나타나는 것을 삼합(三合)이라고도 한다. 나머지 12개 방위는 흙의 기운을 지닌 방위로 구분한다. 곧 24방위는 오행에 따라 구분되며, 또 그에 따라 구별되는 기운을 나타내고 있다.

그 기운은 『주역』의 하도(河圖)를 기초로 해서 숫자로도 구분할 수 있다. 오행은 각각 수를 지니고 있다. 물은 1과 6, 불은 2와 7, 나무는 3과 8, 쇠는 4와 9, 흙은 5와 10을 나타낸다. 이것은 주역의 생수(生數)와 성수(成數) 구분에 근거한다. 생수란 지구를 구성하고 있는 기본 수 다섯 개를 말하며, 성수는 다섯 기운 각각에 땅의 기운 5를 더한 숫자를 말한다. 곧 물의 기운에 대한 생수는 1이고 성수는 6, 나무의 생수는 3이고 성수는 8, 금의 생수는 4이고 성수는 9, 토의 생수는 5이고 성수는 10이다. 생수는 물질이 가지고 있는 고유한 성질을 나타내는 수이며, 성수는 고유한 성질이 흙의 기운을 상징하는 5와 결합해서 발생된 수를 말한다.

실례로 보면, 물의 기운은 1이라는 숫자로 이루어졌지만 그 형태는 6이라는 숫자를 나타내고 있다. 물 분자가 육각형을 이루는 것과 눈〔雪〕이 육각형을 하고 있는 것은 물의 성질이 그 분자나 결정에 그대로 나타난 것이다.

오행이 물체로 나타나는 경우, 한 사건의 원인을 나타내기도 하며 그 시간이나 규모를 의미하기도 한다. 예컨대 묘의 좌향이 자좌오향(子坐午向)일 경우에 자는 물의 기운을 갖고 있으므로 물의 성질과 관련되는 기운을 받게 된다. 그러므로 자좌로서 용이 좋은 명당을 이룬 경우에는 공무원으로 활동한다면 물과 관련된 직책, 예를 들면 해군·수도 사업소 등에 근무하게 된다. 사업하는 사람이면 물과 관련된 사업을 하면 성공할 수 있다. 같은 자좌라도 묘지가 나쁜 경우에는 물에 의한 피해, 곧 물에 빠져 죽거나 약물을 먹고 죽거나, 수해 같은 피해를 보는 것으로 되어 있다.

그리고 이런 일들은 1년, 1년 6개월, 6년과 같이 1이나 6이 들어가는 시점에 생긴다. 또한 사업이 잘 돼 재산이 늘어나도 그 규모가 물의 숫자에 따라 6000만 원이나 600만 원 등으로 나타난다.

해좌사향(亥坐巳向)일 경우에는 해좌는 목 기운이 흐르는 방위며 3이나 8을 갖는다. 따라서 해좌의 혈이 명당일 경우에는 목의 성질을 통해서 출세하게 된다. 목재나 합판·목조 가구·농사 같은 일을 하면 재벌이 될 수 있다. 반면 같은 해좌라고 하더라도 생기가 없는 묘에서는 목기(木氣) 때문에 피해를 당하는 것으로 해석한다.

이와 같이 오행의 수는 사물의 원인성과 발생 시간, 그리고 그 규모 등의 해석에 적용된다. 용 자체가 생룡이고 명당도 갖추어진 경우에는 더욱더 좋은 일이 일어나며, 같은 방위라도 묘 자체가 좋지 못하면 나쁜 일이 일어나는 것으로 해석해야 한다.

2. 패철의 구성과 해석

패철은 둥근 원반 모양으로 중심부에는 지남철이 자리잡고 있고 중심에서 바깥 쪽으로 동심원이 여러 층 그려져 있다. 여섯 개의 원으로 되어 있어 '육중도'라고 부르는 패철은 손쉽게 구할 수 있고 휴대하기도 편하다. 이 밖에도 더욱 세밀하게 구분되어 있는 23중도를 가끔 볼 수 있다.

패철의 각 원에는 서로 다른 글자가 적혀 있어서 그 사용법이 구분된다. 패철의 좌향을 보는 기준은 네 번째 원에 속하는 24방위가 가장 기본이 된다. 24방위는 집터나 묘의 좌향을 보는 기준이다. 24방위는 북쪽에 자(子)를 놓고 남쪽에 오(午)를 놓아 이 둘을 연결하는 선이 기준이 된다.

위와 같은 내용을 바탕으로 해서 패철의 구성을 세부적으로 살펴보자. 여기서는 널리 사용되는 육중도 패철을 기준으로 해서, 일선(一線)에서 사선(四線)까지 내용을 살펴보기로 한다.

가. 일선 : 황천수

패철 중심에서 첫 번째 선으로 그어진 부분을 일선(一線)이라 하고, 황천수를 측정하는 기준으로 사용한다. 일선에 나타난 글자들을 살펴보면, 제일 북쪽에서 시작해서 시계 방향으로 진(辰)·인(寅)·신(申)·유(酉)·해(亥)·묘(卯)·사(巳)·오(午) 여덟 방위로 구분된다. 진 방위에 속하는 24방위는 임(壬)·자(子)·계(癸) 세 방위고, 인 방위는 축(丑)·간(艮)·인(寅)에 해당한다. 이와 같이 일선 위에 있는 글자 하나는 각각 24방위 가운데 세 방위를 나타낸다.

일선은 황천수의 방위를 나타내는데, 곧 묘의 좌가 임좌(壬坐)·자좌(子坐)·계좌(癸坐)일 경우에는 진(辰) 방위에 지하수가 있을 가능성이 많다는 뜻이다. 그러므로 이러한 묏자리에서는 진(辰) 방위 부분을 살펴서 물이 있는지 특별히 조심해야 한다. 또한 묘의 좌향이 축좌(丑坐)·간좌(艮坐)·인좌(寅坐)인 경우에는 인(寅) 방위에 물이 있는가 없는가를 세심하게 살펴보아야 한다.

나. 이선 : 팔요풍

패철의 이선(二線), 곧 두번째 선은 팔요풍을 측정하는 데 쓰인다. 산소 주변을 둘러싸고 있는 청룡이나 백호 중 일부에서 맥이 끊어져 골짜기 형태를 이루고 있으면 여기로 바람이 불어와서 묏자리의 기운을 분산시킨다. 이와 같이 골짜기에서 부는 바람을 팔요풍이라고 하며, 모두 여덟 방위로 구분한다.

주변에 있는 골짜기를 통해 산소로 바람이 불어 오면 치명적이므로 명당을 구하기 위해서는 팔요풍을 세심하게 관찰해야 한다. 묘에 부는 바람은 어느 방향에서 불어오든 좋지 않지만, 팔요풍은 더욱 무섭게 생각하고 조심해야 한다.

패철의 이선에 나타나는 글자를 살펴보면, 진(辰) 아래 건(乾)·간(艮)이 있고, 인(寅) 아래 갑(甲)·계(癸)가 있고, 신(申) 아래 간(艮)·손(巽)이 있는 등 12방위에 모두 각각의 글자가 배치되어 있다. 좌향이 임좌(壬坐)인 경우에는 건(乾)이라고 표시되어 있으며, 계좌(癸坐)인 경우에는 간(艮)이라고 표시되어 있다. 임(壬) 방위 위에는 건(乾) 자가 있고, 계(癸) 방위 위에는 간(艮) 자가 표시되어 있다. 이것은 임(壬)·자(子)·계(癸) 세 방위에는 건(乾)이나 간(艮)이 팔요풍이 부는 방향임을 나타낸다.

축(丑)·간(艮)·인(寅)은 갑계(甲癸)라고 나타나 있는데, 갑(甲)과계(癸)의 방위가 팔요풍이 부는 방위라는 뜻이다. 좌향이 갑좌(甲坐)·묘좌(卯坐)·을좌(乙坐)인 경우에는 간(艮)과 손(巽) 방위가 팔요풍이 불기 쉬운 방위라는 뜻이다. 곧 묘의 좌향으로 보아 임좌(壬坐)·자좌(子坐)·계좌(癸坐)일 경우에는 건(乾)이나 간(艮) 방위에서 바람이 들어오는지 조심스럽게 살펴야 한다는 뜻이다.

묘에 팔요풍이 부는지를 알기 위해서는 묘 주변 산세가 끊어짐 없이 연결되어 있는지 살펴보아야 한다. 중간에 끊어진 자리나, 청룡과 백호의 끊어진 자리가 서로 산소 자리를 통과해서 연결될 경우는 특히 좋지 않은 것으로 해석한다. 예를 들어 자좌(子坐)인 산소는 간(艮)이나 건(乾) 방위가 팔요풍에 해당한다. 산소에서 봐서 간(艮) 방위에 청룡맥이 끊어지고, 건(乾) 방위에도 백호가 끊어져 있는 경우에는 두 방향에서 바람이 불어와서 시신에 치명적인 영향을 준다.

다. 삼선 : 오행

패철의 삼선(三線), 곧 세 번째 원에는 오행이 나타나 있다. 오행은 수·화·목·금·토 다섯 기운을 말한다. 패철에서 오행을 나타내는 것은 24방위의 기운을 각각 오행으로 구분하기 위해서다. 예를 들면 자좌(子坐)는 수로, 축좌(丑坐)는 금으로, 인좌(寅坐)는 화로, 묘좌(卯坐)는 목으로 구분되어 있다.

24방위 중에서 지지에 해당하는 열두 방위에는 각각 수·화·목·금 네 기운 가운데 하나로 나타나 있다. 천간의 방위에는 오행이 표시되어 있지 않은데, 이는 토 성질로 보아도 된다는 뜻이다. 토의 성질은 공통적으로 채용되기 때문에 나타나지 않아도 된다고 생각하기 때문이다. 그러므로 좌향에서 힘의 종류는 수·화·목·금 네 기운으로 나타난다고 본다.

라. 사선 : 24방위의 음양

24방위의 글자는 천간(天干)과 지지(地支)로서 구성되어 있다. 12천간 중에서 무(戊)·기(己)를 빼고 건(乾)·곤(坤)·간(艮)·손(巽) 네 방위를 12방위에 배치했고, 거기에 12지지 방위를 조합해서 이루어졌다. 24방위는 양기와 음기로 구분되는데, 붉은 색 글자는 양을, 검은 색 글자는 음을 말한다.

양의 방위, 곧 붉은 글자는 임(壬)·자(子)·계(癸)·인(寅)·갑(甲)·을(乙)·진(辰)·오(午)·곤(坤)·신(申)·술(戌)·건(乾) 12방위며 음의 방위는 축(丑)·간(艮)·묘(卯)·손(巽)·사(巳)·병(丙)·정(丁)·미(未)·경(庚)·유(酉)·신(申)·해(亥) 12방위다. 24방위의 양과 음은 남자와 여자로 그 영향이 나타난다.

축(丑)·간(艮) 방위는 불배합이며, 두 글자 모두 음이어서 그 영향으로 후손들이 질병과 불구로 고생하게 된다. 후손 중에 누가 병을 앓게 되는가는 음양 구분에 따라 결정된다. 산소가 진손(辰巽)이면, 진은 양이고 손은 음으로 불배합 방위다. 묘가 위치한 용의 흐름이 우선(右旋)이면 진손 방위가 되고, 머리글자인 진은 양이므로 남자가 병을 많이 앓는다. 좌선(左旋)일 경우에는 손진(巽辰)이 되는데, 머리글자인 손은 음이므로 여자가 병을 많이 앓는다.

방위상 진손이나 손진은 불배합 방위로서, 병을 일으키며 음탕한 기운을 갖고 있는 것으로 해석한다. 용이 우선이면 진손 방위라 머리글자가 양이므로 남자가 음탕하게 되고, 좌선이면 손진이 되어 머리글자가 음이므로 여자가 음탕하게 된다. 이처럼 24방위의 음과 양은 남자와 여자를 구분해서 해석하는 기준이 된다.

3. 방위의 측정 : 좌향법

산소에서 시신의 좌향은 어떻게 정하는가. 많은 사람이 남향으로 쓰는 것을 원칙이라고 생각하지만 실제로는 그렇지 않다. 좌향을 결정할 때는 머리는 지면 높은 곳, 다리는 낮은 쪽에 두는 것이 원칙이다. 그러므로 머리는 산봉우리 쪽에 다리는 아래쪽에 놓아야 한다. 좀더 정확하게 말하면 능선 중심 방향에 맞춰서 머리를 위쪽에, 다리를 아래쪽에 둔다. 이는 시신이 일어나 앉았다고 생각할 때 산을 등지고 아래쪽을 내려다보는 형태다. 이와 같은 자세가 살아 있는 사람에게도 가장 편한 자세기 때문이다. 반대로 산을 올려다보는 자세로 앉으면 뒤로 넘어질 듯한 기분 때문에 불편할 것이 당연하다.

능선의 축을 기준으로 하는 것은 능선에 흐르는 기운을 가장 많이 받게 하기 위해서다. 산의 기운은 능선의 중심 축 방향으로 흐르기 때문이다. 그러므로 시신의 좌향은 바로 능선 중심 축의 방위와 일치하게 된다. 능선의 중심 축이 남향으로 되어 있는 경우에는 시신의 좌향도 남향이 된다. 능선의 중심 축 방향이 동향이거나 서향일 경우, 시신의 좌향도 이에 따라 동향 또는 서향이 된다. 심지어 능선의 중심 축이 북향이라도 이 원리에 의해서 시신의 좌향을 북향으로 하는 것이 원칙이다.

좌향의 구분은 패철을 사용해서 이루어진다. 좌향이란 앉아 있는 위치와 바라보는 위치를 포함하는 개념이다. 사람이 앉아서 패철을 가슴 앞에 놓고 볼 때 가슴과 마주 보는 위치에 있는 글자로 표시한 것이다. 패철에서 가슴 가까이 있는 글자를 좌(坐)로 보고 그 반대편에 있는 글자를 향(向)으로 보는 것이다.

패철을 사용할 때는 우선 패철 안에 있는 지남철 방향을 잘 보아야 한다. 지남철은 남과 북만 가리켜 패철 몸체가 이리저리 옮겨져도 남북의 위치는 변하지 않는다. 패철을 사용하기 위해서는 패철의 스물네 글자 가운데 자(子)와 오(午) 위의 중심 축을 찾아 자오선(子午線)이 지남철의 남북선과 일치해야 한다. 지남철 북쪽에는 자가 남쪽에는 오가 오게 한다.

좌향을 분별하기 위해서 먼저 자신이 앉아 있는 자세의 좌향을 판별해 보도록 한다. 앉아 있는 자세에서 패철을 가슴 앞에 놓고 수평이 되게끔 한다. 그리고 지남철이 정지되도록 가만히 들고 있는다. 처음에는 움직이던 지남철이 잠시 뒤에는 움직이지 않고 한쪽을 가리키면서 정지한다. 정지된 상태에서 N자가 표시되거나 흰 표시가 된 부분이 북쪽이다.

동향을 향하고 있는 경우에는 자기 가슴에 가장 가까운 글자는 유(酉) 자가 되며, 가장 먼 글자는 묘(卯) 자가 된다. 이 경우 좌향은 유좌묘향(酉坐卯向)이 된다. 유 쪽에 앉아서 묘 쪽을 바라보고 있다는 말이다. 반면 마주 보고 있는 사람은 묘에 앉아서 유를 향하고 있게 되어, 묘좌유향이 된다.

4. 좌선과 우선에 의한 방위 측정

산소의 좌향에 대한 방위를 구분할 때는 시신 중심에 가장 가까운 두 방위를 보고 결정한다. 24자 가운데 하나로만 결정된 방위는 힘이 형성되지 않는 것으로 본다. 좌우 글자를 포함해서 세 자가 결합되어야 하나의 기운이 형성된 것으로 보는 것이다. 그러므로 산소의 좌향은 한 자 방위는 있을 수 없고, 두 자 방위가 기본이 되며 그렇지 않으면 세 자다.

두 자 방위인 경우 시신의 좌향을 읽는 순서는 시신이 놓여 있는 용이 좌선이냐 우선이냐에 따라서 구분한다. 용이 우선일 경우에는 오른쪽에 있는 방위가 입수(入首) 방위가 되며 왼쪽의 방위 글자가 좌(坐)가 된다. 임자(壬子)일 경우, 우선룡이므로 좌향을 읽는 방법은 임(壬)입수 자(子)좌라고 한다. 또한 자(子)좌일 경우에는 오(午)향이 되어 전체적으로 보면 자좌오향이 된다. 좌선일 경우에는 자(子)입수 임(壬)좌가 되며 임(壬)좌는 병(丙)향이 된다. 따라서 임좌병향으로 읽게 된다.

삼자의 좌향 역시 읽는 순서는 좌선이냐 우선이냐에 따라 결정된다. 우선의 경우 바깥쪽으로, 좌선도 마찬가지다. 좌향이 정확하게 자좌로 나올 경우 한 자이므로 기운을 형성하지 못한다. 그러므로 좌우 두 자가 결합되어, 임자계(壬子癸)로 본다. 이럴 경우에 용이 우선이면 임자계, 좌선이면 계자임으로 읽는다. 임자계는 배합이 되지만, 계자임은 불배합이 된다. 임자계의 세 자는 관송(官訟)을 받게 되는 기운이며 계자임의 세 자는 불배합 3자로 재패(財敗)가 되어, 파산의 기운을 의미한다.

5. 배합 방위와 불배합 방위

산의 기운을 많이 받기 위해서는 용을 정확하게 판별해서 그 방위에 일치시키는 것이 최선이다. 용의 방위는 일정하지 않으므로 산에 따라서 그 방향이 달라지고, 따라서 시신의 방위도 일정하지 않기 때문이다.

좋은 기운이 흐르는 방위를 배합 방위라고 하고, 그렇지 않은 방위를 불배합 방위라고 한다.

가. 배합 2자 방위

시신의 좌향 가운데 좋은 기운이 흐르는 방위를 배합 2자(配合二字)라고 한다. 배합 2자란 두 글자가 서로 배합을 이루어 좋은 기운을 만드는 방위를 말한다. 두 자 가운데 하나는 천간이며 다른 하나는 지지인데, 천간에 의한 방위와 지지에 의한 방위가 서로 배합되는 방위일 경우에 좋은 기운이 발생한다. 임자(壬子) 방위를 그 예로 들 수 있다.

배합 2자 방위는 생기가 흐르는 방위로 다른 방위와 구분된다. 배합 2자 방위는 세 종류로 구분되는데, 귀절(공무원으로 출세하는 방위)·부절(재벌로 출세하는 방위)·손절(건강과 자손이 풍부해지는 방위)이 그것이다.

공무원으로 출세하는 방위는 임자(壬子)·갑묘(甲卯)·병오(丙午)·경유(庚酉)고 재벌로 출세하는 방위는 계축(癸丑)·을진(乙辰)·정미(丁未)·신술(辛戌)이다. 건강과 자손으로 출세하는 방위는 간인(艮寅)·손사(巽巳)·곤신(坤申)·건해(乾亥)다. 이 때 임자 방위라고 하면 임 방위와 자 방위 중간 방위를 말하며, 계축이란 계 방위와 축 방위 중간 방위를 말한다.

	종류	용의 흐름	4방위				영향
1	귀절(貴節)	우선 좌선	壬子 子壬	甲卯 卯甲	丙午 午丙	庚酉 酉庚	공무원
2	부절(富節)	우선 좌선	癸丑 丑癸	乙辰 辰乙	丁未 未丁	辛戌 戌辛	재벌
3	손절(孫節)	우선 좌선	艮寅 寅艮	巽巳 巳巽	坤申 申坤	乾亥 亥乾	사손 번창

▲ 배합 2자 방위

나. 불배합 2자 방위

불배합 2자(不配合二字) 방위는 두 개의 방위가 서로 불배합 상태로 결합해서 방위를 이룬 것을 말한다. 불배합은 천간과 지지 두 기운이 만나서 생기를 이루지 못하는 방위다. 그러므로 불배합 방위의 좌향에서는 시신이 좋은 기운을 받지 못한다. 이 또한 방위에 따라서 인패(사람이 죽는 방위)·재패(재물을 잃는 방위)·병패(질병을 앓는 방위)로 구분된다.

사람이 죽는 방위는 해임(亥壬)·갑인(甲寅)·사병(巳丙)·신경(申庚)이고, 재산을 잃는 방위는 자계(子癸)·묘을(卯乙)·오정(午丁)·유신(酉申)이며, 질병을 일으키는 방위는 축간(丑艮)·진손(辰巽)·미곤(未坤)·술건(戌乾)이다. 해임 방위인 산소는 그 후손이 불행한 죽음을 당하며, 자계인 경우에는 후손이 재산을 잃고, 축간이면 후손이 질병을 앓는다.

	종류	용의 흐름	4방위				영향
1	인패절	우선 좌선	亥壬 壬亥	寅甲 甲寅	巳丙 丙巳	申庚 庚申	인명 피해
2	재패절	우선 좌선	子癸 癸子	卯乙 乙卯	午丁 丁午	酉辛 辛酉	재산 피해
3	병패절	우선 좌선	丑幹 幹丑	辰巽 巽辰	未坤 坤未	戌乾 乾戌	질병

▲ 불배합 2자 방위

다. 배합 3자 방위

세 자리 글자로 방위가 이루어진 경우를 3자 방위라고 하며, 배합 3자(配合三字) 방위와 불배합 3자 방위 두 가지가 있다. 배합 3자 방위는 배합 2자 방위에서 변화된 것이며, 불배합 3자 방위는 불배합 2자 방위에서 변화된 것이다.

배합 3자 방위는 배합 2자 방위 왼쪽이나 오른쪽에 바로 옆에 있는 방위가 첨가되어 이루어진 것이다. 예를 들어서 임자(壬子)는 배합 방위였으나, 바로 옆에 있는 계(癸)까지 포함해서 임자계 방위를 이룬다. 배합 3자 방위는 귀절 3자·부절 3자·손절 3자로 구분된다.

귀절 3자는 관송, 곧 재판을 받는 일이 생기는 방위로, 임자계(壬子癸)·갑묘을(甲卯乙)·병오정(丙午丁)·경유신(庚酉申)·자임해(子壬亥), 묘갑인(卯甲寅), 오병사(午丙巳), 유경신(酉庚申) 방위다.

부절 3자는 도적을 맞게 되는 방위다. 계축간(癸丑艮)·을진손(乙辰巽)·정미곤(丁未坤)·신술건(申戌乾)·축계자(丑癸子)·진을묘(辰乙卯)·미정오(未丁午)·술신유(戌申酉) 여덟 방위다.

손절 3자 방위는 근친 상간의 기운을 가지고 있다. 간인갑(艮寅甲)·손사병(巽巳丙)·곤신경(坤申庚)·건해임(乾亥壬)·인간축(寅艮丑)·사손진(巳巽辰)·신곤미(申坤未)·해건술(亥乾戌) 방위가 그것이다.

	종류	용의 흐름	방위				영향
1	귀절 3자	우선 좌선	壬子癸 子壬亥	甲卯乙 卯甲寅	丙午丁 午丙巳	庚酉辛 酉庚申	관송·재판
2	부절 3자	우선 좌선	癸丑艮 丑癸子	乙辰巽 辰乙卯	丁未坤 未丁午	辛戌乾 戌辛酉	도적·재산 손실
3	손절 3자	우선 좌선	艮寅甲 寅艮丑	巽巳丙 巳巽辰	坤申庚 申坤未	乾亥壬 亥乾戌	근친 상간

▲ 배합 3자 방위

라. 불배합 3자 방위

불배합 3자(不配合三字) 방위는 불배합 2자 방위에서 발전된 것으로 불배합 2자 방위에 한쪽 방위가 추가되어 3자를 이룬 것이다. 인패 3자(人敗三字)·재패 3자(財敗三字)·병패 3자(病敗三字)로 구분된다.

인패 3자는 불행한 죽음을 당하는 방위를 말한다. 해임자(亥壬子)·인갑묘(寅甲卯)·사병오(巳丙午)·신경유(申庚酉)·임해건(壬亥乾)·갑인간(甲寅艮)·병사손(丙巳巽)·경신곤(庚申坤) 여덟 방위다.

재패 3자는 파산해서 재물을 모두 탕진하는 방위다. 이 방위로는 자계축(子癸丑)·묘을진(卯乙辰)·오정미(午丁未)·유신술(酉申戌)·계자임(癸子壬)·을묘갑(乙卯甲)·정오병(丁午丙)·신유경(申酉庚)이 있다.

병패 3자는 불구자의 기운이 있는 방위며, 축간인(丑艮寅)·진손사(辰巽巳)·미곤신(未坤申)·술건해(戌乾亥)·간축손(艮丑巽)·손진을(巽辰乙)·곤미정(坤未丁)·건술신(乾戌申) 여덟 방위다.

	종류	용의 흐름	방위				영향
1	인패 3자	우선 좌선	亥壬子 壬亥乾	寅甲卯 甲寅艮	巳丙午 丙巳巽	申庚酉 庚申坤	오사·비명 횡사
2	재패 3자	우선 좌선	子癸丑 癸子壬	卯乙辰 乙卯甲	午丁未 丁午丙	酉辛戌 辛酉庚	파산·부도
3	병패 3자	우선 좌선	丑艮寅 艮丑癸	辰巽巳 巽辰乙	未坤申 坤未丁	戌乾亥 乾戌辛	불구자

▲ 불배합 3자 방위

9 음택 풍수

윤보선 전 대통령 집안 선산은 충청남도 아산시 음봉면 동천 2리에 있는 산으로, 지세상 한국을 대표하는 명당 가운데 하나다.

윤씨 집안이 이 곳을 선산으로 쓰게 되기까지는 사연이 있다. 윤보선 전 대통령 집안은 증조 할아버지 때까지 평범한 집안이었다고 한다. 어느 날 할아버지가 나무를 하기 위해 산을 오르는데 웬 스님이 쓰러져 신음하고 있었다. 그냥 지나칠 수 없었던 할아버지가 스님을 집에 데려와 겨우내 간호하고 수발을 들었다.

봄이 되자 스님은 건강을 회복했고, 그 집을 떠날 때가 되어 무언가 감사 표시를 하고 싶어했다. 마침 증조 할아버지가 돌아가시자 스님은 좋은 산소 자리를 정해 주고 떠나겠다고 했다.

스님이 좋은 자리라며 정해 준 곳은 마을 유지였던 이씨 성을 가진 사람의 땅이었다. 남의 땅이라 묻을 수 없다는 할아버지에게 스님은 '정성이 지극하면 하늘이 감동할 터이니 정성을 들이라'는 말을 남기고 떠났다.

스님이 한 말을 무시할 수 없었던 할아버지가 그 곳에 증조 할아버지를 모셨지만 땅 주인이 가만둘 리 없었다. 당장 이장을 하라는 성화에 마지못해 이장하는 척하다가 다시 그 곳에 묻고 다시 이장하기를 몇 번 반복했다. 그러자 신기하게도 집안이 일어나기 시작해 결국은 그 땅을 사게 됐고, 아산에서 내로라하는 만석꾼 집안으로 번창했다는 것이다.

산소 자리가 풍수적으로 좋고 나쁜 것이 그 후손들에게도 영향이 있는가 하는 것은 풍수지리 핵심 이론 가운데 하나다. 조상 산소가 명당이면 후손들에게 좋은 영향을 미치고, 그렇지 않으면 나쁜 영향을 미친다는 생각인데, 이러한 음택 이론은 조금씩 과학적으로 증명되어 가는 과정에 있다.

산소를 정하기 위해 다니다 보면 진흙이 많은 땅, 바위가 많은 땅, 모래가 많은 땅 등 땅마다 토질이 다름을 알 수 있다. 토질이 다르다는 것은 땅마다 갖고 있는 기운이 다름을 의미한다. 특히 물이 많이 난다든지, 나무 뿌리가 유난히 많다든지 하는 땅이 그 묏자리에 좋지 않은 영향을 준다는 것은 일반적으로 알려진 사실이다.

최근에는 수맥에 대한 이론도 많이 알려져 있다. 산소 자리에 수맥이 통하면 시신은 물 속에 있게 되며, 그 결과 후손들이 질병에 걸리거나 불행한 일을 당한다는 것은 잘 알려진 사실이다. 이런 경우, 시신을 다른 자리로 이장하는 것은 후손의 처지에서는 당연한 일이다. 조상을 물 속에 그대로 놓아 둘 사람은 아무도 없을 것이다. 마찬가지로 수맥이 지난다는 사실을 알면서도 매장할 사람은 하나도 없다. 그러나 매장하고 몇 년이 지난 뒤에 물이 찰 수도 있다는 것을 아는 사람은 많지 않다.

1. 동기 감응설

산소 자리가 좋고 나쁘고 하는 차이가 후손들에게 영향을 주는 이유는 무엇일까. 오래 전에 돌아가신 데다 멀리 떨어져 있는 조상의 산소 자리가 시간과 공간을 초월해서 살아 있는 사람들에게 영향을 줄 수 있을까.

이에 대한 해석이 바로 동기 감응(同氣感應)이다. 동기 감응이란 '조상과 그 후손은 체질이 같기 때문에 서로 기가 통한다'는 뜻이다. 비록 땅 속에 있긴 하지만 조상의 시신에서 나오는 일종의 전파(기운)가 그 후손에게 전달되어 영향을 미친다는 것이다. 그래서 좋은 곳에 조상을 모시면 후손에게 좋은 땅의 기운이 전해지고, 나쁜 곳에 모시면 나쁜 영향을 받는다.

머리카락을 예로 들어 보자. 보통 머리카락은 태양 빛이나 바람을 막아 주는 보호 기능을 한다고 생각한다. 그러나 풍수적으로 볼 때는 다르다. 머리카락에 텔레비전 안테나처럼 수신 기능이 있다고 본다. 그렇게 생각하는 이유로는 여러 가지를 들 수 있다.

성경에 나오는 삼손과 데릴라 이야기가 그것이다. 삼손의 괴력이 머리카락에서 나왔다는 내용인데, 데릴라가 머리카락을 자른 다음에는 괴력이 없어졌다. 또 다른 예를 들어 보자. 스님들이 머리를 깎는 이유는 무엇일까? 머리를 그대로 기르고 수행하면, 고향의 애인·친지·가족들이 보내는 기운을 받아 수행에 전념하기 어렵기 때문이다. 공부에 전념하기 위해서는 이 기운을 차단해야 하고, 그러기 위해서 머리를 깎는 것이다. 수녀들이 머리를 천으로 감싸는 것 역시 같은 이유다.

다른 예로, 사람은 궁지에 몰리면 머리카락이 곤두선다. 머리카락이 삐쭉하게 선다는 것은 안테나가 온힘을 다해 수신하려 함을 뜻한다.

주변이나 멀리 있는 사람에게서 궁지를 벗어날 방법을 수신하려는 노력인 것이다.

이런 사실들로 볼 때 사람 머리카락은 기운을 받아들이는 안테나 역할을 하는 것으로 해석된다. 만일 조상 산소가 좋으면 조상으로부터 좋은 전파가 접수되고, 나쁘면 나쁜 전파가 접수된다.

사람은 잠잘 때 꿈을 꾸는데, 꿈꾸는 과정 역시 외부 전파를 수신하는 작용으로 해석된다. 그 전파는 당연히 머리카락을 통해서 사람에게 전달되는 것이다. 꿈의 예지력은 자기에게 가까운 부모나 조상이 미리 보내 주는 전파다. 복권에 당첨되는 사람들은 당첨 전에 조상이 나오는 신비한 꿈을 꾼다는 것은 잘 알려져 있다. 산삼을 캐는 심마니의 경우도 꿈이 거의 적중한다고 한다.

같은 혈통인 조상과 후손은 체질이 같다. 체질이 같으면 사이클도 같아 같은 사이클을 가진 물체 사이에 전파가 자유롭게 전달되는 것은 당연하다. 그러므로 조상 산소에서 발생하는 전파는 같은 혈통의 자손에게 바로 전달된다.

체질도 시간이 지나면 변한다. 일반적으로 생물학에서는 3대가 지나면 체질이 많이 변화한다고 본다. 이런 사실로 보아 후손에게 영향을 줄 수 있는 조상은 3, 4대까지로 보는 것이 타당하다. 살아 있는 사람에게 영향을 주는 것은 증조부 산소에서 시작한다. 사람의 초년 기운은 증조부모와 그 이전 조상 산소의 영향을 많이 받는다. 중년에 들어선 뒤에는 조부모 산소의 영향을 받고, 말년에는 부모님 산소의 영향을 많이 받는다. 가까운 조상일수록 그 영향력은 크게 작용한다.

조상 산소에서 발생하는 전파는 공간에 구애받지 않기 때문에 후손이 미국으로 가도 영향을 받는다.

사례 1 : 전라남도 여천의 쌍둥이 마을은 오래 전부터 쌍둥이가 많이 태어나 세계 최고의 쌍둥이 마을로 알려져 있다. 이 마을에서는 76세대 가운데 38세대에서 쌍둥이가 태어나 한 집 건너 한 명씩 쌍둥이가 있는 셈이다. 이는 일반적인 쌍둥이의 출생률과 비교가 안 될 정도로 높다. 의학 기관에서 이 마을에 대해 연구해 보았으나 아직 결론은 내리지 못한 상태다.

이 마을 사람들은 마을 앞산에 있는 쌍태봉의 기운으로 쌍둥이가 출생한다고 믿고 있다. 외지 사람도 이 지역으로 이사 와서 살면 쌍둥이를 낳고, 마을에서 쌍둥이를 낳았던 사람이 외지로 이사 가면 쌍둥이를 낳지 않았기 때문이다.

쌍둥이 마을에서는 어느 집이나 쌍태봉을 마주 보고 있다. 이 마을에서는 사람이 죽으면 동리 뒷산에 매장하는데 여기서도 쌍태봉이 잘 보인다. 쌍태봉의 기운으로 쌍둥이가 태어나는 것이 사실이라 해도 집터의 영향인지 묘지의 영향인지 그렇지 않으면 양쪽의 영향을 다 받아서인지는 좀더 정확하게 연구되어야 한다. 그러나 어느 쪽이든 쌍태봉의 기운이 쌍둥이 출생에 영향을 미치는 것은 사실로 보인다.

사례 2 : 김 모 씨는 젊을 때 육군 모 부대에서 유도 교관을 지내기도 했던 건장한 40대 남자인데, 몇 년 전부터 허리와 목이 삐딱하게 옆으로 구부러진 상태로 굳어져서 걸어다니는 것조차 불편해졌다. 1992년 2월 파주군 보건소에서 진단 결과 강직성 척추염으로 병명이 확인되었으나, 그 당시 뚜렷한 치료 방법이 없었다. 필자가 그의 선산을 조사한 결과 조상 산소들 가운데 특별히 좋지 않은 것은 할아버지 산소였다. 그 산소는 맥이 없는 경사지 옆구리에 자리잡고 있었는데, 이러한 자리는 지기가 불안정해서 시신의 자리가 옮겨지고 수맥도 통과해서 좋지 않다. 산소를 이장하기 위해 봉분을 열자 놀랍게도 할아버지 시신이 관 한쪽 구석으로 쏠려서 목과 허리가 구부정하게 되어 있었는데, 그 모습이 김 씨와 거의 같았다. 김 씨와 형제들은 할아버지 시신을 바로 펴서 좋은 자리에 이장했다.

이장을 하고 난 뒤부터 김씨는 굳어 있던 허리가 점차적으로 펴지기 시작해서, 이장하고 2년쯤 지난 뒤에는 완전히 정상인이 되었다.

사례 3 : 서울 강남구 한 아파트에 사는 50대 조 여사는 오래 전부터 눈병에 시달리는 딸이 고민이었다. 초등 학생인 그의 딸은 녹내장을 앓고 있어서 거의 시력을 잃을 지경이었으며 눈과 머리 통증도 매우 심했다. 몇 년 동안 치료를 받았지만 차도가 없었다.

문화 센터를 통해 풍수지리에 대해 알게 된 조 여사는 망우리 공동 묘지에 있는 시어머니 묘소에 문제가 있다고 생각하게 되었다. 필자가 감정한 결과 산소는 용의 맥은 빈약하나, 청룡이나 백호가 잘 감싸고 있으며, 수구를 제대로 막아 주고 있었다. 그러나 문제는 산소 위쪽에 흉석이었다. 청룡·백호·수구가 좋은 것은 재산이 넉넉한 것을 의미 하지만, 산소의 입수 부분에 검은 바위가 있으면 후손 가운데 얼굴에 관련된 질병, 특히 눈병을 앓는 사람이 나오게 되기 때문이다.

실제로 친척 여러 명이 눈병으로 고생하고 있었지만, 산소를 이장하 거나 화장해야 한다는 조 여사의 주장이 받아들여지는 데는 거의 5~6 년이 흘렀다. 산소를 화장하기 위해 봉분을 허물고 관 뚜껑을 연 가족 들은 모두 놀랄 수밖에 없었다. 시신이 털모자를 뒤집어 쓴 형태였으 며, 특히 눈 부분을 통해 두개골 속으로 수많은 털 덩어리가 파고 들 어가 있었기 때문이다. 가족들은 시신을 화장하고 지세가 좋은 자리를 골라 뿌렸다. 그 뒤 딸의 병세는 많이 호전되었으며, 두통으로 고생하 던 다른 친척들도 고통이 없어지게 되었다.

2. 염

땅 속에는 여러 가지 기운이 흐르고 있다. 좋은 기운도 있고 나쁜 기운도 있다. 혈은 좋은 기운이 흐르는 곳이다. 시신을 이 곳에 매장하면 혈에 흐르는 좋은 기운으로 시신이 매우 깨끗하게 부패한다. 혈에서는 피부나 근육은 일찍 부패되어 없어지고 뼈만 노랗고 깨끗하게 오래 남는다. 이것을 황골이라고 부른다.

묏자리를 잘못 정하면 좋지 않은 기운에 의해 피해를 입는 경우가 생긴다. 유골에 물이 차거나, 나무 뿌리가 침범하는 현상을 염(廉)이라고 한다. 땅에 습기가 많아서 관 속에 물이 차는 것을 수렴(水廉)이라고 한다. 비교적 자주 있는 경우인데, 심지어 시신이 물에 둥둥 떠 있는 예도 있다. 이렇게 되면 시신이 까맣게 되고 불어서 매우 흉하다. 매장할 때는 물이 없다가 시간이 흐르면서 땅 속 수분 때문에 물이 발생하는 것이다. 이렇게 되면 후손들에게도 병이 생긴다.

시신에 나무 뿌리가 감겨 있는 것을 목렴(木廉)이라고 한다. 이 때는 나무 뿌리가 감긴 위치에 따라 후손들에게 나쁜 영향이 나타난다. 머리 부분을 감고 있으면 후손들이 머리에 병을 앓는다. 나무 뿌리가 눈을 뚫고 들어가 있으면 후손이 안질을 앓거나 두통·정신 질환을 앓는다. 나무 뿌리가 허리를 감싸고 있으면 허리를 다치는 환자가 생기고, 다리를 감고 있으면 하반신이 나빠지는 병을 앓는 후손이 있다.

시신이 불에 그을린 것처럼 새까맣게 변하는 경우를 화렴(火廉)이라고 한다. 이런 자리에 시신이 있으면 그 후손들은 정신 질환이나 각종 질병에 시달리게 된다.

시신이 곰팡이 같은 가는 털에 싸여 있는 경우를 모렴(毛廉)이라고 하며, 이런 경우에는 후손들이 피부병에 시달린다. 시신에 뱀·두더지·벌레들이 모여 있는 경우도 있다. 이러한 경우를 충렴(蟲廉)이라고 하는데 역시 후손들이 질병으로 고생한다.

3. 산소의 복합적인 기운과 발복 기간

조상 중에는 명당에 모셔진 조상이 있는가 하면 좋지 못한 지세에 모셔진 조상도 있다. 후손에게는 좋은 산소의 기운과 나쁜 산소의 기운이 동시에 전해진다. 또 후손들 가운데서도 사람에 따라 그 영향을 특별히 많이 받는 사람과 그렇지 못한 사람이 있다.

조상 산소에는 부모·조부모·증조부모·고조부모 등 여러 기(基)가 있는 만큼 후손들은 대부분 여러 기운을 함께 받게 되어 좋은 일과 나쁜 일이 동시에 일어나기도 한다. 행복한 순간에 불행한 일이 일어날 수 있으며, 불행한 순간에 행복한 일이 일어나기도 하는 것이다.

아무리 좋은 혈이라도 발복 기간이 무한한 것은 아니고, 일정한 시간이 지난 뒤에는 그 효력이 조금씩 감소한다. 혈의 발복 기간은 혈판 구성 요소와 청룡·백호 같은 사신사(四神砂), 그리고 혈에 연결된 용의 길이에 따라 결정된다.

가. 혈판 구성 요소와 발복 기간

혈판에서는 혈 주위를 둘러싸고 있는 입수·좌우 선익·주작에 따라 발복 기간을 계산한다. 이 네 요소가 각각 한 세대에 해당하는 30년씩 발복을 보장해 준다. 네 요소가 다 구비되어 있으면 4×30이므로 120년으로 계산한다. 혈판에 위 네 요소가 모두 갖춰져 있으면 이 곳에 시신을 매장한 때부터 120년 동안 그 발복을 보장받는 것이다. 한 요소가 부족하다면 나머지 세 요소에 30을 곱한 90년을 발복 기간으로 예측할 수 있다.

나. 사신사와 발복 기간

혈 주위에 앞서 얘기한 네 요소가 하나도 없을 경우에는 혈판 구성 요소에 의한 발복 기간은 전혀 없는 것으로 본다. 그러나 이런 경우에도 청룡이나 백호가 보호해 주고 있으면 발복 기간을 30년으로 본다. 혈판에 기운이 부족해도 청룡이나 백호가 잘 감싸 주고 있으면 30년 동안은 그 기운이 보호받는 것이다.

다. 혈에 연결된 용의 길이와 발복 기간

혈판은 주봉에서 연결된 용에 의해 이루어진다. 주봉과 혈 사이 길이가 길면 혈의 발복 기간도 길다. 그러나 혈에서 주봉까지 길이가 짧거나 중간에 끊어져 있으면 발복 기간도 짧아진다. 용은 15m마다 한 절을 이루며, 가지를 뻗어 가거나 방향을 좌우로 회전한다. 절이 많을수록 발복 기간도 길어진다. 한 절의 발복 기간은 30년으로 본다. 그러므로 혈판에서 주봉까지 연결된 용이 10절이면 발복 기간은 300년이 된다. 그러나 용이 중간에 끊어진 경우에는 혈판으로부터 끊어진 지점까지의 절 수에 30년을 곱하여 발복 기간을 정한다.

4. 이장

꿈에 조상을 보는 것은 자손이 그리워해서기도 하지만, 후손에게 자신의 뜻을 전달하기 위해 나타나는 경우도 많다. 산소를 쓰거나 이장하는 때를 전후해서 조상이 꿈에 많이 나타난다. 이 때 돌아가신 분이 좋은 모습으로 나타나면 그 산소 자리가 좋다는 뜻으로 해석되고, 괴로운 모습으로 나타나면 산소 자리가 좋지 않은 것을 호소하기 위해 나타나는 것으로 해석된다. 산소에 물이 들면 특히 초라한 모습으로 꿈에 나타나 어려움을 호소한다.

좋은 자리로 이장할 경우에는 길몽을 꾸게 되는데, 이는 조상이 자신이 이장될 장소를 미리 알고 있다는 뜻으로 해석된다.

유골에는 생명력이 있다. 그 힘은 후손에게 자신의 뜻을 전달할 뿐 아니라, 그 외 사람에게도 꿈을 통해 전달된다.

사례 1 : 전라도 해안에 사는 한 어부가 하루는 게를 잡기 위해 바다로 나갔다. 그 날따라 잡히는 것이 전혀 없어 번번이 헛손질을 했다. 여기저기 돌아다니며 그물질을 했으나 소용없었다. 마지막이라고 생각하며 던진 그물 안에 허연 물체가 보여 끌어당겨 보니 사람 해골이었다. 어부는 놀라고 두려워서 이 해골을 어떻게 처리할까 망설였다. 바다에 다시 던질까도 생각했지만 무서워서 그러지도 못한 그는 집으로 가지고 돌아와 해골을 종이에 싸서 따뜻한 양지에 정성스럽게 묻어 주었다.

그날 밤 꿈을 꾸게 되었는데 건장한 청년이 나타나서 감사하다며 절을 하고 사라졌다. 어부는 꿈에 나타난 사람이 안면이 없어서 별로 염두에 두지 않았다. 다음 날도 게를 잡으러 나갔는데 이 날은 형편이 달랐다. 던질 때마다 그물 가득히 게가 잡혀 올라와 얼마 안 가서 만선이 되었다. 이렇게 만선이 된 것은 생전 처음 있는 일이었다.

그는 즐거운 마음으로 돌아와서 생각했다. 돌이켜 생각해 본 결과, 꿈에 나타난 청년은 자기가 바다에서 건져 올린 해골이었으며, 그 청년이 자기 유골을 양지바른 곳에 묻어 줘서 감사하는 뜻으로 게를 많이 잡도록 해 준 것이었다. 이러한 사실은 유골이 힘을 갖고 있음을 말해 준다.

사례 2 : 충청북도에 사는 김 씨는 오랫동안 부모님이 물려 준 과수원을 경영하고 있었다. 도로 공사 때문에 할아버지 묘를 이장하게 된 김 씨는 산소를 과수원 안으로 옮기기로 마음먹고 지관에게 명당을 찾아 달라고 부탁했다. 지관이 선정해 준 자리는 자기가 보기에도 아주 좋아 보였다. 지관은 그 자리가 혹시 다른 사람이 과거에 산소로 쓰지 않았었나 물었다. 지관이 보기에는 오래된 산소 자리 같았기 때문이다. 김 씨는 전혀 그럴 리 없다고 단언했다. 오래 전부터 집안에서 가꾸어 온 과수원이라 구석구석 잘 알고 있었으며, 누가 그 자리에 산소를 썼다는 말을 들어보지도 못했기 때문이다.

이장하기로 한 날 새벽에 김 씨는 꿈을 꾸었다. 김 씨 할아버지 상여가 산소를 향해 올라오는데 그 반대쪽에서 한 아주머니 상여가 나오는 꿈이었다. 상여 위의 아주머니는 이제 집을 비워 주어야 한다면서 내려갔다. 이상한 생각이 들기는 했지만 김 씨는 예정대로 이장을 진행했다. 그런데 산소를 모시려고 땅을 파 보았더니 한쪽에서 여인 시신이 나타났다. 그 자리에 다른 사람 묘가 있는지 전혀 몰랐던 김 씨는 매우 놀랐다. 어떻게 해야 될지 망설이던 그는 그 유골을 조금 옮기고 예정대로 할아버지를 그 자리에 모셨다. 그는 그 날 아침 꾼 꿈을 생생하게 떠올렸다.

최근 들어 많은 사람들이 도시로 모여 들어 도시 근교 임야에 아파트나 주택들이 많이 들어서고 있다. 그러다 보니 묘지였던 터에 집이 들어서는 경우도 많다. 이런 공사를 하기 전에 그 자리에 있었던 시신들은 정중하게 다른 좋은 자리를 찾아 이장하거나 화장해야 함은 물론이다. 돌아가신 분들을 예의를 다해 모셔야 하기 때문이다.

그러나 실제 공사 과정에서는 시신을 소홀히 다루기 쉽다. 연고가 없는 분묘일 경우에는 더욱 성의 없이 대하는 경우가 많다. 그러나 유골에게 생명이 있다면 유골에게 원망을 사게 될 것은 당연하다. 또한 이들 유골을 정성스럽게 모시면 유골로부터 답례를 받기도 한다. 실제로 무연고 분묘를 성실하게 이장해 준 인부가 그 뒤 잘살게 되었다는 이야기가 텔레비전에 소개된 적도 있다.

시신을 다른 곳으로 이장하지 않은 채 또는 미처 알지 못하고 그대로 둔 채 그 위에 집을 짓는 경우도 있다. 심지어는 시신 위에 구들장을 만들고 방을 들이기도 한다. 이런 방에서 자는 사람에게는 꿈에 계속 귀신이 나타나서 괴롭히게 된다. 시신이 불로 인한 괴로움을 호소하는 것이다. 이러한 집은 보통 흉가가 되어 버린다. 시신 위에 아파트를 짓는 경우도 마찬가지다. 시신이 땅 속에서 괴로워할 것은 당연하다. 건물을 짓기 전에는 마땅히 땅 속에 있는 유골들을 깨끗하고 정성스럽게 옮겨야 한다.

제2부
풍수지리의 전개

배치에 따른 건물의 길흉

좋은 터가 선정되면 건물을 어느 방향으로 배치하는 것이 가장 좋은 방법인지를 생각해야 한다. 땅이 모두 남쪽으로만 경사질 수는 없기 때문이다. 북쪽으로 경사진 땅, 또는 동이나 서로 경사진 땅도 많다. 대지에 연결된 도로도 남쪽으로만 있지 않고 동서남북 여러 면으로 있게 마련이다.

집이나 점포 같은 건물을 지을 경우에 가장 중요한 사항은 건물이 자연의 기운을 많이 받아들이도록 배치해야 한다는 점이다. 자연의 기운을 많이 받아들이면 건물 안에 좋은 기운이 쌓여 그 안에서 생활하는 사람이 건강해지고 사업이 발전한다. 그러나 건물 배치를 잘못해서 좋은 기운을 받아들이지 못하면, 그 곳에 사는 사람은 건강이 나빠지거나 심지어는 불행한 일을 당하기도 한다.

건물을 배치하는 방법은 각 지세를 따라 여러 가지로 구분된다. 일반적으로 남향이나 배산임수 등 방위를 고려해야 하며, 도로·마당·주변 건물·내룡과의 관계 등 여러 가지 요소를 살펴야 한다. 이들 조건을 모두 고려해서 건물을 배치하는 것이 가장 좋다.

1. 기본은 남향 배치

남향 건물은 태양 빛을 가장 많이 받을 수 있어서 많은 사람에게 널리 알려진 배치 방법이다. 남향으로 배치하면 태양 빛이 집 안 깊은 곳까지 들어와 건강하고 따뜻한 집을 만들 수 있다. 흔히 남향집에 살려면 삼대를 적선(積善)해야 한다고 이야기한다. 남향 배치는 평탄하거나 남쪽으로 경사진 지역에 가장 적합하다. 또 남쪽에 건물이 없어야 한다. 남쪽에 산이 있거나 건물이 있으면 태양 빛을 충분히 받아들일 수 없어 오히려 불리하다. 이런 때는 다른 쪽을 향하게 짓는 것이 더 유리하다. 특히 도심에서는 좁은 땅에 집을 짓는 경우가 많기 때문에 남향보다 생기를 더 많이 받을 수 있는 배치 방법을 적용해야 한다.

2. 배산임수 배치가 우선

풍수지리로 볼 때에 남향 배치보다 더 좋은 배치가 있다. 바로 배산임수(背山臨水) 배치다. 배산임수 배치란 문자 그대로 산을 등지고 물이 있는 쪽을 향해 건물을 배치하는 방법을 말한다. 지면에서 약간이라도 높은 부분에 건물을 짓고, 지대가 낮은 쪽에 마당을 둬 내려다보게 하는 배치다. 지면의 높낮이가 확실하게 구분되지 않거나 강이나 바다가 직접 보이지 않는 지세에서는 빗물이 흘러가는 방향을 낮은 쪽으로 해서 마당을 만들어, 건물에서 빗물이 내려가는 쪽을 바라보게 설치한다.

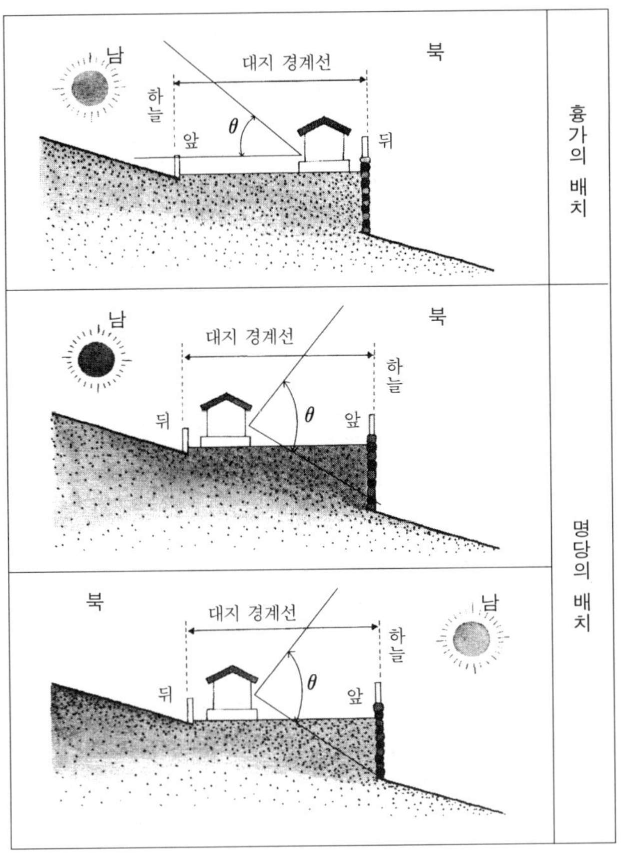

◀ 배산임수에 따른
흉가와 명당의
배치 방법

　일반적으로 생기는 강물과 육지가 음과 양으로 조화를 이루는 낮은 지역에서 생겨나 바람을 타고 지상으로 옮겨진다. 생기 있는 바람을 받아들이기 위해서는 집이 생기가 불어오는 쪽을 향해야 한다.

　생기 있는 바람은 물에서 일어나 산의 능선을 따라 위로 올라가는 바람이다. 그러므로 집을 배치할 때는 물이 있는 쪽에서 불어오는 바람을 집 안에 받아들이도록 하는 것이 원칙이다. 바람이 불어오는 쪽으로 건물을 배치하는 것이다. 바람은 낮에는 대류 현상에 따라 지대가 낮은 물가에서 시작해서 지대가 높은 산 쪽으로 불고 밤에는 산에서 낮은 곳으로 내려온다. 주로 낮에 활동하는 사람에게 필요한 바람은 물가에서 올라오는 바람이다.

이 배치는 또한 집의 전망을 넓어 보이게 한다. 일반적으로 물이 있는 쪽은 전망이 트여 있는 곳을 말한다. 물을 등지고 산이 있는 쪽을 바라본다면, 산이 앞을 가로막는 형상이 되어 전망이 넓어질 수가 없다.

배산임수 배치는 물가에서 불어오는 바람으로 실내 공기 압력을 높이는 방법이다. 바람이 집 안에 불어오는 쪽으로 건물을 배치하면, 집 안 기압이 바람으로 인해 조금씩 높아진다. 기압이 높아지면 그 안에 사는 사람도 기운을 받아 건강해진다. 바람을 등지고 건물을 배치하면, 뒤에서 불어오는 바람이 집 앞 부분에서 회오리바람이 되어 집 안 기운을 훑어 나간다. 그러므로 집 안 압력은 오히려 떨어지고, 여기 사는 사람은 떨어진 압력으로 인해 기운을 잃기 마련이다. 기운을 잃게 되면, 제일 먼저 건강을 잃게 될 것은 당연한 결론이다. 건강을 잃으면 다른 일들도 잘 풀리지 않을 것 역시 당연하다.

반대로 남쪽 지면이 높고 북쪽 지면이 낮은 대지에 집을 배치할 때는 지면이 높은 남쪽이 건물 뒷면이 되고, 지면이 낮은 북쪽이 건물 앞면이 되는, 북향 배치가 배산임수에 따른 배치 방법이다. 그래야 북쪽에서 불어오는 생기를 받아들일 수 있기 때문이다.

이런 지세에 남향집을 지으면 햇빛을 많이 받아들이는 장점은 있지만, 지대가 낮은 건물 뒷면을 돌이나 콘크리트로 받치고 집을 짓기 때문에 집이 뒤로 자빠지는 모습을 하게 된다. 더구나 건물 정면을 높은 산이 가로막고 있어 중압감을 느끼게 되고, 산이 하늘을 가로막아 넓은 하늘을 바라볼 수 없다. 하늘에서 마당을 통해 들어오는 생기의 양도 부족해 집 안에 불행한 기운이 가득 찬다. 또 북쪽에서 불어오는 생기를 막고 반대쪽을 바라보고 있는 형상이기 때문에 오히려 생기를 빼앗길 뿐만 아니라, 산으로 올라가는 바람이 집터에 회오리바람을 일으켜 집 안의 기운을 빼앗아 간다. 이런 집에서 살면 우선 건강을 잃고, 직업을 잃거나 손해를 보는 등 여러 불행을 겪는다.

배산임수 배치 방법은 가장 대표적인 한국 전통 건축법이다. 창경궁은 배산임수 원칙에 의해 동향 집에 동향 대문으로 배치했다. 궁궐과 사찰은 물론 개인 주택에 이르기까지 대부분 이 방법을 적용했으며, 오늘날까지도 가장 이상적인 배치 방법으로 이용되고 있다. 주거용 건물일 경우 햇빛보다 기압이 더 중요하다는 것이 풍수지리 이론이다. 북향집이라도 햇빛은 반사되어 들어온다. 그러나 인체에 직접 영향을 주는 기압은 다른 방법으로 대치할 수 없다. 그러므로 바람이 잘 통하는 배산임수 배치가 남향 배치보다 더 좋은 방법이다.

가장 이상적인 건물 배치 방법은 배산임수와 남향을 동시에 이루는 방법이다. 남쪽에서 불어오는 바람과 햇빛을 모두 많이 받을 수 있는 지세, 곧 남쪽으로 경사진 땅이 가장 이상적인 땅이다. 배산임수 배치와 반대되는 개념은 배수임산(背水臨山) 배치, 곧 물을 등지고 산을 바라보는 배치다. 물을 등진다는 말은 바로 군대에서 말하는 배수진이다. 배수진이란 가장 불리한 진지, 곧 가장 흉한 진법이다. 이와 마찬가지로 물을 뒤에 두고 집을 짓는다는 것은 불행을 불러들이는 것과 같다. 따라서 남향 배치보다는 언제나 물을 바라보는 배치가 우선한다.

서울을 예로 들어 보자. 청계천을 시내의 물로 보고, 청계천 이북, 곧 종로통에 사는 사람은 청계천을 향하여 남향을 해야 좋다. 그러나 청계천 이남, 곧 을지로와 퇴계로에 사는 사람들은 청계천을 향하여 북향으로 하는 것이 좋다. 이렇게 집은 물을 향하게 지어야 하는데도 많은 사람들이 이를 무시하고 남향으로만 짓기 때문에 좋지 않은 집이 생기는 것이다. 대표적인 동네가 사당동이다. 사당동은 남쪽에 관악산이 자리잡고 있어서, 남향으로 하면 관악산을 마주하고 집 뒤에 축대를 쌓아서 짓게 되는데, 이는 배수임산 배치므로 좋지 않다.

배산임수 원칙을 잘 적용한 집이 인촌 김성수 선생 생가다. 이 집은 북향집에 북향 대문이다. 생가가 있는 전라북도 고창군 줄포는 북쪽 멀리 바다가 있고 남쪽에는 산이 있기 때문에 바다에서 불어오는 바람을 맞기 위해 북향으로 지은 것이다.

자식이 부모를 살해하고 범행을 은폐하기 위해 불을 질렀던 사건은 몇 년이 지난 지금까지도 많은 사람들을 경악케 한다. 끔찍한 사건이 일어났던 그 집은 외형만 보면 매우 훌륭한 저택이지만, 자세히 살펴보면 흉가라는 것을 바로 알 수 있다. 우선 산 뒷면에 자리잡고 있는 데다 집터 남쪽이 높고 북쪽이 낮으며, 멀리 한강이 흐른다. 그런데도 이 집은 남향 배치만 고려해서 결국 배수임산 배치를 하고 있다. 게다가 지대가 낮은 뒤쪽에 콘크리트로 옹벽을 세우고 그 위에 건물을 지어 건물이 뒤로 자빠지는 형태를 이루고 있다. 동쪽과 남쪽 두 면이 도로에 접해 있어 일반적으로 볼 때는 가장 이상적인 택지로 해석할 수도 있지만, 풍수에서는 두 면 이상이 도로에 접한 대지는 바람을 많이 모으기 때문에 좋은 집터로 보지 않는다. 또 대문이 남동쪽 모서리에 있는데, 역시 안정된 자리가 아니다.

서초구 방배동은 남쪽에 있는 관악산 줄기 위에 자리잡고 있으며, 북쪽으로는 한강을 내려다보고 있다. 이 지역 특징은 청룡이 되는 동작동 국립 묘지 산이 왼쪽에서 한강 수구를 가로막고 있어 명당을 이룬다는 점이다. 방배동 카페 골목도 이러한 청룡 기운에 의해 이루어지고 있다. 이처럼 청룡이 잘 감싸고 있는 지세에는 생기가 모여 사람

들이 많이 모이고, 상권도 잘 형성된다. 카페 골목을 지나면 주택 지역
이 있는데, 이 곳 지세는 남쪽에 있는 관악산이 용 위에 자리잡고 있
어 남쪽이 높고 북쪽은 낮다. 이러한 지세에서는 한강이 있는 북쪽을
향하도록 건물을 배치해야 명당이 된다. 그러나 많은 집이 남향을 하
고 있어서 아쉽다.

3. 도로와 건물 배치

도로는 여러 사람이 함께 생활하는 공간이다. 그러나 최근에는 빠르
게 지나다니는 자동차들 때문에 생활 공간이라기보다 자동차 전용 도
로의 의미가 커졌다.

풍수에서 도로는 기운, 곧 바람이 통과하는 길을 뜻한다. 도심에서
는 도로를 중심으로 해서 좌우에 건물들이 높이 들어서 있다. 그러므
로 도로에는 바람이 통과하게 된다. 바람은 생기를 만드는 역할을 한
다. 도로에 면하고 있는 집들은 도로를 통해 바람을 맞는다. 자동차 왕
래가 많은 도로에서는 자동차 속도와 함께 바람 속도가 빨라지고, 그
바람이 도로를 통해 집에 전달되면 집 안 기운도 변한다. 따라서 도로
에 인접해 있는 정도에 따라 그 집 기운이 달라진다. 그러므로 도시의
도로는 주변에 생기가 형성되는 과정에서 중요한 역할을 하는데, 일반
적으로 바람이 잔잔한 도로 쪽이 명당에 가깝다.

빠르게 부는 바람은 생기를 만들지 못하고 오히려 생기를 빼앗아 가
는 역할을 한다. 따라서 도로 주변에 있는 집은 벽면을 두껍고 넓게
하고, 창문은 작게 해서 실내 기운이 밖으로 빠져 나가지 않도록 해야
한다.

가. 도로와 거리

도심에 건물을 지을 때 도로에 바짝 붙여 짓는 경우가 많다. 이렇게 지으면 지나가는 사람들이 쇼 윈도를 쉽게 볼 수 있는 장점이 있지만 풍수지리 측면에서는 그다지 좋지 못하다. 오히려 도로와 접하는 부분에는 주차장이나 정원을 만들고 건물은 뒷면에 두는 것이 좋다. 건물이 앞으로 나와 있으면 그 앞을 통과하는 차들을 통해 내부 기운이 빠져 나가기 때문이다. 도로에서 멀리 떨어질수록 바람으로 인한 피해를 방지할 수가 있다.

도로에 접한 대지에 건물을 세울 경우, 도로와 얼만큼 떨어졌느냐에 따라 전면 배치·중간 배치·후면 배치 방법이 있다. 전면 배치 방법은 도로에 가능한 한 가깝게 배치하는 방법으로, 상점을 지을 때 많이 이용된다. 도로 가까이 있어 간판이나 쇼 윈도를 통해 고객을 끌어들일 수 있기 때문이다. 그러나 이러한 전면 배치는 도로에 흐르는 기운이 점포 안 기운을 빼앗아 가기 때문에 내부에 생기가 모이지 못해 발전을 못한다. 마찬가지로 집도 생기가 모이지 않아 집안이 번성하지 못한다.

중간 배치는 마당 중간에 건물을 배치하는 방법으로, 건물 앞과 뒤로 마당이 분산된다. 도로 쪽 마당은 주차장이나 간단한 작업장, 화단을 설치해서 바깥 마당 역할을 하며, 뒤에 있는 마당은 가족끼리 즐길 수 있는 조용한 공간으로 각각 구분된다. 중간 배치는 기운이 마당을 통해 집으로 들어와 생기를 이룬다.

후면 배치는 도로에서 멀리 떨어진 뒷면에 집을 배치하고, 도로와 건물 사이에 마당을 크게 만드는 방법이다. 후면 배치는 도로와 건물 사이에 마당이 있으므로 건물로 들어가기 위해서는 반드시 마당을 거쳐야 한다. 이런 집 배치는 대문만 열면 집 내부가 바로 보이기 때문에 마당을 독립적으로 사용하기 어려운 단점이 있다. 그러나 도로에서 멀리 떨어져 있어 집 안 기운을 빼앗기지 않는, 가장 이상적인 배치 방법이다.

나. 도로 넓이와 명당

도심지에는 폭이 40m가 넘는 넓은 도로가 있는가 하면 8m도 안 되는 좁은 도로도 있다. 넓은 도로 주변에는 명당이 생기기 어렵다. 자동차 때문에 바람이 빨리 불기 때문이다. 좁은 도로에서는 자동차 속도가 느려서 바람도 천천히 불어 명당이 생긴다.

건물이 도로와 접해 있는 경우, 접하는 면이 많으면 많을수록 더 불길하다. 건물 앞뒤에 도로가 있으면 양쪽으로 출입구를 만드는 경우가 많다. 이 경우 두 도로 사이가 멀면 괜찮지만, 가까우면 생기에 좋지 않다. 또한 이런 경우에 출입문이 마주 보고 있으면 바람이 쉽게 빠져나가 기운이 모이지 않는다. 따라서 서로 엇갈리게 만들어야 한다.

다. 도로의 형태

도로는 동서와 남북을 가르는 직선 격자형으로 이루어지는 것이 보통이다. 물론 원형이나 방사형으로 연결될 수도 있다. 직선 도로는 바람도 직선으로 불게 되기 때문에 도로를 지나는 사람들에게 불쾌감을 주고, 그 결과 도로에서의 생활이 줄어들게 된다. 곡선 도로에서는 직선 도로보다 바람의 속도가 줄어들게 된다. 바람 속도가 느릴수록 내부 분위기는 좋아진다.

라. 막다른 도로

넓은 들판에서는 바람의 방향이나 속도가 균일하다. 그러나 도심지에서는 도로가 바람의 통로가 되며, 특히 밀집된 건물 사이에 있는 도로에서는 강한 바람이 분다. 잔잔한 바람은 상쾌하고 유익하지만 강한 바람은 건강을 빼앗아 간다.

길다랗게 난 막다른 골목에 위치한 집은 좋지 못하다. 이러한 집에는 도로에서 불어 오는 바람이 건물을 향해 화살같이 들어와서 집 안 기운을 관통하므로, 건강을 잃는다.

막다른 도로의 길이가 길수록 바람의 속도는 빨라진다. 막다른 도로가 짧은 경우에는 오히려 도로가 기운을 모아 주는 역할을 하기 때문에 좋은 집이 될 수도 있다. 막다른 도로는 아니어도 큰 도로가 마주 뚫려 있는 위치, 곧 정면으로 도로를 바라보는 위치에 있는 점포는 막다른 도로의 경우와 같은 영향을 받게 된다.

마. 명당을 만드는 일면 도로

도로는 대지 앞 한쪽에 있는 것이 가장 바람직하다. 앞뒤 모두 도로가 있는 경우에는 바람이 집 앞과 뒤로 쉬지 않고 흘러서 공기 흐름에 안정감이 없다. 앞뒤가 도로에 접해 있어도 도로 사이 거리가 충분하면 바람이 서로 섞이지 않으므로 관계가 없다. 두 도로가 교차하는 각지(角地)는 두 면에 걸쳐서 도로에 접해 있으므로 통행하는 사람도 많고 사람들 눈에도 잘 띄어 사업이 잘되는 땅으로 알려져 있다. 그러나 최근 들어서는 도로가 사람보다 자동차가 다니는 길로 바뀌면서 개념도 따라 바뀌고 있다. 자동차가 많이 다니는 도로에 두 면 이상 접한 건물은 자동차가 일으키는 바람에 의해 기운을 빼앗기는 건물이다.

삼면 이상 도로에 접해 있는 건물은 흉가에 속한다. 집의 삼면이 모두 도로면 내부 기운을 빼앗아 가기만 하기 때문에 특히 나쁘다. 이런 지역에서는 때때로 건물 주변에서 회오리바람이 일어나는데, 이 바람은 사람의 정신을 빼앗아 간다. 도로의 한 가운데 서 있는 건물, 곧 사면이 도로에 접한 건물은 불길하다. 이러한 건물에는 실내 기운이 외부로 빠져 나가지 않도록 특별 조치를 해야 한다. 창문 면적을 작게 하고 벽을 두껍게 하는 것도 한 방법이다.

서울 청량리에 있는 옛 대왕 코너 건물은 다섯 면이 도로에 접해 있다. 이 주변 도로는 불을 상징하는 화(火) 자를 이루고 있는데, 불과 같이 크게 번성하기도 하지만 화재가 자주 발생하기도 한다. 실제로 이 곳에서는 1970년대 이후 여러 차례 화재가 일어났다.

바. 곡선 도로에서의 명당

직선으로 된 도로에서는 바람이 도로 왼쪽이나 오른쪽을 같은 압력으로 통과한다. 그러나 곡선 도로에서는 위치에 따라 통과하는 바람에 의한 압력이 다르다. 로터리 같은 곡선으로 된 도로에서는 곡선 바깥쪽 대지가 안쪽 대지보다 좋다. 곡선 도로를 통과할 때 높아진 바람이 원 중심점 바깥에 위치한 대지에 들어오게 된다. 그러나 곡선 안쪽에 있는 대지에서는 바람의 압력이 낮아져 실내 바람이 외부로 빠져 나가게 된다. 바람이 들어오는 대지는 기운이 모여서 명당이 된다. 그러나 바람이 빠지는 건물에서는 기운을 잃어 좋지 못하다.

사. 도로에 직각으로 배치

도로변에 건물을 짓는 경우, 도로에 면하는 벽면이 좁고 내부 깊이가 깊은 것이 좋다. 도로의 기운이 집 안에 들어와 모이기 좋은 형태이기 때문이다.

도로에 면하는 길이를 길게 하고 내부 깊이를 얕게 하면, 도로에서 볼 때 건물이 크게 보이는 장점은 있다. 쇼 윈도도 넓어져 선전 효과를 높일 수 있으며, 도로 면에 점포를 여러 개 구획할 수도 있다. 그러나 이렇게 앞면이 도로에 길게 접하고 있는 건물은 내부에 밖에서 들어온 기운이 모일 공간이 없어서 생기가 부족해진다. 이러한 건물들은 겉에서 보기에는 사업이 잘될 것 같으나 실속이 없다.

토지를 구획하는 경우, 주택지든 상업지든 도로에 면한 길이보다 도로 면과 직각인 길이가 더 길어야 한다. 이렇게 하면 도로 이용률도 높아지고 건물 형태도 도로에서 바람을 받아 생기를 만들기 좋다. 도로 면에 필지(筆地)를 구획하는 경우 도로 면 길이와 깊이의 비를 1 : 1로 하는 예가 많았는데, 이렇게 되면 집 앞에 마당을 둬야 하므로 도로 면에 따라 길게 지을 수밖에 없다. 주거 지역은 건폐율(建蔽率)이 60%인 만큼 40%를 마당으로 남겨 둬야 하기 때문이다. 따라서 주거지는 앞면 길이와 깊이의 비율이 1 : 2 정도가 적당하며, 상업지는 1 : 3 이상이 적당하다.

건물의 동서남북에 도로가 있으면 좋은 건물이 되지 못한다. 도로 때문에 건물 내부 기운이 빠져 나가기 때문이다. 도로에 면한 벽면은 두꺼워야 좋다. 벽이 얇으면 도로를 통과하는 바람에 내부 기운을 빼앗기기 때문이다. 유리로 되어 있어도 마찬가지다. 벽면을 두껍게 하고 유리창 면적을 줄이는 것이 생기를 이루는 데 도움이 된다.

아. 건물과 도로의 접근 각도

건물 앞면 벽은 도로와 평행이 되게 하는 것이 가장 이상적이다. 그래야 바람의 진행이 순조롭고, 주변 건물과 아름답게 균형을 이룰 수 있기 때문이다. 도로와 어긋나게 건물을 배치하거나 도로 쪽으로 돌출되면, 바람에 직접 부딪힐 수도 있고 주변 건물과 어울리지 못해 보기에도 좋지 않다.

자. 도로의 조경

도로가 많은 사람이 즐겁게 생활하는 공간이 되기 위해서는 우선 바람의 속도가 느려야 한다. 그러기 위해서는 도로에 나무를 많이 심어야 한다. 나무는 사람에게 신선한 공기를 제공할 뿐만 아니라 차량에 의해서 일어나는 바람을 재워 주기 때문이다.

새로 건물을 짓는 경우 도로에 면한 벽면은 도로에서 되도록 물러서서 도로를 넓게 하는 것이 이상적이다. 자기 집에 면한 도로를 넓게 한다면 사람들 모두 도로를 원활하게 사용할 수 있다. 그러나 집을 짓는 사람이 담장을 도로 밖으로 내어 쌓아서 자기 집 마당을 넓히면, 옆집 사람은 더욱더 도로를 침범하게 된다. 이와 같이 도로에 면한 사람들이 조금씩 도로를 침범하면 결국엔 모두 사용할 수 없게 될 수도 있다. 좋은 도시 공간을 만들기 위해서는 도로를 넓히기 위해 자신의 경계선 안쪽으로 들여서 지어야 한다.

차. 도로와 건물의 높이

도로 가까이에 높은 건물이 있으면 그 앞을 지나다니는 사람들은 불안감을 갖기 쉽다. 무의식 중에 건물 위에서 무엇인가 떨어질지 모른다는 불안감이 작용하기 때문이다. 그러므로 높은 건물은 도로에서 멀리 떨어져 있어야 한다.

두 개의 도로가 만나는 곳에 위치한 건물은 다른 건물에 비해 높이가 낮아야 좋다. 도로 입구에 위치한 건물이 높으면 불안감을 주게 되고, 하늘이 막혀서 보이지 않기 때문에 좋지 못하다. 입구 건물이 낮으면 도로 안쪽 먼 곳까지 하늘이 보여 평화로운 분위기가 조성된다.

이 때 피라미드처럼 도로 양쪽 끝으로 갈수록 건물 높이가 낮아지면 건물 스카이라인도 아름답다.

카. 도로를 이용하는 방법

도로는 많은 사람이 이용하는 곳이다. 차량이나 보행자는 물론 자전거가 지나다니고, 아이들의 놀이 공간이 되기도 한다. 또 길가에 카페·정원·분수 같은 휴식 공간을 많이 만들어 여러 사람들이 행복하게 지나는 공간이 되어야 한다. 도로가 휴식과 만남의 기능을 잃어버리고 차가 다니는 통로로만 쓰이면 도시는 더욱 황폐해진다. 도로변에 설치한 조각이나 미술품, 역사적 물건들은 도시를 더욱 아름답게 한다.

도심에 높은 건물이 들어서면 주변에는 건물 온도에 의해 공기가 끌어올려지면서 바람이 생긴다. 건물이 크고 높을수록 상승하는 바람은 더욱 커진다. 높은 건물 옆에 사는 사람은 바람 때문에 불안해서 마음이 여유롭지 못하고 항상 긴장하며, 이웃 사람에게도 불쾌한 인상으로 대하게 된다. 도심지에 있는 건물은 낮을수록 좋다. 건물이 낮아야 도로를 다니는 사람들이 평화롭게 생활할 수 있다. 어쩔 수 없이 높은 건물을 지어야 할 경우에는 도로에서 충분히 떨어지게 지어야 피해를 줄일 수 있다.

4. 도로나 하늘을 바라보는 배치

집은 규모가 같은 것끼리 어울려 있는 것이 좋다. 서로 비슷한 것끼리 어울리는 게 아름다운 것은 비단 집만이 아니지만, 특히 집은 햇빛과 바람의 영향을 많이 받는 만큼 더욱 중요하다.

집 옆에 높은 건물을 지으면 거기서 발생하는 바람이 집의 기운을 빼앗는다. 또 길이가 긴 건물은 스스로 바람 길을 만들어 강한 바람을 불게 한다. 이런 곳에 집을 지으면 마치 거대한 바람의 통로 속에 간혀 있는 것과 같은 형상이 된다.

큰 건물 뒤에 있는 작은 집에서는 넓은 하늘을 볼 수가 없다. 하늘 대신 높은 건물이 집 앞을 가로막고 있기 때문이다. 하늘은 생기를 보내 주는 가장 중요한 공간이므로, 이런 집에서는 불행한 일이 계속 일어난다. 집을 지을 때는 넓은 하늘을 바라볼 수 있도록 배치하는 것이 바람직하다.

5. 큰 건물 옆집은 흉가

큰 건물 사이에 있는 작은 집이나 큰 건물 모서리에 있는 집은 좋지 않다. 큰 건물 모서리가 집을 향하고 있는 경우에는 뾰족한 칼에 찔리거나, 병원에서 수술을 받아야 하는 일이 생긴다.

실제로 이런 건물에서 불행한 일을 당한 경우가 있다. 충북 청주 근교에 있는 ○공장은 1000여 평이나 되는 넓은 땅에 공장 여러 채와 창고를 갖고 있는, 인근에서 가장 규모가 큰 도정 공장이었다. 필자가 이 공장에 처음 간 것은 20여 년 전인데, 공장 배치를 보고 불안한 생각이 들었다. 당시 이 회사 주인은 사택에서 가족과 함께 살고 있었는데, 사택이 ㄱ자 모양을 한 커다란 창고와 공장 사이에 위치해 있었다. 사택의 앞쪽 일부는 사무실로 이용했고, 뒤는 가족이 사는 집이었다.

이런 구조는 공장 마당에서 여러 건물을 한눈에 볼 수 있어 능률적일 수도 있다. 그러나 양쪽에 높은 건물이 있는 사택은 마치 사각 링 한쪽 코너에 자리잡고 있는 것 같았다. 높은 두 건물 사이로는 언제나 강한 바람이 통과하고, 사택은 그 바람이 통과하는 자리에 있었다.

필자는 사장에게 사택 위치가 좋지 않으니 다른 곳으로 이사하라고 권했으나, 사장은 설마 하는 마음으로 받아들이지 않았다. 그런데 3년 뒤 부인이 갑자기 병을 얻어 사망하고 말았다. 사장은 2년 뒤 재혼을 하면서 필자를 찾아와 집의 위치와 배치를 묻고 이사를 했다. 사장이 살던 사택에는 경리 담당 직원이 들어가 살았는데, 어느 날 기계 속에 다리가 말려 들어가는 불행한 사건이 발생하고 말았다. 한 집에서 불행한 사건을 계속 당한 사장은 비로소 풍수 이론에 대해 놀라워했다.

6. 마당은 건물보다 약간 아래로 배치

집 공간은 내부와 외부로 나누어진다. 외부 공간인 마당은 작업 공간으로 이용되기도 하고 조경을 잘해 꾸며 놓기도 한다. 그러나 마당의 더욱 큰 중요성은 사람에게 꼭 필요한 생기를 공급하는 데 있다. 마당의 기운이 집 내부에 그대로 전달되기 때문이다.

건물에서 발생하는 기운은 양 기운으로 이상을 추구하는 정신적 기운이다. 그러나 마당에서 하늘·땅·물 같은 자연에 의해 발생하는 기운은 건강·재물·여성의 기운 같은 음 기운이다. 건물과 마당이 서로 마주 보는 위치에 있으면 마당의 기운이 건물 안에 흡수되어 생기를 이룬다. 따라서 건물은 마당보다 약간 높게 짓는 것이 좋다. 마당이 건물의 옆이나 뒤에 있으면 마당의 기운이 건물의 기운과 결합할 수 없기 때문에 건물 안에 생기가 부족하게 된다.

마당은 정사각형이 이상적이다. 정사각형 모양 마당에서는 공기 회전이 자유로워 생기가 많이 발생한다. 마당에 기운이 모이면 집안 재산도 늘어난다(《그림》 마당의 종류 중 ① 참조). 마당이 삼각형이면 뾰족한 기운이 생겨 가난해지고, 교통 사고 같은 불의의 사고를 당하거나, 이웃 사이에 분쟁이 일어나는 경우가 많다(⑨ 참조). 따라서 뾰족한 마당은 조경 공사를 할 때 뾰족한 부분을 부드럽게 바꾸도록 한다.

마당이 직사각형인 경우도 마당의 기운이 제대로 순환되지 않아 질병을 초래할 수 있다(③ 참조). 마당과 건물이 모두 직사각형이면 재물이 분산되고 단명하는 일이 발생한다(② 참조).

건물이 남성에 해당된다면, 마당은 여성에 해당된다. 따라서 마당에서 발생되는 기운은 여성에게 많이 작용한다. 건물에 기운이 뭉쳐 있으면 그 집에 거주하는 남성이 강한 기운을 갖게 되고, 마당에 기운이 뭉쳐 있으면 여성의 기운이 왕성하다. 건물과 마당이 모두 강한 기운을 갖고 있는 경우에는 남성과 여성 모두 왕성한 생명력을 갖게 된다. 건물과 마당이 음과 양으로 마주 보고 있으면 이런 집에서는

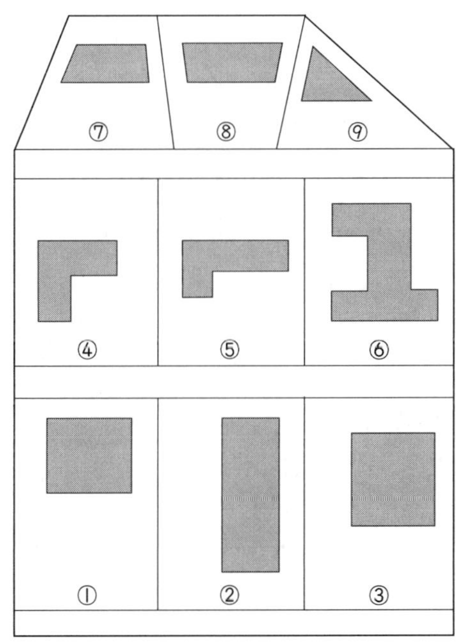

◀ 마당의 종류

여성과 남성이 원만한 관계를 유지한다. 이것이 가장 이상적인 형태다(① 참조).

건물 뒤에도 마당이 있는 경우가 있는데, 앞마당과 뒷마당이 둘 다 있는 경우에는 이 집 남성에게 두 여성이 생기는 경향이 있다. 뒷마당이 집에 가려져 남들 눈에 잘 띄지 않는 것처럼 본처가 아닌 다른 여성은 남들 눈에 띄지 않는다(⑤ 참조). 뒷마당이 집 앞쪽에서도 보이면 여성과의 관계가 공개적임을 뜻한다(④ 참조).

이처럼 마당 수는 그 집 남자의 여성 수와 비례하는 경향이 있다. 그러나 뒷마당이 아주 작은 경우에는 별도의 여성으로 해석하지 않는다. 이러한 경우는 아파트에서도 동일하다.

마당 면적은 집 면적에 비례하는 것이 좋다. 집 앞에 있는 마당은 집 연면적의 3배를 가장 이상적이라고 본다. 5배를 초과하면 마당이 너무 넓어 생기가 분산되어 집 안에 전달되는 생기가 줄어든다고 본다. 마당이 너무 넓으면 건물 3배 정도 넓이만 안마당으로 하고, 내부 울타리를 설치해서 생기가 흩어지지 않도록 하는 것이 좋다.

지금은 복지 회관 건물이 들어서서 옛 모습을 찾아볼 수 없지만, 박정희 대통령을 시해한 김재규가 살던 집(서울 중구 신당동)은 300여 평 대지가 전체적으로 삼각형을 이루고 있었다. 뿐만 아니라 마당이 삼각형 대지의 가운데에 자리잡고 있어서 앞과 뒤, 옆으로 분산된 형태가 모두 뾰족한 삼각형을 이루고 있었다. 김 씨가 대통령을 시해한 것은 삼각형 마당에서는 칼이나 총 같은 예리한 물체에 의한 불행한 사고가 일어난다는 사실을 단적으로 보여 주는 것이다. 지금 신축된 건물도 대지 형태에 맞춰 삼각형이라 염려된다.

7. 한국 · 일본 · 미국의 마당 형태

가. 한국식 마당

전통 한옥은 ㄱ자, 또는 ㅁ자 건물 한가운데 마당을 배치하고 있다. 따라서 마당이 대부분 정사각형으로 가장 아름다운 형태를 이루고 있는데, 이러한 형태에 생기가 가장 많이 모인다.

마당은 음에 속하므로 아름다운 마당은 곧 아름다운 여성을 만든다. 한국 여성 중에는 신사임당처럼 자식을 훌륭하게 키우는 여성이 있었는가 하면 행주산성의 역사에서 보듯이 애국심이 충만한 여성도 있었다. 뿐만 아니라 정절을 지킨 여성을 기리는 열녀비도 수없이 많다.

대지가 넓은 집에서는 마당을 건물 뒤에 두는 경우가 많았다. 뒷마당에는 장독대를 만들고 빨래를 너는 등 부엌이 연장된 작업 공간이었다. 그런데 이처럼 뒷마당이 있는 집 구조는 음양 이론으로 보아 음이 건물 앞면과 뒷면에 분산되어 있어, 이 집 남성에게 본부인 외에 다른 여성이 따르게 되는 경향이 있다.

나. 일본식 마당

일본 전통 집은 마당 한가운데 건물을 배치해, 건물이 마당으로 둘러싸여 있다. 이처럼 건물이 중앙에 섬처럼 위치하고 그 주변에 마당이 둘러쳐져 있는 배치는 남성이 중심이 되고, 여성은 종속적인 위치를 갖게 된다. 따라서 남성은 여성 위에 군림하고, 여성은 언제나 남성을 향해 무릎 꿇고 봉사하게 된다.

다. 미국식 마당

미국식 집은 대부분 앞면에 주차장이나 간단한 작업 공간으로 쓰이는 마당이 있고, 뒷면에는 가족 전용 마당이 있다. 이처럼 건물을 중심으로 마당이 앞뒤로 분리되어 있는 배치는 도로 쪽 마당은 공적인 공간으로, 뒷마당은 사적인 공간으로 구분되어 매우 기능적이다. 그러나 이러한 공간을 음양 이론으로 분석하면 양 하나에 음이 여러 개 분산되어 있는 형태를 이루어, 한 남성에게 여러 여성이 있게 된다.

8. 대문

대문은 많은 사람들이 출입하는 공간인 만큼 안전한 장소에 설치해야 한다. 그러기 위해서는 지리적으로 평탄해야 하며, 특히 심하게 경사진 지역은 피하는 것이 좋다. 대문은 좌우가 밝고 안정된 곳에 있어야 한다. 대문이 건물 한쪽 또는 처마 밑을 통과하는 지역에 위치해 있으면 대문을 통과하는 사람에게 매우 불행한 일이 생겨난다.

대문은 건물이나 담장 중심부처럼 좌우 균형을 유지하는 안정된 장소에 설치하는 것이 가장 이상적이다. 도심지에서는 주변을 통과하는 차량들로부터 안전한 장소에 설치해야 한다.

대문은 생기가 많이 모여 있는 장소에 설치해서 출입하는 사람에게 생기를 주고, 동시에 외부 생기가 집 안으로 들어올 수 있도록 해야 한다. 따라서 넓은 대지에서는 용의 맥이 통과하는 장소에 대문을 설치하는 것이 가장 이상적이다.

대문 크기는 건물 크기와 어울리는 것이 좋다. 건물에 비해 너무 크거나 너무 작은 것은 좋지 않다. 대문 자체도 높고 좌우 균형을 이루는 안정된 형태가 좋다. 대문은 외부 바람을 막아 주는 역할도 하기 때문에 바람이 통하지 않는 형태라야 하는데, 파이프나 투시형으로 만든 대문은 기운이 외부로 빠져 나가 좋지 않다.

대문은 내부로 밀거나, 밖으로 당겨 여는 두 가지 형태가 있다. 대문이 움직이는 모습은 부채가 움직이는 모습과 같은데, 부채는 손잡이 끝에서 반대쪽으로 바람을 보낸다. 대문 경첩은 부채 손잡이에 해당되며, 대문이 열리는 쪽은 부채 끝에 해당된다. 부채 끝 부분으로 바람이 나가게 되듯, 대문이 열리는 쪽으로 바람이 흐르게 된다. 따라서 대문이 안쪽으로 열리면 건물 안쪽으로 바람이 따라 들어오고, 밖으로 열리면 집 안 바람이 바깥으로 빠져 나가게 된다.

바람은 곧 기운이며, 건강과 재물을 만드는 기본이다. 대문이 안으로 열리는 집에서는 기운이 모여 건강과 재물을 얻게 되는 반면, 대문이 밖으로 열리는 집은 내부의 바람이 빠져 나가듯 건강과 재물이 빠져 나간다.

대문은 한 개가 좋다. 어떤 집에서는 대문을 두세 개 두기도 하는데, 이것은 풍수지리적으로 좋지 않다. 대문은 한 개만 설치해서 바람의 방향을 일정하게 하는 것이 안정적이다. 대문이 여러 개 있으면 바람 출입이 혼란스러워 흉가가 된다.

대문의 방위는 건물의 방위만큼이나 중요하므로, 방위론에 따라 설치하도록 한다.

9. 담장

담장은 도둑이나 짐승을 막기 위한 것이지만, 풍수로 봤을 때 더 큰 용도는 바람을 막는 것이다. 지세에서 사신사가 바람막이·반사경·볼록 렌즈 역할을 하듯 담장도 이와 비슷한 역할을 한다. 담장은 특히 바람막이 역할이 크다.

사람들은 누구나 집에서는 편히 쉬고 싶어한다. 그런 집 안으로 강한 바람이 불어온다면 많은 사람이 건강을 잃게 될 것이다. 담장을 설치하면 갑작스런 강한 바람을 피할 수 있다. 또한 담장이 반사경과 볼록 렌즈 역할을 하기 때문에 집 안이 바깥보다 따뜻하다.

담장 일부가 파손되면 그 집에 살고 있는 사람이 건강을 잃거나, 집 안에 도둑이 들어 재물 손실을 본다. 담장 위치는 건물 위치와 일정한 간격을 유지하는 것이 좋다. 담장이 건물에서 지나치게 멀리 떨어져 있으면 바람막이 역할을 할 수 없기 때문이다. 담장이 너무 높으면 새로운 바람이 들어오지 못하기 때문에 좋지 않다.

10. 집은 산의 중심과 일치

집은 물론 일반 건물도 산의 좋은 기운을 받고, 산 형태와 조화를 이루도록 배치하는 것이 가장 이상적이다. 산이 있는 지역에서는 산 정상에서 내려온 능선과 집 중심 축을 일치시키고, 배산임수 원칙을 따른다. 이렇게 배치하면 지기를 많이 받을 수 있다는 장점이 있을 뿐만 아니라, 산과 건물 형태가 아름답게 조화를 이뤄 좋은 분위기를 만든다.

건물이 여러 개 들어설 경우에는 가장 크고 중요한 건물이 산 중심과 일치되도록 하고, 그 좌우에 부속 건물을 배치한다. 부속 건물은 중심 건물과 마당을 중심에 두고, 사면에서 마당을 향하게 배치해서 우물 정(井) 자 형태가 되도록 한다. 이러한 배치는 중심 건물을 기준으로 부속 건물이 청룡·백호·주작 역할을 하는 매우 좋은 형태인데, 예로부터 궁궐·사찰·서원·향교 등이 이러한 배치 방법을 썼다.

11. 피해야 할 강한 바람과 전류

명당에서는 산에 막혀 바람이 잔잔하게 불고 바람 소리도 평화롭게 울려서 사람 마음을 즐겁게 한다. 그러나 산 뒤에 위치한 지세에는 바람이 강할 뿐만 아니라, 바람 소리가 흉하고 무서워 사람을 불안하게 한다. 특히 밤에 몰아치는 비바람 소리와 고양이 같은 동물 울음소리가 흉하게 들리는 집에서는 정신 질환자가 생기기도 한다. 시골 외딴 마을에서도 흉가는 대부분 나지막한 야산 뒤에 위치하고 있어 바람이 강하게 불고 흉한 소리가 들린다는 공통점을 갖고 있다.

강한 전류가 흐르는 지역도 주거 공간으로 적합하지 않다. 특히 고압선 바로 아래에 있는 집은 사람에게 좋지 않은 영향을 준다는 연구 결과가 있으므로 가급적 피하는 것이 좋다.

대기 중에 있는 전기는 천둥이나 번개를 일으키고, 벼락은 땅이 갖고 있는 전기에 흡수되어 분산된다. 이처럼 지표면과 지하에 흐르는 전기를 지전류(地電流)라고 한다. 지하에 흐르는 지전류는 위치에 따라 강하게 흐르는 곳도 있고 약하게 흐르는 곳도 있어 그 양이 일정하지 않다.

지전류가 강하게 흐르는 곳에 침실을 둔 채 오래 생활하면 여러 질병에 걸린다. 최근 독일에 있는 작은 도시에서 병으로 일찍 죽은 사람들의 침실을 조사해 본 결과 모두 강한 지전류 위에 있었던 것으로 밝혀졌다. 뿐만 아니라 대를 이어 그 침실을 사용하게 되면 아들도 그와 유사한 병으로 일찍 죽게 된다는 사실도 밝혀졌다. 또한 강한 지전류가 병원 지하를 통과하는 경우, 그 위에 있는 환자들은 병세가 악화되는 것으로 보고되었다. 한편 집에서 기르는 고양이들은 강한 지전류를 좋아해 지전류가 흐르는 곳에 모여든다고 한다.

침실 밑으로 지전류가 흐른다고 해도 그 이유만으로 건물을 새로 지을 수는 없는 일이다. 그대로 살면서 지전류 피해를 줄이도록 노력할 수밖에 없다. 독일에서는 침실 밑에 흐르는 전류를 다른 쪽으로 흐르게 하는 기구가 개발되었다고 한다.

2 형태에 따른 건물의 길흉

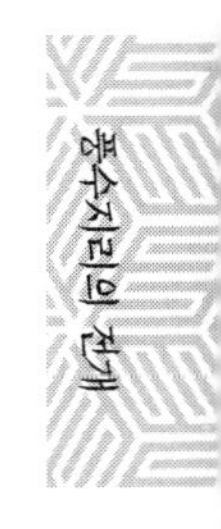

1. 사람과 건축물

가. 집은 제3의 태반

원시 시대 사람들은 굴 속에서 살거나 땅에 구멍을 파고 살았다. 그때는 땅 속이 바로 집이었다. 그러다 점점 땅 위로 올라와 오늘날과 같은 건물을 만들게 되었다. 땅은 생명체를 낳고 키워 주는 어머니와 같다. 하늘을 아버지로, 땅을 어머니로 보는 음양 이론도 땅이 갖고 있는 모성적인 기능에서 출발했다. 땅이 어머니듯이 땅의 연장인 집도 어머니다.

사람은 태어나기 전에 어머니 태반 속에서 양육된다. 아기가 아직 태반 속에 있을 때는 어머니 몸을 통해 간접적으로 자연의 기를 받아들인다. 따라서 어머니의 건강이나 심리 작용이 아이에게 직접 전달된다. 태반은 아기를 키우는, 모체 가운데 가장 중요한 부분이다.

세상에 태어난 사람은 집 안에서 살면서 자연의 기를 직접 받아들인다. 집은 사람의 기운을 충전시켜 주는 공간이다. 사람은 잠을 자지 못하면 기운이 없어서 아무 활동도 할 수 없다. 잠을 자는 것은 단순히 쉬는 것 외에 다음 날을 위한 충전의 의미가 크다. 가끔 출장 등으로 인해 잠자리를 바꾸면 잠을 잘 이루지 못하는 경우가 있다. 이것은 잠자리마다 사람에게 전달하는 소리나 분위기가 다르기 때문이다. 육체가 잠자는 동안에도 영혼은 쉬지 않고 무한한 공간과 영적인 교류를 통해 새로운 영감과 힘을 얻는다.

태조 이성계는 쓰러져 가는 집에 들어가서 서까래 세 개를 등에 지고 나오는 꿈을 꾸고 나서 왕이 되었다. 이처럼 잠자리는 무한한 지혜와 힘을 몸 안에 받아들이는 공간이다. 그래서 좋은 기운이 가득한 집에서 잠을 자면 다음 날이 활기차고, 기운이 좋지 않은 곳에서 잠을 자면 다음 하루가 힘들다. 집 안 기운은 집의 형태와 방위, 주변 산과 강 등에서 생기는 바람, 귀에는 들리지 않는 여러 소리와 진동, 전자기파 등 여러 힘이 어우러져 이뤄진다.

집은 자연의 공기를 사람의 숨결처럼, 태양 빛을 심장의 맥박처럼 받아들임으로써 생명력을 갖게 된다. 부모의 태반이 생명체를 낳고 키워 주듯 집도 사람을 그 안에서 낳고 성장하게 한다. 그러므로 자연은 모든 생명체의 1차 태반이며, 어머니는 2차 태반, 집이나 고향은 3차 태반이며, 집을 둘러싸고 있는 도시와 국가는 4차 태반이라고 볼 수 있다.

나. 건물의 기운

건물은 자연 공간 속에 흙이나 나무 같은 자연 재료를 사용해서 세운다. 어느 건물이나 건물이 세워진 지역의 자연에서 기운을 받아들인다. 지역에 따라 인종이나 문화가 다른 이유는 자연이 사람에게 전하는 기운이 다르기 때문이다. 서구식 문화는 넓은 평지에서 생겨나 수평적인 사고 방식을 갖는 반면, 산이 많은 한국에서는 수직 문화가 생기고 발전해 왔다. 이처럼 지세에 따라 체질이나 문화가 서로 다르다.

같은 지역에서도 건물 형태나 배치 방법·규모·형태 등이 서로 다르다. 건물은 여러 재료가 합해져 공간을 이루고 있는데, 재료에 따라 재료에서 발생되는 기운이 다르다. 따라서 자연 조건이 비슷해도 건물 종류에 따라 분위기나 기운이 달라진다.

재료가 같아도 내부 분위기가 다른 것은 공간 형태에 따라 울림이나 기운이 순환하는 형태가 서로 다르기 때문이다. 건축 공간에 의해 발생하는 기운은 공간의 울림·소리, 공기의 회전 등에 따라 구분된다.

공간의 울림 : 자연에서 생기는 울림은 지역에 따라 다르다. 지역의 위도와 경도가 다르고 토질이나 산·강 같은 주변 조건이 모두 다르기 때문이다. 이러한 자연의 차이는 사람에게 주는 감동도 달리한다. 건물이 갖고 있는 울림도 사람에게 일정한 영향을 준다. 이 영향이 오래 계속되면 사람 성격을 결정한다. 공간의 형태에 따라 공간에서 생기는 울림이 달라진다. 나무에서 생기는 울림과 돌에서 생기는 울림은 서로 다르다. 같은 쇠라도 둥근 쇠에서 생기는 것과 뾰족한 쇠에서 생기는 울림은 서로 다르다. 이런 울림은 오감으로도 느낄 수 없지만 영적으로 전달된다.

공간의 소리 : 공간에서는 소리가 생긴다. 공간에서 소리가 생기는 과정은 자동차를 타고 가로수 옆을 달려갈 때 바람이 스치는 소리를 연상하면 쉽게 알 수 있다. 소리는 자동차 속도에 따라, 가로수 크기나 수, 간격 등에 따라 달라진다. 가로수 곁을 사람이 걸어서 지나갈 때도 미약해 잘 들리지 않지만 소리가 발생하고 있다. 건물 안에서도 마찬가지다. 사람이 기둥이나 벽 앞을 통과하거나 그 앞에서 움직일 때 소

리가 생긴다. 사람은 아름다운 소리가 나면 즐거워지고 나쁜 소리가 나면 괴로워진다.

공기의 회전 : 일정 공간 내에서 공기[바람]는 온도 차이 같은 자연 조건의 영향을 받아 계속 회전한다. 바람이 회전하는 조건은 공간 형태에 따라 달라진다. 원형이나 정사각형 공간에서는 바람이 회전하기 쉽다. 면적이 같은 평면에서는 원형이 회전할 수 있는 바람 크기가 가장 크다. 정사각형 평면에서도 바람의 회전이 용이하다. 직사각형이거나 ㄱ자 건물에서는 바람이 순조롭게 회전하지 못하고 크기도 작다. 바람의 회전 조건은 실내 공간의 형태에 따라 달라진다. 큰 회전을 일으키는 공간이 생기가 큰 것으로 본다.

다. 건축물이 인격에 미치는 영향

사람이 살고 있는 공간은 모두 영혼으로 가득 차 있다. 삼라만상에 영혼이 없는 곳은 하나도 없다. 하늘에는 하느님이 있고 땅에는 지신이 있으며, 집이나 건물에는 공간의 영혼이 있다. 대형 건축 공사를 착공할 때 하늘에 고사를 지내는 일을 제일 먼저 한다. 공사장에 영혼이 있다는 믿음에서 시작된 일로 상량식·준공식 등 공사 진행 과정에 맞춰 고사를 지낸다.

공사가 끝나 건물에 사람이 살아도 건물의 영혼은 항상 건물과 함께 있다. 그래서 옛날부터 고사를 지낼 때는 집을 구성하고 있는 대청·안방·마당 등에 있는 영혼을 위해 막걸리와 시루떡 등을 장만해서 일년에도 몇 번이나 고사를 지냈다. 집의 영혼은 공간에 따라 변화한다. 큰 공간에는 큰 영혼이, 작은 공간에는 작은 영혼이, 아름다운 공간에는 아름다운 영혼이, 흉한 공간에는 흉한 영혼이 깃들이는 것이다. 공간의 영혼은 사람의 영혼과 교감한다. 고사는 물론 종교 행사에서 가장 중요하게 생각하는 기도 또한 사람의 영혼이 다른 영혼과 서로 교감되기 때문에 이루어지는 것이다.

건물 안에서 발생하는 진동이나 소리는 그 안에서 회전하는 바람과 함께 건물 안에 있는 사람의 영혼에 전해진다. 사람은 공간에서 발생되는 기운을 흡수해서 생명력을 얻고 공간에서 발생하는 소리와 진동, 곧 리듬에 따라 생각하고 움직이게 된다. 사람이 한 공간에서 머무는 동안에는 그 지역과 공간의 기운에 의해 양육되고 있는 것이다.

어머니의 몸과 마음 상태가 태반 속 자녀의 건강과 직결되듯, 건물의 기운은 그 곳에 사는 사람의 인격과 직결된다. 건물의 기운이 그 집에 사는 사람의 인격과 성격을 만든다. 기운이 좋은 집에서는 아름다운 인격을 가진 사람이, 기운이 불안한 집에서는 불안한 인격을 가진 사람이 배출되는 것은 집이 사람의 태반과 같기 때문이다. '맹모삼천지교(孟母三遷之敎)'라는 고사도 거주 공간의 기운이 인격을 형성한다는 이론을 말해 준다.

사람은 누구나 죽는다. 죽은 뒤에 영혼이 하늘 나라로 간다고 믿는 것은 동서양이 같다. 이러한 관점에서 보면 사람이 살아 있는 동안은 영혼의 나라로 가기 위한 준비 과정이다. 곧 살아 있는 동안은 하늘 나라에 태어나기 위한 태반 속 생활인 것이다. 하늘 나라에 새롭게 잘 태어나기 위해서도 이승에 사는 동안에 좋은 태반, 곧 명당에 사는 것이 필요하다.

2. 생명의 형태

생명은 기본적으로 둥근 공 모양이다. 태(胎)와 알이 둥글고, 꽃봉오리 받침도 둥글고, 씨앗이나 열매도 둥글다. 생명력이 밀집돼 있어 새로운 생명체를 탄생시키는 것은 모두 둥글다. 구는 기운이 가장 쉽게 순환할 수 있는 형태다. 모든 동물이 알에서 생명력을 받아 완전한 동물의 형태를 이룬다. 그러므로 알이나 태반 같은 구형(球形)이 생기가 가장 밀집된 형태임을 알 수 있다.

지구는 항상 자전과 공전을 하며, 이러한 회전 운동은 원의 형태로 나타난다. 지구의 회전 운동은 생명력의 표현이다. 지구가 회전 운동을 멈추면 그 순간 지구 위에 있는 모든 것이 생명 활동을 멈출 것이다. 바닷물이나 수돗물도 지구와 함께 회전 운동을 하며, 사람 몸 안에 있는 혈액 또한 회전 운동을 한다. 회오리바람도 회전 운동을 한다. 이처럼 물이나 바람이 회전 운동을 하는 공간은 곧 생명력이 있는 공간이며, 회전 운동을 하지 못하는 공간은 죽은 공간이다. 이러한 회전 운동을 하기에 적당한 공간 형태는 원형이다. 불교의 윤회설은 모든 생명체의 존재와 변화 과정을 원형으로 나타내고 있다.

생명체의 근원인 물방울도 구형이다. 우리 몸의 70%가 물이고, 우리가 살고 있는 지구도 커다란 물방울 모양이다. 물리적으로 물 원소는 전자를 하나만 갖고 있어서 가장 기본적인 원소로 해석된다. 물 분자는 육각형을 이루고 있는데, 육각수가 사람에게 가장 좋다는 것은 이미 알려진 사실이다.

눈[雪]도 기본 형태가 육각형이며, 바닷속에서 몇백 년씩 살아가는 거북이의 껍질에도 육각형이 새겨져 있다. 『주역』에서는 물의 기운을 가장 먼저 발생하는 기운으로 보고, 그 성질을 생수 1과 성수 6으로 나타낸다. 이처럼 물은 생명의 근본을 이루고 있으면서 그 성질이나 형태는 육각형을 이루고 있어, 육각형도 생명체와 깊은 관계가 있음을 유추해 볼 수 있다.

하느님과 삼신을 나타내는 상징도 원형이다. 원은 하느님의 무한한 생명력을 나타내는데, 내부에 삼태극과 같은 형태로 삼신을 나타냄으로써 원형과 삼신의 도형이 생명력을 가장 많이 받는 형태임을 증명한다. 음과 양의 순환 형태를 상징하는 태극 역시 원형이다. 또 공간을 구성하고 있는 여덟 가지 대표 기운인 8괘가 팔각형인 데서도 팔각형이 생명을 상징하는 형태임을 알 수 있다.

지세에 있어서도 명당은 원형을 이루고 있다. 곧 청룡·백호·주작·현무가 전후 좌우를 감싸고 있는 지세의 중심이 혈과 명당이 된다. 명당 지세가 생명력이 가장 밀집된 공간임은 두말할 나위 없다. 생기가 모이는 들판 역시 원형이며, 직사각형이나 Y자형 들판에서는 회전 운동이 부족해서 생기가 모이지 않는다. 산의 형태에 의한 기운을 구분할 때도 기운이 중심 부분에 모여 있는 산, 곧 꽃봉오리 모양의 산을 명당을 형성하는 산으로 해석한다. 산 중심에 기운이 모여 있어야 생기를 이룰 수 있고 기운이 분산된 형태의 산에는 생기가 부족하다.

따라서 생기를 많이 만드는 공간 형태를 건축 공간으로 적용시키는 것이 가장 바람직하다. 명당형 건물은 전체 형태가 구형에 가까운 건물을 말한다.

3. 건물 평면 형태

가. 명당형 평면

건물 형태는 1층 바닥의 형태, 곧 평면의 형태에서 시작된다. 1층 바닥 주변에 벽을 쌓고 그 위에 지붕을 덮으면 완전한 건불 모습을 갖춘다. 평면이 원형·타원형·팔각형·육각형·정사각형이면 명당형 평면이다. 이런 평면에서는 기운이 중심에 모이며, 바람의 회전이 용이하고, 공간에서 발생하는 진동이 안정적이기 때문이다. 예를 들어 정사각형 평면은 건물 앞면 길이(가로)와 깊이(세로)가 같은 건물을 말한다.

  평면이 직사각형인 건물은 평면의 비례로 명당을 구분한다. 성당이나 교회처럼 가로보다 세로가 긴 一자형 건물은 명당 평면이다. 이러한 건물에서는 실내 깊은 곳에 기운이 모이는 공간이 형성되기 때문이다. 가로에 비해 세로가 짧은 건물, 곧 건물 앞면 길이는 길고 깊이가 짧은 건물은 흉가형이다. 가로와 세로 비율이 5 : 3까지는 명당에 속하고 가로에 대한 세로 비율이 2 : 1부터는 흉가가 된다. 한 건물의 앞면 길이는 10m고 깊이는 5m인 경우(면적은 50m², 약 17평) 가로와 세로의 비율은 10 : 5 = 2 : 1이다. 이 건물은 기운이 좌우로 분산되어 생기를

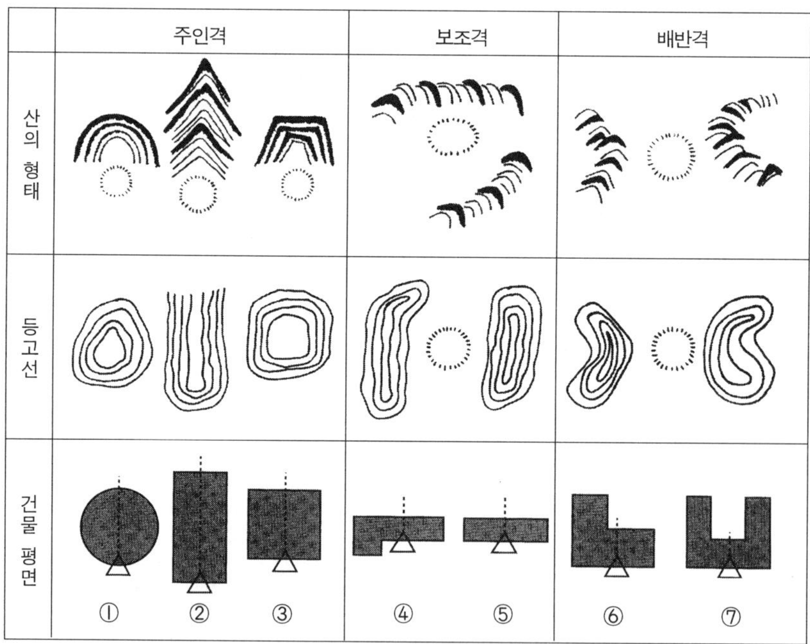

▲ 건물 평면의 3품격

이루지 못해 흉가가 된다. 그러나 같은 면적의 평면이라도 가로가 5m고 세로가 10m면 이 평면은 깊이가 깊어 건물 내부에 기운이 모여 명당이 된다.

이탈리아는 아름다운 건물이 많기로 이름난 나라다. 이탈리아의 건축물들은 오늘날까지 모든 사람들에게 최고 걸작으로 꼽힌다. 이탈리아 유명 건물들은 대부분 정사각형이 중심이 된 평면 형태다. 베드로 성당이 대표적이다. 다른 유명 건물들도 기운이 중심에 모이는 이른바 명당형 이론과 일치한다.

원형 평면(〈그림〉 건물 평면의 3품격 중 ① 참조) : 산의 형태 가운데 주인격 산의 등고선은 원형으로 나타난다. 원형 산은 금산에 속하듯이 원형 평면은 금산형 평면으로 구분된다. 원형은 하느님을 상징하고, 하느님은 무한한 생명을 창조하는 힘이 있다. 지세에 있어서 원형 공간은 그 안에서 음과 양 기운이 서로 순환하며 이러한 과정에서 강한 생기를 이룬다. 원형 평면은 평면 형태 중에서 생기를 제일 많이 갖는 명당 형태다. 원형 평면은 원형 전체가 하나의 공개된 공간일 때 더 큰 힘을 갖게 된다. 따라서 원형 내부에 칸막이가 있으면 좋지 않다.

이탈리아의 판테논 신전, 중국 북경의 천단 등은 모두 원형 평면을 이루고 있다. 원형과 유사한 팔각형이나 육각형 평면에서도 생기가 중심에 집중돼서 명당을 이룬다. 반면 원형 일부가 떨어져 나간 형태의 ㄱ자나 반원형 평면은 중심에 기운이 부족해서 흉가로 구분된다. 도넛처럼 중심이 비어 있는 형태는 기운이 분산되어 흉가다. 그러나 도넛 중심 부분이 지붕으로 덮여 있으면 기운이 모이므로 명당이다.

한국에서 대표적인 원형 평면 형태는 서울 시청 앞 원구단과 첨성대, 그리고 석굴암을 꼽을 수 있다. 특히 석굴암은 매우 큰 특징을 지니고 있다. 석굴암은 산 속에 굴을 파고 그 안에 원형 평면과 구형 천장을 만들고 공간을 만들어 중심에 부처 조각상을 배치했다. 굴 입구에서 중심까지는 비교적 사각형인 전실이 있다. 이러한 석굴암 형태는 여성의 자궁을 나타낸다. 굴 앞쪽 전실은 자궁의 질이고, 굴 안 원형 공간은 자궁의 형태다. 곧 석굴암은 부처가 자궁 한가운데 자리 잡고 있는 형태다. 석굴암 바닥 한쪽 구석에는 작은 물이 흐르고 있는데 이것 또한 여성의 생리 현상을 연상시킨다.

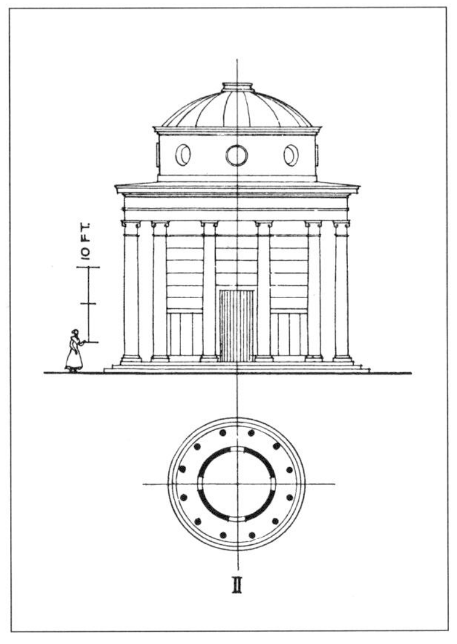

▲ 원형 명당 평면

이런 석굴암 형태에는 창건 당시 목적이 잘 나타나 있다. 석굴암은 신라 땅에 부처가 신라 사람으로 새롭게 잉태돼서 탄생하기를 기원하는 염원을 나타내는 것이다. 신라 사람들은 불교 이론의 훌륭함을 인정하면서도 그 이론이 신라가 아닌 외국, 곧 인도에서 발생했다는 점과 중국이 불교 포교를 빙자해 내정 간섭을 하려 드는 점 때문에 마음놓고 불교를 믿기에 어려움이 많았다.

신라가 강한 국가를 이루기 위해서는 신라 사람에 의해 부처나 미륵 같은 훌륭한 인물을 출생시켜야만 했다. 신라인의 혈통으로 강한 종교 지도자가 태어난다면 신라는 강한 자생 종교와 함께 강한 국가를 이룰 수 있으며, 백성들이 외국에서 들어온 달콤한 종교로 인해 방황하는 불행을 방지하고, 종교를 통해 신라의 상국(上國)으로 행세하려는 외국의 간섭도 막을 수 있었기 때문이다. 이러한 시대적 요구에 의해 신라 사람들은 동해에서 떠오르는 태양을 아버지로, 토함산을 어머니로

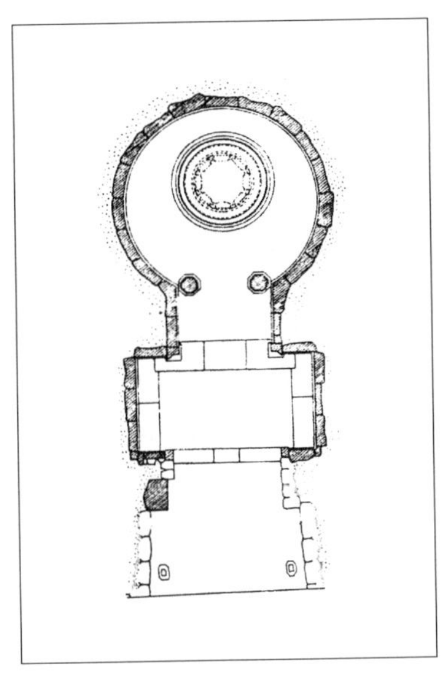

▲ 석굴암 평면도

삼아 신라 사람의 부처가 태어나도록 기원하기 위해 토함산 혈 자리에 여성의 자궁 모양을 본따 석굴을 만들고 이 곳에서 부처가 잉태되도록 했다.

석굴암은 일제 시대 이래로 여러 차례에 걸쳐 보수 작업이 있었다. 지금 있는 석굴암은 창건 당시 의도와는 다른 모습으로 일반에 공개되고 있다. 돌 표면 형태를 유지하기 위해 주변에 철근 콘크리트를 설치하고, 습기로 인한 결로를 방지하기 위해 공기 조절 장치 등을 하였다. 관람자를 위해서는 대형 유리창을 설치했다. 이런 과정에서 석굴암 내부는 완전히 밀폐돼 버렸다. 그러나 이러한 특별한 조치를 취한 결과는 그리 좋지 못하다. 석굴암 내부 돌 색깔이 죽어 가고 있다는데 이는 자연 통풍과 물에 의한 습도 조절 능력이 방해받았기 때문이라고 생각된다. 곧 석굴암의 여성적인 생리 작용을 사람들이 인위적으로 차단했기 때문이다. 석굴암을 통해 신라 사람들이 탁월한 예술과 기술을 발전시켰으며, 외래 종교의 위험성을 일찍이 터득하였다는 사실에 놀라게 된다.

정사각형 평면(③ 참조) : 산 정상부가 탄탄하고 생기 있는 토산의 등고선은 정사각형을 이루므로, 정사각형 평면은 토산 평면으로 구분한다. 타지마할·베드로 성당·팔라디오 건축물 등이 이에 속한다. 동서를 막론하고 유명한 건물은 정사각형 벽면과 둥그런 돔형 지붕으로 되어 있다. 정사각형 건물에서는 벽 길이가 모두 같아 음양이 조화를 이루며, 음 기운과 양 기운의 회전 운동이 원활해서 생기가 발생한다. 따라서 대표적인 명당 형태로 구분된다. 정사각형에서 파생된 십자형 평면도 중심에 생기를 발생하는 중심 집중형 명당 평면이다.

정사각형 평면 중에서도 중심 부분에 마당 등이 있는 ㅁ자 평면은 기운이 중심에 집중되지 못해 흉가로 구분된다. 마당을 제외한 건물 자체, 곧 지붕으로 덮인 부분이 정사각형이면 생기가 많은 형태다. 그러나 마당을 제외한 건물 부

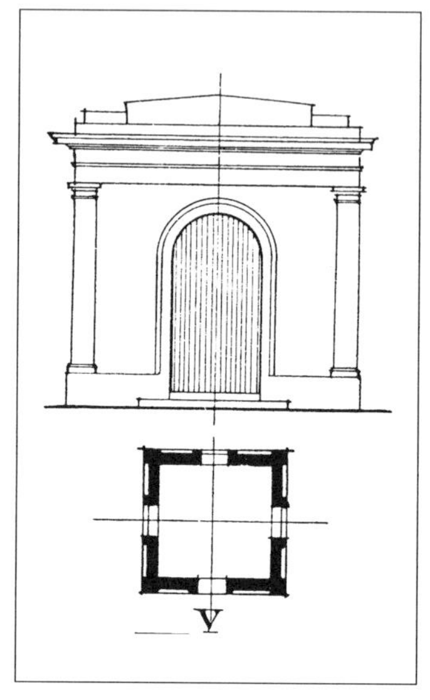

▲ 정사각형 명당 평면

분이 직사각형이면 생기가 분산되어 좋지 못하다. 전통 한옥은 ㅁ자 형태를 이루고 있다. 이 경우 마당은 정사각형이지만 대청을 중심으로 한 건물은 직사각형을 이루고 있어 도넛과 같이 생기가 분산되는 형태라 좋지 못하다.

수직선형 평면(② 참조) : 높은 산봉우리에서 용이 연결되며 수직을 이루는 산은 목산으로 구분된다. 목산의 등고선은 一자 형태를 이루고 있으므로, 건물 수직선형이 一자형 평면인 경우에는 목산형 평면으로 구분한다. 교회·성당 같은 기독교 건물, 태국의 사찰이 목산형에 속하는데, 이런 건물은 폭이 좁고 깊이가 깊은 것이 특징이다. 수직선형 건물은 내부 중심에 기운이 강하게 모여 명당을 이룬다.

직사각형 평면(⑤ 참조) : 굽이굽이 흐르는 물처럼 좌우로 길게 늘어선 산을 수산 형태로 보고, 가로로 길게 一자를 이루고 있는 직사각형

평면은 수산 평면으로 구분한다. 전통 한옥·학교 건물 등이 직사각형 평면의 대표적인 예다. 이들 직사각형 건물은 외관상 커 보이면서 채광과 환기가 잘 되고, 외부 마당과 연결이 쉽다는 장점이 있다.

직사각형 평면에서 발생하는 생기는 평면의 가로(건물 깊이의 길이)와 세로(건물 앞면의 길이) 비율에 따라 달라진다. 비율이 1 : 1에 가까운 정사각형을 이루고 있으면 생기가 많이 생기고, 깊이에 비해 가로가 길면 길수록 기운이 좌우로 분산되어 생기가 이루어지지 않는다. 따라서 같은 직사각형이라도 가로 세로 비율이 1 : 2 미만을 명당 평면으로 본다. 특히 가로 세로 비율이 1 : 1.7(= 3 : 5)까지인 평면은 기운의 회전이 원활한 대표적인 명당으로 구분된다. 경복궁 근정전과 창덕궁 인정전 등 궁궐 중심 건물과, 해인사 등 유명 사찰의 대웅전이 직사각형 명당의 대표적인 예다.

직사각형 평면 가운데 아(亞) 자 평면 역시 명당 형태로, 송광사 대웅전이 그 예다. 학익진(鶴翼陳) 평면도 중심에 기운을 모으는 힘이 강해 명당을 이루는데, 철거된 옛 조선 총독부 건물이 이 평면에 속한다.

나. 흉가형 평면

직사각형 평면 : 기운이 중심에 모이지 않고 흩어져 명당을 이루지 못한다. 등고선이 ㄱ자·ㄴ자·ㄷ자인 직사각형 산과 같다. 가로와 세로 비율이 1 : 2 이상인 직사각형 평면은 기운이 좌우로 분산되어 생기가 빈약한 흉가로 구분한다. 건물 평면이 ㄱ자·ㄴ자·ㄷ자 형태인 한옥·학교·아파트가 이런 경우다.

초등 학교 건물은 대개 운동장을 바라보며 길다랗게 직선을 이루고 있다. 이런 건물은 가로에 비해 세로가 극히 짧아, 교실에서 운동장을 바라보기 좋고 태양 광선을 많이 받을 수 있고 통풍이 좋은 장점이 있다. 그러나 가로 세로 비율이 10 : 1 정도로 기운이 건물 중심에 모이지 않고 분산된다.

한옥의 형태는 세 칸으로 된 초가에서 시작하는 것이 일반적이다. 세 칸짜리 집인 경우 앞면 길이는 세 칸이나 깊이는 한 칸으로 된 홑집인 경우가 많다. 이러한 홑집의 가로 세로 비율은 3 : 1이다. 이런 직사각형 평면 건물은 기운이 모이지 않아 흉가다. 그러나 같은 세 칸이라도 겹집 구조에서는 가로 세로 비율이 3 : 2 = 1.5 : 1이 되어 명당형이다. ㄱ자형 한옥 또한 앞면 길이는 길다.

전통 한옥은 태양 광선이 마당을 통해 들어오고, 통풍이 잘 되는 등 자연과 어울리기 좋은 형태를 이루는 장점이 많다. 그러나 가로 세로 비율로 봐서는 흉가형이다. 이에 비해 일본 집은 평면이 거의 정사각형에 가깝다. 지진이 일어나도 건물이 쓰러지지 않도록 이런 구조가 발달한 것이다. 그 결과 실내가 복도를 중심으로 해서 앞뒤로 구분되고 약간 어두운 단점이 있다. 그러나 이런 평면 건물은 실내에 기운이 모여 명당 형태를 갖추고 있다.

삼각형 평면(④ 참조) : 삼각형 평면은 오행산 중 화산(火山) 평면으로 구분된다. 삼각형 평면은 지나치게 뾰족해서 안정감이 부족하다. 또 기운의 균형 감각이 없고 폭발성이 강하므로, 집 평면에 적용하는 것은 좋지 않다. 삼각형 집에서는 칼부림 같은 일이 빈번하게 일어나는데, 이럴 때는 뾰족한 부분을 잘라내 부드럽게 만들어 줘야 한다. 평면이 삼각형 또는 한쪽이 뾰족한 건물은 싸움이나 분쟁 같은 불행한 기운을 갖고 있어 흉가에 속한다.

다. 건물 평면의 3품격

건물이 갖고 있는 기운을 분석할 때는 건물 형태와 비슷한 산의 기운을 적용시키면 된다. 산의 생기 유무가 형태에 따라 결정되듯이 집이나 건물도 그 형태에 따라 생기 유무를 판단할 수 있다.

땅에 닿는 1층의 평면 형태는 건물 전체 형태의 기본 요소가 된다. 산 형태는 지도상에 등고선으로 나타나며, 등고선은 건물 평면도 윤곽과 비슷한 형태를 이룬다.

산의 3품격처럼 건물 평면도 주인격·보조격·배반격으로 구분된다. 산에서 명당이 주인격 산에 의해 이루어지듯 건물의 명당도 주인격 평면에서 이루어진다.

주인격 평면 : 주인격 산은 중심에 기운이 모이는 산이다. 이처럼 건물 중심에 기운이 모이는 평면은 주인격 평면으로 구분된다. 원형·수직선형·정사각형 평면이 주인격 평면에 속한다.

보조격 평면 : 기운이 분산되어 생기가 부족한 산이 보조격 산으로 구분되듯, 건물도 기운이 분산되는 건물은 보조격 건물로 구분된다. 직사각형·ㄱ자·ㄷ자 평면이 보조격 평면이다.

배반격 평면 : 건물이 마당을 등지고 뒷면으로 꺾어져 ㄴ자·ㄷ자 형태를 이루고 있는 것은 배반격 평면이다.

배반격 평면 사례 : 1996년 12월 16일자 《조선일보》 3면에는 해외 투자 실패담으로, 삼성 전자의 미국 AST사 인수 경영을 예로 들면서 '쌓이는 적자, 투자 증액 밑 빠진 독'이라고 대서 특필되었다. AST사는 한때 세계 6위의 컴퓨터 생산 업체였으나, 경영 악화로 삼성이 4억 달러 이상을 들여 46%의 지분을 인수해서 경영에 참여했다. 경영 정상화를 위해 삼성이 많은 노력을 기울였지만 적자가 계속돼서, 국내 기업 해외 투자의 어려움을 단적으로 나타내고 있다고 보도되었다.

사진에 나타난 AST사 건물 배치를 보니 중앙에 ㄷ자 건물이 있고 뒤쪽 중정(中庭) 좌우에 ㄱ자형 건물 두 개가 서로 대칭으로 있어 이

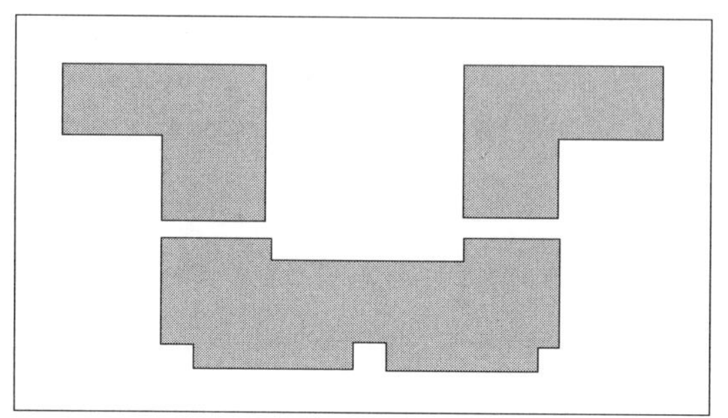

◀ 미국 AST사 배치도

세 건물이 중심 건물임을 알 수 있었다. 이들 세 건물 평면 형태를 분석해 보면 중앙에 있는 ㄷ자 건물은 직사각형을 이루고 있고, 중심 부분보다 좌우 끝 부분이 넓어 기운이 분산되는 형태로서 흉가를 이루고 있었다. 또 중심 건물 뒤에 있는 두 건물은 ㄱ자 평면을 이루고 있는데, 그나마 배반격 형태로 배치되어 있다. 이와 같이 AST사의 중심 건물들은 모두 흉가며, 배치 방법 역시 서로 배반격을 이루고 있다. 이러한 상태에서는 사람들 사이에 협조가 이루어질 수 없으며 서로 불목하게 된다. 사업적인 성공도 기대하기 어렵다.

4. 지붕 형태

가. 지붕 형태와 기운

지붕은 건물 기운이 모여 있는 곳이다. 그러므로 지붕 형태에 따라 건물의 기운이 달라진다. 얼굴에 따라 개성이 다른 것과 같은 이치다.

명당형 지붕은 건물 중심에 기운이 모이는 형태를 말한다. 원형 돔 지붕이나 피라미드형 모임 지붕이 대표적인 명당형 지붕이다. 돔형이나 피라미드형 지붕은 용마루 길이가 짧은 것이 특징이다. 이런 구조에서는 기운이 중심점 한 곳으로 모여 명당을 이룬다. 한옥 기와집은 긴 용마루를 갖고 있다. 또한 지붕 중심은 낮고 좌우는 높이 솟아 있다. 이렇게 용마루가 긴 건물은 기운이 중심에 모이지 않고 좌우로 분산되어 흉가다. 연립 주택·초등 학교·아파트도 용마루가 길다. 이런 지붕이 있는 건물에서는 기운이 중심에 모이지 않고 좌우로 분산되어 생기가 부족해서 흉가가 된다.

나. 자연과 어울리는 지붕

산이 많은 지역에서는 건물이 산과 닮아 서로 유기적인 관계를 이루는 것이 좋다. 산과 집 관계는 오케스트라와 가수 관계와 같다. 가수가 오케스트라 반주에 맞춰 노래할 때 가장 아름다운 소리를 내게 되는 것과 마찬가지 이치다. 오케스트라 반주를 무시하고 혼자 노래하는 가수는 결코 좋은 음악을 만들 수 없다. 건물 형태가 산의 형태와 조화를 이루지 못하면 아름다움을 만들어 내지 못한다. 오케스트라와 가수의 불협 화음처럼, 건물이 불안한 공간을 만들어 사람에게 피해를 주게 된다.

한국은 산이 많아 집도 산의 형태와 조화를 이룬 초가집이나 기와집이었다. 산의 품 속에 들어앉은 듯한 기와 지붕은 산과 모양이 잘 어울리고, 특히 치켜올린 추녀의 곡선은 버선코와 비슷하다. 또 산봉우리와 봉우리 사이를 연결하는 능선은 기와 지붕의 처지는 곡선과 조화를 이뤄 자연 경관의 운치를 더욱 높여 준다. 초가 지붕은 바가지를 엎어 놓은 것 같기도 하고 둥근 모양이 송이 같기도 하다. 초가는 둥글둥글한 능선을 배경으로 하면 더욱 평화스러운 풍경을 이룬다.

기와 지붕 구조에서 길게 뻗어 나온 처마는 일본이나 중국 건물과 비슷하다. 유럽 건물들은 대부분 처마를 내뻗지 않아서 지붕이 그다지 크게 느껴지지 않는다. 또 한국의 기와 지붕은 곡선형이지만 중국이나 일본의 기와 지붕은 직선형이다. 한국의 기와 지붕은 곡선 형태를 만들기 위해 더 많은 목재와 흙이 사용되어 지붕 무게가 다른 나라 것보다 훨씬 무겁다는 것이 특징이며, 아궁이와 온돌 같은 주요 부분도 독특한 구조를 이루고 있다.

이렇듯 한국 전통 가옥은 산과 조화를 이루면서 아름다운 형태를 추구해 왔다. 자연의 형태 중에서 취할 수 있는 아름다움은 다양하다. 그 아름다움의 기운은 서로 다르다. 아침에 떠오르는 태양이나 저녁에 지는 태양은 모두 아름답다. 그러나 기는 서로 다르다. 아침 태양은 생명체가 활발하게 일어나는 아름다움이지만 석양의 아름다움은 활동을 정지하는 고요함의 아름다움이다. 한국 건축물의 아름다움은 아침 태양이 솟구치는 힘의 아름다움이 아니라 석양의 아름다움이기 때문에 생기가 부족하다.

다. 명당과 흉가의 지붕 형태

산의 형태를 축소하면 지붕의 형태가 된다. 산의 형태에 대한 이론을 지붕에 적용시키면, 지붕 중심 부분에 기운이 모이는 형태가 명당형 지붕이다. 지붕 중심 공간이 빈약해서 기운이 모이지 않는 지붕은 흉가 지붕으로 구분된다. 명당형 지붕 구조로는 돔 지붕이 가장 대표적이다. 돔은 알과 형태가 같아 생기가 가장 많이 모이기 때문이다. 세계적으로 봐도 많은 사람들에게 사랑받는 건물은 대부분 둥근 지붕, 곧 돔 지붕으로 되어 있다. 인도 타지마할, 미국 버지니아 대학 로툰다, 미국 3대 대통령 토머스 제퍼슨 생가 등이 대표적이다. 돔 지붕 외에 초가 지붕·모임 지붕·파라미드형 지붕도 명당형이다. 흉가 지붕으로는 중심은 낮고 좌우가 높은 한옥 기와 지붕, 중심 부분이 낮은

▲ 돔형 명당 지붕

▲ 피라미드형 명당 지붕

지붕, 一자형 평슬래브 아파트 지붕, 그리고 나비 날개처럼 중심이 낮고 좌·우가 높게 올라간 일명 버터플라이 지붕 등이 있다.

라. 오행으로 본 지붕 형태

산의 형태 중에서 주인격 산, 강체·중체 산은 명당을 이룬다. 그러나 보조격 산과 약체·병체 산은 중심에 기운이 모이지 않아 명당을 이루지 못한다. 지붕 형태에 대한 분석은 산의 형태에 대한 이론을 적용함으로서 가능하다. 산의 형태를 오행으로 구분하듯이 지붕 형태도 오행으로 구분된다.

목산(木山) 지붕 : 피라미드처럼 한 정점을 갖고 솟아 있는 지붕을 말한다. 목산의 기운과 같이 목산 지붕에서는 기운이 수직 상승하며 중심에 집중된다. 일본식 건물에 이 형태가 많으며, 이것은 주로 명당 형태이다.

수산(水山) 지붕 : 지붕 정상 용마루 선이 아래로 처진 지붕을 말한

◀ 오행산과 지붕 형태

다. 대체로 차분하고 안정되어 평화로운 분위기를 이루고 있는 장점이 있는 반면, 기운이 좌우로 분산돼서 중심에 모이는 힘이 없다. 한국 전통 기와 지붕이 대표적인 경우인데, 용마루 중심 부분이 아래로 처져 있어 흉가 형태다.

금산(金山) 지붕 : 돔과 같은 원형 지붕으로, 가장 이상적인 지붕 형태다. 중심에 기운을 집중시키는 힘이 강해 사람들을 단결시킨다. 이

슬람교 건물과 인도 타지마할이 대표적이다. 우리 나라 초가 지붕도 금산 지붕에 속하며 명당 형태다.

화산(火山) 지붕 : 뾰족한 지붕을 말하는데, 화산이 불을 상징하는 만큼 이런 지붕은 기운을 상승시키는 효과가 있다. 공격적인 기운이 강하며, 기독교 계통 건물에서 많이 볼 수 있는 형태다.

토산(土山) 지붕 : 지붕 면이 위로 갈수록 좁아지면서 평면은 사각형을 이룬 형태다.

마. 세계 각국 지붕의 기운

한국 기와 지붕의 기운은 안정적이며 고요한 특징을 갖고 있으나, 동시에 아래로 내려가는 형태를 이루고 있다. 특히 중심 부분이 낮고 좌우가 높은 형태는 기운이 좌우로 분산되는 것을 의미하는데, 이러한 기와 지붕의 기운에 의해 한옥 기와집에 사는 사람들이 분당과 분열이 심하고 단결심이 부족하다고 보여진다.

일본식 지붕 : 일본 집의 평면 형태는 전체적으로 정사각형에 가깝고, 지붕은 피라미드처럼 중심 부분이 뾰족하게 올라와 모임 지붕 형태를 이루고 있다. 이러한 일본 집 구조는 지진이 났을 때 발생되는 횡력에 대항하는 데는 매우 효과적이다. 또 중심점이 높아 집 기운이 중심에 모이는 장점을 갖고 있다.

일본 집 형태를 산에 적용하면 목산의 강체에 해당되며, 동시에 주인격 산에 해당된다. 일본식 집 공간에서는 중심에 기운이 집중되듯 사람도 모두 중심을 갖고 단결하게 된다. 지붕 형태가 피라미드처럼 하늘을 향해 뾰족하게 솟아 있는 형태는 진취적이며 공격적인 기운을 나타낸다. 이런 집에서 사는 사람들은 전쟁과 같은 죄악을 저지르기도 하지만, 단결된 힘을 경제력이나 문화적인 방면으로 돌리면 크게 발전할 수 있다.

중국식 지붕 : 중국식 기와 지붕은 용마루 선이 직선으로 수평을 이뤄 길게 연결되어 있다. 중국식 지붕 선은 우리 나라 지붕 곡선과는 달리 처지거나 오그라든 형태가 아니다. 중국식 지붕은 토산의 중체에 속하며, 보조격에 해당한다. 지붕 형태에 의해 중국은 외국을 향해 나가는 진취적인 기상보다는 중심을 유지하려는 보수적이고 균형 잡힌 기운을 갖는다. 용마루 중심이 처지지 않고 직선을 이루고 있어 분열하는 기운은 적은 편이다.

한·중·일 3국 지붕 비교 : 한국·중국·일본 집의 형태상 특징은 지붕 용마루 선에서 단적으로 나타난다. 중국 지붕 용마루는 수평선을 이루고, 한국 지붕 용마루는 수평선보다 아래로 처져 있고, 일본 지붕 용마루는 수평선보다 훨씬 높게 솟아 있다. 동양 3국 중에서는 일본 건물이 가장 강한 생기와 단결하는 힘을 갖고 있다. 한국 건물은 힘없이 처지는 형태에 분열하는 기운을 강하게 갖고 있다. 중국은 한국과 일본의 중간인 안정된 형태를 이루고 있다.

영국식 지붕 : 뾰족한 지붕이 많은 면적을 차지하고 있는 영국의 튜더식 전통 건축 양식은 식민지를 많이 거느렸던 당시 영국 국민들의 기운을 나타내고 있다. 이런 지붕은 지나치게 뾰족한 기운이 많아 평화로운 분위기를 만들지 못하며 언제나 공격적이다.

중동 지역 평지붕과 현대식 평슬래브 지붕 : 사우디아라비아를 비롯, 중동 여러 나라 집 지붕은 비가 거의 오지 않는 기후 때문인지 대부분 흙과 나무를 이용한 평탄한 모양이다. 중동 지역 지붕이나 현대식 슬래브 지붕이 있는 집은 음양 이론으로 분석하면, 기와집이나 초가집과 다른 기운으로 이해된다.

건물 형태 가운데 벽은 낮은 곳에 있어 음에 해당하고, 지붕은 높은

용마루 비교표	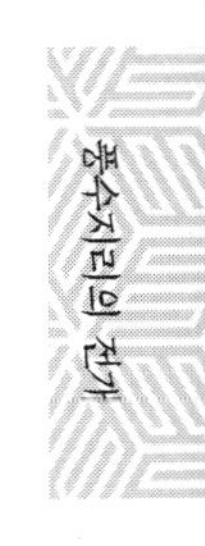		

국가	한국	일본	중국
지붕 형태			
산의 형태			
산의 구분	수산 · 약체	목산 · 강체	수산 · 중체
산의 품격	보조격	주격	보조격
기운의 방향	하향	상향	하향
기운의 성질	분산	단결	균형
기운의 종류	허약	강력	보통

▲ 동양 3국 지붕 형태 비교

곳에 있어 양에 해당한다. 평슬래브 지붕은 외형상 지붕을 이루는 공간이 없고 모두 납작하다. 이는 음양으로 보면 양에 해당되는 공간이 없는 것과 같다.

사람은 몸이 음이고, 얼굴이 양이다. 또 몸은 육체를 나타내고, 얼굴은 마음을 나타낸다. 따라서 평슬래브 구조는 육체는 있지만 마음이 없는 것과 같다. 이 현상은 물질만을 추구하고, 사람 사이에 이루어지는 아름다운 정신이나 따뜻한 마음은 전혀 가치를 인정하지 않는 형태로 나타난다.

소련식 지붕 : 조선 시대 말기에 제정 러시아 공관으로 쓸 목적으로 러시아 사람들에 의해 운현궁 안에 지어진 건물 지붕의 모양이다. 건물 구조는 정사각형 평면 위에 둥그런 지붕이어서 마치 송이와 같은 형태를 이루고 있다. 이런 형태는 지붕 중심 부분에 집중적으로 기운이 모여 강한 힘을 갖게 된다. 당시 강한 국력을 갖고 있던 러시아의 분위기를 잘 나타내고 있다.

5. 건물 높이 · 개구부 · 재료

가. 건물 높이

풍수로 볼 때 이상적인 건물 높이는 정육면체가 기준이 된다. 건물 평면 길이와 비슷한 높이를 이상적으로 보는 것인데, 이는 정육면체가 알과 가장 비슷한 형태이기 때문이다. 이런 형태가 기운이 회전하기에 가장 용이하다.

건물 높이가 너무 낮으면 기운이 위아래로 회전하기가 어렵다. 반대로 건물이 너무 높으면 위쪽으로 확산되는 기운이 많아서 역시 회전하기는 어렵다.

건물 평면의 가로와 세로 길이가 서로 다르면 가로와 세로 중간 정도 높이가 가장 이상적인 것으로 본다.

정육면체 건물의 대표적인 예로는 유명한 이탈리아 건축가 팔라디오(A. Palladio)가 지은 건물들을 들 수 있다. 가장 훌륭하다고 꼽히는 서양 건축물들이 대부분 정육면체 공간을 이루고 있는 것도 풍수 이론과 일치하는 것이다.

나. 개구부

건물에는 출입문이나 창문 등 여러 종류의 개구부(開口部)가 있게 마련이다. 이들은 건물 형태에 많은 영향을 준다. 특히 최근에는 창문을 조금씩 크게 하는 경향이 있고 심지어는 벽면 전체가 유리로 되는 건물도 많이 볼 수 있다. 유리는 채광이 좋고 보기에 단순하고 깨끗하다는 장점을 갖고 있다. 그러나 유리창이 많아지면 실내 기운이 외부로 분산되어 생기를 이루지 못한다. 개구부는 면적이 작을수록, 벽면은 두껍고 넓을수록 좋다.

개구부 형태는 수평적인 것보다 수직적인 것이 좋다. 수평적인 형태는 안정감을 주는 맛은 있으나 처지는 기운인 데 비해, 수직 창문은 서 있는 형태를 이루어 기운이 위아래로 회전하는 것을 쉽게 한다.

다. 재료

건물을 지을 때 벽돌·나무·돌·흙 등 여러 가지 재료가 사용된다. 최근에 철재와 유리가 특히 많이 사용된다. 재료들은 각각 고유한 기를 갖고 있는 만큼 건물의 재료는 그 건물의 기를 형성하는 데 중요한 요소로서 작용한다. 풍수로 보아 좋은 재료는 사람에게 따뜻한 감을 주는 목재나 흙이다. 물론 안전을 위해 석재가 들어가는 것은 어쩔 수 없다. 그러나 철재나 유리 등은 그 기운이 지나치게 차가운 만큼 바람직한 재료라고는 할 수 없다. 특히 최근에 나오는 조립식 건물은 재료가 차가울 뿐 아니라 완전 접합이 되지 않고 조립되어 있는 상태여서 건물에서 발생하는 소리가 좋지 않다.

또한 목재·흙·벽돌 등 여러 재료가 균형 있게 섞인 것이 한 가지 재료로 된 것보다 이상적이다.

3 방위에 따른 건물의 길흉

1. 방위 측정

건물 출입구나 창문 같은 개구부는 외부 공기와 빛을 받아들이는 통로 역할을 한다. 남쪽에 바다가 있는 지세에서 남쪽으로 난 창문은 뜨거운 태양 빛과 바다의 기운을 동시에 받아들이며, 서쪽에 산이 있는 지세에서 서향하고 있는 개구부는 산의 기운과 서풍을 동시에 받아들인다. 이처럼 개구부가 면하고 있는 방위에 따라 건물 안 공기가 달라진다. 따라서 면적이 같은 건물이라도 배치된 방위의 기운에 의해 실내 분위기가 달라지며, 그 안에 사는 사람들에게 마치는 정신적·육체적 영향도 달라진다.

집을 비롯한 건물 방위의 길흉 분석은 8방위로 해석한다. 8방위는 『주역』의 팔괘와 그 의미가 같은데, 360도 원주를 8등분해서 동서남북 4방위와 그 사이 4방위로 이루어져 있다. 8방위는 정북(正北)·정남(正南)·정동(正東)·정서(正西)·북동(北東)·남동(南東)·남서(南西)·북서(北西)로서 각각 45도씩 구분하고 있다. 45도인 8방위를 다시 3등분 하면 24방위가 된다. 따라서 24방위의 한 방위는 15도가 된다.

24방위는 북쪽에 있는 자(子)에서 시계 방향으로 계(癸)·축(丑)·간 (艮)·인(寅)·갑(甲)·묘(卯)·을(乙)·진(辰)·손(巽)·사(巳)·병 (丙)·오(午)·정(丁)·미(未)·곤(坤)·신(申)·경(庚)·유(酉)·신 (辛)·술(戌)·건(乾)·해(亥)·임(壬) 24자로 표시한다.

24방위는 천기(天氣) 12방위와 지기(地氣) 12방위로 구성되어 있다. 천기는 갑·을·병·정·무·기·경·신·임·계 중에서 오행상 토의 기운을 갖고 있는 무·기를 제외하고, 내신 건·곤·간·손을 포함시 켰다. 땅에 흐르는 기운, 곧 지지(地支)는 자·축·인·묘·진·사· 오·미·신·유·술·해다.

방위를 측정할 때는 패철을 사용하는데, 패철 방위는 자석이 가리키 는 북쪽을 '자(子)'로 표시하고, 남쪽은 '오(午)'로 표시해서 자오를 연결하는 선을 중심선으로 한다. 24방위는 자오선을 중심으로 천기와 지기가 각각 한 방위씩 섞여 마치 남자와 여자가 짝을 이루며 둘러앉 아 있는 모습과 같다. 또 24방위는 1년 24절후와도 그 맥을 같이하고 있어, 패철의 한 방위는 한 절후가 변화하는 과정과 일치한다.

패철을 사용해 집이나 묏자리의 방위를 좌향으로 나타낸다. 집의 좌 향을 측정하는 방법은 다음 순서에 따른다.

① 건물 중심점(한옥일 경우에는 대청 마루 중앙)에 패철을 수평이 되도록 놓는다.

② 패철 자석이 남북을 향해 멈추도록 잠시 기다린다.

③ 자석이 남북을 가리키고 멈추면 패철을 가만히 돌려 패철의 자 오선이 자석의 남북을 가리키는 선과 일치하게 한다. 이렇게 되면 자

석 북쪽이 자에 일치하고, 남쪽은 오에 일치된다.

④ 건물 뒷면 중심점을 정한다.

⑤ 패철 24방위 글자 가운데 건물 뒷면 중심점에 가장 가까운 방위 글자가 건물의 좌(坐)가 된다.

⑥ 패철에서 좌의 반대편, 곧 마주 보는 글자가 이 건물의 향(向)이 된다. 좌와 향은 180도를 이루어 반대 방향을 나타낸다.

건물 방위가 정남향인 경우에는 자좌오향(子坐午向)이 되며, 정북향이면 오좌자향(午坐子向)이 된다. 또 건물이 정동향이면 유좌묘향(酉坐卯向)이 되고, 정서향이면 묘좌유향(卯坐酉向)이 된다. 건물이 동서남북의 중간 방위면 패철에 나타난 글자에 의해 좌와 향을 구분한다.

집의 방위를 보는 것은 좌향을 구분하기 위해서기도 하지만, 좌향에 의한 기운을 구분함으로써 집의 길흉을 분석하기 위한 이유가 더 크다. 집은 외부 방위를 측정하기도 하고, 내부 방위를 측정하기도 한다. 일반적으로 집의 방위라고 하면 외부 방위를 말하는데, 마당의 중심점에서 건물과 대문 등의 방위를 측정한다. 내부 방위는 안방·화장실·현관·부엌 등이 배치된 방위에 의한 기운을 해석하는 것으로, 집 안 중심점에서 각 방의 방위를 측정한다. 방위에 의한 기운을 정확하게 분석하기 위해서는 집 외부와 내부의 방위를 함께 봐야 한다.

2. 동사택과 서사택

지표면에는 언제나 보이지 않는 힘이 흐르고 있다. 바다에서는 이 보이지 않는 힘이 난류와 한류를 일으킨다. 바닷물은 언제나 일정한 방위를 따라 흐른다. 보이지 않는 힘이 바다에만 작용하는 것은 아니다. 육지에서도 보이지 않는 힘이 흐르고 있다. 곧 땅 위에도 난류와 한류의 기운이 흐르는 것이다.

인체에도 동맥과 정맥에 서로 다른 피가 흐른다. 만약 동맥과 정맥의 피가 서로 부딪치면 건강에 치명적인 영향을 줄 것이다. 사람에게 동맥과 정맥이 있는 것은 자연에서 난류와 한류가 있는 것과 같은 맥락이다.

지표면에 수직 회전하며 흐르는 기운은 동기(東氣)와 서기(西氣)로 구분된다. 동기는 지표면에서 상승하는 기운이고 서기는 하강하는 기운이다. 오행 중 수, 목, 화는 동기, 그리고 토, 금은 서기로 구분한다. 동사택(東四宅)은 동기가 통과하는 방위 위에, 서사택(西四宅)은 서기가 통과하는 방위 위에 자리잡은 집이다. 동기는 같은 동기와는 서로 잘 어울리지만 서기와는 어울리지 못하고, 서기도 같은 서기와는 잘 어울리지만 동기와는 조화를 이루지 못한다.

집이나 건물의 동사택과 서사택의 구분은 방위를 기준으로 삼는다. 360도를 45도씩 나눈 8방위 가운데 네 방위는 동사택에 해당하고, 나머지 네 방위는 서사택에 해당한다. 북쪽·동쪽·남동쪽·남쪽 방위 180도는 동기가 흐르는 방위며, 북동쪽·북서쪽·서쪽·남서쪽 방위는 서기가 흐르는 방위다.

집 중심부에는 동기든 서기든 한 기운만 모여 있는 것이 좋다. 동기와 서기가 혼합되어 있으면 기운이 탁해져 흉가가 된다. 마당에서 봤을 때 집이 북쪽에 위치해서 남쪽을 향하고 있으면, 건물 중심은 임자계(壬子癸) 방위로 동사택이다. 이 경우에는 건물 중심 기운이 순수한 동기 건물이다.

대문의 방위도 집이 자리한 방위만큼 중요하다. 대문은 단순히 사람이 출입하는 공간이 아니라, 바람을 집 안으로 들여보내는 중요한 역할을 한다. 대문으로 좋은 바람이 들어오면 그 집에 좋은 기운이 흐르게 되고, 나쁜 바람이 들어오면 좋지 않은 기운이 흐르게 된다. 대문 방위도 집 방위를 볼 때와 같이 마당 중심에서 대문 있는 곳을 패철로 측정하는데, 대문 위치가 동기에 있으면 동사택, 서기에 있으면 서사택이다. 건물이 동사택이면 대문도 동사택인 것이 좋고, 건물이 서사택이면 대문도 서사택이 좋다. 건물과 대문이 서로 다른 기운이면 좋지 않다.

집 안에서 중심 공간의 위치를 찾는 방법은 집 안 중심점에서 패철을 사용해서 기운이 모이는 방위를 찾는 것이다. 집이 정남쪽을 향하고 있으면 남쪽에서 들어오는 바람은 집의 북쪽 중심에 모인다. 그러므로 이 경우 중심 기운은 북쪽이 된다. 북쪽은 8방위로 보아 동기를 띤다. 이런 집 안에 출입구와 창문이 남쪽에 있으면 출입구는 방위 중심에서 보아 남쪽에 있는 것으로 구분된다. 남쪽 방위도 동사택에 해당된다. 이처럼 남향인 건물에서 중심이 북쪽에 있고 손님 기운에 해당하는 문은 남쪽으로 같은 동기면 주인 기운과 손님 기운이 어울려서 발전하는 공간이 된다.

3. 방위와 음양

8방위는 음과 양 두 가지 성질로 구분되는데, 음은 여성적인 기운을 가진 방위고, 양은 남성적인 기운을 가졌다. 음 방위와 양 방위의 기운은 음양의 이치에 따라, 서로 다른 기운과 만나는 것을 좋게 보고, 같은 기운과 만나는 것을 좋지 않게 본다.

음 방위는 패철상 남동(진손사) · 정남(병오정) · 남서(미곤신) · 정서(경유신)로 여성의 기운을 의미하고, 양 방위는 북서(술건해) · 정북(임자계)·북동(축간인)·정동(갑묘을)으로 남성의 기운을 의미한다. 음양의 4개 방위는 기운의 젊음과 노쇠함에 따라 남동은 장녀(長女), 정남은 중녀(中女), 남서는 노모(老母), 정서는 소녀(少女) 방위로 구분되고, 북서는 노부(老父), 정북은 중남(中男), 북동은 소남(小男), 정동은 가장 왕성한 남자 기운이 흐르는 장남(長男)으로 구분된다.

집 마당 중심점에서 보아 건물의 방위가 남성 방위인 북서·정북·북동·정동에 있을 때는 집 내부에 남성 기운을 갖게 되고, 남서·정남·정서·남동이면 여성 기운을 갖게 된다. 대문도 마찬가지다.

집에서 건물과 대문의 의미를 구분하면, 건물은 주인이고 대문은 손님과 같은 관계로 구분된다. 일반적으로 음양은 서로 결합하기를 좋아한다. 마찬가지로 집의 기운이 남성일 경우 대문으로 여성 기운이 들어오면 행운이 따르고, 같은 남성 기운이면 서로 배척해서 좋지 못하다.

건물 중심이 정북, 곧 임자계 방위에 있고 대문이 정남, 곧 병오정 방위에 있는 경우를 예로 들어 보자. 건물이 중남으로 남성 기운이며, 대문은 중녀로 여성 기운이다. 이 경우에는 남성과 여성이 서로 좋아하는 관계므로 생기를 만들어 좋은 집이 된다. 그러나 같은 임자계에 건물에 있어서 대문 방위가 북서, 곧 술건해 방위에 있으면 대문은 노부 기운이며, 건물은 중남의 남성 기운이어서 건물과 대문이 서로 배척하는 관계다.

건물과 대문이 각각 남성과 여성 기운을 갖고 서로 어울려 생기를 이룰 때, 이것이 어울리는 과정에서 늙고 젊음은 전혀 상관이 없다. 가령 건물이 축간인인 소남 방위고 대문이 미곤신으로 노모 방위면 소남과 노모가 서로 어울려서 생기를 이루는 좋은 공간이 된다.

건물과 대문이 중남과 중녀일 경우에는 음양이 빠르게 결합해서 이른바 속발하게 된다. 그러나 노부와 노모일 경우에는 서로 행복한 공간을 이루며 음양 결합이 천천히 이루어진다.

4. 방위와 오행

오행의 수는 수량·시간·원인 등을 나타내는데, 이를 방위와 관련 지어 살펴볼 수 있다.

먼저 수량의 예를 들면, 동쪽 대문에 의해 부자가 되는 집의 재산 정도를 보면 동쪽은 오행으로 나무에 해당하므로 3과 8을 갖는다. 따라서 재산을 3000석이나 8000석 등으로 나타낼 수 있다. 집 방위만 좋으면 3000석으로 계산하고 주변 지세까지 명당이면 8000석으로 계산한다. 시간을 예를 들면, 동쪽 대문에 의해 재벌이 되는 경우 3년 8개월 되는 시점에 재벌이 된다는 의미다.

마지막으로 오행은 좋은 일이든 나쁜 일이든 그 자체가 사건을 일으키는 원인으로 작용한다. 동쪽 대문으로 재벌이 되는 경우, 그 집주인은 목재나 합판·목조 가구·농사 같은 일에 종사하면 재벌이 된다. 동쪽의 나무 기운이 대문을 통해 집 안으로 들어오기 때문이다.

방위에 의한 동기와 서기는 오행으로도 구분된다. 수(水)·화(火)·목(木) 방위는 동기고, 금(金)·토(土) 방위는 서기다. 오행을 8방위로 구분하면 정북이 수, 북동·남서는 토, 정동·남동은 목, 정남은 화, 정서·북서는 금이다.

집과 대문의 방위는 서로 상생 관계를 이루는 것이 좋다. 집이 정북에 있으면 오행상 물 기운을 받기 때문에, 대문은 오행상 나무 기운을 받는 것이 좋다. 그러나 같은 집이라도 대문이 남서쪽에 있으면 흙에 해당하므로 상극 관계를 이뤄 좋지 못하다.

5. 방위에 대한 종합 평가

방위를 분석하는 기준은 동사택과 서사택·음양·오행 세 가지지만, 가장 비중을 많이 차지하는 것은 동사택과 서사택이다. 세 요소의 비중을 따져 보면 동사택과 서사택이 60%, 음양에 의한 방위가 20%, 오행 방위는 20%의 영향을 미친다고 본다.

평점을 100으로 볼 때, 동사택과 서사택 방위가 맞으면 60이 좋은 것이다. 음양의 경우 음기와 양기가 서로 어울리면 좋은 기운이 20이고, 같은 기운끼리 모이면 0이다. 오행의 경우 상생 관계는 20의 기운을 더하고, 상극이면 0이다. 그리고 오행에서 같은 기운끼리 있으면(물과 물, 나무와 나무 등) 10으로 본다.

가장 이상적인 관계는 물론 도합 100점인 방위다. 이런 방위의 예로 남향 건물에 남동 출입구를 갖춘 경우를 들 수 있다. 남향 건물은 북쪽이 중심점이다. 이 중심 기운은 동사택 기운이며, 출입구가 남동에 있으면 방위상으로 같은 동사택 방위다. 그러므로 손님 기운과 주인 기운이 어울린다. 여기서 60점의 생기를 확보한다.

음양으로 분석하면 북쪽에 모이는 중심 기운은 남성 기운에 해당하고 남동쪽 출입구는 장녀 방위에 해당한다. 곧 여성 기운이 들어와 남성 기운과 어우러져 20점에 해당하는 생기를 얻는다. 오행상으로도 주인 기운은 물, 손님 기운은 나무가 되어 수생목의 상생 관계를 이룬다. 이렇게 해서 실내 기운이 100을 이루는 것이다.

남향 건물에 서쪽 출입구를 예로 들어 보자. 방 중심에서 기운이 모이는 쪽을 바라보면, 주인 기운은 동사택에 해당한다. 중심에서 출입구가 있는 서쪽은 서사택 방위에 해당한다. 주인의 동사택 기운과 손님의 서사택 기운은 서로 좋지 않은 기운이라 0점에 해당한다. 음양으

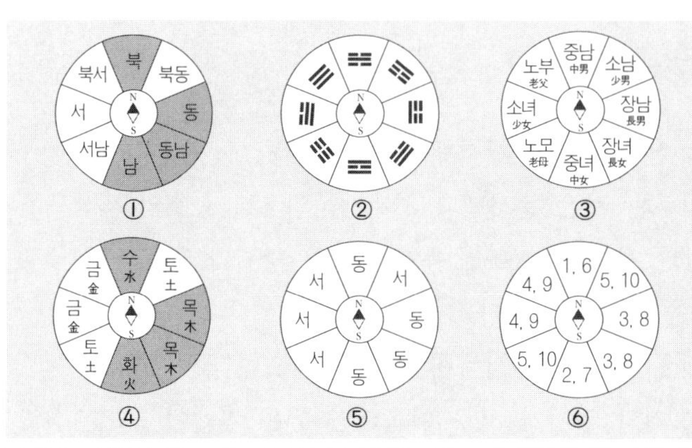

▼ 동사택(東西宅), 서사택(西四宅) 방위의 분석

성격＼구분	동사택(東四宅)				서사택(西四宅)				비고
방위	북	동	남	남동	북동	남서	서	북서	그림 1, 5
괘(卦)	☵	☳	☲	☴	☶	☷	☱	☰	그림 2
명칭	감위수 (坎爲水)	진위뢰 (震爲雷)	이위화 (離爲火)	손위풍 (巽爲風)	간위산 (艮爲山)	곤위지 (坤爲地)	태위택 (兌爲澤)	건위천 (乾爲天)	그림 2
음양(陰陽)	양(陽)	양(陽)	음(陰)	음(陰)	양(陽)	음(陰)	음(陰)	양(陽)	그림 3
가족(家族)	중남(中男)	장남(長男)	중녀(中女)	장녀(長女)	소남(少男)	노모(老母)	소녀(少女)	노부(老父)	그림 3
오행(五行)	수(水)	목(木)	화(火)	목(木)	토(土)	토(土)	금(金)	금(金)	그림 4
수(數)	1, 6	3, 8	2, 7	3, 8	5, 10	5, 10	4, 9	4, 9	그림 6

로 분석하면, 주인 기운은 중남 기운에 해당하고, 출입구인 서쪽은 소녀 기운에 해당한다. 이 경우 음과 양은 서로 조화를 이뤄 20점의 점수를 받는다. 오행으로 구분하면, 중심 기운은 물에 해당되고 출입구 기운은 쇠에 해당해서, 금생수의 상생 관계를 이뤄 20점을 받게 된다. 총 합계는 40점으로 그다지 좋은 집이 아니다.

출입구 방위는 건물 중심이 어느 쪽에 있느냐를 기준으로 좋은 방위를 선택해야 한다. 8방위마다 각각 100점에서 0점까지 출입문이 있기 때문에 언제나 동쪽 대문이 좋은 것은 아니다. 중심 기운 방위에 따라서 동쪽이 좋지 않은 경우도 있다.

▼ 집과 대문의 배치 방위에 따른 길흉 분석표

① 남향집의 길흉 분석표

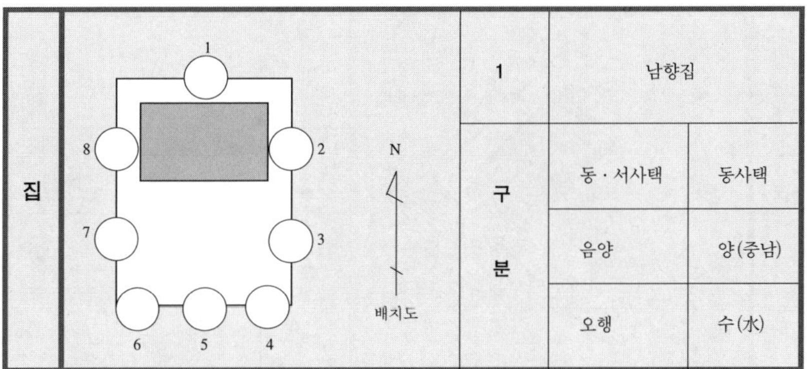

1	남향집	
구분	동·서사택	동사택
	음양	양(중남)
	오행	수(水)

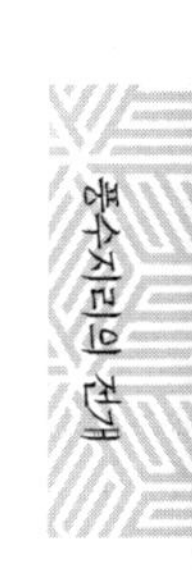

	번호	대문 위치	해석	평점
대문	1	북	집안이 화평하며 자손과 재물이 늘어난다.	70
	2	북동	건강과 재산을 모두 잃는다. 식구들 사이에 불화가 발생하며 불의의 사고로 생명을 잃게 되기도 한다.	0
	3	동	집안 사람이 건강하며 발전한다. 착하고 의로운 사람이 배출된다. 남녀 모두 좋다.	80
	4	남동	집안 식구가 모두 건강하며 부자가 되고 출세를 한다. 가장 이상적인 집이다.	100
	5	남	덕행괴 학식이 높고 건강과 재물이 늘어난다. 아들과 손자가 효성스럽다.	80
	6	남서	건강과 재산을 잃는다.	20
	7	서	식구끼리 불신하고 다른 집 식구가 따라서 불편해진다.	30
	8	북서	건강과 재산을 잃는다. 여성은 외롭다.	10

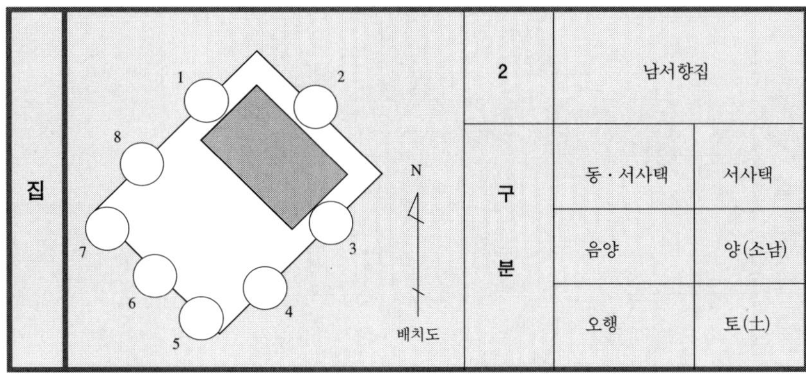

2	남서향집	
구분	동·서사택	서사택
	음양	양(소남)
	오행	토(土)

	번호	대문 위치	해석	평점
대문	1	북	건강을 잃으면 나아가 생명까지 위험하다. 재물이 빠져 나간다.	0
	2	북동	매사가 순조롭다. 남성의 주장이 강하다.	70
	3	동	건강과 재산을 모두 잃는다. 남성 사이에 싸움이 일어난다. 사람이 죽게 되기도 한다.	0
	4	남동	건강과 재산이 모두 빈약하다.	20
	5	남	초년에는 좋은 듯하나 시간이 가면서 불화가 발생한다. 여성 문제가 생긴다.	40
	6	남서	집안이 번창한다. 남녀 모두 건강하다.	90
	7	서	남녀 모두 훌륭하게 출세한다. 건강과 재산이 풍족해진다. 서사택 가운데 가장 이상적인 구조다.	100
	8	북서	건강을 얻고 재물이 늘어난다.	80

③ 서향집의 길흉 분석표

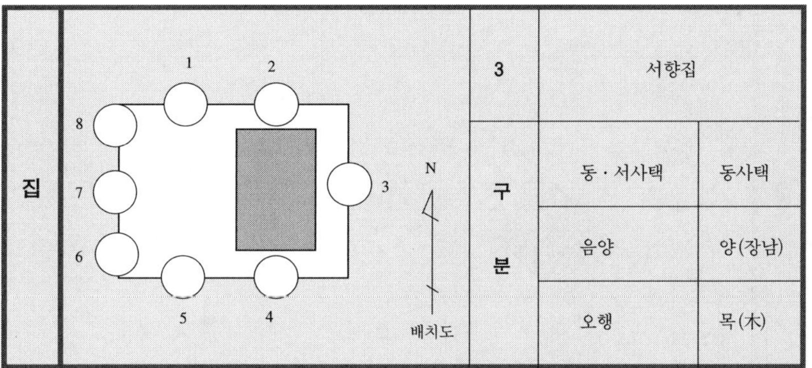

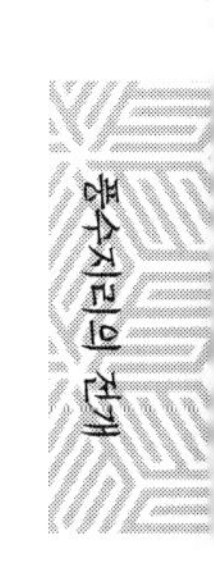

	번호	대문 위치	해석	평점
대	1	북	경사스러운 일이 많다. 승진이 잘되고 출세가 빠르다.	80
	2	북동	건강을 잃는다. 집안에 불화가 일어나고 아내가 고생한다.	0
	3	동	부귀가 겸전한다.	70
	4	남동	재산이 크게 일어나고 기운이 크게 빛난다.	90
문	5	남	건강과 재산이 모두 크게 발전한다. 가족이 화목하며 효자가 나온다.	100
	6	남서	모자(母子) 관계가 특히 나쁘며 불화가 계속된다.	20
	7	서	건강과 재산이 모두 나간다.	20
	8	북서	흉사가 생겨 인명과 재산을 잃어버린다.	0

④ 북서향집의 길흉 분석표

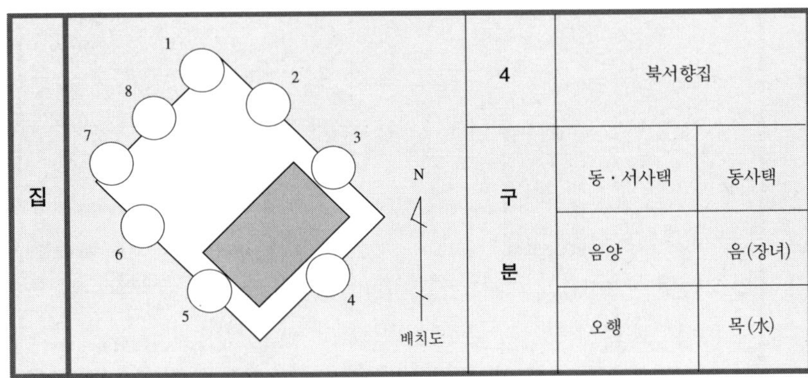

4		북서향집	
구 분		동·서사택	동사택
		음양	음(장녀)
		오행	목(水)

	번호	대문 위치	해석	평점
대 문	1	북	건강과 부귀를 겸한 최고의 집이다.	100
	2	북동	각종 질병에 시달린다. 단명한다.	20
	3	동	가난하던 살림이 갑자기 일어난다. 집안이 건강과 부귀를 갖춘다.	90
	4	남동	재산과 건강이 안정을 이루며 발전을 거듭한다.	70
	5	남	남녀 모두 현명하고 부귀를 겸비한다.	80
	6	남서	건강을 잃으며 심지어는 목숨까지 위험하다. 사업에 실패한다.	0
	7	서	항상 집안에 불화가 따라다니며 질병으로 건강을 잃고 목숨도 위태롭다.	0
	8	북서	사업에 실패하고 재산 손해를 본다. 소송 사건에 불리하게 된다.	20

⑤ 북향집의 길흉 분석표

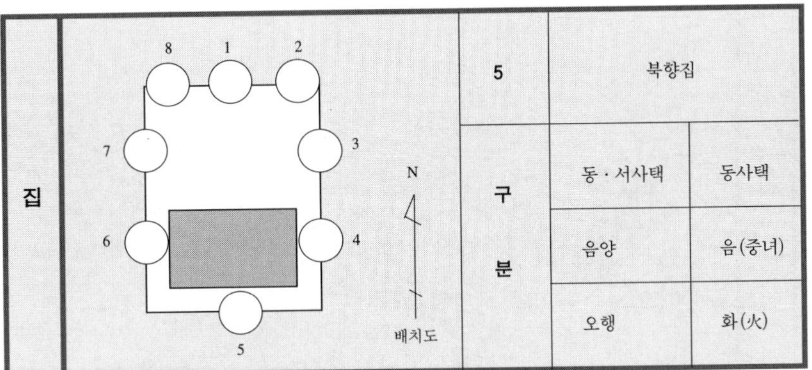

	번호	대문 위치	해석	평점
대	1	북	가정이 화목하며 재산이 늘어난다. 건강과 출세가 저절로 이루어진다.	80
	2	북동	건강을 잃고 재산도 손해를 본다.	40
	3	동	아들이 모두 출세한다. 집안이 화목하고 부귀가 항상 따라다닌다.	100
	4	남동	부귀가 겸전하며 사업에 성공한다.	80
	5	남	건강과 재산이 차츰 일어난다.	70
문	6	남서	남자들은 명이 짧거나 가출하고 집인에 질병이 따른다.	20
	7	서	질병으로 많은 식구가 고생하고 죽는다. 재산은 저절로 줄어든다.	0
	8	북서	건강과 재산이 모두 불길하다.	20

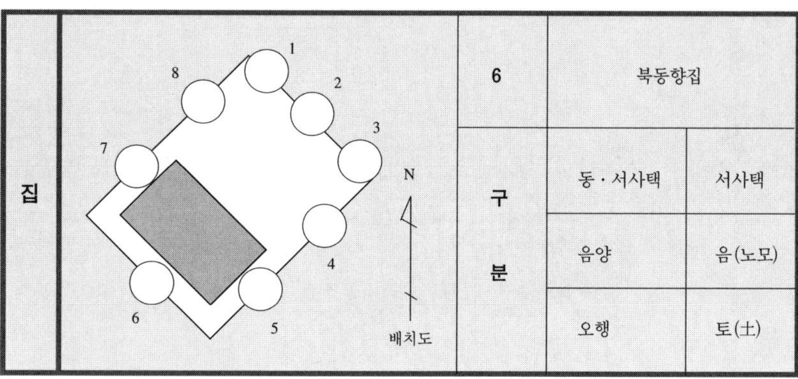

	번호	대문 위치	해석	평점
대 문	1	북	질병으로 집안의 대가 끊길 위험이 있다. 사업에 실패해서 재산 손실이 크다.	20
	2	북동	집안이 번창하며 지위와 공명을 얻어 주변에서 높이 칭송받는다.	90
	3	동	질병과 사고가 연발하며 재산을 잃어 궁해진다.	20
	4	남동	각종 질병으로 생명이 단축된다. 우환과 소송이 겹쳐 재산을 모두 탕진한다.	0
	5	남	집안에 불화가 있고 질병으로 고생한다.	20
	6	남서	건강과 재산이 좋아지며 생활이 안정된다. 사업이 크게 번창한다.	70
	7	서	집안이 화목하며 입신 출세가 잇따른다.	80
	8	북서	아들이 모두 출세하고 건강과 명예를 얻는다. 사업에 성공해서 재산이 는다.	100

⑦ 동향집의 길흉 분석표

집	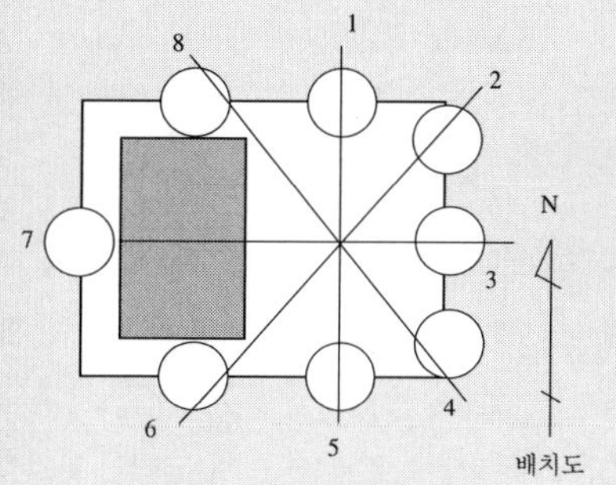 배치도	7	동향집	
		구 분	동·서사택	서사택
			음양	음(소녀)
			오행	금(金)

	번호	대문 위치	해석	평점
대 문	1	북	질병으로 고생한다. 사업에 실패해서 재산을 잃는다.	40
	2	북동	갑자기 입신 출세하며 건강과 재산이 늘어난다. 소년이 초기에 유명해진다.	100
	3	동	외롭게 고생하며 불행한 일을 당한다.	20
	4	남동	집안에 우환과 질병이 연이어 발생한다. 생명이 위험해진다.	0
	5	남	사고로 재산과 건강, 생명까지 잃는다.	0
	6	남서	건강과 재산이 모두 발전한다.	80
	7	서	안정적으로 발전한다.	70
	8	북서	사업이 성공적으로 이루어진다. 명예를 얻게 된다.	90

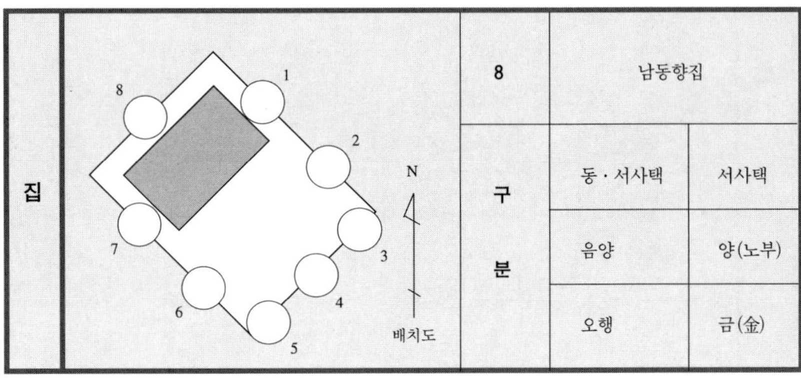

	번호	대문 위치	해석	평점
대 문	1	북	질병으로 고생하고 사업에 운이 없다.	20
	2	북동	집안이 화목하고 재산이 늘어난다. 남성 위주가 되며 여성은 외롭다.	80
	3	동	불의의 사건으로 건강과 재산을 잃는다. 질병도 계속된다.	0
	4	남동	불행한 사건이 계속된다. 재산과 명예를 잃고 생명까지 잃게 된다.	20
	5	남	질병과 우환으로 고생한다. 하는 일마다 손해를 본다.	20
	6	남서	남녀 모두 장수하며 훌륭한 자손을 둔다. 재산이 늘고 사업 운이 저절로 열린다.	100
	7	서	집안이 화목하며 출세가 연속된다. 재물이 저절로 모인다.	90
	8	북서	안정적으로 일이 추진된다. 건강과 재산이 점차 늘어난다. 오래 갈수록 좋다.	70

4 여러 형태의 건물

1. 상가 건물

상업용 건물은 대부분 한 면 이상이 도로에 접해 있으면서, 그 면에는 유리창을 설치하고 물건을 전시해 지나가는 사람들의 구매 욕구를 불러일으킨다. 도로에 접한 건물 길이가 길면 쇼 윈도를 넓게 만들 수 있고, 좀더 다양한 물건을 전시할 수 있다. 또 상가를 여러 개로 분리할 수도 있다. 따라서 상가 건물을 신축할 때 되도록 도로에 많이 접하게 만들려는 경향이 있다.

풍수로 볼 때, 쇼 윈도가 넓고 깊이가 얕은 상가는 흔히 생각하는 것과 달리 사업이 잘되지 않는다. 사업이 잘되는 상가는 길이보다 깊이가 깊은 점포이다. 밖에서 봤을 때는 쇼 윈도가 작고 앞면 실이가 짧기 때문에 작은 점포로 보이지만, 일단 점포에 들어서면 깊은 곳까지 물건이 쌓여 있어 고객에게 안정감을 주고 구매 욕구를 불러일으킨다. 반대로 쇼 윈도가 넓고 앞면 길이가 긴 점포는 지나면서 보기에는 구매 욕구를 불러일으키지만 점포에 들어서면 깊이가 얕기 때문에 물건이 적고, 다시 물건을 보기 위해서 전시된 쇼 윈도를 바라보게 된다. 그러다 보면 길에 지나가는 사람과 차들을 보게 되고, 물건을 구입할 생각보다 밖으로 나가고 싶은 충동을 느낀다.

사업 승패는 점포 내부에 의해 결정된다. 점포 내부 공간에 기운이 모여 있으면 사업이 잘된다. 점포 내부에 기운이 없는 점포는 성공하기가 쉽지 않다. 기운이 모이려면 겉에서 보이는 것보다 내실 있는 상가를 만드는 것이 중요하다. 점포 형태의 길흉 이론은 산 형태에 따른 기운 이론을 따른다. 기운이 모이는 산은 깊이가 깊은 데 반해, 깊이가 얕은 산에는 기운이 모이지 않는다.

2. 식당과 커피숍

식당이나 커피숍은 많은 사람들이 드나드는 곳이다. 이 곳을 성공적으로 운영하기 위해서는 우선 식당 형태가 잘 갖춰져야 한다. 도로변에 길게 위치한 식당은 밖에서 보기에는 규모가 커 보이는 장점이 있지만, 실제로는 안에 기운이 모이지 않아 사업이 안 된다. 설사 잘 된다 해도 그리 오래 가지 못한다.

다른 공간 형태와 마찬가지로 식당이나 커피숍도 내부 공간에 생기가 모여야 한다. 그러기 위해서는 깊이가 깊어야 한다. 따라서 식당이나 커피숍의 홀은 정사각형 또는 정사각형보다 깊이가 깊은 것이 좋다. 또 같은 형태라도 주방이나 현관 위치를 방위론을 따라 결정하는 것이 좋다.

최근에는 커피숍과 식당 창문을 크게 하는 것이 일반적이다. 시원하게 트인 창은 안팎으로 바라볼 수 있는 장점이 있고, 늘 햇빛을 받아

환하다. 그러나 호텔 커피숍처럼 넓은 경우가 아니라면 보통 커피숍이
나 식당은 창이 지나치게 크면 좋지 않다. 넓은 면적에서는 창문을 크
게 해야 안정감이 있지만, 보통 커피숍과 식당은 그만큼 면적이 넓지
않기 때문이다. 좁은 공간에서 유리창만 크게 만들면 안에 있던 기운
이 밖으로 빠져 나가 내부 기운이 약해진다.

3. 사무실

여러 사람이 함께 근무하는 사무실에서는 우선 책임자를 좋은 자리
에 배정하고, 중요한 부서 순으로 나머지 자리를 잡는다.

실내 배치에서 가장 중요한 것은 책상 위치를 정하는 일이다. 책상
은 오랫동안 앉아서 중요한 일을 수행하는 공간이다. 그러므로 책상은
사무실에서 생기가 많이 이루어지는 곳에 놓여야 한다.

먼저 배산임수 이론에 따라 벽을 등지고 앉아야 한다. 실내 벽은 산
으로, 창문은 물로 보기 때문이다. 창문을 등지고 앉는 경우가 많은데,
특히 창문 가까운 자리에서 창문을 등지고 앉는 배치는 마치 절벽을
등지고 앉아 있는 것과 같아 좋지 않다. 창문은 되도록 멀리 있는 것
이 좋다.

출입문도 멀리 있는 것이 좋다. 출입문으로는 사람뿐만 아니라 바람
도 드나들어 출입문 가까이 있으면 바람을 맞는 형상이어서 좋지 않
다. 실내 전용 화장실이 있는 경우에는 화장실과 멀리 떨어진 곳에 책
상을 놓도록 한다.

가장 좋은 책상 배치는 실내 중심을 바라보게 하는 것이다. 그렇게
하면 실내 중심에서 발생하는 생기를 온몸으로 받아들일 수 있기 때문
이다. 벽을 바라보는 배치는 안정감은 있지만 오래 앉아 있기 어렵다.

실내 폭이 다른 경우에는 좌우가 넓고 천장이 높은 곳의 중심 부분에 책상을 배치한다.

응접용 소파나 회의용 테이블도 집무용 책상만큼 중요하므로, 위치를 잘 선정해서 배치해야 한다. 응접용 테이블을 책상 바로 앞에 두고 그 주변에 의자를 배치하는 경우가 흔한데 이 방법은 책상에서 응접용 테이블을 내려다보는 형식이 되므로, 주인이 권위를 내세우게 되고 그로 인해 거기 앉아 있는 손님은 불쾌감을 느끼게 된다. 따라서 응접용 테이블은 책상과 떨어진 자리에 배치하는 것이 바람직하다.

응접용 의자는 야트막한 테이블의 위쪽 중심 자리를 상좌로 해서 그 왼쪽과 오른쪽, 곧 삼면에 배치하는 것이 좋다. 이렇게 되면 중심 자리가 상좌가 되고, 상좌에서 내려다보아 왼쪽이 오른쪽보다 상좌가 된다. 그러나 왼쪽과 오른쪽의 상하 관계는 방 상태에 따라 달라지는데, 벽을 의지하고 있는 쪽이 상좌가 된다.

응접용 테이블은 생기가 모이고 안정된, 방위상으로 좋은 위치를 선정해서 배치한다. 원형 테이블에서는 출입문에서 가장 멀리 있으면서 벽을 등지고 앉는 자리가 상석이다. 상석을 중심으로 왼쪽이 차석이 되고 그 다음이 오른쪽이며, 출입문을 등지고 앉는 자리가 말석이다.

4. 최고 경영자의 방

사무실 위치를 선정하는 과정에서 가장 중시해야 하는 것이 회사 최고 경영자의 방이다. 이 방은 생기가 제일 많은 곳에 위치해야 한다. 책임자는 회사 운영에 가장 중요한 부분을 담당하고 있으며, 이런 업무를 효과적으로 수행하기 위해서는 가능한 한 많은 생기를 받아야 하기 때문이다.

오늘날 도심지에 있는 업무용 빌딩은 대개 30층 내외로 고층 건물이며, 위로 올라갈수록 전망이 좋기 때문에 꼭대기층을 가장 고급층으로 여긴다. 그러나 풍수 이론에 따르면 높은 층보다 낮은 층이 좋다. 지표면에 가까울수록 생기가 강하게 모이고 높이 올라갈수록 적어져 건강을 해칠 우려가 있기 때문이다. 따라서 사장실은 5층 아래, 곧 2층이나 3층에 두는 것이 가장 이상적이다. 낮은 곳에 있으면 높이 올라갈 힘을 갖게 되지만, 높은 곳에 있으면 내려가는 힘이 크게 작용한다.

사장실은 같은 층이라도 건물 형태에 따라 기운이 모이는 곳에 두어야 한다. 단변과 장변 길이 비율이 1 : 2 미만이면 중심 부분에 생기가 제일 많이 모이고, 1 : 2 이상이면 끝 부분에 모인다.

근정진에서 왕의 자리인 용상은 중심 축 뒷면에 자리잡고 있으며, 조선 총독부 건물에서 총독 집무실은 건물 중심 축 위 2층 가장 뒷면으로 북쪽에 위치하고 있다. 총독부 건물은 평면이 날 일(日) 자 모양을 하고 있으므로 중심에 기운이 많이 모이지만, 단변과 장변의 비율이 1 : 2 이상인 직사각형 평면에서는 중심보다 양쪽 끝 부분에 생기가 모이기 때문이다.

사장은 업무용 책상과 회의용 책상, 응접용 소파 등에서 업무를 본다. 가장 많은 업무를 보는 곳은 업무용 책상이므로 그 배치가 무엇보다 중요하다. 사장실 안 방위의 길흉 분석은 방으로 들어오는 기운과 책상 위치의 기운 사이 조화에 의한다. 출입문으로 들어오는 기운과 책상 위치의 기운이 서로 잘 어울리면 좋은 위치고, 서로 어울리지 못하면 좋지 않다.

사장실에서 책상 위치를 방위로 분석하는 순서는 다음과 같다.

① 사무실 네 모서리에 대각선을 긋고 대각선이 만나는 점, 곧 사

무실 중심점을 패철 관측 지점으로 한다.

② 중심점에 서서 출입문 위치를 방위로 측정해서 출입문 방위가 동사택인지 서사택인지 구분한다.

③ 중심점에 서서 책상 위치를 방위로 측정해서 출입문 방위를 구분한다.

④ 출입문과 책상 방위를 측정한 결과 같으면 좋은 배치고, 그렇지 않으면 좋지 않은 배치다. 서로 맞지 않으면 책상을 출입문 방위에 맞추도록 한다.

⑤ 중심점에 서서 출입문과 책상 위치를 측정해서 8방위상 음양을 구분한다. 출입문과 책상 방위가 음양으로 서로 다르면 서로 결합해 생기를 이루지만, 같으면 불길하다.

⑥ 중심점에 서서 출입문과 책상 위치를 각각 방위로 측정해서, 오행을 구분한다. 상생이면 길하고, 상극이면 흉하다. 예를 들어 출입문이 남쪽에 있다면 오행상 화(火)에 속하고, 책상이 서쪽에 있으면 금(金)에 해당된다. 이것은 이른바 화극금(火剋金)으로, 서로 상극 관계이므로 좋지 않다. 이런 경우에는 책상을 동쪽에 두면 동쪽은 오행상 목(木)이 되므로 목생화(木生火)로 상생 관계를 이룬다.

5. 건물 복도

사무용 빌딩은 층 중앙마다 복도가 있고 그 양 옆으로 사무실이 있다. 이런 경우 사무실 면적을 넓히기 위해, 복도 폭이 좁은 게 대부분이다. 통로는 사람들이 지나다닐 수 있을 정도 폭만 유지하면 된다고 생각하기 때문이다. 물론 기능을 우선으로 하는 현대 건축의 공간 개념으로는 통행에 필요한 폭만 유지하는 복도가 이상적이다.

풍수지리로 보면, 중앙 통로는 지금보다 훨씬 넓어야 한다. 통로는 기운이 모이는 중요한 기능을 갖고 있기 때문이다. 통로 폭이 넓으면 건물 중앙에 기운이 모여 생기를 이루는 반면, 폭이 좁으면 기운이 모이지 않는다. 따라서 건물 통로를 넓게 하되, 그 공간을 전시나 휴식 공간으로 이용하는 것이 바람직하다.

6. 백화점

삼풍 백화점을 예를 들어 보자. 풍수지리적으로 볼 때, 그 건물은 애초에 흉가였다. 그 건물 형태를 보면 중심 부분은 잘록하고 양쪽에 큰 건물이 A동과 B동으로 나뉘어 있다. 이는 호리병 같은 형태로 기운이 중심에 모이지 않고 좌우로 분산되는데, 기운이 분산되는 건물에서는 흉사가 일어나게 마련이다.

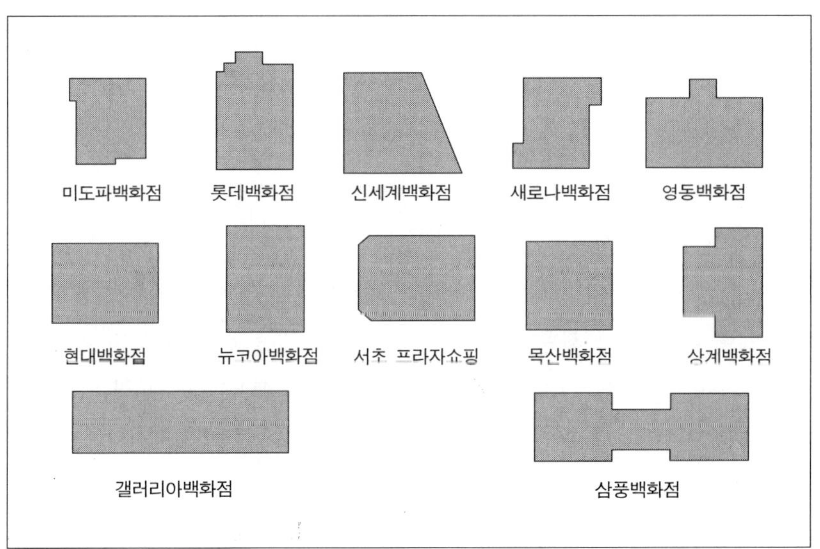

▲ 여러 백화점 평면 형태

한국 최초 백화점인 화신 백화점을 비롯해 미도파·신세계 백화점의 평면은 대부분 정사각형이다. 정사각형이나 가로 세로 비율이 3 : 5 미만인 평면 형태를 이루고 있는 백화점은 사업이 잘 된다. 뉴코아 백화점·현대 백화점 본점도 그런 경우다. 백화점뿐 아니라 다른 상가 건물에서도 중심 부분이 좁은 건물은 사업이 잘되지 않고 흉가가 된다.

7. 학교

우리 나라 사람들은 자녀 교육을 위해서라면 어떤 희생이라도 감수하는 교육열을 보여 왔다. 그래서 예로부터 스승을 부모나 왕처럼 존경해, '군사부일체(君師父一體)'라고 했다.

학교가 갖고 있는 기운은 학교에서 생활하는 학생과 교사 모두에게 전해진다. 학교에서 배운 내용이 평생 동안 사람에게 영향을 주듯, 학교의 기운도 평생 생활에 영향을 준다. 학교 분위기는 학교 건물 형태에서 일어나므로, 학교 건물 형태를 분석함으로써 학생과 교사가 받는 기운을 구분할 수 있다.

학교 건물은 모두 비슷한 형태다. 대부분 남쪽을 향해 교실이 복도와 함께 길게 연결되어 있고, 교실 한 개 크기는 가로 7.5m, 세로 9m로 20.41평이며, 복도 폭은 2.5m가 일반적이다. 교실은 1층에 12개를 직선으로 배치하고, 좌우 중간에는 현관과 층계를 설치해서 학교 전체 길이는 9m×14교실=126m가 되고, 건물 폭은 복도까지 포함해 9.5m가 된다. 이처럼 학교 건물은 깊이에 대한 길이의 비율이 1 : 13으로 깊이가 매우 짧은 ―자형을 이룬다.

대학에서도 차츰 복도 양쪽에 건물을 배치하는 중복도식 교사를 짓고 있는데, 이 경우에도 복도 폭은 3m 내외다. 또 강의실에 비해 복도

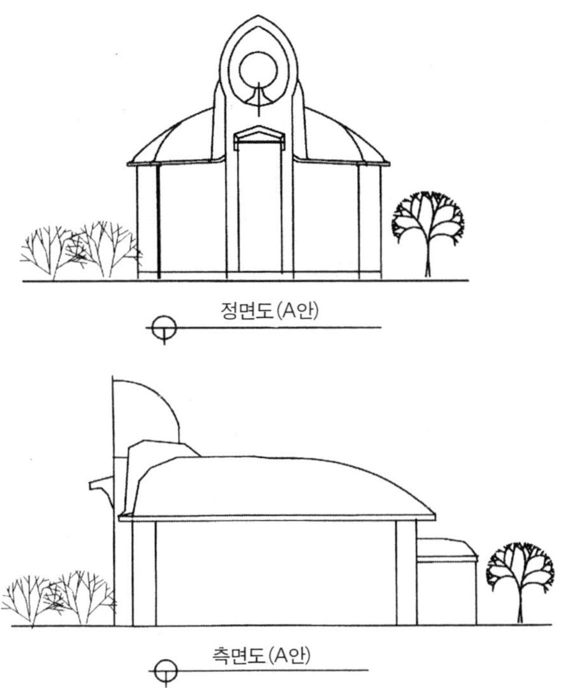

▲ 학교 정면도 및 측면도

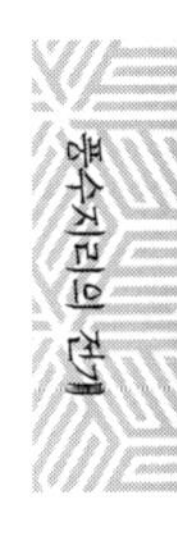

가 좁고, 양쪽에 연결된 강의실 수가 많아 건물은 전체적으로 —자형을 이룬다. 이렇듯 학교 건물은 초등 학교에서 대학교까지 비슷하며, 학교 부지는 조건에 따라 —자형부터 ㄱ자나 ㄷ자로 변형되기도 하지만 기본 개념은 같다.

얼마 전부터 학교 배치를 현대화하기 위해 교육부에서 직선 교사를 ㄱ자·ㄷ자·ㅁ자 등으로 길이를 줄인 형태를 권장하고 있다(교육부, 「초등 학교 건축 계획 모형 연구」, 1996). 여기서 제시하고 있는 초등 학교 교사에 대한 새로운 계획이나 대학교에서 사용되는 중복도식 교실 배치 방법은 기존 형태에서 매우 발전된 것이기는 하지만, 여전히

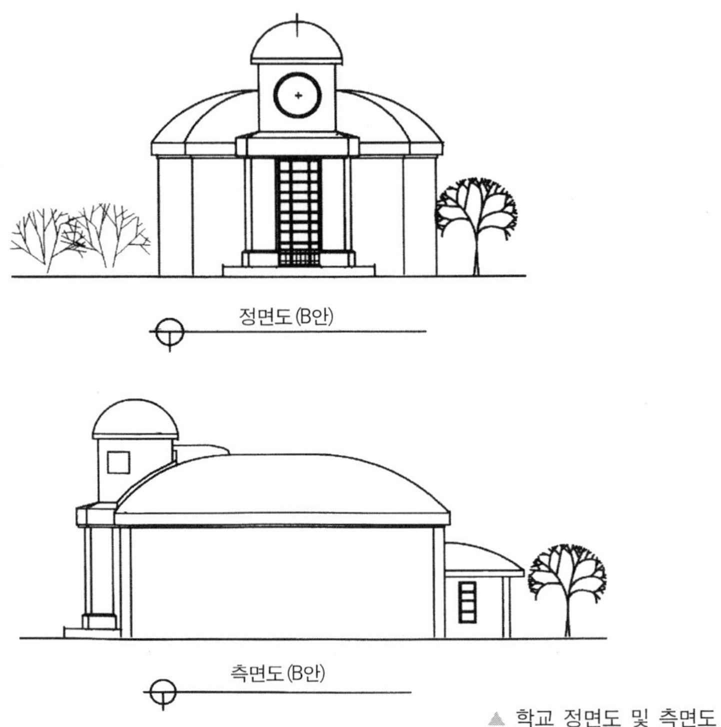

▲ 학교 정면도 및 측면도

직선 형태를 벗어나지 못함으로써 기운의 중심점이 없는 상태다. ㅁ자형 교실 배치는 중심 부분에 지붕이 없어서 기운이 분산되기는 一자형 건물과 같다.

一자형 학교 건물은 산의 형태 가운데 수산에 속하며 보조격이다. 이런 형태는 기운이 좌우로 분산되고, 약체다. 이런 형태는 사대주의가 발생하고, 기운을 모으지 못하기 때문에 개인주의가 팽배해진다. 따라서 학교가 사회 공동의 이익보다 개인주의를 가르치게 되고, 학생이나 교수는 개인적인 성향이 많아진다. 뿐만 아니라 금전 만능주의에 빠질 우려가 크고, 학문과 지조를 잃게 된다. 서울 대학교의 광장 이름

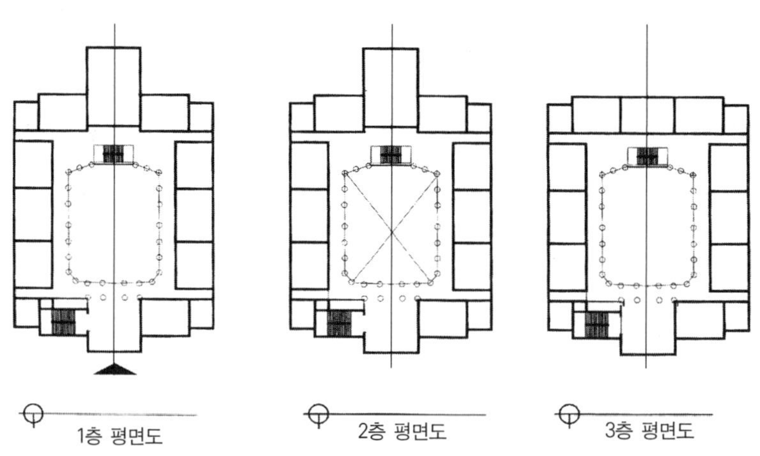

▲ 학교 평면도

을 아크로폴리스라고 한 것은 대학교가 사대주의에 빠져 있는 사실을 단적으로 나타내고 있다.

학교 건물을 명당 형태로 만들려면, 기운이 중심에 모이는 주인격 산 형태라야 한다. 평면은 정사각형에 가까워야 하고, 직선형이어도 앞면 길이와 깊이의 비율이 1 : 2 미만이어야 한다. ㅡ자형 평면에서 중심 부분이 정사각형으로 넓으면 기운이 모인다.

이런 형태를 만들기 위해서는 교실을 직선으로 많이 연결하는 것보다는, 짧게 연결하되 건물 동 수를 늘리는 것이 바람직하다. 또 복도 폭은 가급적 넓게 해서 건물 기운이 복도에 모이게 하는 것이 좋은데, 이상적인 복도 폭은 6m 또는 그 이상이 좋다. 넓은 복도 공간은 참고 자료 열람실이나 휴식 공간으로 이용하면 된다.

지붕은 지금처럼 평지붕이 아닌 모임 지붕 형태나 돔 지붕, 초기 지붕(초가 지붕+기와 지붕) 형태로 기운이 중심에 모이고, 주변에 있는 산과 조화를 이루며 한국적인 사상이 담겨 있으면 매우 바람직하다.

8.종교 건물

외국에서 발생되어 한국에 들어온 불교와 기독교는 한국 전통 종교와 함께 매우 중요한 자리를 차지하고 있다.

가. 불교 건물

삼국 시대에 전래된 불교는 오랜 기간에 걸쳐 사회 전반에 영향을 미쳤다. 대표적인 불교 건물은 사찰의 대웅전이다.

대웅전의 일반 형태는 앞면 길이가 길고 건물 깊이는 짧은 직사각형다. 이런 건물은 앞에서 보기에는 넓어 보이지만 안으로 들어가면 깊이가 얕아서 왼쪽이나 오른쪽으로 공간이 길게 벌어진 형태를 이룬다. 더욱이 대웅전 중심에 불상이 자리잡고 있는 상태에서 스님이 설법을 하면 신자가 좌우로 분산된다. 이것은 곧 사람들이 분열됨을 의미한다. 좌우로 긴 법당 건물 형태는 산의 형태로는 수산에 속한다. 수산은 중심에 모이는 기운이 약하고 좌우로 분산되는 기운이 강해 약체에 속한다.

또한 대웅전 지붕은 늘어진 곡선 형태를 이루고 있으며, 지붕 정상 부분은 낮고 좌우 양쪽은 높다. 이런 지붕 형태는 기운이 중심에 모이지 않고 좌우로 분산된다.

태국의 사찰 건물은 우리 나라와 정반대 구조를 이루고 있다. 입구 쪽인 앞면 길이가 짧고 깊이는 매우 깊다. 이런 건물에서는 내부 깊은 곳에 기운이 모여 단결하는 힘이 강하다. 그래서인지 태국에서는 불교 지도자가 정치적 지도자보다 존경받으며, 승려들도 높이 숭상받는다.

나. 기독교 건물

천주교 성당이나 개신교 교회는 모두 앞면 길이는 짧은 반면 깊이는 긴 ㅡ자형을 이루고 있다. 이런 평면은 산의 형태로 보면 주인격 산에 해당되어 중심에 왕성한 기운이 모인다. 강한 기운이 모이는 공간에서는 그 곳에 있는 사람들도 서로 단결하는 힘이 강하다.

지붕 형태는 중심 부분이 뾰족하게 솟아 한 정점을 이루고 있다. 이 정점은 기운을 한 곳으로 밀집시켜, 사람들을 한 점으로 모이게 한다. 다만 이러한 지붕 형태는 배타적인 기운으로 나타나는 결점을 갖고 있다.

다. 그 밖의 종교 건물

지구상에는 다양한 종교가 있다. 이러한 종교 건물의 지붕은 중심점에 기운을 모으는 형태를 이루며, 평면은 정사각형으로서 중심 공간을 이룬다. 우리 나라도 불교가 전래된 초기 사찰 건물은 일반 대웅전 모습과 다르다. 불교 초기 건물로 꼽히는 부석사 무량수전의 경우, 일반 사찰 불상 배치와 전혀 다른 구조로 흡사 교회 건물과 같은 배치를 이루고 있다. 그러나 건물 형태는 후대에 오면서 점차 좌우로 길고 깊이가 짧은 횡방향으로 변한다.

5 풍수 인테리어

1. 내부 공간의 형태와 기

현대인은 실내에서 생활하는 시간이 조금씩 늘어나고 있다. 농경 시대에는 밖에서 활동하는 시간이 많았지만, 산업이 발달하면서 사무실이나 공장, 점포처럼 건물 내부에서 생활이 이루어지게 되었다.

실내 기운은 그 곳에 거주하는 사람들에게 공기·바람·분위기를 제공하고, 사람은 이 기운을 받아서 활동력을 얻는다. 실내 공간의 기운은 자연 공간 기운의 일부다. 자연 공간에서 하늘·땅·바람의 기운이 전달되듯이, 실내에서도 하늘·땅·바람의 기운이 사람에게 전달된다.

실내 공간은 그 기운에 따라서 달라진다. 가장 이상적인 실내 공간은 활동력이 강한 기운으로 가득찬 공간이다.

어떤 낯선 공간에 들어섰을 때, 분명 처음 와 본 곳인데도 어쩐지 내 집처럼 편안하고 아늑하다는 느낌을 받는 경험을 누구나 한 번쯤 해 봤을 것이다. 물론 그 반대인 경우도 있다. 어떤 집이나 사무실을 방문했는데, 왠지 불안하고 불편해서 빨리 벗어나고 싶은 생각이 드는 경우다.

이런 현상은 그 공간이 사람에게 전달하는 기의 작용으로 생긴다. 모든 공간은 저마다의 기운을 만들어 낸다. 공간의 기가 좋아서 사람에게 좋은 기감을 주면 편안하고 아늑한 느낌을 받게 되고, 기운이 좋지 않으면 사람들은 불편하고 불안하다.

이것은 언제나 움직이고 살아 숨쉬는 기가 사람이 인위적으로 만든 여러 구조물에 의해 변하기 때문이다. 그것은 집안 내부에서도 마찬가지다. 집 위치, 기둥·굴뚝·대문·창문·지붕·층세·화장실·부엌·안방 등의 구조, 가구 배치 등에 따라 공간의 기가 좋아질 수도 나빠질 수도 있다.

실내 기운은 공간 형태와 배치에 따라 달라진다. 좋은 기, 곧 생기가 가득한 공간을 만드는 것은 사람의 몸과 마음을 건강하고 활동력 있게 만드는 일이다.

여기서 활동력이란 공기나 바람 이외에 기를 포함한다. 실내 공간의 기는 자연에서 유입되는 기 외에도 건물을 구성한 건축 재료나 벽과 천장 등의 비례와 형태, 색깔 같은 여러 요소에 따라 달라지게 마련이다. 풍수에서 요구하는 좋은 공간이란 생기가 가득 차 있는 공간인데, 이러한 공간은 평면 형태·개구부·방위 등으로 나누어 살펴볼 수 있다.

집은 우리가 건강한 생활을 유지하고 휴식과 안정을 얻는 데 가장 중요한 기본 공간이다. 집이 건강하고 생기가 넘쳐야 그 속에 사는 사람들 역시 건강하고 활기차게 생활해 나갈 수가 있다.

같은 집이어도 새 가구를 들여 놓거나, 가구 배치를 달리했을 때, 또는 집을 개축하거나 구조를 변경했을 때는 전혀 새로운 기분을 느끼게 된다. 그래서 뭔가 새로운 기분을 느끼고 싶을 때 집 안 인테리어를 바꾼다는 여성들도 자주 본다.

같은 공간에서 느끼는 새로운 기분. 보이지도 잡히지도 뚜렷이 설명할 수도 없지만 첫 느낌으로 받게 되는 새로운 기분. 그것이 바로 공간이 만들어 내는 기다. 이처럼 기는 땅에서뿐 아니라 우리가 살고 있는 집·건물·아파트·빌딩에서도 살아 움직이며 사람들에게 영향을 준다. 좋은 기가 흐르는 공간에서 생활하면 삶도 활기가 넘치지만, 나쁜 기가 흐르는 공간에 오래 있으면 왠지 피곤하고 불안할 뿐 아니라 건강도 잃게 된다. 서구에서 인테리어에 풍수 개념과 원칙을 도입하는 것도 바로 그런 이유다. 생활 공간이 건강해야 삶도 건강하고 행복해질 수 있기 때문이다.

자기 집을 생기가 흐르는 좋은 공간으로 만들기 위해서는 집 내부 배치뿐 아니라 크기나 모양도 중요하다. 많은 사람이 넓은 집을 선호하지만 풍수로 볼 때 넓이는 아무 의미가 없다. 집을 꾸미고 가꿀 때는 우선 필요 없는 물건들은 쌓아 두지 말고 과감히 처분하고, 빈 공간이 없게 집을 최대한 활용해서 생기로 가득찬 느낌을 주도록 해야 한다. 새로운 에너지를 충전하고 휴식과 안정을 얻기 위해서는 무조건 넓다고 좋은 게 아니다. 자신이 생활하는 데 꼭 필요한 공간만 있으면 된다.

실내 공간은 기능에 따라서 면적을 크게 차지하는 부분도 있고 작게 차지하는 부분도 있다. 집에서는 거실이 사람들이 함께 모이는 공간인 만큼 가장 큰 면적을 차지한다. 화장실이나 창고는 면적이 작아도 된다. 침실도 거실에 비해서는 그 면적이 작다.

실내를 배치할 때 중요한 것은 넓은 공간을 중심에 두고, 작은 공간들을 그 둘레에 두는 것이다. 이렇게 하면 중심에 기운이 모여서 전체적으로 좋은 기운을 이룬다. 반대로 배치하면 기운의 흐름이 좋지 못하다. 큰 실내 공간이 좌우로 나뉘는 형태는 가장 좋지 않은 형태다. 가령 거실은 동쪽 끝에 두고 안방은 서쪽 끝에 두면 실내의 기운이 좌우로 분산되고 만다.

내부 공간에서 중심 부분은 면적도 넓고 천장도 높아야 이상적이다. 중심 공간의 천장 높이는 정육면체를 이루는 것이 이상적이다. 거실 길이가 중심에서 좌우 5m인 경우에는 천장 높이도 5m로 해서 정육면체 모양을 만드는 것이 좋다.

2. 공간 형태와 평면의 비율

풍수에서 말하는 가장 이상적인 공간의 핵심은 그 근원을 자연 형태에서 취하고 있다. 흔히 볼 수 있는 동물의 알은 생명체의 기운이 가장 강하게 밀집된 형태다. 알의 형태가 바로 생기를 많이 갖고 있는 형태다. 꽃봉오리도 그렇고 여성의 자궁이 그렇다.

풍수지리의 산에 대한 해석 이론에서도, 그 형태가 알처럼 둥근 형태를 취하고 있는 것을 생기가 가득 찬 산으로 말하는 이유도 같다.

실내의 기를 형성하는 요인은 바람의 회전, 공간에서의 진동이 주를 이룬다. 바람은 상하 좌우로 회전이 가능한 알의 형태에서 완성된 기운을 만들 수 있기 때문이다.

실내 공간은 바닥·벽·천장으로 구분된다. 바닥에 벽이 세워지면, 방이 하나 만들어진다. 가장 이상적인 방의 형태는 무엇일까. 앞에서 언급한 알의 형태를 기준으로 볼 때 정사각형이 가장 이상적인 평면이라고 하겠다. 정사각형이 기운이 많이 모이고, 기운의 회전이 가장 용이하기 때문이다.

방의 형태에 따라 공간의 기운이 달라지고 그 공간에 거주하는 사람의 길흉이 달라진다. 실내 공간의 형태는 가로와 세로가 곧고 길이 비율이 일대일인 경우가 가장 일반적이지만, 원형인 경우도 많이 볼 수 있다. 원형 평면은 정사각형보다 기운이 회전하기 쉬워 생기를 많이 만드는 공간이다.

방이 원형인 것은 보기 드물지만, 이런 방은 기운을 강하게 집중시키는 효과가 있어 매우 좋다. 원형은 하늘을 의미하며, 하늘은 강한 힘을 갖고 있기 때문이다. 원형 공간은 기운이 회전하기에도 매우 적합하다.

원형 평면에서는 안에 칸막이가 없어야 이상적이다. 원형 실내에 칸막이가 들어서면, 기의 회전이 불안정해지고, 사용하기에도 불편하다. 칸막이가 들어서야 할 경우라면 오히려 정사각형 평면이 바람직하다. 이 때 가로와 세로 비율은 1 : 1.7(= 3 : 5)이 좋다.

평면 비율이 정사각형에서 직사각형으로 길어질 경우, 곧 비율이 1 : 2 이상으로 늘어날 경우에는 효과적인 바람의 회전이 불가능해진다. 평면 형태에서 가로 세로 비율이 1 : 2가 되는 순간부터는 기운이 좌우로 분리되는 형상을 이루기 때문이다. 기운이 분리되는 공간은 물론 생기가 부족하다. 공간의 성격상 정사각형과 직사각형의 중간 위치로 3 : 5 정도 비례가 무난하다고 본다.

정사각형 평면에서 기를 더 강하게 만들 수 있는 방법은 한 쪽 벽을 불룩 튀어 나가게 하는 것이다. 한 면이나 두 면 또는 사면 모두 튀어 나가게 해도 된다. 다만 이런 경우 튀어 나가는 부분이 벽면 중심부에 위치하게 하는 것을 원칙으로 한다.

이렇게 튀어 나간 면은 곧바른 면보다 실내 기운이 원활하게 회전할 수 있게 해 주고 공간의 울림을 좋게 해서 생기가 많은 실내를 만든

다. 이와 반대로 중심 부분이 좁아지는 평면은 기운이 좌우로 분할돼
서 좋지 못하다.

기둥을 배치하는 경우에도 실내 중심점에 큰 공간이 형성되고, 벽
모서리로 갈수록 기둥 간격이 좁아지는 형태가 바람직하다. 이 때 기
둥의 수는 짝수가 되고, 칸 수는 홀수가 되는 것이 가장 이상적이다.
중심부에 기둥이 있어서는 안 되며 반드시 빈 공간으로 남아 있어야
된다.

공간을 세 칸으로 나누는 경우라면, 가운데 칸이 가장 넓고 좌우 칸
은 약간 작은 것이 생기를 만드는 구획이다. 실내를 다섯 공간으로 구
획하는 경우라면, 중심 부분에 큰 공간을 두고 좌우에는 작은 공간을
만들어야 한다. 실내 공간을 네 칸이나 여섯 칸 등 짝수로 나누는 것
은 좋지 않다.

도심지처럼 땅이 비좁은 곳에 집을 짓다 보면 삼각형 방도 생기기
마련이다. 그러나 이런 방은 기운이 안정되지 않은 매우 불안한 형태
다. 이런 방에서 살면 주변 사람과 싸우거나 언쟁을 일으키는 등 자주
마찰을 빚게 된다. 방 길이가 제각각인 두 방을 합쳐 ㄱ자 모양으로
만든 방도 보았는데 이런 방은 안정감이 없어 거기서 사는 사람은 불
안감에서 벗어나지 못하고 주변 사람들과도 잘 어울리지 못한다.

3. 적당한 집 넓이

사람마다 옷 입는 치수가 다른 것은 몸 크기가 다르기 때문이다. 집
도 마찬가지다. 부와 권위를 과시하기 위해 넓고 큰 집만을 찾는 요즘
에는 더더욱 자기에게 알맞는 집을 고르는 것이 중요하다.

풍수로 볼 때, 1인당 적정한 집 면적은 6평이다. 따라서 독신자라면

6평에 사는 것이 가장 바람직하고, 부부만 살 경우에는 12평, 4인 가족이 살 때는 24평이 가장 적당하다. 부부 두 사람만 살면서 40평 정도되는 넓은 집에 살면 빈 방이 많아 집 안에 생기가 잘 돌지 않으며, 지나치게 넓은 공간으로 인해 허전함과 불안감을 느끼게 된다. 사람들로 인해 약간 비좁게 느껴지는 정도 넓이가 발전하는 집이다.

1인당 적정 주거 면적이 6평인 것은 우리 나라에만 적용되는 것은 아니다. 가까운 일본을 예로 들어 봐도 그들은 우리 나라에 비해 훨씬 작은 면적을 사용하고 있다. 일본의 대재벌 가족은 20평 내외 집에서 살고 있다. 독일의 주거 공간 면적도 1인당 6평을 넘지 않는 것으로 알려져 있다. 비교적 넓은 주거 면적을 사용하고 있는 미국도 응접실은 물론 당구장이나 탁구장 등 여러 기능을 모두 독립된 방으로 만들어 사용하고 있기 때문에 주거 공간만을 본다면 비슷한 수준이다.

1996년 건설 교통부 통계에 따르면, 현재 한국의 주택 수는 1000만 호를 넘어섰으며 한 해마다 50만 호씩 증가하고 있다. 외국 차관을 많이 갖고 있는 우리 나라 현실에서 필요 이상으로 많은 주거 공간을 갖는 것은 바람직하지 않다. 50만 호에서 한 집당 한 평씩만 적게 만들어도 50만 평이 절약된다. 공사비를 1평당 200만 원으로 볼 때 1조 원이 절약되는 것이다. 건설에 소요되는 자재 대부분이 외국에서 수입되므로 외화도 절약된다. 생산비를 절약해 국제 경쟁력을 높이기 위해서는 주거 공간 면적을 가능한 한 작게 하는 것이 바람직하다.

4. 내부 공간 배치

가. 안방

집이 갖는 기능 가운데 가장 중요한 것은 편안한 휴식을 제공해서 낮 동안에 쌓인 피로를 풀어 주는 것이다. 충분한 수면을 취하지 못하면 생산적인 활동을 할 수 없다. 생기가 많은 공간에서 잠을 자면 충전이 잘되고, 그렇지 못한 곳에서 잠을 자면 왕성한 활동을 할 수 없다.

이런 기능을 충실하게 해 내는 곳이 바로 침실이다. 따라서 집에서 가장 생기가 많이 모이는 곳에 주인 부부의 침실, 곧 안방을 배치해야 한다. 대부분 집들은 햇빛이 많이 쪼이는 남쪽 창가 한쪽 구석에 안방이 위치하고 있다. 특히 최근에는 안방의 독립성을 위해 가장 구석진 장소에 배치하는 경향이 많다. 그러나 구석진 공간에는 생기가 모이지 못하기 때문에 안방으로 적당하지 않다. 생기는 중심에 모이기 때문이다.

안방의 조명과 채광은 집 분위기에 상당한 영향을 준다. 안방이 밝으면 집도 밝아진다고 생각하기 때문에 요즘은 안방 창문을 일부러 크게 만들어 밝게 하는 추세다. 이는 주인과 집안 식구들이 서로 격의 없이 화목하게 지내고 개방적인 분위기를 만든다는 점에서는 매우 효과적이지만, 부를 축적하는 면에서는 그리 긍정적이지 못하다.

풍수로 해석할 때 안방이 어두워야 재물이 쌓인다. 재물은 음에 해당되는데, 이것은 재물이 약간 어둑한 부분에서 만들어지기 때문이다. 너무 밝은 곳은 노출되기 쉬우므로 재물이 모이지 않는다.

최근에는 안방의 독립을 위해 안방 옆에 별도로 침대 방을 두는 경우가 있다. 이 경우 침대 방은 대부분 가장 구석진 위치에 있게 마련이고, 침대 방에서 자는 동안 안방은 비게 된다. 집 안에 빈 방이 있는 것은 좋지 않다. 따라서 안방과 침대 방은 서로 합해서 이용하는 것이 바람직하다.

나. 현관

현관은 마당의 생기가 집 안으로 들어오게 하는 통로 역할을 한다. 따라서 현관은 생기가 많은 곳에 위치하고 있어야 집 안에 생기가 모인다. 현관은 집 중심축, 곧 건물 중심에 설치하는 것이 가장 이상적이다. 집 내부 기능에 따라 중심에 설치할 수 없는 경우에는 약간 벗어나도 무방하다. 그러나 건물 끝 부분이나 모서리에 설치하는 것은 바람직하지 않다.

현관 문은 대부분 밖으로 열도록 되어 있다. 문이 안쪽으로 열리게 되면 현관 내부가 좁아져 불편하기 때문에 편리성을 추구한 것이다. 실제로 극장이나 경기장처럼 많은 사람이 한꺼번에 출입하는 곳에서는 만일의 사태가 일어났을 때 피난하기 쉽도록 바깥쪽으로 문을 열도록 규정되어 있기도 하다.

그러나 집 현관 문은 안쪽으로 여는 것이 좋다. 문이 안쪽으로 열리면 문이 열림과 동시에 바람이 집 안으로 들어오지만, 문을 밖으로 열면 동시에 집 안 기운이 밖으로 빠져 나가기 때문이다. 바람은 곧 그 집의 기운과 재물에 영향을 미친다.

다. 거실

한국 전통 기와집 구조에서 대청은 가장 중심에 위치해서 마당을 정면으로 내려다보고 있다. 대청 좌우에는 안방과 건넌방이 있어 균형을 이루고 있으며, 대청 천장은 중심 부분이 높고 좌우가 낮은 피라미드 형태를 이뤄 안정감을 준다. 이런 구조는 집 내부 기운이 중심에 모이도록 하는 매우 좋은 형태다.

그러나 대청의 평면 형태를 살펴보면, 좌우가 긴 반면 깊이가 좁아 기운이 크게 모이지 못하는 단점을 안고 있다. 대청에는 바람이 시원하게 통과하는데, 이처럼 바람이 관통하는 공간은 취침 공간으로는 적당하지 않다. 대청에서 잠을 자지 않는 것도 바람 때문에 병이 생길 수 있기 때문이다.

대청의 장점을 유지하고 단점을 보완하기 위해서는 대청 평면을 정사각형으로 하고 창문 면적을 줄이는 것이 좋다. 위치는 그대로 중심에 두되, 피라미드 모양 천장을 만들어서 집 안에 기운을 집중시켜 강한 생기를 이루도록 하는 것이다.

대청은 현대에 들어서면서 거실로 변했다. 거실은 집의 중심 공간에 있는 것이 일반적이다. 안방보다 중심에 있어 집의 기운이 가장 많이 모여 있다. 이상적인 거실은 집 안의 중심축에 넓게 자리잡고, 천장도 높은 것이 좋다. 천장이 높으면 겨울철 난방비가 많이 드는 단점이 있지만, 천창이나 층계실 출입문 등을 설치해서 기운이 밖으로 빠져 나가는 것을 예방할 수 있다.

이런 거실에서 생기는 좋은 기는 그 집에 살고 있는 사람들의 건강이나 사회적인 활동을 크게 촉진시켜 행운을 가져다준다. 이처럼 강한 생기가 모여 있는 공간은 낮에는 거실로 사용하고 밤에도 침실로 사용하는 것이 좋다. 물론 침실이 독립적이지 못하고 이부자리를 들고 왔다갔다하는 번거로움은 있지만, 밤 사이에 명당에서 받는 건강과 재물의 기운은 그 불편함을 보상하고도 남는다.

거실이 중심에 있지 않고 왼쪽이나 오른쪽으로 치우쳐 있으면 집 안의 기운이 중심을 잡지 못해 불안한 집이 된다. 거실이나 안방과 같은 큰방이 집의 왼쪽과 오른쪽에 분산되어 있고 중심에는 작은 방들만 있으면 집 안 기운이 분산된다. 이렇게 되면 불안정하고 혼란스러워져서 식구들끼리 서로 화합하지 못하고 건강을 잃으며 경제적으로도 손실을 본다.

라. 부엌

음식을 만드는 부엌은 가장 중요한 역할을 담당하는 곳 가운데 하나
다. 풍수 이론에 따르면 부엌 위치에 따라 음식 맛도 달라진다. 위치에
따라서 부엌의 기운이 달라지기 때문이다. 따라서 음식을 맛있게 만들
기 위해서는 부엌의 위치나 형태가 매우 중요하다.

옛날에는 부엌이 구석진 곳에 있었다. 그러나 집이 입식화되면서 부
엌의 개념도 바뀌어 부엌이 거실과 같은 역할을 하기에 이르렀다. 따
라서 부엌은 거실과 가깝게 있을수록 좋다.

전에는 부뚜막에서 주걱으로 밥을 퍼낼 때 손끝이 대문을 향하지 않
도록 하는 습관이 있었는데, 한옥 부엌이 앞뒤로 마당을 면하고 있으
므로 손의 움직임에 의해 부엌 안의 바람이 밖으로 빠져 나갈 수 있다
고 보았기 때문이다. 그러나 요즘은 부엌이 집 안에 있기 때문에 이런
걱정을 할 필요는 없다.

마. 화장실

'처갓집과 화장실은 멀수록 좋다'는 속담이 있는데, 요즘은 이런 속
담이 옛말이 됐다. 예전에는 집 구조상 화장실을 멀리 떨어지게 둘 수
밖에 없었다. 그러나 수세식 화장실이 대부분인 요즘은 화장실을 집
안에 두고 편리하게 이용하고 있다.

그런데 수세식 화장실은 오물을 물과 함께 순간적으로 하수구로 내
보내기 때문에 집 안에는 아무런 영향이 없는 것으로 생각하기 쉽다.

화장실 공기 중에는 오물 냄새와 독가스가 포함되어 있다. 물이 많
아 공기가 습하기도 하다. 따라서 화장실 문을 열 때마다 음기인 화장
실 기운이 집 안의 다른 양기를 누른다. 화장실 위치가 집 중심에 있
으면 화장실 공기가 실내에 확산되는 힘이 더욱 크다.

집 중심에는 언제나 깨끗하고 따뜻한 기운이 모여 있어야 한다. 이런 곳에 화장실이 있으면 집 안 기운이 불결해진다. 따라서 수세식 화장실이라도 해도 가능한 집 가장자리에 설치하고, 부득이한 경우에는 화장실 기운이 집 안에 퍼지지 않도록 각별히 주의해야 한다.

바. 층계실

2층 집의 내부 층계는 1층과 2층을 연결하고, 다시 옥상이나 물탱크실로 연결된다. 이처럼 천장이 수직으로 높이 통해 있는 층계실은 집 안 기운이 밖으로 배출되는 통로가 된다. 따라서 층계에 의한 기운 분산을 막기 위해서는 층계실 입구에 출입문을 설치해 바람의 손실을 최대한 억제하는 것이 좋다.

5. 천장

평면이 결정된 뒤에는 벽을 쌓고 그 위에 천장이 올라간다. 벽면 높이는 어느 정도로 해야 실내 기운이 좋아질까. 생기를 만든다는 목적에서 보면 실내 공간을 정육각형, 곧 알 모양으로 만드는 것이 가장 이상적이다. 평면에서 가로 세로 길이와 같은 높이로 천장을 하면 정육면체가 되고, 정육면체 공간이 알의 형태에 가장 가까운 공간이기 때문이다.

정육면체 공간에서는 바람이 수평적으로나 수직적으로 제일 쉽게 회전할 수 있기 때문에 가장 이상적인 생기를 만든다. 평면 비율이 3 : 5 정도면 천장 높이는 3과 5의 중간인 4 정도를 이상적으로 친다. X : Y : Z 비율이 3 : 4 : 5 정도면 원형과 가깝다고 본다.

정육면체 실내에서는 그 기운을 상하로 구분해서, 중심점부터 밑에는 음기가 고이고, 위로는 양기가 모여서 전체적으로 음양이 균형을 이룬다. 음양의 균형과 회전은 생기를 만드는 핵심이다.

정육면체 공간은 초기 기독교 건물에서 많이 찾아볼 수 있다. 정육면체의 공간이 오랫동안 많은 사람들에게 아름다운 건물로 사랑받고 있는 것도 공간에서 발생되는 생기가 원인이라고 본다.

집 천장 높이는 약 2.4m(약 8자)가 일반적이며, 아파트에서는 2.3m가 일반적이다. 천장을 낮게 하는 것은 에너지 절약 차원도 있지만 아파트는 가능한 한 많은 층을 만들기 위한 목적이 더 크다.

음양 이론으로 볼 때 천장이 높으면 사람에게 높은 이상을 갖게 하고, 천장이 낮으면 이상이 부족하고 현실적이며 물질적인 가치만을 추구하게 된다. 그러나 지나치게 높으면 기운이 모이지 않고 관리비도 많이 들어 좋지 않다.

일제 시대에 세워진 서울역 본관 건물이나 각 지방 기차 역사는 중심 부분에 높은 천장을 만들어 이 곳을 지나다니는 사람들에게 시원함을 느끼게 한다. 또 일제가 지은 조선 총독부 건물도 천장이 높은 홀을 중심 공간으로 하고 있다. 그러나 최근에 지어진 역사들은 에너지를 절약하기 위해 천장을 낮게 하는 경향이 있다.

사람들을 단결시키기 위해서는 역사·버스 터미널·비행장 대합실 같은 건물 천장을 높게 하는 것이 바람직하다.

은행을 예로 들어 보자. 은행은 그 안에 들어서면 기운이 가득 차 있는 것을 느낄 수 있다. 사무실 천장 높이는 보통 2.4m인데, 음양 이론에 따르면 이는 현실적인 기운이 담기는 높이고, 이보다 높을 때는 그 위에 이상적인 기운이 담긴다고 본다.

그런데 은행은 일반 사무실보다 훨씬 높은 5m를 기준으로 하고 있다. 이는 종교 건물에 견줄 만한 높이다. 성당·교회·사찰은 모두 천장이 높아, 그 안에 들어서면 무한한 이상과 기운을 느낄 수 있다.

천장이 높다 보니 은행 업무는 국가 경제의 중심 역할을 하는 숭고한 업무로 느껴지고, 이 곳을 찾는 사람들에게 신뢰감을 준다. 증권 회사 천장은 일반 사무실과 높이가 같은데, 경제 중추 역할을 하기 위해서는 은행 천장을 본받을 필요가 있다는 생각이 든다.

중심 부분이 높은 천장 : 천장 중심 부분이 높으면 기운을 중심에 모아 생기를 이루게 한다. 이런 천장이 있는 방에서는 분위기가 안정되고 진취적인 기상이 생겨 발전을 이룬다.

중심 부분이 낮은 천장 : 중심 부분은 낮고 가장자리가 높은 천장은 기운이 중심에 모이지 않고 분산된다. 이런 천장이 있는 방에서는 분열이 자주 일어난다.

평탄한 천장 : 제일 흔한 형태로 무난하다. 평탄한 천장도 실제 공사를 할 때는 중심 부분을 6cm 정도 높여서 외관상 안정감을 갖게 한다.

중심에 대들보가 내려온 천장 : 천장 중심은 높아야 좋다. 그러나 두 방을 연결해서 사용하는 경우에는 방 중심 천장에 대들보 같은 구조물이 내려오는 경우도 있다. 이처럼 천장 중심이 낮게 내려오면 기운이 좌우로 분산되어 좋지 않다.

좌우 높이가 다른 천장 : 천장은 피라미드처럼 중심이 높고 주변은 낮으면서 균형을 이루는 것이 좋다. 천장 일부는 높고 다른 한쪽이 낮아 좌우 높이가 다르면 안정감이 없고, 기운이 분산되어 좋지 않다.

돔형 천장 : 천장은 생기를 이루는 형태가 가장 이상적이다. 원형 돔처럼 중심 부분이 둥글고 높은 천장이 바로 이 경우에 해당된다. 이런 천장에서는 생기가 모여 재물과 출세가 보장된다.

6. 개구부

창문은 채광이나 실내외 공기의 순환, 바깥 경관의 조망을 위한 목적으로 사용되는 한편, 자연 기운을 집 안으로 받아들이는 통로 역할을 한다. 현대 들어 건물 규모가 커지면서 건물 벽 전체를 유리로 하는 등 개구부의 형태가 차츰 중요해지고 있다.

개구부는 외부 생명력을 받아들일 수 있도록 설치하는 것이 이상적이다.

가. 창문과 출입문 위치

창문은 햇빛과 바람이 들어오는 방향으로 만든다. 그러나 구조상 외부로 면하는 벽이 한 면밖에 없으면 여기에 창문을 설치할 수밖에 없다. 창문이 두 외벽에 설치된 경우에는 주된 창문을 바람이 불어오는 쪽을 향해 열어야 좋다. 바람이 불어오는 쪽을 향해 창문을 열면, 실내가 바람을 마주하게 된다. 이 경우 바람이 실내에 생기를 만들어 준다.

창문을 바람이 지나가는 옆이나 지나가는 쪽을 바라보는 면에 두면 실내 기운을 빼앗는 형상이 되므로 좋지 않다. 바람이 실내 기운을 훑어 나가기 때문에 실내 압력이 약해지고, 실내 압력이 약해지면 기운이 약해져 이 곳에 사는 사람들이 기운을 잃기 때문이다.

출입문 또한 바람이 불어오는 쪽에 있으면, 출입문이 열리는 순간 바람이 들어와서 실내에 압력이 강해지고 강해진 압력은 사람에게 기운을 넣어 준다. 바람이 빠져나가는 쪽으로 출입구가 있으면 바람의 기운이 실내 기운을 빼앗아 가기 때문에 압력이 약해지고, 사람도 기운이 빠진다. 물가에 있는 집은 지세가 낮은 물가에서 올라오는 바람을 좋은 바람으로 보기 때문에 올라오는 바람을 마주하는 쪽에 출입문과 창문을 만드는 게 좋다.

창문은 벽 중심에 설치하는 것이 가장 이상적이다. 그래야 벽에서 발생하는 진동이나 바람 소리가 아름답게 울리기 때문이다. 창문이 한쪽에 치우쳐 있거나 모서리에 있으면 진동이나 바람 소리가 불안정해진다. 따라서 두 벽면에 걸쳐 있는, 이른바 코너 창문은 좋지 않다.

나. 형태

개구부는 크게 수직형과 수평형으로 나누는데, 수식형이 기운을 회전하는 데 더 유리하다. 실내에는 종류가 다른 개구부가 여러 개 있을 수 있지만 개구부들의 형태가 같아야 효과적이다. 수직형이면 수직형, 수평형이면 수평형으로 통일돼야 한다는 뜻이다. 개구부의 형태가 같으면 같은 종류의 소리가 나지만, 수직형과 수평형이 함께 있으면 서로 어울리지 못하는 소리가 나기 때문이다.

창문 형태에 따라서도 기운이 달라진다. 창문은 수평형이 일반적인데, 폭은 넓으면서 높이는 낮아서 차분하고 안정적인 기운을 준다. 오행 기운으로 분석하면 수(水)에 해당하며, 나무 형태에 비유하면 죽어 쓰러진 나무를 의미한다. 물을 닮아 차분하며 정적인 분위기지만 진취적인 기상은 부족하다.

창문 폭은 좁은 데 비해 높이는 높은 창문은 수직 형태를 이룬다. 천장이 높은 공간에서는 수직형 창문을 설치하기 쉬워 흔히 교회나 성당 등에서 이런 창문을 만든다. 천장이 낮은 일반 집이나 사무실에서 수직형 창문을 설치하려면 창문 폭을 좁게 하고 방바닥에서 천장까지 닿도록 만들어야 하는 어려운 점이 있다. 수직형 창문은 오행으로는 목(木)에 해당된다. 나무는 수직 상승하는 기운을 갖고 있으므로, 이런 창문은 살아 있는 나무와 같이 하늘로 올라가려는 활동적인 기운을 갖고 있다. 개인 집이나 사무실에 이런 창문을 설치하면 좀더 활동적이고 생동적인 분위기를 이끌어 낼 수 있다.

창문 폭과 높이가 같은 정사각형 창문은 오행으로는 토(土)에 속한다. 흙은 균형 감각과 포용력을 갖고 있으므로 정사각형 창문은 수직과 수평 두 기운이 서로 균형을 이룬다. 수평 창문보다는 생동감을 주고, 수직 창문보다는 안정감을 준다.

원형 창문은 오행으로는 금(金)에 해당되며, 계절에 비하면 곡식을 여물게 하는 가을과 같다. 원형은 구심력과 수축력을 의미한다. 또 둥근 형태는 음양으로 보면 하늘을 의미한다. 따라서 원형 창문은 무한한 힘과 생명력을 갖게 한다.

삼각형 창문은 오행으로는 화(火)에 해당된다. 불은 폭발하며 확산되는 기운을 갖고 있다. 삼각형 창문은 폭발·투쟁·상처 등을 의미한다.

다. 창문 크기

창문은 바람과 빛을 받아들이기 위해 꼭 필요한 부분이다. 그러나 창문이 너무 넓으면 오히려 실내 기운이 밖으로 빠져 나가는 현상을 빚는다. 그러므로 지나치게 넓은 것은 좋지 못하다. 벽 한 면을 기준으로 창문 면적이 50%를 넘으면 기운이 빠져 나가는 형태다. 창문 면적은 작을수록 좋고, 따라서 실내가 너무 밝은 것보다 오히려 약간 어두운 듯한 것이 좋다. 실내가 너무 밝으면 기운이 분산되어 기가 빠지지만, 약간 어두운 곳에서는 음기가 모여서 오히려 생기를 이룬다.

요즘 들어 유리창 면적이 조금씩 넓어지는 것이 특징인데, 기운이 쉽게 빠져 나가기 때문에 좋지 않다. 더구나 창문 재질로 주로 쓰는 유리에서는 좋지 않은 소리나 진동이 발생한다. 그러므로 유리창이 넓을수록 실내 기운에 좋지 않은 영향을 미친다. 유리는 기운을 통과시키기만 하고, 사람에게 기를 전달하는 성질이 없기 때문이다.

7. 실내 공간의 5단계 구성

음양 오행 이론에서 '다섯'은 완성된 수를 의미한다. 계절적으로는 봄·여름·가을·겨울 그리고 중심 계절이 다섯 계절로서 완성된 기를 나타낸다. 실내 공간은 크게 중심 공간과 접속 공간으로 구분하는데, 중심 공간은 바닥과 벽으로 이루어진 공간 전체 형태를 말하며, 접속 공간은 창문이나 출입구처럼 바람이 지나는 공간을 말한다. 공간은 오행에 따라서 다섯 공간, 곧 바닥, 벽, 벽과 천장이 연결되는 부분, 천장, 빈 공간으로 구분된다.

바닥은 가장 낮은 곳에 위치하고 온도도 제일 낮으므로 겨울에 해당한다. 벽은 태양이 떠오르는 과정을 상징해서 봄에 해당하며, 천장은 온도가 가장 높은 태양을 상징해서 여름에 해당한다. 그리고 봄과 여름 사이에 있는 연결 부분은 중간 계절로 해석한다. 가을은 전체적으로 비어 있는 공간을 만들기 위한 준비 공간이다. 실내에서 빈 공간이 중심 공간을 이루는데, 중심 공간은 창문과 출입문을 통해서 기운을 외부와 교환한다.

가. 내부 공간의 주종

벽면은 동서남북 사면으로 실내를 이루는 것이 가장 일반적이다. 네 벽면의 상관 관계를 분석해 보면, 언제나 그 중 한 면이 중심 공간, 곧 주된 공간을 이루고, 나머지 벽면은 보조 공간, 곧 종속 공간을 이룬다.

주된 공간을 이루는 벽을 주벽, 나머지 삼면은 종벽이라고 부른다.

주벽은 출입구나 개구부에서 멀리 있는 벽을 이르는 경우가 일반적이다. 주벽은 사면 가운데 가장 안정된 위치에 정하고, 공간 구획을 크게 해서 울림이 가장 큰 형태로 한다. 이와 반대로 종벽은 작은 형태를 이루도록 한다.

나. 실내 벽면 종류

단순 벽면 : 개구부 없이 단일 재료로 이루어진 벽면을 순벽면 또는 단순 벽면이라 부른다.

2차 공간 : 벽면을 이루는 재료가 단일 재료고 개구부가 한 종류인 공간을 2차 공간이라고 한다. 개구부는 공간의 울림을 만들어 주는데, 개구부가 중심에 있을 때 울림이 가장 좋고 옆에 치우쳐 있으면 그보다 못하다.

3차 공간 : 골조·벽면·개구부 세 요소로 구성된 공간을 3차 공간이라 한다. 단순 벽면보다는 2차 공간이 좋은 울림을 만들며, 2차보다는 3차 공간이 더 좋은 조화를 이루는 경우가 많다.

다. 재료 구성

실내는 대부분 여러 재료를 사용해서 만들어진다. 나무와 흙, 종이는 따뜻한 재료이며, 유리와 석재, 쇠는 찬 재료다. 따뜻한 재료를 많이 쓰는 것이 좋다. 바닥·벽면·천장은 같은 재료로 이루어지기도 하고, 다른 재료로 이루어지기도 한다.

풍수로 볼 때 한 재료보다는 몇 가지 재료를 섞어서 사용하는 것이 좋다. 바닥은 나무, 벽면은 돌, 천장은 루바 등으로 처리하는 경우를 예로 들 수 있다. 이러한 재료의 변화는 생기를 만들어 준다. 바닥·벽·천장을 모두 나무로 처리한다면 답답한 느낌을 줄 것이다. 벽면 전체를 유리로 하는 것은 음양오행상 좋지 못하다.

라. 재료 형태

건물 실내 재료는 평면형·선형(수직형/수평형)·모자이크형·방사형 등으로 구분된다. 바닥·벽·천장은 이런 여러 형태를 골고루 사용하는 것이 좋다. 가령 바닥이 평면형이면, 벽면에는 수직형을, 천장에는 모자이크 모양을 가미하는 것이 바람직하다.

8. 인테리어의 방위

실내 기운이 좋고 나쁨은 바로 사람에게 영향을 준다. 이러한 실내 기운은 방위 이론에 의해 분석한다.

방위 이론의 핵심은 방 중심 기운과 방으로 출입하는 기운의 상관 관계에 따라 결정된다. 방 안에는 기운의 중심점이 형성되며, 기운의 중심점은 방위에 따라 고유한 기운을 형성한다. 방 중심점에서 이루어진 기운을 편의상 주인 기운이라고 한다. 이와 달리 출입문과 창문으로 출입하는 바람이 이루는 기운을 편의상 손님 기운으로 구분한다. 이상적인 공간은 주인 기운과 손님 기운이 서로 조화를 이루는 경우다.

가. 실내 방위

집 안 공간, 곧 방·화장실·거실·부엌 등의 방위는 이 곳에 거주하는 사람들에게 영향을 미친다. 규모가 같은 집에서도 방이 배치된 방향에 따라 발전 정도에 차이가 있고, 즐거움과 슬픔이 달라진다. 손님 기운과 주인 기운이 서로 조화를 이루느냐 그렇지 못하느냐에 따라서도 다르다.

실내 공간에서 기운이 가장 많이 모이는 곳을 기두(氣頭)라고 한다. 기두는 가장 넓고 높으며, 가장 중심적인 공간이 되어야 한다. 안방·거실·부엌·현관·화장실을 집의 5주(柱)라고 한다. 5주는 마치 사람의 기운이 생년월일, 곧 사주(四柱)에 의해 결정되는 것처럼 한 집안의 기운을 결정한다.

5주는 기운의 성질에 따라 4합(合) 1부(否)로 구분되는데, 4합은 불을 사용하는 공간, 곧 따뜻한 기운을 갖고 있는 안방·거실·부엌·현관을 말하고, 1부는 물을 사용하는 화장실을 말한다.

5주 가운데 4합 공간과 1부 공간은 서로 그 기운이 달라야 한다. 따라서 4합이 동기(東氣)를 갖고 있으면 1부는 서기(西氣)를 갖고 있어야 하고, 반대로 4합이 서기를 갖고 있으면 1부는 동기를 갖고 있어야 한다. 집안의 기두와 4합이 동기나 서기로 같으면 평화로운 공간을 이룬다. 그러나 1부인 화장실과 기두가 기운이 같으면 좋지 않다.

나. 이귀문

집 방위 중에서 반드시 피해야 할 방위가 이귀문(裏鬼門) 방위다. 이귀문 방위는 말 그대로 귀신이 출입하는 흉한 방위로, 동북과 남서를 연결하는 대각선 방위, 좀더 정확하게 구분하면 패철상에서 계축(癸丑)의 중심과 정미(丁未)의 중심을 연결하는 방위를 말한다.

방위상으로 계와 축은 동기와 서기의 한계선이다. 곧 임자계(壬子癸)까지는 동기가 흐르는 동사택 방위고, 축간인(丑艮寅)부터는 서기가 흐르는 서사택 방위다. 또 정미 방위도 정 방위는 병오정(丙午丁)의 동기가 흐르는 동사택 마지막 방위고, 미 방위부터는 서기가 흐르는 서사택 방위다. 동기와 서기는 서로 화합하지 않는 기운이므로, 흉한 방위가 되는 것이다.

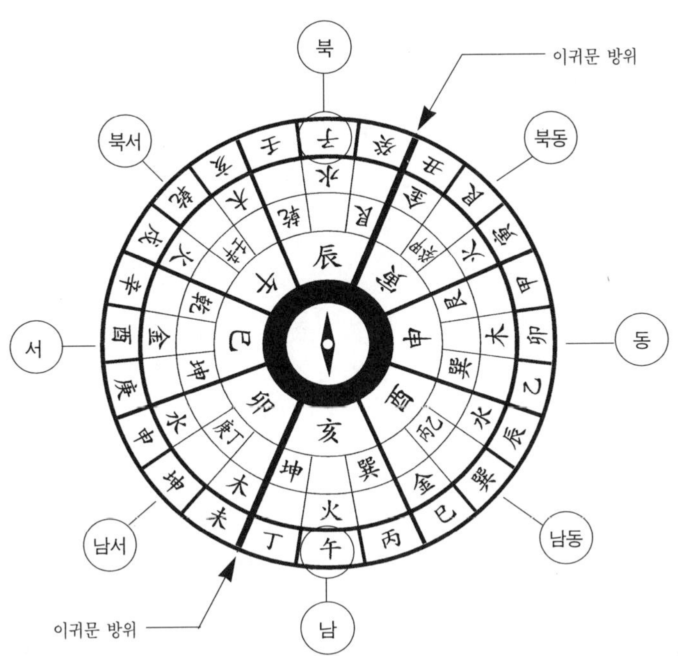

▲ 이귀문 방위

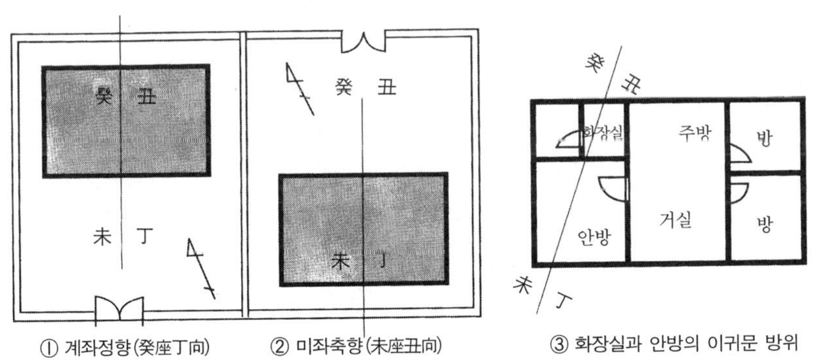

① 계좌정향(癸座丁向)   ② 미좌축향(未座丑向)   ③ 화장실과 안방의 이귀문 방위

▲ 이귀문 방위 배치

이귀문 방위는 서로 상극 관계를 이룬다. 계는 오행상 수(水) 방위인 반면, 축은 오행상 토(土) 방위로 서로 상극이다. 이처럼 두 상극이 혼합된 공간에서는 불행한 일이 일어날 수밖에 없다.

그러므로 계축과 정미를 연결하는 이귀문 방위나, 이 방위에 인접해 있는 축좌미향(丑座未向)·계좌정향(癸座丁向), 미좌축향(未座丑向)·정좌계향(丁座癸向)도 위험하므로 피하는 것이 좋다. 이귀문 방위를 피하기 위해서는 집이나 건물의 중심축을 이귀문 방위에 두지 말아야 하며, 안방과 화장실을 이귀문의 직선 위에 두지 말아야 한다. 그러나 수세식 화장실은 크게 문제되지 않는다.

다. 방위에 의한 배치

실내 작업을 원활하게 진행하기 위해서는 실내에 모여 있는 기운을 적절하게 이용하는 것이 효과적이다. 실내에 모여 있는 기운을 분석하는 것은 방위상 기 이론에 의해 가능하다. 방위에 의한 기와 기능적인 기를 결합해서 좋은 위치에서 생기를 받으면 작업이 원활하게 진행된다. 방위에 따라 기운이 다름은 이미 앞에서 설명한 바와 같다.

실내 공간은 양성 공간과 음성 공간으로 구분된다. 양성 공간은 여러 사람이 만나는 공간이나 주방·사장실·사무실·카운터·출입문·작업 테이블 등을 말한다. 음성 공간은 양성 공간을 보조해 주는 공간, 곧 화장실·창고·쓰레기장 등을 말한다.

실내 공간을 구획할 때, 양성 공간을 생기가 많이 모이는 곳에 두고 음성 공간은 생기가 상대적으로 부족한 곳에 두어야 좋다. 특히 건물 기운을 살펴서 동사택 기운인 곳에서는 양성을 동사택 방위로, 음성을 서사택 방위로 하는 것이 좋다.

남향 사무실인 경우 동사택 건물이므로, 사장실·카운터·출입문 등은 동쪽이나 북쪽에 두고 화장실·창고 같은 음성 공간은 서쪽에 두는 것이 좋다.

동향 건물은 서사택 건물이니 사장실·카운터·중심홀 등은 서쪽에, 출입문은 북동쪽에 있는 것이 좋다. 이 경우에 화장실·창고·쓰레기장은 남쪽이나 북쪽에 두어야 한다.

라. 책상 위치

책상은 출입문 방위에 따라 출입문이 서사택이면 서사택 방위에 배치하고, 출입문이 동사택이면 동사택에 배치한다. 곧 창문이나 출입구에서 먼 자리에 두고 이런 자리 중에서도 벽면에 의지하고 서로 사택이 같은 자리를 구하는 것이 좋다.

사무실 책임자 자리는 제일 좋은 방위에 설치하도록 한다. 책임자가 능률적으로 일할 수 있어야 다른 사람들의 능률도 좋아질 수 있기 때문이다.

마. 식당 배치

식당은 크게 주방과 사람들이 식사하는 홀로 구분된다. 식당에서는 역시 주방이 제일 중요한 기능을 담당하는 곳이라고 할 수 있다. 주방 위치는 방위 이론과 형태 이론을 함께 고려해서 선정한다.

사람들이 식사하는 홀은 정사각형으로 만드는 것이 좋다. 주방은 홀 형태를 염두에 두고 좋은 방위에 자리잡아야 한다. 식당이 전체적으로 동사택 방위를 이루고 있으면 주방도 동사택 방위에 두어야 한다. 이 때 화장실과 창고는 서사택 방위에 두어야 한다. 식당이 전체적으로 서사택이면 주방도 서사택에 위치한다.

남향 건물 식당이라면 주방은 북쪽 동사택 방위나 동쪽 동사택 방위에 배치하고, 화장실은 서쪽에 배치하는 것이 좋다. 카운터는 동남쪽이 좋다. 동향집 식당에서는 주방은 서쪽이 좋고, 카운터는 북동쪽이 좋으며, 화장실은 북쪽이나 남동쪽이 좋다.

바. 잠자리 위치

잠자리는 창문이나 출입구 쪽은 피하는 것이 좋고, 벽에 의지하는 것이 바람직하다. 창문이 마주 뚫리는 중간에서 자는 것이 가장 나쁘다. 잠자리는 바람이 통과하는 자리에서 멀리 떨어져 있어야 한다. 창문은 바람이 통과하는 공간이므로 창문이 닫혀 있더라도 그 가까이에 잠자리가 있는 것은 좋지 않다.

잠자리에서 머리를 어느 쪽으로 두는지도 중요하다. 머리가 창문 밑에 오는 것은 좋지 않다. 창문으로 바람이 들락날락할 뿐만 아니라 여러 가지 좋지 않은 소리들이 들리기 때문에 창문과는 멀리 할수록 좋다. 머리를 두는 방향은 방의 위치나 형태에 따라서 서로 다르지만, 몸을 일으켜 세웠을 때 창문이나 문을 바라볼 수 있게 하는 것이 기본이다. 기운이 들어오는 쪽을 마주 보고 자는 것이다.

침실 창문은 작은 듯한 것이 좋고, 너무 넓은 것은 좋지 않다. 창문이 넓으면 안정감이 부족해서 불안하고, 유리창으로 좋지 않은 소리가 들어오기 때문이다. 안방을 너무 밝게 하는 것도 좋지 않다. 안방은 어두운 감이 있어야 안정감이 있고 재산이 모인다. 안방이 너무 밝으면 기운이 흩어져 밖으로 나가 재물이 모이지 않는다.

 흉가를 명당으로 바꾸는 방법

집안에 오랫동안 병으로 고생하는 사람이 있다든가 사업이 부진한 경우, 집안에 불상사가 끊이지 않는 경우, 자녀들 학업에 문제가 있는 경우 등에는 우선 자신이 살고 있는 집 구조를 점검해 볼 필요가 있다. 그래서 구조나 방위가 잘못되어 있다면 완전히 새로 지을 수도 있겠지만, 그러기에는 비용이 많이 드는 등 적지 않은 문제가 발생한다.

이러한 경우에는 잘못된 부분만 수리해서 명당을 만들 수 있다. 집이 자리잡은 지세를 바꿀 수는 없어도, 건물 형태나 방위라도 제대로 맞춰 부분 수리하는 것이다. 그러나 증축을 잘못하면 오히려 명당이 흉가로 변할 수 있으므로 주의해야 한다.

1. 건물 평면 형태 개조

흉가는 집이나 건물 평면 형태에 의해 발생하는 경우가 많다. 건물 조건에 따라 다음과 같은 방법으로 증축하면 명당이 된다.

① 정사각형 평면으로 증축한다. 건물 평면 형태가 직사각형이거나 ㄱ자인 경우에는 중심 부분 앞면이나 뒷면을 증축해서 정사각형에 가까운, 깊이와 길이 비율이 1 : 1.7(= 3 : 5)인 평면이 되도록 한다. 이런 공간에서는 중심 부분에 기운이 모여 흉한 기운이 사라지고 밝은 기운이 모여 명당이 된다. 건물 뒷면에 빈터가 있을 경우에는 뒷면으로 붙여서 증축하는 것이 좋다.

② ㅁ자 한옥은 집 중심 상부에 지붕을 높게 덮어서 건물 전체가 정사각형 평면이 되게 한다.

③ 삼각형을 이루고 있는 부분은 철거하거나 정사각형으로 만든다. 한 변의 길이가 너무 길어서 정사각형으로 만들기 어려운 건물은 중심 부분 깊이를 학익진 평면 형태로 증축한다.

④ 집이나 점포 등을 왼쪽이나 오른쪽으로 증축해서 직사각형이나 ㄱ자 같은 형태가 되면 기운이 좌우로 분산되어 흉가로 변하는 경우가 많다. 또 기존 직선 건물에 二자 형태로 다른 건물을 나란히 증축하면 건물 사이에 바람이 통과해서 흉가가 된다. 다른 건물을 증축할 때는 정사각형 내부에 우물 정(井) 자 모양으로 증축하는 것이 가장 이상적이다.

2. 지붕 개조

지붕은 건물의 기운을 모아 주는 공간이다. 따라서 지붕 형태는 명당과 흉가를 구분 짓는 가장 중요한 요인이다. 지붕을 개조할 때는 지붕 좌우 균형을 맞추도록 한다. 어느 한쪽만 높고 낮으면 기운이 분산되기 때문이다.

용마루 길이는 짧게 한다. 지붕은 중심 부분에 기운이 모이는 형태를 이루고 있어야 하기 때문이다. 용마루 길이가 긴 집은 기운이 분산되어 흉가가 되고, 용마루 길이가 짧은 집은 기운이 중심에 모여 명당이 된다. 피라미드 형태나 원형 돔 지붕처럼 중심 부분이 짧은 지붕은 대표적인 명당 지붕이다. 평탄한 슬래브 지붕은 중심점이 아예 없어 좋지 못하고, 한옥 기와 지붕은 용마루 길이가 긴 반면 중심 부분이 낮고 좌우가 높아 기운이 분산되는 흉가 형태다.

3. 실내 개조

집 안 중심 부분에는 거실이나 안방처럼 가장 넓은 방이 자리잡고 있어야 좋다. 넓은 방이 어느 한쪽에 치우쳐 있으면 기운이 쏠리기 때문이다. 내부 중심에 작은 방이 있는 것도 좋지 않으므로 중심에 큰 공간을 둬서 내부 공간의 기운을 안정시키도록 한다.

방 형태는 정사각형이 가장 좋으며, 변의 길이가 1 : 1.7(= 3 : 5)까지를 좋은 형태로 본다. 1 : 2 이상인 직사각형은 좋지 않다. 직사각형이거나 ㄱ자형 방은 정사각형에 가까운 형태로 바꾸도록 한다.

천장은 중심이 낮거나 좌우가 불균형하면 균형을 잃고 기운이 분산되므로, 중심 부분을 높게 한다.

안방은 집 내부에서 가장 생기가 많이 모이는 곳에 위치하고 있어야 좋으므로, 구석진 방이나 방위가 좋지 못한 방을 안방으로 하고 있다면 위치를 바꾸도록 한다. 만일 침실 아래 수맥이 있다면 건강에 매우 좋지 않으므로 동판을 깔아 수맥을 차단한다.

또 화장실이 집 중심에 있는 경우는 구석으로 옮긴다. 현관 위치가 잘못되어 있다면 현관 위치를 변경해서 집 내부의 기운을 생기로 변화시키도록 한다.

4. 마당 개조

특히 여성 및 재물과 관련이 깊은 마당의 형태는 정사각형이나 원형이 가장 좋다. 직사각형 마당은 정사각형으로 바꿔 주고, 삼각형 마당은 조경이나 울타리 등의 시설로 둥글게 만든다.

마당에 연못이나 분수대가 있는 경우에는 그 곳에 고여 있는 물이 마당의 생기를 흡수한다. 생기를 잃으면 집 내부에 거주하는 사람이 건강을 잃게 되므로, 마당에 연못이나 분수대를 설치하지 않는다.

마당 한쪽에 외부 화장실을 두는 경우, 화장실의 위치와 방위를 잘 살펴야 한다. 대문과 화장실이 함께 있는 경우가 많은데, 이것은 매우 좋지 않다. 대문으로는 언제나 깨끗한 기운이 들어와야 하는데, 대문과 화장실이 같이 붙어 있는 경우에는 대문으로 들어오는 기운에 오물 기운이 묻어서 함께 집 안으로 들어오기 때문이다. 대문과 화장실이 함께 붙어 있는 집에서는 화장실을 대문에서 떼어 내 건물 방위와 마당의 형태를 고려하여 다른 자리에 배치한다.

대문은 울타리 중심점이나 외부에서 잘 보이는 곳에 있어야 좋다. 도로나 건물 모퉁이 부분에 대문이 있을 경우, 눈에는 잘 띄지만 안정감이 없어 좋지 못하다. 대문은 건물 방위와도 잘 맞는 곳에 있어야 하므로, 건물 방위에 따라 변경한다.

5. 집터의 시신은 정성들여 이장

최근에는 도시 근교의 공동 묘지가 대규모 아파트 단지로 변하는 경우가 더러 있다. 이런 경우, 지하에 묻혀 있던 시신들은 모두 정성들여 이장하거나 화장해야 한다. 간혹 오래되어 흔적조차 없는 묏자리에 시신이 묻혀 있는 상태로 공사가 진행될 수도 있는데, 이런 경우에는 결과적으로 시신 위에 집을 짓는 것이 되어 불행한 일이 가끔 일어난다.

6. 아름다운 소리와 안정된 진동

집에서는 여러 가지 진동과 소리가 발생한다. 이 중에는 사람의 귀에 들리거나 감지되는 것도 있지만 그렇지 못한 것들도 있다. 건물이 전체적으로 중심을 갖고 있으면 아름다운 진동과 소리를 갖게 된다. 그러나 불균형 상태나 중심이 빈약한 상태에서는 불안한 소리가 난다. 흉한 소리가 나는 집은 흉가가 된다. 문짝이나 창문 등을 열고 닫을 때도 소리가 나는데, 알루미늄 새시나 유리 긁히는 소리 등이 기분 나쁘게 날 때는 즉시 수리해야 한다.

7 표준 명당 주택 구조와 형태

　명당은 생기가 많이 모여 있는 공간으로서, 자연적 명당과 건축적 명당으로 구분된다. 자연적 명당은 산이나 강, 토질 등의 자연적 조건에 의해 발생된 명당을 말하고, 건축적 명당이란 땅의 조건 이외에 사람의 손에 의해 만들어진 여러 가지의 건축 조건, 곧 건축물의 형태, 방위, 배치 방법, 대문·마당·도로의 형태 등의 결합에 의해 이루어진 명당을 말한다.

　자연적 명당이라고 해도 건축을 잘못하면 지세의 명당 효능은 반감된다. 반면, 비록 자연적 명당이 아닌 장소라고 해도 건축적 명당을 만들면 불행한 일을 면하게 되고 어느 정도 편안하게 살 수 있게 된다.

　생기 있는 건물 형태를 만들기 위해서는 명당을 이루는 산의 형태를 기준으로 해야 한다. 즉 건물 평면은 명당을 이루는 산의 등고선을 적용하고, 지붕 형태 역시 산 형태를 적용하여 만든다. 평면과 지붕 형태는 집 기운을 이루는 가장 중요한 요소로서 이들의 형태에 따라 건물 내부의 분위기가 달라진다.

명당 건물에서는 건물 중심에 기운이 모여 중심 집중형 공간이 되며, 이 곳에 사는 사람들은 조화와 화합을 이룬다. 또 안정된 진동과 소리가 발생하여 사람의 마음을 평화롭게 하므로 육체적·정신적으로 건강하게 되며, 사랑하는 마음이 크고 단결력이 있게 된다.

1. 명당 주택의 평면

명당 주택이란 내부에 생기가 모이는 집을 말한다. 명당 주택의 평면은 생기 있는 산의 등고선에 비교할 수 있다. 등고선은 원형과 수직선형, 정사각형이 대부분인데, 명당형 등고선 형태는 정사각형이거나 건물 깊이에 대한 앞면 길이 비율이 1 : 2 미만의 직사각형이다.

반대로 건물 깊이에 대한 앞면 길이의 비율이 1 : 2 이상이거나 ㄱ자, ㄷ자인 평면은 흉가로 분류된다. 또한 원형이나 팔각형 평면의 공간에서는 비록 내부에 생기는 많이 모이지만, 칸막이가 있는 경우에는 사용상 불리한 점이 많아 일반적인 집 평면 형태로는 부적합하다.

2. 명당 주택의 지붕

이상적인 지붕 형태는 생기를 발생하고 한국의 산 형태 및 전통 사상과 조화를 이루는 것이어야 한다. 집에서 지붕은 가장 높은 곳에 위치하게 되어 외형상 사람의 얼굴처럼 중요한 부분일 뿐만 아니라, 땅의 기운과 하늘의 기운이 만나는 공간이며, 집 내부에서는 양의 기운이 모이는 공간이다. 따라서 지붕에서 발생되는 기운은 사람에게 전달되고, 사람은 그 영향을 받게 된다.

한국의 산 형태는 목산, 금산, 수산 형태가 대부분이며, 화산과 토산

▲ 북악산 전경

▲ 인왕산 전경

북악산 형태에 의한 지붕 형태

인왕산 형태에 의한 지붕 형태

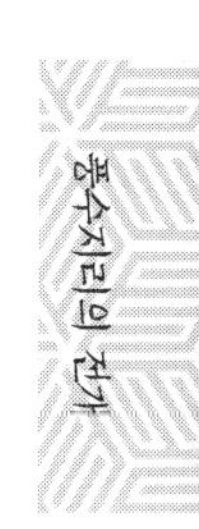

은 그리 많지 않다. 전통적인 기와 지붕은 수산에 속한다. 수산은 중심 부분이 낮고 왼쪽과 오른쪽으로 넓게 벌어져 있으므로, 중심 기운이 부족하여 다른 산 형태에 비해 기운이 아주 빈약하다.

생기 있는 산 형태로는 목산과 금산이 가장 이상적이다. 목산 중에서 생기가 많은 산으로는 북악산을 꼽을 수 있고, 금산 중에서 생기가 많은 산은 인왕산을 꼽을 수 있다. 북악산은 경복궁의 주산이며, 인왕산은 경복궁의 백호로 서쪽에 위치하고 있다. 이 두 산은 모두 주인격이면서 강체의 산이어서 강한 생기와 단결력을 갖고 있다. 이러한 북악산과 인왕산 형태를 본받은 지붕이 가장 이상적인 지붕이라고 할 수 있다.

북악산은 좌우 균형을 이루면서 중심 부분이 반듯하게 솟아 있어 마치 갓 피어나는 꽃봉오리와 같다. 또한 상부는 피라미드 같이 안정감을 이루면서 높이 솟아 있다. 이러한 산의 형태는 강력한 상승 기운을 나타낸다. 산의 경사면은 수평면으로부터 약 50도를 이루고 있으며, 전체적으로 곡선을 이루고 있어 직선보다 부드러우면서도 강한 탄력을 갖고 있다.

이러한 북악산 형태를 지붕에 적용하면, 지붕 면은 전체적으로 모임 지붕으로 하고 경사면 각도는 50도로 만들면 된다. 또 북악산 하부는 넓게 퍼져 있어서 산 정상부를 안정감 있게 받쳐 주는 형태를 이루고 있으므로, 지붕 하부는 상부를 넓게 받쳐 주는 받침 형태를 이루게 한다. 이런 형태의 지붕을 목산형 명당 지붕이라고 말한다.

인왕산은 전체적으로 큰 바가지 형태의 바위 덩어리로 이루어져 있는 대표적 금산이다. 인왕산은 강력한 기운을 갖고 있어서 예로부터 왕기를 갖고 있다고 전해지며, 이러한 왕기에 의해 조선 초 무학 대사는 인왕산을 주산으로 하여 경복궁을 배치할 것을 강력하게 주장하기도 했다.

인왕산 형태를 상부와 하부로 구분하여 분석하면 상부는 원형의 돔 구조에 해당된다. 돔 구조는 석굴암의 천장과 같은 형태이며, 궁궐이나 종교 건물 등에서 많이 사용된다. 인왕산 하부는 돔을 아래에서 받쳐 주는 형태다. 이러한 형태의 지붕을 금산형 명당 지붕이라고 말한다.

이렇게 볼 때, 명당 지붕은 초가 지붕과 기와 지붕을 결합한 형태이다. 즉 기와 지붕의 상부에 초가 지붕 형태를 올려 놓으면 인왕산이나 북악산 형태의 지붕 모양이 이루어지는 것이다. 초가 지붕과 기와 지붕이 결합한 형태의 지붕을 '초기 지붕'이라고 하는데, 이러한 초기 지붕의 특징은 S자 형태의 곡선을 이루고 있다는 점이다. 즉 지붕 상부는 초가와 같은 돔의 곡선으로 이루어져 있으며, 지붕 하부는 기와 지붕 곡선과 같이 처지는 곡선으로 이루어져 있다. 이러한 S자 곡선

은 갓 피어나는 꽃봉오리와 동일한 형태를 이루고 있어 강한 생기를
이룬다.

3. 표준 명당 주택 설계도

명당 주택은 명당형 평면과 명당형 지붕으로 이루어지는데, 이를 6
평 · 12평 · 18평 · 24평 · 30평 등으로 구분하면 아래와 같다. 집 안에서
방 배치는 대지 방위에 따라 다르게 되나 본 설계에서는 정남향을 기
준으로 했다.

가. 6평형

한 사람이 혼자 살기에 가장 적당한 면적을 6평이라고 할 때, 6평짜
리 단독 주택을 설계하면 그림과 같다.

평면은 정사각형(4.5m×4.5m)으로 하고, 현관 · 주방 · 화장실 · 보일
러실 등을 모두 한쪽에 배치한다. 주방 · 화장실 등의 천장 위에는 다
락방을 만들어 수납 공간으로 사용하도록 한다.

거실 평면은 一자형으로 하고, 천장은 다른 방보다 높게 해서 집의
생기가 이 곳으로 모이도록 한다. 거실 창문은 앞면에만 설치하고 다
른 벽에는 되도록 창문을 두지 않는다. 수납 공간 출입문은 거실 윗벽
에 설치한다. 보일러실에는 경유 또는 가스를 사용하는 보일러를 설치
해 난방과 취사에 이용한다. 보일러실 출입구는 밖으로 향하게 설치해
서 유독 가스가 실내에 들어오지 않도록 하고, 바닥은 다른 방보다 낮
게 해서 온수가 잘 순환되게 하는 한편, 보일러에서 발생하는 진동과
소음의 영향을 최소화한다. 화장실에는 수세식 변기 · 세면대 · 샤워
기 · 세탁기 등을 설치한다.

정면도 ①
정면도 ②
4500
방
4500
평면도
정면도 ③
6평형 주택 설계도

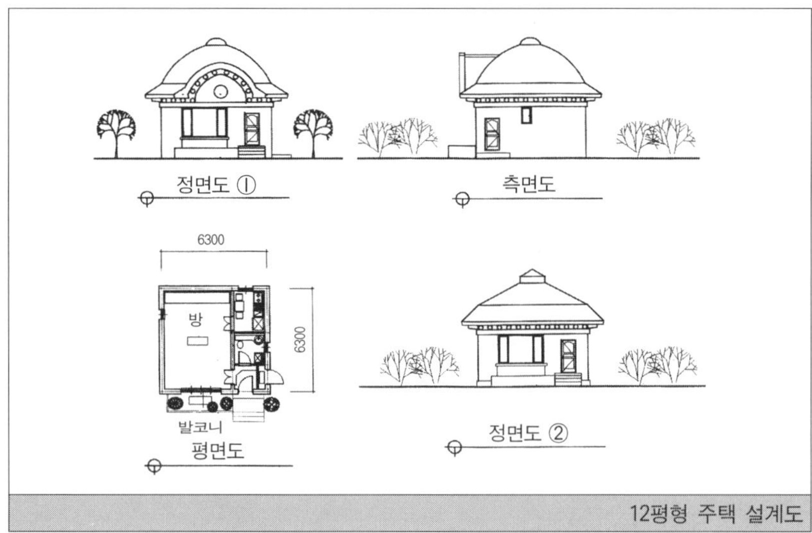

정면도 ①
측면도
6300
방
6300
발코니
평면도
정면도 ②
12평형 주택 설계도

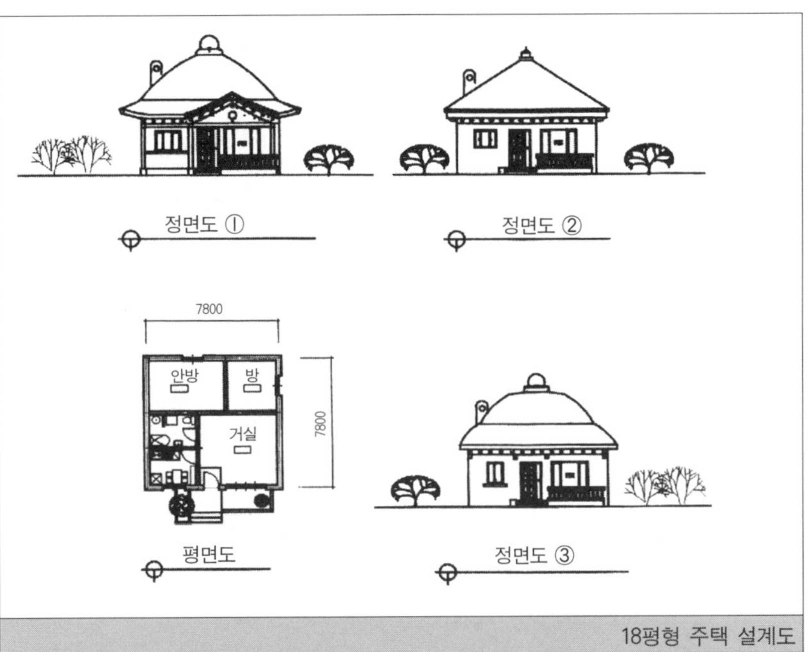

정면도 ①
정면도 ②
7800
안방
방
거실
7800
평면도
정면도 ③
18평형 주택 설계도

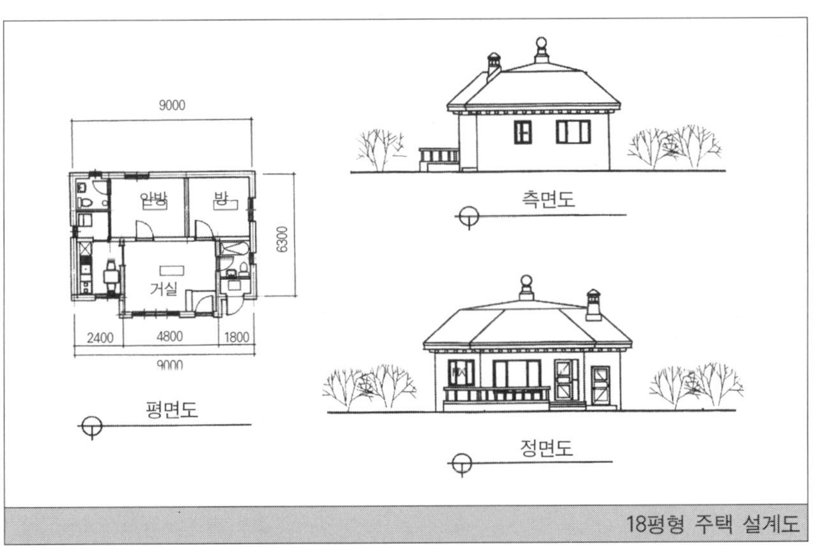

9000
안방
방
거실
6300
2400
4800
1800
9000
평면도
측면도
정면도
18평형 주택 설계도

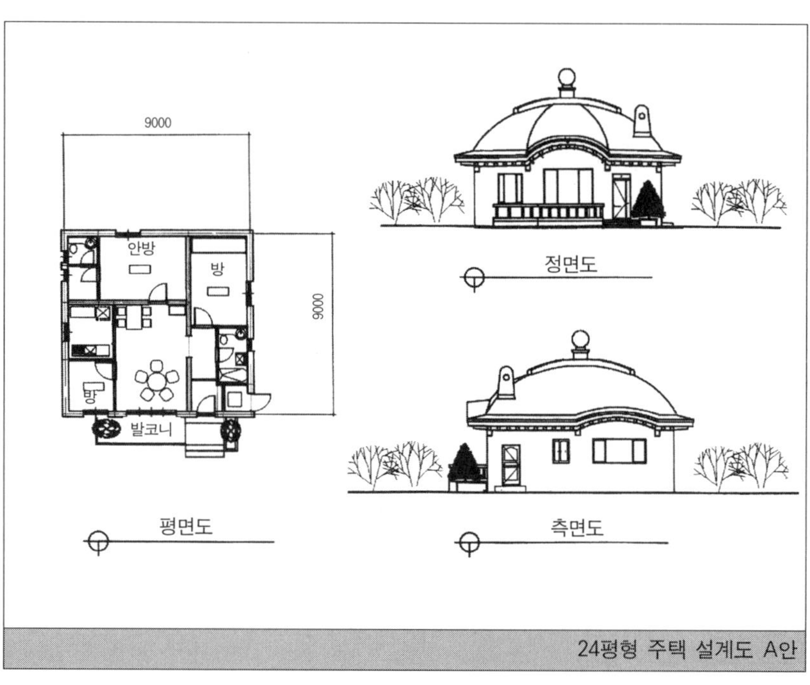

24평형 주택 설계도 A안

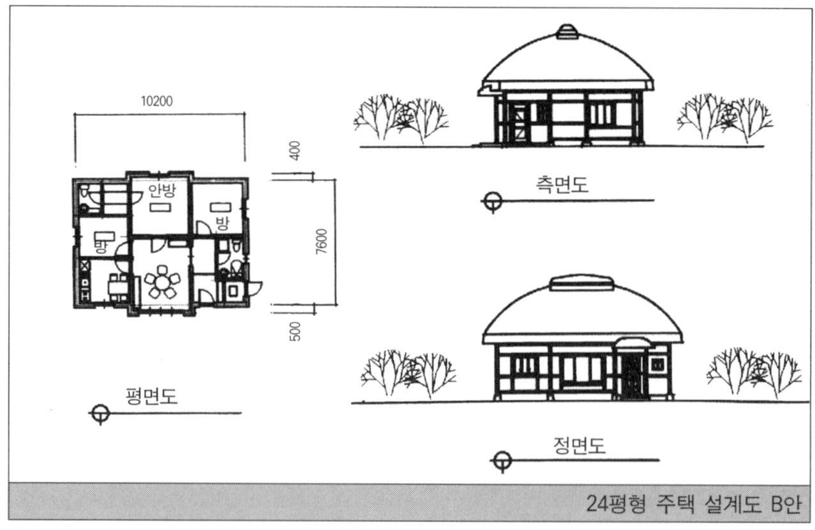

24평형 주택 설계도 B안

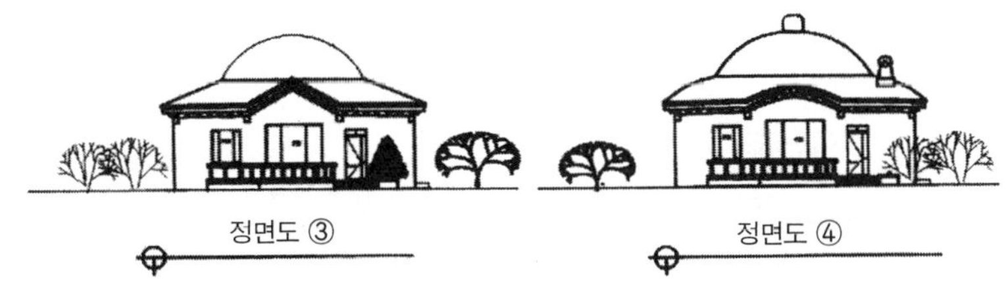

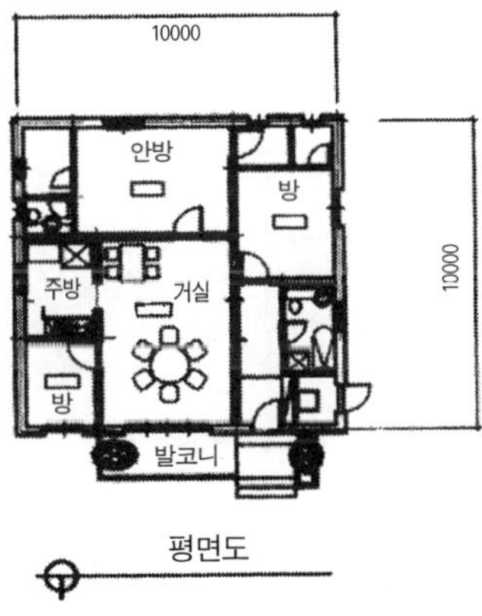

30평형 주택 설계도 A안

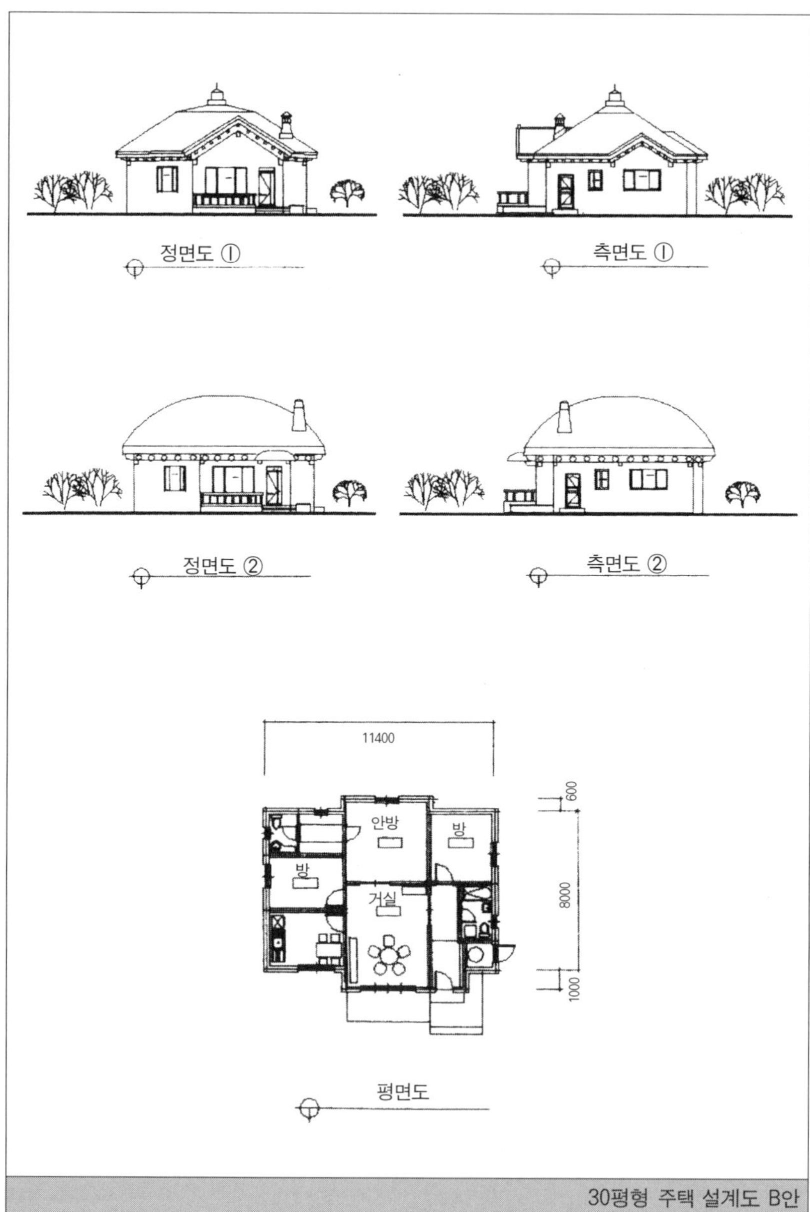
정면도 ①
측면도 ①
정면도 ②
측면도 ②
11400
600
8000
1000
안방
방
방
거실
평면도

현관은 마당과 출입문이 있는 앞면에 둔다. 정남향 건물에서는 남동쪽 대문이 가장 좋은 방위며, 출입문은 안으로 열게 한다. 현관 안쪽에는 신발장을 배치한다.

지붕은 돔 지붕이나 모임 지붕 또는 이 두 가지의 절충형이 바람직하다. 정사각형 평면 위에 명당 지붕을 만들어야 명당 주택이 된다.

나. 12평형

신혼 부부처럼 두 사람이 살기에 적당한 면적을 12평으로 보고, 12평형 단독 주택을 명당형으로 설계하면 그림과 같다.

다. 18평형

부부와 자녀 한 명으로 구성된 3인 가족이 살기에 가장 적합한 평형이다. 평면 형태는 정사각형과 철(凸)자형 두 가지가 있으며, 설계도는 다음과 같다.

정사각형 길이는 7.8m×7.8m로 한다. 凸자형 평면의 깊이는 6.3m이며 앞면 길이는 9.0m로, 깊이에 대한 길이의 비율이 1 : 1.4다. 비록 정사각형은 아니지만 비율이 1 : 2 미만으로 명당 형태를 이루고 있다.

집 앞면에는 거실이나 주방처럼 주로 낮에 활동하는 공간을 배치하고, 화장실은 그 사이 또는 앞면에 둔다. 집에서 가장 중요한 공간은 안방이므로, 안방은 집 중심 뒷면의 생기가 가장 많은 곳에 배치한다. 주방은 주부가 많은 시간 작업하는 공간이므로 거실과 가까우면서 밝은 쪽에 배치한다.

이제까지는 햇빛이 쪼이는 남쪽에 안방을 두고, 주방은 북쪽에 두는 것이 일반적이었다. 옛날에는 안방이 가족이 모두 모여 대화를 나누는 기능과 주부의 작업 공간 기능을 갖고 있었다. 그러나 요즘에는 가족이 모이는 공간이 거실로 바뀌었고, 주방은 단순히 식사를 준비하는 공간에서 주부의 공간으로 바뀌었다.

따라서 주부가 주방에 있는 동안에도 거실에 있는 사람과 대화를 나눌 수 있게 주방을 배치하는 것이 바람직하다. 주방을 앞면에 배치하게 되면 주방에서 마당을 내다볼 수 있고, 대문으로 출입하는 사람과도 쉽게 접할 수 있다는 장점이 있다.

라. 24평형

부부와 자녀 두 명으로 구성된 4인 가족이 살기에 적당하다. 24평 주택 설계도는 정사각형(9m×9m)과 중자형(7.6m×10.2m) 두 가지로 구분된다. 안방을 비롯해 방이 3개 있다.

마. 30평형

부부와 자녀 두 명이 살면서 약간 여유가 있는 면적이다. 30평형 주택 설계도는 그림과 같이 정사각형(10m×10m)과 중자형(8.0m×11.4m) 두 가지로 구분된다. 방은 안방을 비롯해서 3개다.

유명한 명당 주택들

1. 인촌 김성수 선생 생가

인촌 김성수 선생은 대한민국 초대 부통령을 역임한 정치가로서 재물과 덕망, 정치가로서의 능력을 모두 갖춘 사람이었으며, 그의 집안도 대대로 재물과 관직을 겸비한 것으로 유명하다.

인촌 선생이 태어나고 성장한 전라북도 고창군 부안면 인촌리와 줄포리 고택은 아직도 원형 그대로 보전되고 있는데, 두 곳 모두 명당으로 알려져 있다.

인촌의 선대가 살면서 만석군이 된 줄포리 집은 초가 지붕이면서도 그 형태가 매우 특이하다. 초가집은 지붕이 야트막한 게 보통인데, 이집은 기운차게 높이 솟아 있다. 이러한 형태는 금산의 강체 형태다.

인촌 생가가 있는 인촌리의 지세를 살펴보면 가지런히 뻗어 내린 청룡과 백호가 순룡에 해당되는데, 이러한 지세에서는 인자하고 평화로운 분위기가 이루어진다.

▲ 인촌 생가. 이곳에 들어서면 내부 공간에서 생긴 밝은 기운이 느껴진다.

　주봉은 노적봉 형태를 이루고 있는 매봉이며, 인촌 생가는 이 매봉에서 북쪽을 향해 내려온 능선 혈 위에 자리잡고 있는 한편, 멀리 북쪽에 있는 바다를 향해 배치되어 있어서 배산임수 원칙이 정확하게 적용되고 있다. 배산임수 원칙에 따라 배치된 집은 마당에 들어서면 내부 공간에서 생긴 밝은 기운이 느껴져, 북향집이라는 사실을 전혀 느끼지 못한다. 이 집이 대표적인 경우로, 북향집에 대문 역시 북향이다.

　집 배치를 음양으로 분석하면, 마당 중심에서 봤을 때 건물은 남쪽에 있으므로 음 기운을 갖게 되고, 대문은 북쪽에 있으므로 양 기운이 들어옴으로써 집 안에서는 음양 기운이 조화를 이뤄 생기를 발생한다.

　또 오행으로 분석하면, 건물은 남쪽으로 불에 해당되고 대문은 북쪽이어서 물에 해당되어 상극 관계를 이루지만, 집과 대문이 모두 동사택 방위로 일치하고 음양이 조화를 이루므로 전체적으로 좋은 방위다.

2. 윤보선 전 대통령의 안국동 집

서울 종로구 안국동 8번지는 고려 말 충신 정몽주 생가 터가 지척에 있는 등, 예로부터 양반들이 많이 모여 살던 곳이다. 특히 조선 시대 맹사성 대감 집이 있어 예전에는 맹현골로 불리던 곳이기도 하다. 또 주변에 구 경기 고등 학교(현 정독 도서관)·덕성 여자 중고등 학교·중앙 고등 학교·휘문 고등 학교·창덕 여자 중고등 학교 등이 즐비해서 수많은 인재를 배출한 교육의 중심 공간이기도 하다.

얼마 전까지도 윤보선 전 대통령을 비롯해 김상만 동아일보 회장, 김활란 전 이화 여자 대학교 총장, 박흥식 전 화신 백화점 사장 등 사회 각계 지도자들이 서로 이웃하며 살던 곳이다. 현재는 윤보선 전 대통령 유가족들만 이 곳에 살고 있다.

▲ 윤보선 전 대통령의 집. 서울시 민속 사료 제27호로 지정된 이 집은 전형적인 ㄱ자 기와 지붕이다.

서울시 민속 사료 제27호로 지정되어 있는 윤보선 전 대통령의 집은 대지 1411평, 건평 250평으로 안채·사랑채·별당채로 구분되어 있다. 이 집은 1800년쯤 당시 권력층에 있던 민(閔) 모 대감이 자기 집으로 축조했는데, 규모가 너무 커서 고종 황제의 눈총을 받았다고 한다. 그 뒤 개화론자인 박영효가 이 집에서 살다가, 윤보선 전 대통령의 선친 윤치소 씨가 매입해 살기 시작했다.

윤 전 대통령은 충청남도 아산군 둔포면 신항리의, 일명 새말이라는 곳에서 태어나 10세를 전후해 이 곳으로 이사온 후 대통령에 오르기까지 줄곧 이 집에서 살았고, 대통령직에서 물러난 뒤에도 이 곳으로 돌아와 살았다.

이 집은 북한산의 큰 힘을 받은 말봉우리가 서울 시내를 향해 뻗어 내려가는 생룡의 중심에 위치하고 있다. 강한 용은 강력한 추진력을 의미하며, 장룡은 오랜 발복을 나타낸다. 윤 전 대통령이 정치가로 성공할 수 있었던 것도 이 용의 생기에 힘입었다고 보여지며, 대통령직에서 물러난 뒤에 별 탈 없이 조용하게 지낸 것도 용의 강한 기운을 받았기 때문으로 풀이된다.

이 집 마당에 서면 백호인 북악산이 매우 가깝게 솟아 집을 훤히 내려다보고 있는데, 북악산은 맹현골의 전반적인 지세에서 주산인 동시에 백호 역할을 하고 있다. 북악산은 그 형태가 아름답게 피어나는 꽃봉오리와 같고, 강체의 목산으로 문필봉을 이루고 있다. 문필봉 기운은 선비의 지조와 중심 사상을 갖게 하고, 아름다운 인격을 만들어 준다.

3. 이재형 전 국회의장 생가

이재형 전 국회의장이 태어나고 자란 경기도 군포시 산본동 343번지 일대는, 신도시가 들어서기 전까지만 해도 산과 나지막한 언덕, 실개천 등으로 둘러싸인 전형적인 시골 풍경이었다. 이 전 국회의장 집안이 이 곳에 살기 시작한 것은 330여 년 전이며, 이 전 국회의장이 태어나고 자란 집은 선친인 이규응 옹이 직접 지었다고 한다.

이규응 옹은 이 집에서 5남 4녀를 모두 훌륭하게 키웠는데, 이재형 전 국회의장이 장남이고 2남 재준(전 대림산업 회장), 4남 재우(대림통산 회장), 5남 재연(전 금성사 사장) 등이다. 3남 철용 씨는 선대로부터 물려받은 땅에 농사를 지으며 살았다.

군포를 비롯해 안양·안산 등의 주산인 수리산 맥이 동남쪽으로 연결되어 태을봉을 이루고 다시 이 집에 연결된다. 수리산 태을봉은 모두 강체의 목산이며, 중심이 잘 잡힌 문필봉을 이루고 있다.

이 집의 안산인 노적봉은 집을 정면으로 바라보고 있다. 이처럼 노

적봉이 안산으로 있는 지역에서는 큰 재벌이 배출되는데, 이 집안에서 기업 대표가 여러 명 나올 수 있었던 것도 노적봉의 소응이 아닐까 생각된다.

이 집은 전형적인 시골 남향집으로 안채 12평, 사랑채 13평 등 모두 25평으로 되어 있는데, 농사에 필요한 창고 등의 면적을 제외하면 그나마 집 면적은 더욱더 줄어든다. 이렇게 좁은 공간에서 9남매가 모두 훌륭하게 자라 큰 성공을 거두었다는 것은 넓게 살고자 하는 사람들에게 집의 적정 면적에 대해 다시 한 번 생각하게 한다.

4. 호암 이병철 생가

호암 이병철 선생이 태어나고 성장한 경상남도 의령군 정곡면 중교리 마을은 노적봉을 주산으로 해서, 남쪽으로 뻗어 내려온 강한 능선의 마지막 평탄한 부분에 자리잡고 있다. 이 마을을 '담안 마을'이라고도 하는데, 지명에서도 알 수 있듯이 주변 산들이 마치 담을 둘러친 것과 같은 형태를 이루고 있다. 이 산들은 모두 노적봉 형태를 띠고 있다.

호암 생가는 노적봉에서 내려온 내청룡 끝 부분에 자리잡고 있는데, 주산에서 장룡을 이루고 내려온 청룡은 이 집의 주룡이 되는 한편 집 왼쪽 울타리와 같은 형태를 이룬다. 용의 길이는 발복 기간을 나타내므로 장룡에서는 발복 기간도 장기간이 된다. 호암 집안이 대를 이어 재벌이 된 것은 이러한 장룡 기운 때문인 것으로 해석된다.

또 청룡이 수구를 막고 있는 지세라서 생기를 이룰 뿐만 아니라, 10리 밖에서 흐르는 남강은 호암 생가가 있는 쪽으로 역수를 이뤄 생기

▲ 호암 이병철 생가. 주룡의 맥과 건물 방위를 일치시키는 배산임수 원칙을 따라 남서향으로 배치되어 있다.

가 더욱 강하게 발생한다.

호암 생가는 남서향의 평탄한 대지 위에 자리잡고 있다. 전형적인 한옥으로 一자형 평면 형태며, 남서향으로 배치되어 있다. 이런 대지에서는 배치를 정남향으로 하기 쉬운데, 호암 생가는 주룡 맥과 건물 방위를 일치시키는 배산임수 원칙을 정확하게 따르고 있다.

5. 선교장

강원도 강릉시에 있는 선교장(船橋莊)은 한국 전통 민가 건물일 뿐만 아니라 대표적인 명당으로서 큰 의미를 지닌다. 흔히 '10년 가는 권력 없고 3대 가는 부자 없다'고들 하는데, 선교장은 이 말을 무색케 한다. 무려 9대에 걸쳐 만석꾼 집안으로 전해 내려오는가 하면 강릉 시장, 고려대·관동대·건국대 등 학계 교수와 출판사 열화당 대표 등 훌륭한 인물들을 많이 배출했기 때문이다.

선교장에서 처음 만석꾼을 이룬 사람은 지금부터 9대 위인 이내번(李乃燔) 씨다. 원래 충주에서 살던 이씨 집안이 강릉으로 와서 처음 자리를 잡은 곳은 경포대 바로 옆이었다. 조금씩 가산이 늘어나자 좀 더 넓은 터를 찾아 나섰는데, 집 주변에 족제비들이 나타나기 시작했다. 족제비 수는 계속 늘어나 어느 날 한 떼를 이뤄 서서히 서북쪽으로 이동했다.

이 광경을 신기하게 여긴 이 씨는 족제비 떼를 따라갔는데, 1km쯤 가서 울창한 송림에 이르자 그 많던 족제비들이 모두 흩어져 보이지 않았다. 이 씨는 멍하니 그 곳에 서 있다가 정신을 가다듬고 주변 지세를 살펴보고는, 이 곳이야말로 하늘이 자신에게 내려 준 명당이라고 생각하고 집터로 정했다. 이 곳으로 옮긴 뒤 해마다 풍작을 거두었는

▲ 선교장 전경. 내부 마당이 정사각형인 ㅁ자 구조로, 안에서 발생하는 생기가 가득하다.
중요 민속 자료 5호(사진은 열화당에서 펴낸 『강릉 선교장』에서 발췌).

데, 수확한 벼를 쌓아 놓으면 커다란 산만할 정도였다. 그 뒤 그는 강
릉 일대는 물론 다른 지역에까지 이르는 넓은 땅을 소유하게 되었다.
그리하여 주문진 이북에서 생산되는 농산물은 주문진에, 묵호 이남에
서 생산되는 농산물은 묵호에 창고를 두고 따로 관리할 정도로 큰 부
자가 되었다.

이 씨는 이 곳에 이사하도록 집터를 알려 준 족제비에게 감사하며
해마다 족제비 먹이를 뒷산에 갖다 놓았는데, 이 풍습은 지금까지 전
해지고 있다.

선교장 지세는 대부분 명당이 그렇듯 야트막한 산이 감싸고 있는
데, 대관령에서 뻗어 내린 생룡이 시루봉을 지나 경포대 앞까지 내려
와 이 곳에서 혈을 이루고 있다. 선교장 마당에서 보면 야트막한 산이

사면을 병풍처럼 둘러싸고 있어 매우 아늑하게 느껴지는데, 그 아늑함은 정도를 지나쳐 답답해 보일 정도다. 이처럼 주산·청룡·백호가 매우 가깝게 감싸고 있는 명당은 금시발복하는 특징이 있다. 이 곳으로 이사하자마자 재산이 크게 늘어난 것도 이러한 지세의 효과를 본 것이다.

선교장 앞면에는 경포대가 매우 가깝게 자리잡고 있지만 청룡과 백호에 가려서 잘 보이지 않고, 강릉 앞바다는 더욱더 보이지 않는다. 이것은 재산이 모이는 명당에서는 바다나 강물 같은 큰 물이 직접 보이지 않는다는 사실을 확인시켜 준다.

선교장은 안채·행랑채 등 모두 99칸으로 전형적인 조선 시대 민가 형태를 이루고 있으며, 내부 마당이 정사각형이다.

6. 이화장

서울 종로구 이화동 이화장(李花莊)은 이승만 대통령이 살던 곳이며, 이전에는 인평 대군이 살았었다. 이승만 대통령이 이 곳에서 살기 시작한 것은 1946년 1월부터 1948년 8월 경무대로 옮기기 전까지 2년 7개월과, 1960년 4월 대통령직에서 물러난 뒤 하와이로 망명하기 직전 1개월 동안이다.

대지 1820평의 이화장 본 건물은 ㄷ자 형태 한옥이며, 부속 건물은 5평 남짓한 조각당(대한민국 초대 각료들을 선정한 곳)과 유족들이 생활하는 건물 등 모두 세 건물로 이루어져 있다. 현재 전시관으로 쓰이고 있는 본채는 70여 평으로 이 대통령 내외가 쓰던 침실·거실·서재·응접실 등 여섯 개의 방과 주방·화장실로 구성되어 있다.

이화장은 낙산의 주봉에서 서쪽으로 뻗어 내린 용 위에 자리잡고 있

▲ 이화장 전경

다. 낙산은 산세가 힘차고 단정하며, 서울의 명당수인 청계천이 역수가 되어 생기를 이룬다.

이화장에서는 서울 시내가 한눈에 내려다보인다. 이 곳은 서울 남산이 청룡, 북악산이 백호, 인왕산이 안산으로서 사신사가 고루 갖추어진 지세를 이루고 있다. 가장 중요한 역할을 하는 산은 문필봉 형태를 이루고 있는 북악산인데, 북악산은 백호면서 안산과 같은 역할을 하며 이화장을 향해 마주 보고 있어 명당을 이룬다.

이화장 평면은 터만큼 명당 구조를 이루지 못한다. 이화장은 남쪽을 향해 ㄷ자 형태를 이루고 있다. 이러한 ㄷ자 평면 형태는 중심력이 부족하다. 집은 중심에 강한 공간이 있어야 생기가 발생하는데, 지붕도 생기가 부족한 형태다. 특히 낙산의 용이 서쪽으로 내려오는 지세로 보면 서향으로 배치하는 것이 배산임수 원칙에 합당한데도 남향으로 배치해서 생기를 저해하고 있다.

결과적으로 지세는 명당이지만, 건물 형태나 배치 방법은 부족함이 많다. 따라서 이승만 대통령이 이 곳에서 거주하는 동안 재물이 모이지 않아 경제적으로 어려운 생활을 하고, 혈육을 보지 못하고, 말년을 외국에서 어렵게 보낸 데에는 풍수가 적잖은 역할을 한 것으로 보인다.

7. 경교장과 이기붕의 집

김구 선생이 살았고, 결국 암살당한 경교장(종로구 평동 108번지)은 서울 광화문 사거리에서 서대문 사거리로 통하는 야트막한 언덕의 큰 길 중간 오른쪽에 위치하고 있다. 이 곳은 인왕산 줄기 위에 자리잡고 있는데, 인왕산은 서울의 백호로서 서울을 서쪽에서 감싸고 있다. 그러나 경교장은 용 중심선 밖에 위치하고 있어, 엄밀히 말하면 백호 뒷면에 자리잡고 있는 셈이다. 풍수로 보아 능선 안쪽은 산 앞면으로 생기가 모이고, 백호의 좋은 기운을 받는다. 그러나 백호 뒷면은 생기를 전혀 받을 수 없다. 경교장에서 역사적으로 불행한 사건이 일어난 것은 용 밖에 위치하고 있기 때문인 것으로 풀이된다.

이승만 대통령 시절, 부통령을 지낸 이기붕이 살던 집은 김구 선생이 살해당한 경교장 바로 오른쪽에 있다. 자유당 정권 말기에 부정 선거 책임자로 여론의 화살을 받았던 그는 결국 자기 아들인 이강석 손에 죽고 말았다. 그 집은 철거되고 4·19도서관이 건립되었다.

이 집은 경교장 서쪽 담 바로 옆에 있어서 인왕산 능선을 완전히 벗어난 백호 뒷면에 자리잡고 있었다. 백호 앞면은 명당이지만, 백호 뒷면은 흉지다.

8. 다산 정약용 생가

다산 정약용 선생은 한강의 큰 줄기가 잔잔하게 흘러나가는 작은 마을에서 태어났다. 행정 구역상 경기도 와부면 능내리에 속하는 다산 선생 생가 일대에는 선생이 생전에 터를 잡았다는 자신의 묘소를 비롯해, 만년에 독서와 저술을 하는 공간으로 사용했던 사랑채가 복원돼 있다.

다산은 1762년 6월 16일에 태어났다. 본관은 압해(나주의 옛 이름)고, 호는 다산, 사암 등이며 세례명은 요한이다. 원래 8대에 걸쳐 높은 벼슬을 지낸 양반 집안이었으나, 그의 고조대부터는 모든 관직을 멀리하고 오직 생업과 학문만을 탐구하며 선비 정신으로 가문을 이어 왔다.

다산 선생이 태어난 건물은 현재 옛 터에 남아 있지 않고, 그가 살던 집터에는 다른 사람이 살고 있다. 지금 있는 생가는 옛 형태를 옮

▲ 다산 정약용 생가. 다산의 생가 터에는 다른 사람이 살고 있고, 이 집은 이전해서 복원한 것이다.

겨 복원한 것이다. 하지만 생가 터의 지세는 예전과 변함없다.

다산 생가는 한강에 매우 가깝게 자리잡고 있는 것이 특징이다. 이곳은 주산인 천마산 한 줄기가 남쪽으로 내려와 한강의 큰 물 줄기 앞 능내리에서 멈추면서 이룬 혈이다.

큰 강물이 가까이 있는 지세에서는 혈이 생기지 못한다. 큰 강물은 강한 음 기운을 갖고 있어 양 기운을 소멸시키기 때문이다.

또 강물이 있는 지역에서는 수구의 크기가 중요한데, 수구가 좁아야 혈이 이루어질 수 있다. 수구가 좁으려면 청룡이나 백호가 역수해야 한다. 이 곳 지세에서는 다행히 백호가 역수를 하고 있어 넓은 한강 기운을 부분적이나마 모아 주고 있다. 따라서 다산 생가의 지세는 백호에 의해 만들어졌다.

오행에서 물과 불은 반대 성질을 갖고 있다. 오상(五常)으로 물은 지식이며, 불은 예절을 나타낸다. 예절이 지나치면 허례가 되는데, 다산 철학의 특징은 그 당시 사회에 만연된 허례와 허식을 타파하고 실질적·현실적인 생산을 원칙으로 하는 실용주의에 있다. 이러한 실용주의 철학은 물에서 나온 것이라고 할 수 있다.

『주역』에서 물은 험한 기운을 나타낸다. 다산은 어린 시절 어머니를 여의고, 결혼한 뒤에는 여러 자식을 잃었으며, 형제 가운데 천주교도로 처형된 자도 있었다. 다산 자신도 오랜 유배 생활을 겪어야 했다. 이러한 험난한 인생이 생가 앞에 흐르는 큰 물과 무관하지 않은 것으로 풀이된다.

9 세계적 명당 서울의 건축물들

1. 경복궁

혁명으로 조선을 건국한 태조 이성계는 1392년 7월 17일, 그의 나이 58세 때 개성 수창궁(壽昌宮)에서 왕위에 올랐다. 태조는 민심을 수습하고 새로운 국가 기틀을 공고히 하기 위해 과거 세력들이 남아 있는 개성을 피해 새로운 도읍지를 찾아가게 된다.

태조가 처음에 새 도읍지로 정한 곳은 계룡산 아래였다. 그러나 풍수지리로 볼 때 적당하지 않다는 의견에 따라 주춧돌만 남긴 채 취소되었고, 무학 대사의 조언을 받아들여 한양, 곧 서울이 새로운 도읍지로 결정됐다.

한양을 도읍지로 정한 뒤 궁궐 터를 정할 때도 의견이 분분했다. 마지막까지 논의된 것은 무학 대사와 정도전의 안이었다. 무학 대사는 한양 지세로 보아 인왕산을 주산으로 해서 동향으로 지을 것을 주장했고, 정도전은 북악산을 주산으로 남향으로 배치해야 한다고 했다.

태조는 이 두 안을 놓고 고민한 끝에 정도전의 주장에 따라 경복궁(景福宮)을 지었다. 그러자 무학 대사는 국가의 존망이 200년 안으로 위태롭게 될 것이라고 깊이 안타까워하며 왕사 자리를 마다하고 산으로 들어갔다.

경복궁은 태조 3년(1394) 12월 3일 개기제(開基祭)를 지낸 뒤 공사를 시작해 이듬해인 태조 4년(1395) 9월 25일 준공되었다. 그러나 4년 뒤 왕자들 사이에 골육상잔이 일어나자, 한양이 불길하다고 생각한 정종은 수도를 다시 개성으로 옮겼다. 하지만 그 곳에서도 궁궐에 화재가 발생하고 민심이 흉흉해지는 등 정치적·사회적으로 불안한 기간이 계속되었다. 그러자 수도를 다시 한양으로 옮겨야 한다는 의견이 일었다.

이 때 개성에 그대로 있어야 한다는 주장과, 한양으로 옮기되 모악산 아래로 이전해야 한다는 주장, 본래 태조 이성계가 자리잡았던 경복궁으로 옮겨야 한다는 주장 등 여러 의견이 분분했다.

태종은 중신들을 모아 토론에 토론을 거듭했지만, 뚜렷한 결론을 얻을 수 없자 마지막으로 점괘에 의존했다. 결국 한양은 이길일흉(二吉一凶)이며, 개성과 모악산은 일길이흉(一吉二凶)으로 한양이 가장 유리하다는 점괘가 나왔고, 이 점괘에 의해 태종 5년(1405)에 수도를 서울 경복궁으로 옮겨 조선 시대를 열어 나갔다.

경복궁은 북악산을 중심으로 완만하게 내려온 평탄한 용의 중심맥 위에 임좌병향(壬座丙向)으로 자리잡고 있다. 태조는 경복궁 위치를 결정한 뒤 동쪽에는 종묘(宗廟)를 설치하고 서쪽에는 사직단(社稷壇)을 배치함으로써 전래의 좌묘우사(左廟右社) 배치 양식을 그대로 따랐다. 또 경복궁 남쪽에는 하늘에 제사 지내는 공간인 원구단(圓丘壇)을 만들었다.

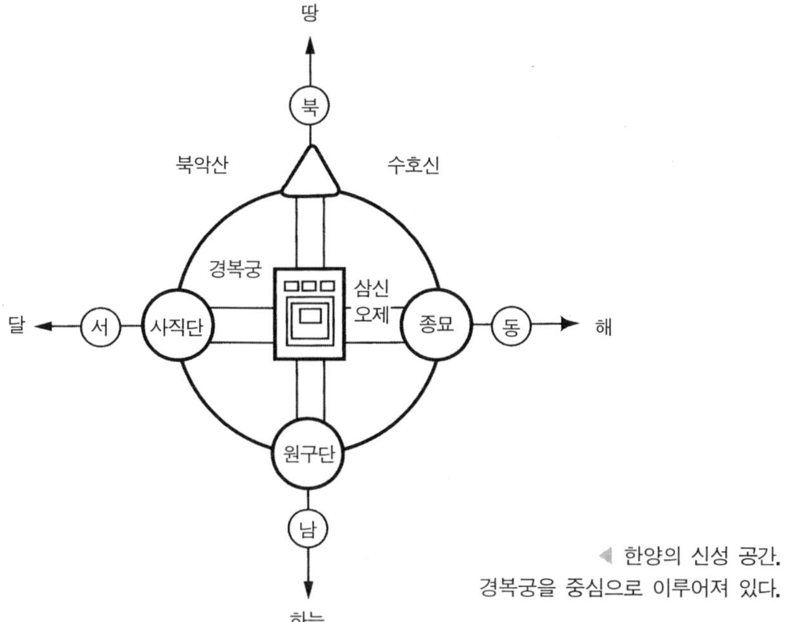

◀ 한양의 신성 공간.
경복궁을 중심으로 이루어져 있다.

이처럼 한양은 경복궁을 중심으로 북쪽에 북악산, 동쪽에 종묘, 서쪽에 사직단, 남쪽에 원구단이 사방 배치를 이루고 있어 평면상으로 경복궁이 십자의 중심에 위치하고 있다. 이들 여러 공간은 모두 왕이 신에게 직접 제사를 지내는 공간이라는 공통점을 갖고 있다. 신에게 제사를 지내는 것은 신성한 일이며, 이런 행사가 이루어지는 공간 역시 신성한 공간이다. 더욱이 왕이 나라를 대표해서 제사를 지내는 곳이므로 가장 신성한 공간이다.

따라서 경복궁을 중심으로 북악산과 원구단을 연결하는 종축과, 종묘와 사직을 연결하는 횡축에 포함된 원형 내부 공간은 조선 왕조에 의해 이루어진 신성 공간이다. 이 공간에서 한양과 조선 왕조를 수호하는 가장 신성한 공간은 북악산이다. 북악산은 한양을 수호하는 진산으로서 가장 상부에 위치하고 있어서, 나라에 어려운 일이 일어나면 이 산에 올라가 기도했다.

가. 경회루

경회루(慶會樓)는 경복궁 안에서도 가장 운치 있는 공간일 뿐만 아니라 건물 규모 면에서도 경복궁 정전(正殿)인 근정전을 제외하고는 가장 큰 규모로서, 경복궁을 대표하는 건물로 손꼽힌다. 경복궁은 1412년 건축된 이래 몇 차례 수리와 증축을 거쳐 오늘에 이르고 있는데, 외국 사신들 접대 장소 외에 과거 시험장, 활 쏘는 장소, 집현관 강의 장소 등으로 이용되었다.

경회루는 네모 반듯한 연못에 섬을 세 개 만들고 다시 그 섬 위에 높이 누(樓)를 올린 독특한 공간 형태를 이루고 있다. 이러한 형태는 고유한 철학을 바탕으로 하고 있다.

먼저 사각형 연못 안에 있는 세 섬은 한국 전통 사상인 삼신 사상을 근원으로 하고 있다. 한국 전통 건축에서 삼신 사상이 나타난 첫 건물은 강화도 마니산 참성단이다. 삼신 사상에서는 봉래산·영주산·방장산 등 신선이 살고 있는 세 산을 '삼신산'이라고 한다.

경회루 연못의 세 섬은 곧 삼신산을 상징한다. 삼신 사상은 일본에도 전해져 연못이나 정원에 돌을 세 개 세워 놓고 삼신산이라고 한다.

또 경회루는 섬에 세워져 있어 그 곳으로 가려면 다리를 건너야 하는데, 이 다리 또한 세 개로 되어 있다. 세 명의 신〔三神〕 경회루에 오르기 위해서는 다리가 세 개 필요하다고 보았기 때문이다. 강화도 마니산 참성단도 출입구가 세 개인데, 이 또한 삼신이 각각 출입하기 위한 것이다.

경회루 평면 형태는 정면 일곱 칸, 측면 다섯 칸으로 모두 서른다섯

칸으로 이루어져 있다. 이런 평면에서 가장 중심에 있는 공간은 세 칸이며, 세 칸의 전후좌우에 각각 삼중의 기둥을 두었다. 이 세 공간 역시 삼신을 상징한다.

일부 문헌에는 경회루의 삼신 사상을 천지인(天地人)의 삼재(三才) 사상으로 기록하고 있는데, 이는 삼신 사상을 정책적으로 나타낼 수 없었기 때문이다. 여기서 삼신은 곧 하느님을 의미한다.

경회루는 1층이 돌기둥으로만 구성되어 있고, 기둥 상부에 목조 기둥과 마루를 올린 구조다. 돌기둥 평면 배치 역시 앞면은 일곱 칸이며, 측면은 다섯 칸이다. 가장 바깥에 있는 24개 돌기둥은 사각형인 데 반해, 안쪽에 있는 24개 돌기둥은 원형이다. 이처럼 같은 층에 있는 기둥을 안팎으로 구분해서 서로 다른 형태로 만든 것은 한국의 독특한 신선 사상에서 비롯된 것이다.

천원지방(天圓地方), 곧 '하늘은 둥글고 땅은 네모나다' 라는 말처럼 사각형 기둥 공간은 인간의 공간이며, 원형 기둥 공간은 신의 공간을 의미한다. 따라서 경회루의 공간 형태 변화는 인간 세상에서 신의 세상으로 들어오는 과정을 나타낸다.

2000년 전에 세워진 고인돌 위에는 평평한 돌이 얹혀져 있는데, 왕처럼 신분이 높은 사람이 죽을 때가 되면 이 덮개돌에 모셔져 주변 사람들의 보호를 받으며 죽음에 이르렀다. 그들은 하늘과 가까운 곳에서 죽으면 영혼이 쉽게 하늘 나라로 올라간다고 생각했던 것이다.

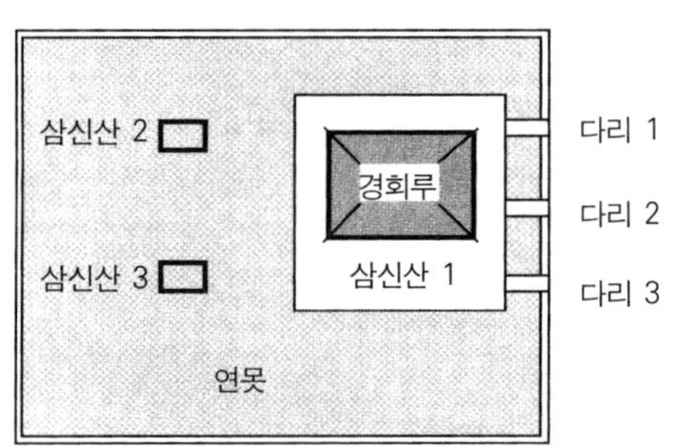

경회루 배치도

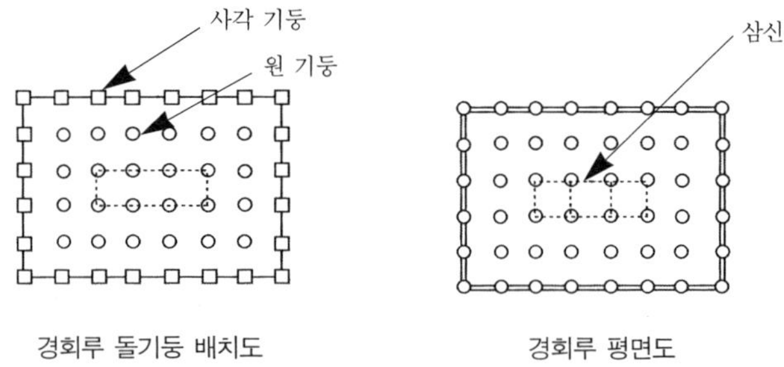

경회루 돌기둥 배치도

경회루 평면도

▲ 경회루 배치도와 평면도

경회루의 높은 돌기둥 구조 역시 살아 있는 사람이 신선 또는 하느님과 쉽게 만나기 위해 세운 것으로 분석된다.

경복궁 근정전이 정치를 집행하기 위한 공간이라면 경회루는 인간의 간절한 희망을 성취시켜 주는 공간으로 환희의 공간이다. 경회루에서 풍악을 울리며 연회를 즐기는 동안 인간은 현실 세계를 떠나 신선 세계에 들어갈 수 있다. 신의 공간에 도달하려는 목적은 삼신의 공간에서 하느님 뜻을 바르게 받아 인간 세상에 고루 펴 홍익 세상을 만드는데 있었으며, 이것은 곧 단군의 개국 사상과 일맥상통한다.

한양에서 가장 중요한 공간을 삼신 사상을 상징하는 형태로 만든 이유는, 한양이 하느님을 숭배하는 공간이며 한양을 하늘의 뜻을 이어받는 지상의 천국으로 만들겠다는 건국 의지를 나타내려 했기 때문일 것이다. 다만 이러한 사실을 표면적으로 남기지 못한 것은 하늘을 직접 섬기지 못하도록 하면서 큰 나라 구실을 한 중국의 영향이 아니었을까 생각된다.

나. 근정전

근정전(勤政殿)은 왕이 신하들에게 조하(朝賀)를 받고 국왕 즉위식이나 공식 대례(大禮)를 행사하는 정전으로서, 경복궁을 대표하는 가장 큰 건물이다. 근정전 평면 구조는 정면 다섯 칸, 측면 다섯 칸이고, 지붕은 중층으로 기단 위에 세워져 있다. 기단은 2층으로 각 방위에는 12지(支) 석상이 조각되어 있다.

근정전 정면에는 신하를 직책에 따라 배열하는 널찍한 마당인 명당이 있으며, 근정전과 명당 주변 사면에는 회랑이 둘러싸고 있다. 이 회랑은 안과 밖을 차단함으로써 근정전 안을 근엄하고 신성한 분위기로 만들어 주고 있다.

▲ 근정전과 북악산

이렇듯 근정전을 중심에 두고 사면이 회랑으로 둘러싸여 있는 공간 배치는 한국 고대부터 내려온 전통 건축 양식으로, 하느님을 숭배하는 삼신 오제 사상에 근거한다. 사면에 있는 회랑은 동서남북의 수호신, 곧 청룡·백호·주작·현무를 말하며, 이 사면 건물은 근정전까지 포함해 다섯 방위를 이루게 된다. 중앙 근정전에 앉아 있는 왕은 사면을 지키는 신들의 호위를 받으며 하늘의 뜻을 모든 백성들에게 펼친다는 의미를 갖고 있다. 그러므로 근정전의 공간 형태는 삼신 오제 가운데 오제 사상을 상징적으로 나타내고 있다.

한편 근정전 바로 뒤에 있는 사정전(思政殿)·만춘전(萬春殿)·천추전(千秋殿)은 삼신을 상징한다. 이 중 사정전은 근정전과 같은 중심 축 위에 있고, 다른 두 건물은 근정전을 향하고 있다. 삼신의 상징적인 공간 형태는 천일·지일·태일로 구분한다. 중심에 있는 건물이 태일이 되고, 동쪽에 있는 건물은 천일, 서쪽에 있는 건물은 지일이 된다.

따라서 중심에 있는 사정전은 태일에 속하고, 만춘전은 동쪽의 양에 해당되어 천일을 의미하며, 천추전은 서쪽의 음에 해당되는 지일을 의미해서 삼신당이 된다.

2. 종묘

종묘(宗廟)는 경복궁에서 동쪽으로 1.2km 떨어진 곳에 위치하고 있으며, 왕가의 신위를 봉안한 곳이다. 왕은 국가의 중요한 일을 결정할 때마다 종묘에 먼저 보고했고, 신하들과 의결한 뒤 시행했다. 이처럼 국가적으로 매우 중요한 공간인 종묘가 우리 나라에 처음 나타난 것은 삼국 시대인 것으로 알려졌다.

기록에 따르면 신라는 남해왕 3년(6)에 시조묘(始祖廟)를 세운 것으로 되어 있고, 고구려는 대무신왕 3년(20)에 시조동명왕묘(始祖東明王廟)를, 백제는 온조왕 원년(기원전 18)에 동명왕묘(東明王廟)를 세웠다.

조선 태조는 경복궁이 완성되기 전에 친히 답사한 뒤 종묘 터를 잡았고, 1394년 공사를 시작해 이듬해 9월 완공될 때까지 공사 현장에 자주 나가 독려하는 등 큰 관심을 보였다. 종묘가 왕이나 국가에 상당히 중요한 건물이기 때문이었다.

종묘가 완공되자 태조는 개성에 있던 자신의 고조·증조·조부·아버지 등 4대 신위를 옮겨 와서 봉안했으며, 이후 태조부터 27대 순조에 이르기까지 역대 왕과 왕비 신위가 이 곳에 봉안되었다. 선조 25년 왜군이 침입해서 왕이 피난길에 올랐을 때도 종묘의 신위는 개성을 거쳐 평양까지 함께 했다.

3. 사직단

사직단(社稷壇)은 경복궁에서 서쪽으로 0.9km 떨어진 인왕산 능선 위에 자리잡고 있다. 인왕산이 경복궁의 백호이므로 백호 자락에 자리잡고 있는 셈이다.

사직단은 사단(社壇)과 직단(稷壇) 두 단을 합쳐 부르는 것으로, 사단은 국토의 신을 모시는 단을 말하고 직단은 오곡의 대표를 모시는 단을 말한다. 사단은 동쪽에 있고, 직단은 서쪽에 있다.

사람은 나라가 평안하고 곡식이 풍성해야 살아갈 수 있다. 그러므로 땅의 신과 곡식의 신은 사람이 생활하는 데 있어서 가장 중요한 부분이다. 그래서 왕은 모든 국민을 대표해 이 곳에 와서 국토의 신과 곡식의 신에게 직접 제사를 올린 것이다. 이러한 의식은 일찍이 삼국 시대부터 시작되었다.

4. 원구단

원구단(圓丘壇)은 왕이 하느님에게 직접 제사 지내는 제천 공간으로서 태종 11년(1411)에 축설했으며, 경복궁 남쪽 1.4km 지점에 위치해 있었다. 그러나 1914년 일본이 이 곳에 조선 호텔을 세우는 바람에 철거되고 말았다. 다만 원구단에서 제사를 지낼 때 사용하던 신위판(神位版)을 봉안하던 황궁우(皇穹宇)만 남아 있는데, 이것이 지금의 조선 호텔 옆에 있는 3층짜리 팔각정 건물이다.

1897년 고종이 대한 제국 황제에 즉위하기 앞서 하늘에 제사를 올린 곳도 이 곳이다. 이와 같이 국왕 즉위식이나 제천 행사 등을 치른 만큼 실제로는 원구단이 종묘나 사직단보다 더 차원 높은 공간이었다.

왕이 하늘에 제사 지내는 것을 원구제(圓丘祭)라고 하는데, 원구제의 역사는 단군 이래 몇천 년을 이어 내려온 민족의 전통이었다.

기록에 따르면 고려 성종 2년에도 하느님과 오제(五帝), 곧 청제·적제·황제·백제·흑제를 모두 함께 모시는 원구단을 세웠던 것으로 전해진다.

세조는 세조 3년(1457)에 정월 15일을 제천일로 정하고, 의복을 갖추고 원구단에 올라가 하늘에 제사를 지냈다고 한다.

그러다가 세조 10년(1464) 이후에는 원구제를 지내지 못한 것으로 전해지는데, 아마도 외부 압력 때문인 것으로 풀이된다.

실제 기록에 따르면 고려 우왕 11년(1385), 명나라에서 온 사신은 한국 전래의 하느님 숭배 사상에 대해 "중국의 천자는 하느님을 직접 모실 수 있으나, 그보다 신분이 낮은 제후국 왕은 하느님을 직접 모실 수 없고, 다만 하느님보다 신분이 낮은 산천에나 기도해야 한다"고 위협한 것으로 전해진다. 또 일제 시대에는 한국 고유 신앙이 강압적으로 말살됐고, 오직 일본의 신사(神社)만을 유일한 종교로 받들 수 있었다. 그리고 이후에는 서구의 신앙이 들어왔고, 하느님을 숭배하는 사상은 차츰 약화되고 말았다.

오늘날 원구단 자리의 초라한 팔각정 건물은 마치 잃어버린 독립 국가의 혼과 같아 국가의 앞날을 더욱 불안하게 만든다.

5. 사대문

태조 이성계는 한양을 외적의 침입으로부터 보호하기 쉽도록 주위에 성벽을 높게 쌓았다. 성벽 중간에는 사람과 물자가 통행하도록 대문을 여덟 개의 설치했다. 각 대문 정면에는 대문의 이름을 쓴 현판을 붙였는데, 이들 대문 이름에는 인의예지신(仁義禮智信) 다섯 글자가 사용되고 있다. 인의예지신 다섯 글자는 음양 오행 사상 중에서 오상(五常)이라고 하여 사람이 하늘의 뜻을 따라 반드시 지켜야 할 도덕적 기준을 말한다.

서울 동쪽에 있는 대문, 곧 동대문의 명칭은 흥인지문(興仁之門)인데 가운데 글자인 인(仁)은 오행 이론으로 볼 때 동쪽을 의미한다. 남대문의 명칭은 숭례문(崇禮門)으로 예(禮)는 오행상 남쪽을 나타낸다. 서대문의 명칭은 돈의문(敦義門)으로 의(義)는 오행의 서쪽을 나타낸다. 그리고 북쪽에 있는 대문의 명칭은 홍지문(弘智門)으로 지(智)는 오행의 북쪽을 나타낸다. 사대문 중심에 있는 종루 명칭은 보신각(普信閣)인데 가운데 글자인 신(信)은 오행상 중심을 나타낸다. 보신각에는 큰 종을

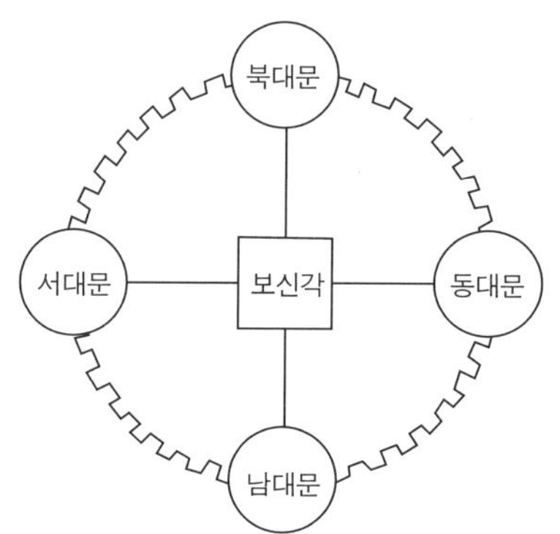

	사대문	명칭	오상	오행	오제	사신사
1	동대문	興仁之門	仁	木	동제	청룡
2	서대문	敦義門	義	金	서제	백호
3	남대문	崇禮門	禮	火	남제	주작
4	북대문	弘智門	智	水	북제	현무
5	중앙	普信閣	信	土	황제	명당

▲ 서울 사대문과 오제(五帝) 사상

달아 인경이라 하고, 밤에 스물여덟 번, 새벽에 서른세 번을 쳐서 통행 금지와 해제를 알렸다. 이는 오상 중에서 신의가 가장 중요함을 뜻한다. 이처럼 서울 사대문과 중심 건물 이름의 가운데 글자를 모으면 '인의예지신'이 된다.

오행 사상은 삼신 오제 사상이 변화된 철학 이론이다. 한양의 대문 명칭을 오행 글자로 정한 것은 조선이 하느님을 숭상하고 삼신 오제 사상을 국가 종교 이념으로 신봉했다는 사실을 잘 나타내고 있다. 하느님을 숭상하는 삼신 오제 사상은 상고 시대부터 조선 시대까지 전해 내려온 민족 고유 종교인 것이다. 당시만 해도 불교나 유교 같은 외래 종교가 국가적인 종교가 아니었다는 점에서 사대문과 보신각은 우리에게 중대한 의의를 전달하고 있다.

6. 조선 총독부 · 조선 총독 관저 · 서울 시청

조선 총독 관저가 철거되고, 한동안 중앙청으로 사용되다가 국립 중앙 박물관으로 사용됐던 조선 총독부 건물도 철거되어, 경복궁은 본래 모습을 찾을 수 있게 되었다. 그러나 아직도 서울의 심장부에 위치한 서울 시청이 일제 침략의 상흔을 그대로 나타내고 있다. 다른 건물들과 마찬가지로 이 건물도 마땅히 철거되어야 한다. 그리고 일제가 철거한 원구단을 다시 세워 민족 문화의 정통성을 바로잡아야 한다.

가. 조선 총독 관저

조선 총독 관저는 1937년에 착공되어 2년 뒤에 완공, 일본 총독 관사 및 집무실로 이용되었다. 미나미 지로 · 고이소 구니아키 · 아베 노부유키 총독이 이 곳에서 살았으며, 해방 뒤 아베 총독이 내부를 불태었으나 미 군정청이 개조해 하지 군정청 장관 집무실로 이용했다.

  대한 민국 정부 수립 뒤에는 이승만(1948. 8~1960. 4) · 윤보선 (1960~1962. 3) · 박정희(1963~1979. 10) · 최규하(1980~1980. 8) · 전두환 (1980. 8~1988. 2) · 노태우(1988. 2~1990. 10) 전 대통령들의 관저와 집 무실로 이용됨으로써 51년 동안 국가 통치의 심장부 역할을 해 왔다. 노태우 대통령 시절인 1990년 신축된 청와대로 대통령 관저가 옮겨진 뒤, 조선 총독 관저는 1993년 철거되어 공터로 남아 있다.

  총독 관저 규모는 지하 1층 · 지상 2층 · 연면적 80평의 콘크리트 건 물로, 1층은 집무실 · 접견실 · 식당 등으로 이용됐고, 2층은 주침실 · 가족 침실 · 거실 · 서재 등으로 이용됐다.

  조선 총독 관저는 주봉이 경복궁을 향해 내려가는 내룡의 중심 부분 에 자리잡고 있어 다른 건물들보다 가장 높은 자리에 위치하고 있었

▲ 조선 총독 관저. 대한민국 정부 수립 후 대통령 관저와 집무실로 이용됐으며, 1993년 철거됐다.

다. 평면 형태는 정사각형 2층 구조고, 건설 당시에는 현관이 서쪽에 있는 서향집으로 배치되었으나 철거되기 직전에는 현관이 건물 남서쪽에 있었다. 여러 차례 증축 공사를 거치면서 초기 형태를 알아보기 어렵게 된 것이다.

조선 총독 관저가 철거될 당시, 필자는 건물 철거 방법에 따른 자문 요청을 받아 건물을 면밀히 살필 기회가 있었다. 건물 평면의 전체 형태는 정사각형에 가까웠지만, 평면 형태가 대(大) 자를 이루고 있다는 일부 설에 대해서는 잦은 증축에 따른 변형으로 확인할 수 없었다.

당시 필자는, 지상 구조물은 물론 지하 콘크리트 기초 부분도 완선히 제거하고 그 자리를 서울 사대문 안 공사장에서 출토되는 마사토로 원래 지반 형태에 따라 성토하도록 건의했다. 또 철거 공사를 마친 뒤 건물이 있던 중심에 옛 건물에 대한 표석을 세울 때는 용의 중심을 피해 눈에 잘 띄지 않는 곳에 세울 것도 건의했다. 소문에 따르면 일제 당시 총독이 관저를 세우기 앞서 한국인 지관에게 관사 터를 물색하라고 했는데 이 지관이 일부러 좋지 못한 곳을 선정해 주었다는 말도 있다.

나. 조선 총독부 건물(옛 중앙청 및 국립 중앙 박물관)

1910년 일본이 한국을 점령하고 식민 통치 본부인 조선 총독부 건물을 신축하기로 했을 때, 경복궁 근정전과 경회루 등 중요한 건물들을 철거하고 그 자리에 지으려고 설계까지 완료했다. 이 계획은 한국 전통 문화 유산을 말살하고 일본 건물을 위엄 있게 세움으로써, 한국을 영원히 일본의 속국으로 만들기 위한 것이었다.

그러나 1916년 총독부 건물 기공식을 하고 공사가 한창 진행중이던 1919년 3월, 전국적으로 독립 운동이 거세게 일어나자 일본은 한국 사람들의 감정을 건드리지 말아야겠다고 생각하고 근정전과 경회루 철거

▲ 조선 총독부 건물. 국립 중앙 박물관으로 사용되다가, 1996년에 철거됐다.

계획을 보류했다. 그 대신 총독부 건물을 근정전 바로 앞에 세움으로써 외부에서 근정전이 보이지 않게 했다.

총독부 건물은 한국을 일본의 점령지로 만들려는 목적으로 세워졌기 때문에 평면 형태도 일(日) 자를 이루게 하는 한편, 총독부 건물 앞에 위치한 현 서울 시청 건물 평면 형태를 본(本) 자로 만듦으로써 서울 한복판에 일본이라는 이름을 새겨 놓았다.

다. 현 서울 시청 건물

현재 서울시 청사로 사용되고 있는 건물은 1926년쯤 경성부 청사로 세워져 사용되다가 해방과 함께 오늘날까지 서울시 청사로 이용되고 있다.

이 건물은 초기에는 2500평에 불과했으나 서울시 조직이 팽창하면서 여러 차례 증축을 거쳐 지금은 6000여 평에 이른다. 그래도 사무실이

▲ 서울 시청. 1926년 경성부 청사로 세워졌으며, 해방과 함께 서울시 청사로 사용됐다.

부족해 본관 이외에 서소문 별관·서대문 별관 등 주변 여러 건물에
분산되어 있다.

　서울 시청 건물은 북악산과 경복궁, 그리고 원구단을 연결하는 서울
의 신성 공간 안에 자리잡고 있으며, 중앙청과 남대문의 중간에 위치
하고 있다. 상징적·지리적으로 중심에 있는 이 건물은 조선 총독부
건물과 함께 일본이 한국 정기를 말살하고 침략을 영구화하려는 음모
를 드러낸 대표적인 건물이다.

10 명당 설계의 실례

1. 춘천 한씨댁

강원도 춘천시 서면은 예로부터 큰 인물이 많이 배출되는 지역으로 유명하다. 오랫동안 서면에 살고 있는 한 모 씨 집안은 H농산 회장을 비롯해 국회 의원·장관·대통령 비서실장 등 정계와 재계 인물들이 많이 배출된 집안이다.

필자가 이 집을 설계한 것은 1982년쯤이었다. 서면에서 훌륭한 인물이 제일 많이 나온 집답게 노적봉 형태를 이룬 주산이 포근하게 감싸고 있으며, 서면 호수를 내려다보고 있는 명당 터였다. 대지 조건은 서쪽이 높고 동쪽이 낮아서 동향집으로 배치했으며, 대문은 서사택에 맞춰 동북쪽에 두었다.

지금 집은 1996년 개축한 것으로 구조와 형태는 처음 설계를 유지하고 있다.

▲ 춘천 한씨댁 전경. 동향집이며 대문은 서사택에 맞춰 동북쪽에 있다.

2. 강릉 최씨댁

필자가 강릉 최 모 씨를 만난 것은 1981년쯤이었다. 최 씨는 필자에게 설계뿐만 아니라 집터 물색까지 부탁했는데, 당시 필자는 강릉 지세를 어느 정도 파악하고 있었기 때문에 비교적 손쉽게 터를 잡을 수 있었다.

마침내 필자가 추천한 집은 시내 한복판에 있는 널찍한 대지의 낡은 기와집이었다. 그 낡고 오래된 집을 명당 터라고 추천하자, 최 씨는 "아니, 흉가를 명당이라고 하다니?" 하면서 의아한 표정을 지었다. 실제로 그 집에서는 계속 좋지 않은 일이 일어나 폐가가 됐을 뿐만 아니라, 주위 사람들에게도 흉가로 낙인 찍혀 있었다.

▲ 강릉 최씨댁 전경. 집 배치와 형태가 잘못되어 흉가였던 것을 새롭게 설계해 명당으로
만들었다.

필자는 이 집이 흉가가 된 원인은 집 배치와 형태가 잘못되어 있기
때문이라고 지적하고, 땅 자체는 명당이므로 땅 조건에 맞춰 집을 지
으면 틀림없는 명당을 만들 수 있다고 확언했다.

최 씨는 흉가라는 것이 다소 꺼림칙했지만 필자의 말을 듣고 그 집
을 구입했다. 이 집은 넓기는 하지만 ㄱ자형이어서 기운이 분산되는
형태였다. 뿐만 아니라 남향집에 동북향 대문으로 방위도 상극이었으
며, 마당도 전후 좌우로 분산된 형태였다.

필자는 우선 기운이 모이는 형태로 설계를 했다. 건물은 그대로 남
향집을 하되, 기존의 서쪽 대로 대신 남쪽 앞에 넓게 진입로를 만들고
대문을 남쪽으로 냈다.

최 씨는 이 집으로 이사하기 전, 사업이 부진했으며 집 안팎으로 골

▲ 안씨댁 전경. 중심을 높게 설계해서 전체적으로 기운이 중심에 모이는 형태를 이루고 있다.

치 아픈 문제가 많았다. 그런데 흉가 터에 새로 지은 집으로 이사한 뒤에는 신기할 정도로 사업이 번창하고 시 의원에도 당선되는 등 좋은 일이 많이 생겼다.

3. 서울 서교동 안씨댁

이 집을 설계한 것은 1989년이었다. 당시 안 모 씨는 이 곳에서 20여 년 동안 살고 있었는데, 그 집을 헐고 3대가 함께 사는 2층집을 건축할 계획을 가지고 있었다.

집터는 동서가 길고 남북은 짧으며, 주된 출입구는 밖에 공원이 있는 동쪽에 있었다. 필자는 건물은 서쪽에, 마당은 동쪽에, 대문은 동북쪽에 배치해서 건물과 대문이 모두 서사택이 되도록 설계했다.

1층에는 거실과 조부모가 사용하는 안방, 부엌과 식당 등을 두었는데, 평면 형태는 건물 중심에 기운이 모이도록 정사각형에 가깝게 배치했다. 그래서 가로 세로 각 세 칸으로 구획해서 중심 부분에 식당을 배치했으며, 1층 현관도 북동쪽에 배치해 안방과 대문이 서사택이 되도록 했다. 층계와 화장실은 모두 집의 북쪽 구석에 배치해서 내부 기운이 안정되도록 했다.

2층에는 이 집의 젊은 주인 부부 침실과 서재, 아이들 공부방 등을 배치했는데, 중심 부분에 서재를 두고 서재는 천장을 높게 해서 집 기운이 모두 이 곳에 모이도록 했다. 지하실은 창고 및 보일러실과 주차장 등으로 이용하도록 했다.

집 외부는 중심을 높게 해서 전체적으로 기운이 중심에 모이는 형태를 이루게 했다. 건물 형태는 물론 풍수지리 이론을 적용해서 만든 이집은 서교동 일대에서 아름다운 집으로 손꼽히고 있다.

4. 서울 서교동 정씨댁

정 모 씨 집을 설계할 때 정 씨 부인은 대학 입시를 앞둔 고등 학교 2학년짜리 아들이 좋은 대학에 입학할 수 있는 설계를 해 달라고 부탁했다.

이 집터는 도로에 면한 길이가 좁은 반면 내부는 매우 깊었다. 이처럼 땅이 세로로 길고 도로가 좁은 경우에도 앞면에 안방을 내는 게 일반적인 배치 방법이다.

그러나 필자는 풍수지리 이론에 입각해서 도로 쪽에는 주차장과 마당을 설치하고 건물을 뒷면에 두는 배산임수 원칙에 따라 배치해서 이

▲ 정씨댁 전경

집을 남서향으로 설계했다. 1층 앞면에는 거실을 두고, 뒷면에 안방과 주방을 배치했다. 안방을 뒤에 둔 것은 뒷면이 중심이 되기 때문이다. 2층 중앙에는 서재를 두고, 그 좌우에는 두 아들 방을 배치해서 집 안에 중심이 잡히도록 설계했다. 지붕은 모임 지붕으로 했다.

새 집으로 입주하고 2년 뒤, 아들이 훌륭한 성적으로 대학에 진학했다고 한다.

5. 서울 서초동 이씨댁

서울 서초동은 강남에서도 비교적 부자들이 많이 사는 동네로 알려져 있다. 국내 굴지의 건설 회사 전무직을 맡고 있는 이 씨는, 젊은 시절에는 가수로 이름을 날리던 사람이었다. 부인과 자녀 하나를 두고

▲ 이씨댁 전경. 집 평면은 앞면을 세 칸으로 구획하고 중심 부분을 돌출시켜 강한 기운이 모이도록 했다.

있어 비교적 식구가 단출한 이 씨는, 설계를 의뢰할 때 지하실을 차 두 대를 주차시킬 수 있는 공간만 제외하고는 모두 음악실로 만들어 줄 것을 요구했다.

대지 조건은 야트막한 언덕 위에 있는 정사각형 대지로서 북쪽으로 도로와 접해 있고, 지면은 남쪽과 서쪽으로 경사를 이루고 있었다.

대지 조건이 이러했으므로 집은 동쪽에 두고 서향으로 배치하는 한 편, 대문은 도로가 있는 북쪽에 배치함으로써 건물과 대문이 모두 동 사택이 되도록 했다. 또 집 평면은 앞면을 세 칸으로 구획하고 중심 부분이 돌출되게 해서 강한 기운이 중심에 모이게 했다. 내부 중심에 는 크고 넓은 거실을 배치해 기운의 중심점으로 했다.

건물 형태나 각 방 형태는 가로 세로 비율이 1 : 1.7 미만으로 모두 바르게 했다. 건물 형태는 이탈리아풍으로 하고, 벽은 철근 콘크리트

▲ 이씨댁 전경. 원형 지붕인 이 집 2층 서재에 들어서면 천장이 높고 원형이라서 매우 신비한 분위기를 자아낸다.

옹벽으로 해서 그 위에 페인트 칠을 했다.

집 안은 비교적 간단하게 처리했는데, 준공 뒤 건물에서 느껴지는 전체적인 울림은 명랑하고 행복한 트럼펫 소리 같았다.

6. 포항 이씨댁

1980년도 말, 포항에 살고 있는 이 모 씨에게 자신이 살고 있는 집을 풍수지리 이론으로 점검해 달라는 요청을 받았다. 단층 슬래브 집이었던 그 집은 배치와 방위가 모두 좋지 않았다. 그러나 이사를 할 만한 형편도 아니었고, 그렇다고 집을 헐고 다시 지을 수도 없었다.

필자는 굳이 다시 집을 짓지 않고 개조만 해서도 명당 형태로 만들 수 있으므로, 증축을 권했다. 이 씨는 필자가 말한 대로 집 방위에 맞취 한쪽을 증축했다. 그 뒤 집안 분위기는 완전히 달라졌고, 얼마 뒤부터는 사업도 번창했다.

그 뒤 불심이 깊은 이씨 부부는 2층을 다시 증축해서 서재나 기도실로 사용하기 위해 또 한 번 필자에게 설계 자문을 구했다. 필자는 지붕을 원형으로 하되 중심을 높이고 좌우는 낮게 해서, 기운이 중심에 모이도록 설계했다.

일반적으로 둥근 지붕은 공사가 어렵고 공사비도 많이 든다. 그러나 이 집을 증축할 때는 값이 저렴하면서 튼튼한 특수 재료를 이용해 비교적 비용이 적게 들었다.

완성된 2층 서재에 들어서면 천장이 높고 원형이라서 매우 신비한 분위기를 자아낸다. 2층의 특수한 구조는 보는 사람마다 감탄하고, 심지어는 비싼 값에 팔라고 요구하는 사람들이 많아 지금은 아예 외부 사람들에게는 보여 주지 않는다고 한다. 2층이 만들어진 뒤 집안에 더욱 여유가 생긴 것은 두말할 나위도 없다.

7. D중국집

D중국집을 운영하는 라 모 씨가 필자를 찾아온 것은, 강남에서 크게 중국집을 운영하다가 그 건물을 내 주고 새로운 터를 잡아 놓은 1990년도였다. 그가 보아 둔 새로운 터란 서울 이태원에 있는 한 호텔 별관 건물이었는데, 이전에는 레스토랑으로 사용되었지만 사업이 부진해 오래 비워 둔 곳으로 전체 평수는 200여 평이었다.

라 씨가 운영하던 중국집 음식 맛은 정계나 재계에도 단골이 많을 정도로 이름나 있었는데, 새 터로 옮겨 가서도 사업이 변함없이 잘되기를 바라는 마음으로 필자에게 내부 인테리어 설계를 부탁한 것이다.

필자는 레스토랑 안팎을 몇 번이고 돌아 보았다. 외부 지리 조건과 함께 내부, 곧 주방·홀·대문 등 각 부분 배치와 방위·공간 형태 등을 살펴 레스토랑이 망한 원인을 분석했다. 그 건물은 남동향이면서 현관이 남에 위치해 있어 오행상 상극을 이루고 있었다. 또 주방은 본래 현관 위치에 있어야 하는데 북쪽에 있었으며, 홀도 ㄱ자 형태로 어지럽게 널려 있었다.

레스토랑과 중국집은 음식점이라는 점에서 그 기능이 크게 다르지 않다. 음식점에서 가장 중요한 것은 주방 위치다. 주방이 자리를 잘 잡고 있으면 음식 맛이 좋고 모든 일이 순조롭다. 반면에 주방 위치가 좋지 않으면 음식 맛이 없어지는데, 음식점에서 음식 맛이 없으면 제아무리 인테리어를 잘해 놓아도 손님이 들 리 없다.

라 씨가 이 자리에서 성공하려면 기존 대문을 폐쇄하고 다른 자리로 옮겨야 했으며, 주방·홀·화장실도 다시 배치해야 했다. 결국 외형만 남겨 놓은 채 내부를 모두 뜯어내고 다시 지어야 하는데, 이렇게 하려면 상당한 공사비가 들었다. 라 씨는 공사 비용이 많이 들어도 좋다면서, 실내 색깔이나 장식도 완전히 중국식으로 바꾸겠다고 했다. 그래서 필자는 풍수지리 이론에 입각해 설계를 하는 한편, 라 씨와 함께 중국 북경·상해·대만 등의 음식점을 돌아 보기도 했다.

설계는 다음과 같이 했다. 우선 건물이 남동향이었으므로, 현관을 남쪽에서 남서쪽으로 뜯어 고쳤다. 또 북쪽에 있던 주방을 북동쪽에 두었으며, 홀도 중심에 넓게 두었다. 화장실도 서쪽에 있던 것을 방위에 맞춰 동쪽으로 옮겼다.

공사를 마치자 흉가처럼 보이던 건물이 새롭게 단장되어 전혀 다른 건물이 되었는데, 지금까지 계속 사업이 번창하고 있다.

외국의 풍수

근세기 미국이 낳은 세계적인 건축가로는 프랭크 로이드 라이트 (Frank Lloyd Wright)를 제일 먼저 꼽는다. 라이트는 1869년 미국 위스콘신 주 리칠랜드에서 태어났는데, 1959년에 89세로 사망할 때까지 평생 건축 설계에만 전념했다.

라이트의 건축 사상은 동양 형태가 가미된 유기적 공간 창조였다. 그는 일본 제국 호텔 등 유명한 작품을 설계했으며, 평생 남긴 390개 작품 가운데 350개가 주택 설계이므로 그는 세계적인 주택 설계자로 꼽힌다.

라이트의 작품 가운데 가장 유명한 집 하나를 꼽는다면 단연 펜실베이니아 주 베어런에 있는 카프만 씨 집인 '낙수장(Water Fall)'을 들 수 있다. 1936년, 라이트가 67세에 설계한 이 집은 그 때까지만 해도 무명이었던 그를 일약 세계적인 대가로 만드는 계기를 마련해 주었다. 미국을 비롯한 세계의 모든 건축가들은 수평과 수직적 구조를 강조해서 도약하는 역동성을 나타낸 낙수장을 보고 깜짝 놀랐으며, 몇십 년이

▲ 낙수장 전경. 낙수장은 아무리 아름다운 집이라도 사람이 살도록 풍수에 맞춰 지어야 한다는 사실을 증명한다.

지난 지금까지도 세계적인 작품으로 꼽고 있다.

낙수장은 계곡 사이에 있는 강물 중간, 경사진 대지 위에 세워져 있다. 이 집 특징 가운데 하나는 거실 아래로 강물이 흐르고, 앞뒤 중간 중간에 폭포를 이루고 있다는 점이다. 따라서 집 아래로 흐르는 급한 물결과 폭포에서 떨어지는 물 소리가 언제나 집 안에 가득 찬다.

세계에서 가장 아름다운 집으로 꼽히는 이 집은 풍수로 볼 때는 흉가에 속한다. 집은 강에서 멀리 떨어져야 하는데도 급하게 흐르는 강 위에 세워져 있다. 강물이 급하게 흐르는 곳에서는 바람도 강하게 불어 생기를 빼앗아 가며, 그 곳에 사는 사람의 건강을 해친다.

실제로 이 집이 완공된 뒤 입주한 주인은 이 집에서 얼마 살지 못하고 다른 곳으로 이사갔다고 한다. 밤마다 거실 바닥을 통해 들리는 물 소리와 바람 소리가 마치 귀신 울음소리 같았기 때문이라고 한다. 지금 이 집은 기념관 등으로만 사용되고 있어 아무리 아름다운 집이라도 사람이 살도록 풍수에 맞춰 지어야 한다는 사실을 증명해 주고 있다.

요즘은 우리 나라보다 미국이나 유럽 등 서양에서 풍수 인테리어에 대한 관심이 높다. 미국 뉴욕 맨해튼에 있는 서점에 가면 풍수지리에 관한 책이 몇백 종에 이르고 있는 것을 볼 수 있다. 아마도 단일 주제로는 가장 많을 것으로 보인다. 이러한 사실은 미국에서 풍수지리가 생활에 깊이 적용되고 있다는 사실을 증명한다.

1. 서구에서도 인기 있는 풍수 인테리어

얼마 전 미국에서는 빌 클린턴 대통령을 괴롭히는 여러 스캔들이 백악관 집무실 풍수 때문이라는 얘기가 있었다고 한다. 이런 문제 제기를 한 사람은 중국계 미국인 풍수 전문가인 푼진이었다.

그는 "대통령 집무실 위치와 내부 구조가 풍수를 거스르고 있기 때문에 대통령이 섹스 스캔들, 화이트 워터 사건, 불법 헌금 모금 시비 등 갖가지 화를 입고 있다"면서 백악관 집무실 구조를 완전히 바꿀 것을 충고했다고 한다. 이 주장에 백악관도 귀를 기울이고 있다고 한다.

영국 기업들 사이에서도 풍수지리 붐이 일고 있다고 한다. 버진 애틀랜타 항공사, 맥스 앤드 스펜서 백화점, 리츠 호텔 등 영국의 많은 유수 기업들이 사무실 배치 등에 풍수지리를 이용하고 있다는 것이다.

외신에 따르면, 이 회사들은 대부분 잉어 어항과 활엽수 화분을 사무실에 두고, 카펫은 행운을 상징하는 색인 붉은색과 검은색으로 바꿨으며, 기가 원활하게 소통되도록 출입문 주위에는 장애물을 두지 않는다고 한다.

회사 차 번호판은 행운의 숫자로 이뤄지도록 신경을 쓰고, 간부들에게는 가급적 붉은색·검은색·초록색 옷을 입도록 권장한다. 무선 통신 회사인 오렌지 사의 경우는 풍수지리상 자동차가 '난폭한 호랑이'를 상징한다는 이유로 건물 앞 주차를 금지했으며, 사람들이 밟고 다니는 매트에 있는 회사 로고를 없앴다.

그런가 하면 버진 애틀랜타 사는 길일을 택해 새로운 항공 노선 취항 날짜를 정하고, 리츠 호텔은 사무실 위치나 홀 좌석 배치를 런던의 지력과 조화시키기 위해 풍수지리를 응용하고 있다.

영국 기업들 사이에 풍수지리가 유행하는 이유는 이들 기업들이 영국 식민지인 홍콩과 거래가 잦았기 때문이라고 볼 수 있다. 다른 서구 기업들에 비해 중국 문화와 접촉할 기회가 많아 동양 사상을 적극 수용한 것으로 보인다.

최근 런던 시내엔 '풍수지리 전문가'라는 직업이 신종 인기 직업으로 부상, 풍수지리 상담료로 하루 2500파운드(300여 만 원)씩을 벌고 있으며 특정 건물에 기가 모이도록 해 주는 것 같은 작업은 무려 5만 파운드(6000여 만 원) 이상을 받는다고 한다. 풍수지리 종주국인 우리 나라에선 아직도 풍수가나 지관이 묏자리나 잡아 주는 사람 정도로 인식되고 있는 것과는 참 대조적인 모습이다.

어쨌든 이처럼 첨단 과학이 발달한 서구 사회에서도 이제는 좀더 인간적인 공간을 만들기 위해 풍수지리를 이용하고 있다. 그 안에 살고 움직이는 사람들이 더욱 안락하고 건강하게 생활할 수 있는 공간을 만들기 위해서 말이다.

2. 미국의 양택 풍수

미국 국토는 서부에 로키 산맥이 자리잡고 있고, 그 산맥의 힘은 멕시코를 따라서 대서양으로 뻗어내려 가고 있다. 동쪽에는 애팔래치아 산맥이 플로리다 반도까지 연결되어 있고, 그 사이에 넓은 평야가 전개되어 있다. 이 평야 가운데에는 미시시피 강이 흘러서 멕시코 만으로 들어가고 있다. 이러한 형태는 전체적으로 곡식을 까부를 때 쓰는 키 모양을 이루고 있다. 특히 대륙의 미시시피 강이 멕시코 만으로 들어가는데, 이는 대륙과 만이 음양으로 큰 조화를 이루고 있는 형태다. 멕시코 만은 유카탄 반도·쿠바·바하마 군도 등 여러 섬들이 바람막이 역할을 하고 있어서 음양 효과가 매우 좋은 곳이다.

미 대륙은 동쪽의 애팔래치아 산맥이 청룡, 서쪽의 로키 산맥이 백호가 되며 수구는 플로리다 반도 끝 부분이 되는 명당 형태를 갖추고 있다. 미국의 주산인 로키 산맥이 서쪽에 위치하고 있는 것으로 보아 여성 상위의 나라이며, 물질을 숭상하는 나라라는 것을 알 수 있다. 또한 수구가 잘 갖춰져 있어서 재물이 풍부하고 땅의 전반적인 형태가 안정세를 이루고 있어서 축복받은 나라임에 틀림없다. 특히 멕시코 반도가 길게 우선으로 회전하면서 남아메리카로 연결되면서 수구를 잘 감싸 주고 있는 것이 특징이다.

가. 뉴욕

뉴욕은 하나의 섬으로 이루어져 있는데, 지세로 보아 특이한 점은 맨해튼 섬을 중심으로 해서 물줄기 네 개가 서로 모인다는 점이다. 동쪽에는 허드슨 강이 있고 또 조금 지나면 하켄세이크 강이 있다. 그리고 롱아일랜드 해협과 대서양 바닷물이 동시에 이 곳에서 만난다.

또한 맨해튼은 남북으로 길게 뻗어 내려오면서 좌선하는 형태를 이뤄 동쪽보다 서쪽이 안쪽이 되어 기가 모인다. 동쪽과 서쪽 경계선은 파크 애비뉴에서 이루어진다. 파크 애비뉴 동쪽보다는 서쪽에 기운이 더 많이 모여 있어서 이 지역이 사업이 더 잘되는 위치다.

　맨해튼 월스트리트는 세계 경제를 주름잡는 곳이다. 거대한 물이 모이는 곳인 만큼 세계의 경제력이 모이는 곳이라고도 볼 수 있다. 맨해튼 남쪽에 있는 스테이튼 섬은 거대한 물줄기들을 묶어 주는 역할을 한다. 맨해튼은 남북으로 길게 뻗어 내려온 형태로 남자 생식기와도 유사하다. 이러한 맨해튼 끝 부분에 기가 모이는 것은 당연하다. 월스트리트도 이 끝 부분에 자리잡고 있다.

나. 버지니아

　버지니아 주는 미국 동부 중앙에 위치하고 있으며, 동쪽으로는 대서양에 접해 있고, 서쪽으로는 애팔래치아 산맥과 만난다. 미국 역대 대통령 가운데 7명이 이 곳 출신으로 대통령을 가장 많이 배출한 주다. 조지 워싱턴·토머스 제퍼슨·존 테일러 등이 바로 이 지역 출신 대통

▲ 버지니아 대학 원형 건물. 토머스 제퍼슨이 설계했다.

령이다. 토머스 제퍼슨이 살던 집은 찰로스빌 시의 한쪽에 위치한 야트막한 언덕 위에 자리잡고 있다. 제퍼슨의 건축 작품이 이 곳에서부터 시작되었다고 한다. 제퍼슨의 묘 역시 이 곳 가까이에 자리잡고 있다. 제퍼슨이 몸소 설계하고 지었다는 그의 집은 이탈리아풍의 건물로 지붕은 돔 형태를 이루고 있다.

필자는 이 지역 풍수지리를 조사하기 위해 약 일 주일 동안 답사를 했던 적이 있다. 버지니아 주가 다른 지역과 다른 점은 산에 능선이 많다는 점이다. 애팔래치아 산맥에서 뻗어 내려온 능선들이 마치 잔잔한 파도와 같은 형태를 이루고 있다. 드넓은 초원이 그 사이로 굽이굽이 전개되어 있다.

이 곳에 있는 대통령 출생지를 돌아보면 한결같이 산이나 물과 깊은 관련이 있음을 다시 한 번 확인하게 된다. 미국 대부분이 평탄한 지역인 것과는 다르게, 이 지역에는 산과 능선이 어우러진 곳이 많아 위대한 인물들이 출생할 수 있었던 것으로 본다.

다. 대통령 생가

미국 건국 초기에는 대다수 사람들이 통나무 오두막에서 생활했다. 민간인들이 살던 집, 곧 오두막집은 정사각형 평면에 가까운 형태이다. 오두막 크기는 가로가 6m, 세로가 5m로 면적은 9평 정도다. 통나무 오두막집은 지붕 높이도 가로 길이와 거의 같아 기운이 잘 모이는 명당 형태를 이루고 있다.

특히 미국 역대 대통령 생가 중에는 이런 정사각형 평면 명당형이 많은 것을 보고 놀라게 된다. 오늘날에도 미국에서는 개인 주택은 물론 공공 건물도 정사각형 평면 건물이 즐겨 이용되고 있다. 이러한 사실로 보아 미국이 독립 전쟁에 승리하고 독립 200여 년 만에 세계 최

▲ 미국 33대 대통령 해리 S. 트루먼 생가. 미조리 주 라마르 시. 전형적인 정사각형 평면 집이다.

강국이 될 수 있었던 것도 명당 형태 건물의 영향이 컸음을 알 수 있다. 정사각형 평면으로 된 집에서 태어나 미국 대통령이 된 인물 명단은 아래와 같다.

2대 존 아담스. 매사추세츠 주.

6대 존 퀸시 아담스. 매사추세츠 주.

7대 앤드루 잭슨. 사우스캐롤라이나 주.

11대 제임스 녹스 폴크. 노스캐롤라이나 주.

13대 밀라드 필모어. 뉴욕 주.

16대 에이브러햄 링컨. 켄터키 주.

17대 앤드루 존슨. 노스캐롤라이나 주.

21대 체스터 에이 아더. 버몬트 주.

31대 허버트 후버. 아이오아 주.

33대 해리 S. 트루먼. 미조리 주.

34대 드와이트 데이비드 아이젠하워. 텍사스 주.

3. 미국의 음택 풍수

가. 버지니아

버지니아 주 도시들 바로 옆에는 공동 묘지가 자리잡고 있다. 미국의 공동 묘지는 시신을 땅 속에 묻고, 잔디가 깔린 지표면에는 이름과 생몰 연대를 새긴 명판만 있어 깨끗하게 정돈되어 있다. 이 명판은 땅 표면에 묻혀 있는 형태와 돌에 새겨 세운 두 가지가 대종을 이룬다.

▲ 버지니아 주 납골당

이 곳 공동 묘지는 약간 높은 언덕에 자리잡고 있다는 점이 특징이다. 풍수지리의 용 개념이 잘 나타나 있는 것으로 대표적인 예가 몬티셀로 공동 묘지다. 몬티셀로 공동 묘지는 능선 중심부에 자리잡은 대표적인 명당이다.

나. 워싱턴의 알링턴 국립 묘지

워싱턴 시는 포토맥 강이 행주형으로 돌아가는 지역에 자리잡고 있다. 워싱턴 시 서쪽에 자리잡고 있는 알링턴 묘지는 미국에서 가장 유서 깊은 공동 묘지다. 이 곳에는 세계 제1차 대전과 제2차 대전에서 전사한 군인들이 안장되어 있고, 케네디 대통령과 재클린 여사, 동생 로버트 케네디 상원 의원 묘도 이 곳에 있다. 알링턴 묘지 입구 안내

▲ 알링턴 국립 묘지

판에는 이 곳이 미국에서 가장 신성한 공간이라고 적혀 있다.

이 곳 지세는 야트막한 언덕을 이루고 있으며, 언덕 위에는 아담한 건물이 있는데 이 건물은 남북 전쟁 때 남군 사령관을 지낸 리 장군이 살던 집이기도 하다. 그리고 그 전에는 워싱턴 대통령이 살던 곳이다. 언덕 위 리 장군이 살던 집에서 내려다보면 동쪽에 포토맥 강이 보이고 그 너머로 워싱턴 시내가 멀리 바라다보인다. 이 곳 지세는 풍수로 보아 용이 살아 있는 지역이다. 평탄한 미국 지세 가운데 솟아 있는 용을 찾아서 공동 묘지로 정한 것은 미국이 묘지에 정성을 들인다는 사실을 알게 한다.

케네디 대통령 묘에는 손바닥만한 돌들이 깔려 있고, 한가운데에 불꽃이 타오르고 있다. 영원히 꺼지지 않는 불의 형태로 묘지를 꾸며 달라는 재클린 여사의 뜻에 따라 케네디의 묘에는 언제나 불꽃이 꺼지지 않고 피어 오른다.

재클린은 케네디 대통령이 죽자 얼마 뒤 그리스 선박왕 오나시스와 재혼했다. 오나시스도 죽은 뒤에 재클린 여사에 의해 이 곳 케네디 묘지 옆에 묻히게 되었다. 재클린이 자신의 묘지에 대해 마르지 않는 물이 되게 해 달라고 해서 케네디 묘 바로 앞에는 조그마한 비명과 함께 물이 고여 있는 묘가 있다. 이들 묘 바로 옆에는 케네디의 동생인 로버트 케네디 상원 의원 묘가 있다. 가장 간단한 묘를 만들어 달라는 그의 요청에 따라 조그마한 나무로 십자가를 만들어서 표시하고 있다.

이 곳 묘 중에는 한국 전쟁 때 죽은 군인 이름도 더러 눈에 뜨인다. 이 곳은 미국 전역에서 하루에도 몇백 명씩 관광객들이 돌아보고 간다.

다. 마이애미의 공동 묘지

마이애미 시에서 좀 떨어진 곳에 공동 묘지가 있었다. 공동 묘지 관리 사무실은 컨테이너 박스를 개조한 것으로 여자 관리인이 한 사람 있었다. 이 곳의 공동 묘지에 대해 물어 보았더니 공동 묘지는 아무나 분양받을 수 있고, 그 금액은 1기(基)당 3000달러라고 했다. 나중에 알게 된 다른 지역의 금액과 비교할 때 매우 싼 값이었다. 그리고 관의 값은 500달러에서부터 2만 달러까지 그 종류가 다양했다. 관의 재료는 주로 알루미늄이었다.

마이애미 공동 묘지는 마이애미 시에서 북쪽으로 자동차로 약 1시간 정도 거리에 위치해 있었으며 지세가 평탄하고 내부 역시 깨끗하게 이루어져 있었다. 내부를 구획하여 난지별로 분양하고 있었으며, 개발도 단지 구획별로 이루어져 있었다. 관리인은 넓은 단지를 전체적으로 구입할 경우에는 금액을 절감하겠다는 제의를 하기도 했다. 그리고 이 곳 공동 묘지말고도 여러 개의 공동 묘지가 동시에 한 회사의 관리 아래에 있다고 말해 주었다. 이 공동 묘지는 풍수지리로 보아 전체적으로 평탄하고 안정되어 있으며, 중심부에 높은 부분이 있어 공동 묘지로 적당한 곳이라고 생각된다.

라. 재미 교포들의 묘지관

미국은 땅이 평탄하고 넓어서 지기가 안정되어 있다. 미국 도심지 근교에는 곳곳에 공동 묘지가 자리잡고 있는데, 공동 묘지 위치를 분석하면 평지보다 약간 높은 곳에 자리잡고 있어서, 용의 일부를 잘 활용하고 있음을 알 수 있다. 미국의 공동 묘지는 평탄하면서도 약간 높은 지역에 위치해 있어 풍수로 보아 좋은 땅이다.

미국은 땅의 기복이 완만하고 안정적이어서 기복이 많아 변화가 심한 우리 나라와 대조적이다. 그러므로 미국은 지속력이 강한 땅의 기운을 받고 있다. 미국 공원 묘지에도 명당과 흉지가 구분되는데, 용의 중심을 차지한 자리는 명당임에 틀림없다. 그러므로 용맥을 찾아 이 곳에 조상을 모시면 큰 기운을 받을 수 있다.

미국에 사는 우리 교민들도 그 곳에서 나이를 먹고 죽기 마련이다. 미국 교민들은 죽으면, 공동 묘지에 가거나 화장을 한다. 공동 묘지로 갈 때는 주변에 있는 공동 묘지 가운데 적당한 곳을 골라 비용을 치르고 매장하는 과정은 한국에서와 비슷하다. 극히 일부 교민들이 교회 공동 묘지를 구입하는데 이 경우도 묘지 사용료를 내는 것은 마찬가지다.

미국 교민들은 묘지의 길흉에 대한 개념이 전혀 없는 듯하다. 그들은 대부분이 개신교 계통 교인이어서 풍수지리 이론을 배척하는 것을 많이 볼 수 있다. 그래서인지는 몰라도 묏자리를 정하는 데 정성을 들이지 않고 아무 땅에나 매장하면 교리에 따라 부활하게 되는 것으로 믿는다.

필자는 교민들이 묘지에 신경을 쓰지 않고 지대가 낮은 곳에 쓴 관계로 한국인 후세들이 발전되지 않은 것이라고 생각한다. 얼마 전에 흑인 폭동으로 많은 한국인들이 피해를 입은 것도 조상 산소 자리와 관련이 있다고 본다. 미국 교민들이 잘 되기 위해서는 명당에 묘를 쓰는 것이 바람직하다.

4. 볼리비아의 풍수

산타크루스 시내에는 공동 묘지가 몇 군데 있다. 공동 묘지는 평탄한 지역에 자리잡고 있으며 약간 높직한 부분에 자리잡은 곳도 있다. 산타크루스는 전체적으로 평탄한 지역이며 중심부가 약간 높은 형태다. 공동 묘지에는 땅에 직접 매장하는 방법과 아파트 형 건물에 관을

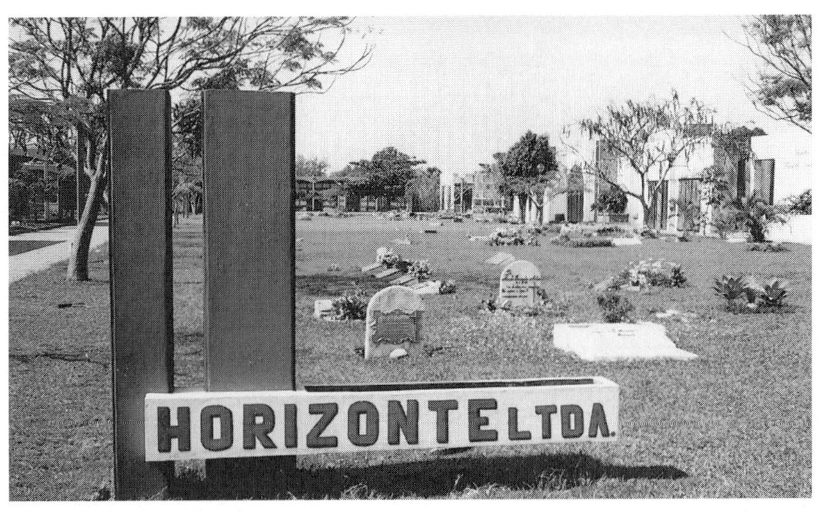

▲ 볼리비아 공동 묘지

넣어 두는 방법이 일반적이다. 산타크루스는 기후가 따뜻하고, 먹을
것이 풍부해서 사람들이 걱정 없이 살고 있는 듯했다.

제3부
건축학에서 본 한국의 풍수

전통 가옥의 풍수지리

1. 고인돌에서 유래된 한옥 지붕 형태

약 2000~4000년 전에 세워진 고인돌은 고대인의 무덤으로, 가까운 중국이나 일본에서도 그 형태를 찾아 보기 드문 매우 독특한 구조를 갖고 있다. 그런데 이 고인돌의 입지를 분석해 보면 대부분 배산임수 배치를 이루고 있어서 그 당시에도 이미 풍수지리 이론을 적용했음을 알 수 있다.

고인돌은 땅에 묻은 죽은 사람의 시신을 보호하기 위해 만들어졌다. 구조는 벽체를 이루는 받침돌과 받침돌 위에 올라가 있는 덮개석으로 구성되어 있는데, 남쪽과 북쪽 지역에 따라 모양에 약간 차이가 있지만 거대한 석재를 덮개로 사용한 점에서는 같다. 덮개석 위 부분은 매우 평탄해서 사람이 올라가 앉을 수 있는 모양이다.

죽은 사람의 집인 고인돌과 산 사람 집인 초가집은 '사람이 사는 집'이라는 의미적 공통점 외에 형태도 매우 비슷해서, 고인돌이 한국

고대 건축의 원형임을 알 수 있게 한다. 고인돌 덮개석이 받침석보다 커서 중압감을 갖게 하듯이, 초가 지붕 역시 벽체보다 훨씬 넓어 전체적으로 안정감을 준다.

고인돌이라고 하면 보통 죽은 사람의 시신을 보호하고 제사를 지내는 공간으로 생각하지만, 그보다 더 중요한 것은 고인돌이 죽은 사람의 영혼을 하늘 나라로 보내는 이별의 공간이라는 점이다. 그것은 왕과 같은 집권자가 죽을 때가 되면 미리 만들어 놓은 평탄하고 넓은 고인돌 덮개석 위에 편안하게 모셔져 죽음을 기다렸다는 사실에서 짐작할 수 있다.

고인돌 위에서 살아 있을 동안 왕은 여러 사람의 시중을 받았고, 숨이 끊어지면 영혼이 하늘로 올라갈 수 있도록 산 자들이 명복을 빌었다. 영혼이 완전히 빠져 나가면 산 자들은 시신을 고인돌 아래 묻고 흙과 돌로 보호했다. 이 때 시신을 안전히 보호하기 위해서 거대한 돌을 사용하되 받침돌 간격을 좁혔다.

지금도 사람이 죽으면 후손이나 친지 가운데 한 사람이 지붕 위로 올라가 고인이 입었던 옷을 하늘 높이 휘두르며 하늘에 고인의 죽음을 알리는 관습이 있다. 이는 고인돌 덮개석에서 하늘로 영혼을 올려 보내던 의식과 맥을 같이하는 것이다. 따라서 지붕은 인간의 영혼을 하늘로 올려 보내는 배웅의 공간이며, 하늘과 인간을 연결하는 만남의 공간이다.

2. 전통 주택 평면의 기운 분석

한국의 전통적인 주택은 모두 —자형 평면에서 좌우로 연장된 ㄱ·ㄴ·ㄷ자 형태로 건물 내부 기운의 분포 상황이 —자형과 같다. 이런 구조는 외관상 실제 면적보다 크게 보이고, 태양 광선에 의한 채광이나 환기가 잘 되며 외부 마당과 연결도 쉽다.

—자형 구조는 오행산으로는 수산에 속하며, 품격으로는 보조격, 체형으로는 약체에 속하는데, 이러한 형태는 중심 부분 깊이가 좁고 좌우가 긴 직사각형을 이루는 것이 특징이다. 따라서 좌우로 분산되는 힘은 강한 반면, 중심부에 모이는 힘이 약하다. 일반적으로 중심은 생명체를 유지하는 데 가장 소중한 기운이 모이는 공간이다. 중심의 기운이 약한 건축 공간에서는 사람들이 중심을 잃고 방황하게 된다. 뿐만 아니라 개인주의가 팽배하고 분열과 분당이 계속된다.

건물 전체 길이는 외부와 접촉하는 관계를 뜻하는데, 앞면이 긴 —자형 평면은 외부로 지출이 많음을 나타낸다. 그리고 건물 깊이는 자체 능력을 뜻하는데, 전통 주택 구조는 깊이가 얕으므로 자체 능력이 부족함을 나타낸다. 마치 비어 있는 호주머니 같은 형상이다. 따라서

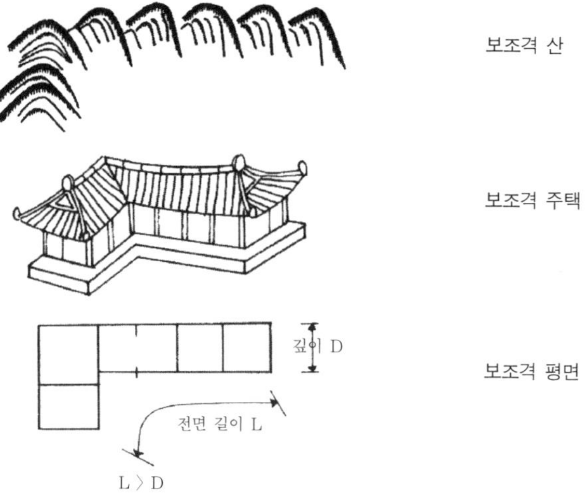

ㄱ자형 주택

소득에 비해 지출이 많다.

꽃대와 잎새 두 가지로 구분되는 난초에 비유해 보자. 난초 꽃대의 단면은 원형이며, 잎새는 직사각형을 이루고 있다. 이런 직사각형 평면에서는 생기가 이루어지지 않는다. 생기가 이루어지는 공간은 음과 양의 회전 운동이 일어나야 하는데, 그러기 위해서는 정사각형이나 원형 구조를 갖고 있어야 한다. 또 좌우 기운이 서로 공존하기 위해서는 깊이와 길이 비율이 1 : 2 미만이어야 하는데, 전통 주택은 1 : 3 이상이어서 생기를 이루지 못해 흉가 형태로 구분된다.

3. 음양으로 분석한 한옥 지붕 형태의 상징성

한옥 구조는 크게 벽면과 지붕으로 나뉜다. 이런 한옥 형태를 음양 이론으로 분석하면 벽면은 밑에 있어 음이 되고 지붕은 위에 있어 양이 된다. 음과 양은 기운이 서로 비슷할 때 균형과 발전을 이룬다. 만일 한쪽만 지나치게 크면 균형을 이루지 못한 채 치우치게 되어 발전을 이루지 못한다.

전통 한옥 기와집 구조는 지붕이 벽면보다 훨씬 무겁기 때문에 기운이 지붕에만 모이는 형상을 이룬다. 이런 공간에서는 양이 음 기운을 압도하므로, 양이 모든 권한을 갖게 되고 음은 종속적이게 된다.

기와집은 외관상으로 볼 때도 힘이 위에서 아래로 내려가는 형태를 이루고 있다. 기와집의 하향식 공간 형태는 상하 계급 질서를 상징한다. 왕과 신하는 계급으로 구분되며, 권력은 왕에게 있다. 집안에서는 형제 사이에도 장유유서라 해서 질서를 이루고, 장남은 아버지를 대신해서 다른 형제들을 이끈다. 이처럼 상하 계급 질서에서 힘의 근원을 상부에 두게 된다. 지붕 구조가 비교적 작은 서구식 건축물은 벽체가 구조물의 중심을 이루고 있어서, 외형적으로 벽체는 크게

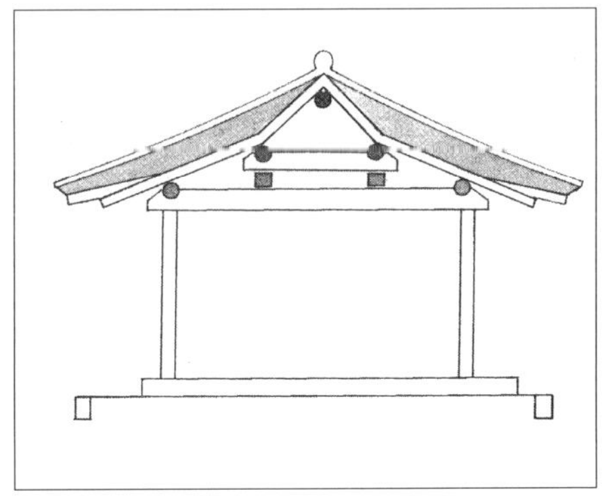

▲ 기와 지붕 단면도

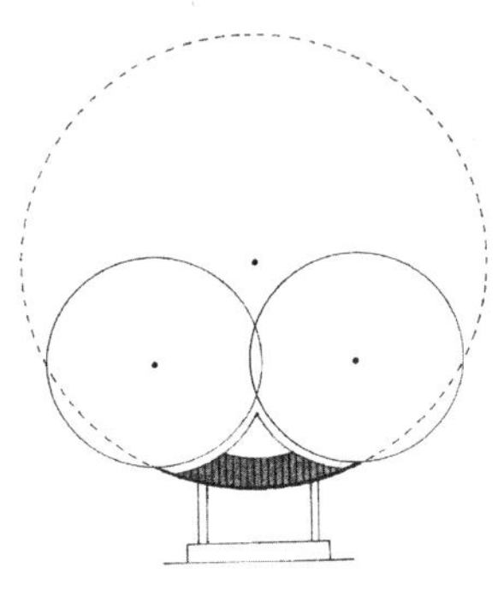

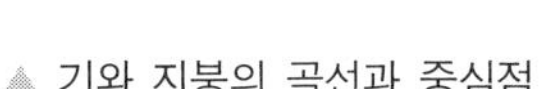

▲ 기와 지붕의 곡선과 중심점

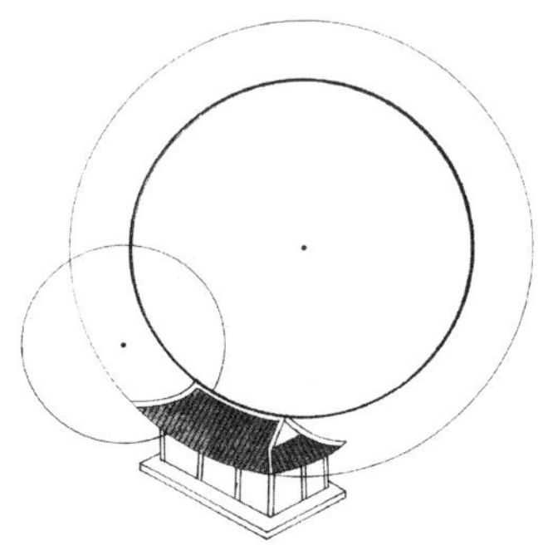

▲ 지붕 곡선의 중심점

나타나는 반면 지붕은 크게 보이지 않는다. 이런 형태는 기운이 건물 벽체에서 지붕으로 올라가는 상향식 계급 질서를 뜻하며, 권력이 국민에 의해 만들어짐을 뜻한다.

우리 나라는 양반과 서민의 계급이 뚜렷하고 구분이 엄격했으며, 양반의 세도는 일반 서민들을 학대하는 큰 무기와도 같았다. 누구나 잘 살기 위해서는 출세를 해야만 했고, 출세를 하고 나면 감투를 썼다. 그 감투는 곧 절대 권력을 상징했다. 과거 시험은 출세를 위한 가장 확실한 지름길이었으며, 그 시험에 합격하기 위해 농업이나 상업 등 생업에 대해서는 전혀 공부하지 않았고, 공부할 필요도 없었다.

직업도 사·농·공·상 순으로 두어 선비 같이 글을 읽는 사람을 가장 훌륭한 인격으로 보고, 상업에 종사하는 사람들은 천하게 여겼다. 이런 현상은 기와 지붕에서 지붕이 이상을 의미하고 벽체는 현실을 의미하는 것과 일맥상통한다.

사람을 음양으로 구분하면, 남성은 양이 되고 여성은 음이 된다. 건물에서 높은 곳에 있는 지붕은 양이 되고, 낮은 곳인 벽체는 음이 된

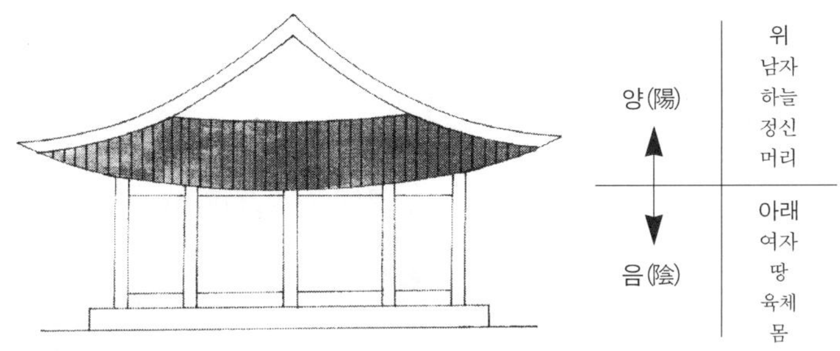

▲ 기와 지붕의 음양 구분

다. 조선 시대가 남성 위주 사회였던 것은 유교 사상에 그 원인이 있지만, 풍수로 해석할 때는 한옥 구조와도 무관하지 않다고 보인다. 남성을 상징하는 지붕이 여성을 상징하는 벽체보다 지나치게 높고 큰, 상부가 위주인 공간 형태에서 비롯됐다고 보는 것이다.

한옥 구조에서는 양을 뜻하는 지붕이 음을 뜻하는 벽체보다 기운이 크다. 따라서 마음은 육체의 주인이고 육체는 마음을 담는 그릇으로 보아 육체보다 마음을 중요시했다. 그래서 남자는 지조를 지키지 위해, 여자는 정조를 지키기 위해 목숨을 버리는 것을 아까워하지 않았다.

기와로 용마루를 공사할 경우, 용마루 곡선을 자연스럽게 하기 위해 목수는 용마루가 올라설 지붕 양쪽 끝 부분에 새끼줄을 잡고 서서 자연스럽게 늘어뜨린 뒤 그 형태를 따라 용마루를 만든다. 이처럼 자연스럽게 늘어진 곡선으로 용마루를 만들다 보니 외관상 부드러울 뿐만 아니라, 주변 산과도 조화를 이룬다. 그러나 이처럼 늘어진 곡선 형태는 마치 지붕이 무거운 물체에 눌려 땅으로 내려앉는 듯한 모습과도 비슷한 하향성 지붕 곡선을 이루고 있다.

이런 기와 지붕을 산에 비교하면 중심이 처져 있는 산과 같아, 기운이 중심에 모이지 않고 좌우로 분산된다. 중심이 처진 기와 지붕 형태는 국가 운영을 담당하는 중심 위치에 있는 왕의 권력이 허약한 반면, 좌우에 있는 신하가 큰 힘을 갖고 좌파와 우파로 분열함을 뜻한다.

한옥 기와 지붕 형태를 '매화낙지(梅花落枝)' 형국이라고도 하는데, 이것은 매화가 가지에서 떨어져 나가는 형태를 말한다. 일

▲ 기와 지붕과 매화낙지형

반적으로 꽃의 형태는 꽃을 피우기 전에는 동그란 형태를 이루면서 꽃잎들이 모두 꽃 중심을 향해 곡면을 이루고 있다. 그러나 꽃이 만발하게 되면 꽃잎의 끝 부분은 뒤로 넘어가서 곡면 중심부는 꽃의 외부가 된다. 꽃잎은 곡면 중심점을 내부에 갖고 있을 때 생명력이 있으며, 중심점이 외부에 있으면 생명이 없는 낙화가 되는 것이다.

또한 기와 지붕의 처진 곡선 형태는 돛단배의 돛과 같은 모양으로, 바람을 많이 받는 형태다. 돛단배는 바람을 많이 받을수록 빨리 갈 수 있으므로 가급적 바람을 많이 받도록 만든다. 그러나 지붕이 바람을 많이 받는 것은 좋지 않다. 바람을 많이 받는 지붕은 외부에 의해 움직이는 것을 뜻하며, 곧 자기 중심이 상실되는 것을 의미한다.

기와 지붕이 여러 개 모여 있는 형태는 꽃잎이 물에 떠내려가는 '낙

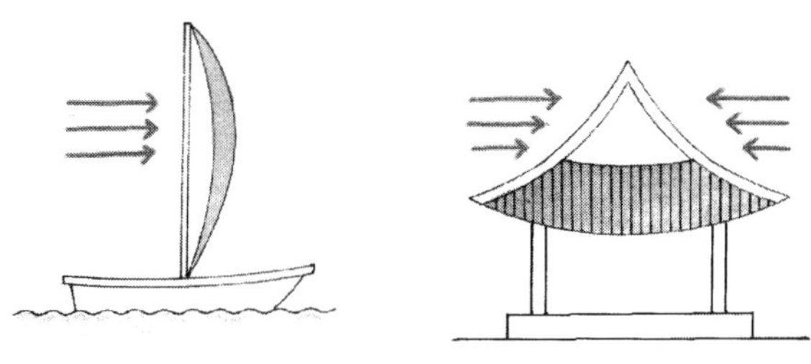

기와 지붕과 돛단배

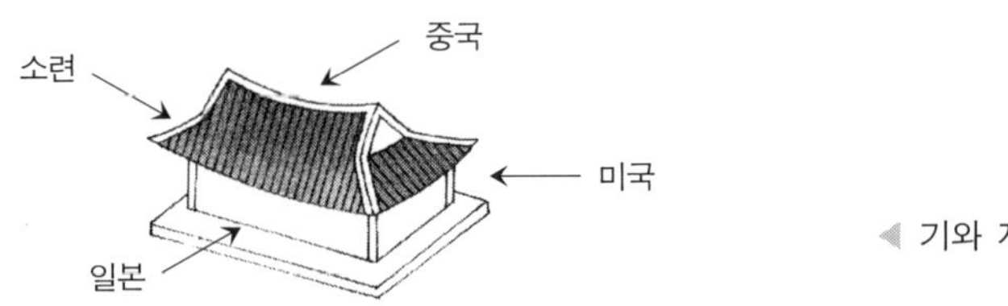

기와 지붕과 사대주의

화유수(落花流水)' 형국으로 본다. 떨어진 꽃은 이미 생명력을 잃었는데 그것마저 흘러감으로써 이별과 슬픔을 나타낸다.

이러한 기와 지붕 형태는 사대주의를 낳고, 분열을 낳았다. 집 안에서 중심점 위치가 서로 상반되면 사람이 등을 맞댄 형태를 이루게 되며, 그 결과 의견 충돌과 분열이 발생된다. 국력의 분열 현상은 당파 싸움을 의미한다. 조선 시대 4색 당파는 왕권이 허약한 가운데 분당들의 공론에 의해 이루어졌고, 그 결과 국가는 위태로워졌고 일제 침략이나 한국 전쟁 같은 비극도 일어났다.

미국 노스웨스턴 대학 국제 비교 연구소 소장 브루스 커밍스 씨는 "한국 전쟁은 무력 침공 이전에, 이미 미국과 일본을 등에 업은 외국 세력파와 민족주의파 사이의 내부 갈등과 모순에 의한 불가피한 사회적 여건에서 그 원인을 찾게 된다"고 분석하기도 했다.

기와 지붕에 반해 초가 지붕은 풍수로 보아 매우 좋은 형태를 갖추

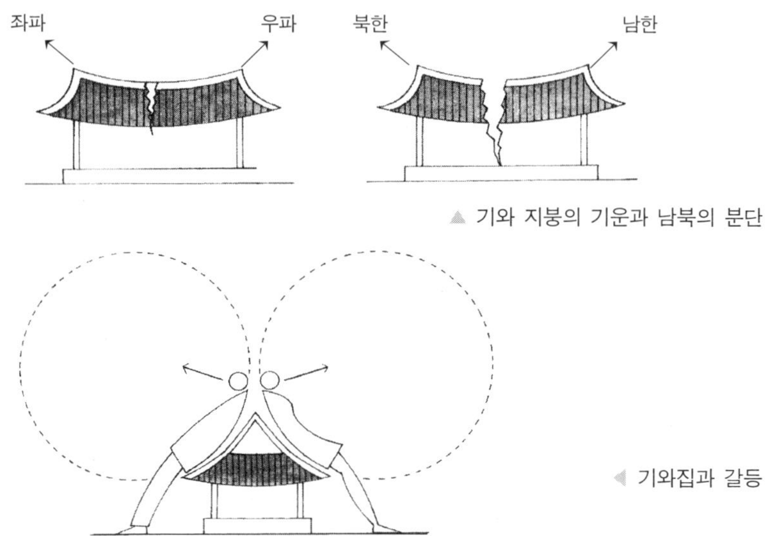

▲ 기와 지붕의 기운과 남북의 분단

◀ 기와집과 갈등

고 있다. 초가 지붕 형태를 산에 비교하면 주인격, 강체 산이다. 곧 중심력이 강한 구형(球形)을 이루고 있으며, 금산 형태를 이루고 있다. 구형 건축물은 서양 건축물에도 나타나는데, 돔형이 그것이다. 다만 돔형 구조가 지붕 내부를 비워 둔 데 반해, 초가 지붕에는 빈 공간이 없다는 것이 차이점이다.

이런 돔형 구조는 기운이 중심에 모이므로 강한 생기가 발생된다. 이 생기는 사람을 육체적·정신적으로 건강하게 하고, 특히 영적인 능력이 높아지게 한다. 또 뚜렷한 중심 사상과 단결심을 갖게 한다.

초가 지붕의 곡선은 중심이 높고 좌우가 낮아짐으로써, 전체적으로 하늘로 솟아오르는 형태를 이루고 있다. 이러한 구조는 하늘을 숭상하고 하늘의 뜻에 순종하는 종교적인 분위기를 만들어 낸다. 또 초가 지붕 처마는 기와집에 비해 훨씬 짧다. 따라서 벽체와 지붕이 음과 양으로 서로 조화를 이루고 있으며, 상하 관계를 유지하면서 화합하는 기운을 갖는다.

4. 기와 지붕과 초가 지붕의 기운에 의한 국민성 차이

기와 지붕은 벽면과 지붕의 구조나 재료가 전혀 달라 변화가 많고 구분이 엄격하다. 특히 기와 지붕 용마루의 가장 높은 부분은 좌우로 분리되어 있어서 중심력을 약하게 하는 한편, 좌우 투쟁을 나타낸다. 그래서 권력을 가진 사람들이 좌파와 우파로 나뉘어 계속 권력 싸움을 벌이게 된다.

기와집에서 지붕과 벽면의 상하식 구분 관계는 산에서 발생되는 수직적 계급 의식과 결합되어 더욱 확고한 상하 계급 의식으로 나타난다. 그 결과 조선 시대의 계급 제도는 지나치게 엄격해서 일반인은 양반과 결혼할 수 없었으며, 양반은 물에 빠져도 개헤엄은 안 할 정도로 계급 의식이 강했다. 특권을 쥐고 있던 양반 계층이 기와집에서 살았기 때문에 이들의 권위 의식이 더욱 강하게 작용했다고 본다.

기와집 지붕은 앞면이나 뒷면이 모두 처지는 곡선을 이루고 있으나, 이들 곡선의 중심점 위치가 각각 다르다. 지붕 앞면의 중심점은 앞면에 있고, 지붕 뒷면의 중심점은 뒷면에 위치한다. 중심점 위치가 서로 상반되는 지붕은 사람이 서로 등을 맞댄 형태를 이루게 되는데, 그것은 사람들 사이에 의견 충돌과 분열을 일으킨다.

그러나 초가 지붕 구조는 상하 관계를 유지하면서도 서로 알맞은 조화를 이루고 있다. 기운이 한 점으로 밀집하는 초가 지붕 형태는 사람들을 하나로 모은다. 초가 지붕에서 생활하는 일반 서민들은 이웃을 생각하되 순수한 하나의 마음만 갖고 있었고, 국가와 민족을 생각하는 마음도 같았다. 초가집에서는 가족 사이에 동고 동락하는 따뜻한

▲ 초가집

인정을 갖고 서로 아끼는 마음이 있었다.

초가 지붕은 송이처럼 하늘을 향해 올라가는 형태를 이루고 있다. 그러나 기와 지붕은 아래로 처져 힘없이 땅으로 떨어지는 꽃잎 같아서, 외부와 투쟁할 때 용감하게 돌진하려는 기상이 없이 후퇴하는 패배주의를 나타낸다.

초가 지붕은 둥근 형태로 건물을 부드럽게 감싸고 있고, 이런 형태에선 내부에 중심 기운이 모인다. 그래서 초가집에서 생활하는 사람들은 현실 생활에 적응하는 능력이 강하고 부지런하며, 생산적인 활동을 한다. 그러나 기와집은 지붕이 벽에 비해 지나치게 무겁고, 중심이 분산되어 있다. 지붕이 지나치게 큰 형태는 권력 행사가 지나치게 많음을 의미하며, 이것은 곧 권력의 횡포를 뜻한다. 결과적으로 나라를 올바로 이끌어야 할 양반들은 기와집에 살면서 노동과 생산을 천하게 여

▲ 기와집

기고, 공리공론의 문치 위주로 국가를 문약하게 만들었으며, 자주 사상을 갖지 못하고 외세 침입을 자초해 나라를 망하게 만들었다고 볼 수 있다.

2 아파트의 풍수지리

1. 아파트 200만 호 건설의 문제점

IMF에서 구제 금융을 받은 것을 비롯해서 최근에 우리가 겪은 경제적 고통이 아파트 200만 호 건설 사업에서 시작되었다고 분석하는 전문가가 많다. 갑작스런 아파트 200만 호 건설로 인해 건설 현장 인건비가 턱없이 올라가게 되었으며 그 여파로 생산직 노동자들의 임금이 일시에 올라갔다. 높아진 인건비는 생산 단가를 높였으며, 국산품의 수출 경쟁력을 상실하게 만들었다. 아파트 200만 호 건설 이전까지만 해도 국산품은 미국을 비롯해서 유럽과 동남아 등 세계 여러 나라에 수출될 수 있었다. 그러나 아파트 200만 호 건설 사업이 시작된 뒤로는 세계 어느 나라에도 국산품을 수출할 수 없게 되었다.

아파트 200만 호 건설 당시에 발생한 또 하나의 문제는 건설 자재 파동이었다. 막대한 양의 철근과 시멘트 그리고 각종 자재들을 국내 생산 시설로는 감당할 수 없었다. 약속된 시일에 완성하기 위해서는 외국에서 막대한 양의 건설 관련 자재를 수입해 와야 했다. 문제가 가장 심했던 것은 역시 시멘트였다.

고층 건물인 아파트는 오랫동안 안전하게 유지되기 위해 철근과 시멘트 모두 질적으로 우수한 재료를 사용해야 하는 것은 기본이다. 그러나 중국에서 수입한 시멘트는 강도가 국산품에 비해 매우 낮았다. 그 결과 아파트의 구조가 전체적으로 불안하게 되었으며 심지어는 공사 중이던 현장에서 발코니 부분의 콘크리트가 떨어져 나가는 소동까지 있었다. 결국 전국적으로 아파트 구조물에 대한 안전 검사를 실시해서 부족한 부분의 강도는 보강 작업을 해야만 했다. 이러한 사실들로 보아 오늘의 경제 파탄이 아파트 200만 호 건설에서 시작되었다는 것은 매우 정확한 지적이라고 생각된다.

2. 아파트 공간 형태

도시의 인구 집중, 높은 땅 값, 편리한 내부 시설, 관리의 편리성 등 여러 요인에 의해 차츰 아파트에 대한 선호도가 높아지고 있다. 심지어 최근에는 도시뿐만 아니라 농촌에까지 아파트가 들어서고 있는 실정이다.

공간에서 발생하는 기운은 그 곳에 사는 인간에게 정신적·육체적으로 영향을 미친다. 아파트 공간도 예외는 아니다. 따라서 아파트 공간이 인간적인 분위기를 충분하게 제공하고 있는지 면밀하게 분석해야 하며, 그 결과에 따라 더욱 인간적인 공간을 만들도록 해야 한다.

아파트에 대해서는 단순히 인간을 보호해 주는 공간이라는 도구적 개념이 강하다. 서구의 공간 개념은 그 가치를 물질 측면에서만 찾는 경우가 많다. 그러나 인간이 영혼을 갖고 있는 숭고한 생명체듯, 인간에게 생명을 주는 아파트도 혼을 갖고 있는 거대한 생명체다. 집은 사람의 기를 만나 생명을 갖게 되고, 사람은 집의 기를 통해 생명을 얻는다. 따라서 생명력이 없는 공간에서는 인간성도 상실하게 된다.

현대 건축에서 세 가지 중요한 기준은 공간의 기능성, 구조의 안정성, 형태의 아름다움이다. 아파트 내부 공간은 기능 면에서는 많은 성과를 얻었다. 또 건축을 하는 사람이라면 누구나 안전한 건물을 짓기 위해 노력하고, 아름다운 집, 도시에 맞는 집을 짓고자 한다.

그러나 지금 우리가 살고 있는 아파트는 과연 이러한 기능을 모두 갖추고 있는 것일까. 또 기능성과 안정성, 아름다움만 갖추면 완전한 집이 될 수 있을까.

일단 우리가 살고 있는 아파트를 한번 살펴보자. 대부분의 아파트는 단위 세대의 내적인 기능을 향상하며, 가급적 많은 사람들을 수용하는 데 주안점을 두고 만들어진다. 그러다 보니 많은 사람들을 채워 넣기 위한 이른바 '닭장식' 아파트가 대부분이다. 따라서 아파트 공간 형태가 사람에게 미치는 영향이나 자연과 조화는 전혀 고려되지 않고 있다.

가. 아파트의 평수

많은 사람들이 아파트를 구입할 때 제일 먼저 생각하는 것이 평수다. 되도록 넓은 평수 아파트를 선호하는 것이 대부분이다. 넓은 평수 아파트는 침실도 많고 주방이나 다용도실 같은 서비스 면적도 넓어서 편리하기 때문이다. 그러다 보니 지나친 물질주의로 인해 아파트 평수를 곧 그 집의 품격으로 판단하는 경우도 있고, 아이들이 아파트 평수에 따라 친구를 사귀기도 하는 웃지 못할 일이 일어나기도 한다.

풍수로 볼 때 가장 이상적인 아파트 평수는 거주자 한 사람당 전용 면적 6평이다. 4인 가족이면 24평이 가장 이상적인 면적이다. 단독 주택과 마찬가지로 아파트도 가족 수에 비해 지나치게 넓으면 공간의 기운에 사람이 눌려 흉가가 된다. 특히 아파트에 비어 있는 방이 있으면 흉사가 자주 일어난다. 사람이 거주하지 않는 방은 냉기가 흐르게 마련이다. 또 빈 방을 두고 있는 것은 경제적으로도 바람직하지 않은 일이다. 어쩔 수 없이 빈 방이 생길 경우에는, 그 방을 옷방처럼 사람이 자주 들어갈 수 있는 공간으로 만들거나, 문을 열어 놓아 사람의 기와 서로 통할 수 있게 하는 것이 바람직하다.

아파트 200만 호 건설 사업 당시에는 넓은 면적 아파트가 주종을 이뤘다. 그 당시 아파트 한 세대당 사람 수는 3.6인이었다. 그러니 알맞은 아파트 면적은 6×4=24평임은 물론이다. 그러나 아파트 단지에서 24평은 매우 소형으로 취급됐고, 30평 이상 40평 또는 50평, 심지어는 80평형 대규모 아파트를 건설했다. 많은 사람들이 단순히 주거 공간으로만 사용하는 아파트를 이렇게 크게 지었으니 풍수지리적으로 흉가에 속하는 것은 당연하다. 일본 재벌들은 20평 이하 아파트에서 산다는 사실은 잘 알려져 있다. 한국이 일본 경제를 따라가기 위해서는 최소한 일본보다 작은 아파트를 지어야 하는 것은 너무도 당연한 일이다. 생산과 관련되지 않는 집에 많은 재화를 투입하고 외국과 경쟁에 이길 수 있다고 생각하는 사람은 아무도 없을 것이다.

IMF 이후에도 100평 규모에 값비싼 외국 제품을 사용한 아파트가 인기리에 분양된다는 신문 보도가 있었다. 아파트 한 채가 10억 원이 훨씬 넘었다. 이런 대형 아파트가 많아질수록 불행해지는 사람이 많아질 것이며 불행한 사람이 많아질수록 국력은 약화되게 마련이다. 하루빨리 작은 아파트를 선호하는 생활이 정착되어야 하겠다.

나. 아파트의 방위

우리 나라 사람들이 남향집을 지나치게 선호하다 보니 아파트도 남향으로 짓는 경우가 많다. 예로부터 남향집에 살려면 3대가 적선해야 한다는 속담이 있을 정도로 남향집은 길한 집이라고 여겨졌다. 남향집이 햇빛을 가장 오래 받는 좋은 집이기는 하다. 그러나 풍수 이론으로 보아 남향집이 제일 좋은 것은 결코 아니다. 집은 지세에 의해 제일 좋은 방향이 결정되기 때문에 지세에 따라서는 동향집이 제일 좋을 수도 있으며 심지어는 북향집이 제일 좋은 집일 수도 있다.

모든 집이 다 남향일 수도 없고, 더욱이 몇십 세대가 함께 사는 집인 경우에 모두 남향을 할 수는 없다. 그런데도 대부분의 아파트들이 남향으로 지어지고 있다. 그러다 보니 아파트는 직선형이 되고, 마치 병풍을 펼쳐 놓은 듯한 형태를 갖게 되었다. 아파트 한 세대의 평면 형태는 거의 정사각형으로 앞면 길이와 깊이가 거의 1 : 1 비율을 이루는데, 거의 모든 아파트가 한 층에 열 세대 정도를 직선으로 연결한 구조를 갖고 있어, 아파트 전체 평면 형태는 가로 세로 비율이 1 : 10으로 직사각형을 이룬다.

아파트 평면은 복도식과 층계식 평면이 일반적이다. 전용 면적 30평형 내외의 아파트 한 세대 평면 길이는 가로 12m, 세로 12m다. 아파트 한 동 크기는 한 층이 10세대인 경우 평면 폭이 12m, 길이 120m이며, 높이 20층 내외인 경우 약 56m를 이루고 있다. 아파트 한 면은 발코니가 설치되어 있고, 이들 발코니는 새시와 유리로 막아 실내의 일부로 사용된다.

제한된 땅을 효과적으로 사용한다는 점에서는 가능한 한 아파트를 높게 지어 많은 사람을 수용하는 것이 좋다. 그러나 지금의 직선형 아파트 형태는 보기에도 아름답지 못할 뿐 아니라, 주변과 전혀 조화를

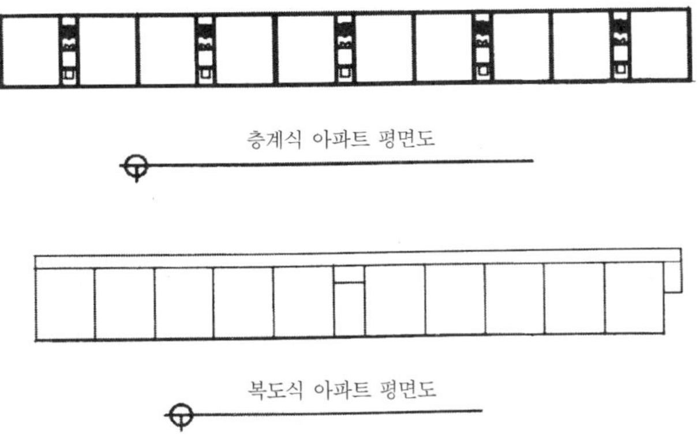

▲ 아파트 평면 종류

이루지 못한다. 아파트 한 동 크기가 웬만한 산 하나 크기와 맞먹는데, 아파트 형태를 풍수지리 측면에서 산 형태에 적용시켜 보면 매우 좋지 않은 흉가 형태임을 알 수 있다.

아파트 지붕 형태는 전체적으로 수평선을 이루면서 중간 중간 엘리베이터실이 돌출되어 중심점을 이루지 못하고 있다. 이런 평슬래브 지붕 형태는, 산 형태로 보면 수산에 속한다. 수산은 중심에 기운이 모이는 공간이 없고 좌우로 분산되는 형태다.

산의 품격이나 체형으로 보면 주인격과 강체의 산은 등고선 형태가 정사각형이나 원형을 이뤄 중심에 기운이 모이는 형태다. 그러나 보조격과 약체의 산은 중심 부분에 기운이 모이는 공간이 부족한 형태다. 기존 아파트는 좌우 길이는 길고 폭은 좁은, 1 : 10의 직선 형태를 이루고 있다. 이런 병풍형 아파트는 산에 비유할 때 품격으로는 보조격에 해당되며, 체형으로는 약체에 속한다.

따라서 그러한 기운이 아파트에 살고 있는 사람들에게 그대로 전달되어, 중심을 향해 집결하는 마음이 부족하고 독자적으로 행동하게 되

▲ 아파트와 산

므로, 개인주의와 배타적 성격이 많아진다. 따라서 이웃끼리 교류가 잘 안 되고, 의견 일치를 이루기가 쉽지 않다. 뿐만 아니라 약체와 보조격 산에서는 약한 인물이 나오고 사대주의가 발생한다. 아파트는 앞면에 비해 깊이가 짧아 외풍에 대항하는 힘이 약해질 수밖에 없는데, 기운도 부족한 상태에서 외풍을 막아낼 힘이 없으니 자연히 종속적이게 된다.

아파트는 1층에서 최상층까지 똑같은 구조로 되어 있으며, 외부에서는 벽만 보인다. 설사 지붕이나 처마가 있다고 해도 매우 빈약한 정도다.

건물 형태를 음과 양으로 구분하면, 밑에 있는 벽은 음이고 위에 있는 지붕은 양이다. 음은 물질과 육체를 상징하고, 양은 정신과 마음을 상징한다. 아파트 형태가 음으로만 구성되어 있다 보니, 사람들이 물질을 점점 더 중요하게 생각하고 정신이나 마음의 중요성에 대해서는 차츰 소홀해진다.

또 병풍 모양의 아파트는 외부 힘을 쉽게 받아들이는 장점이 있으

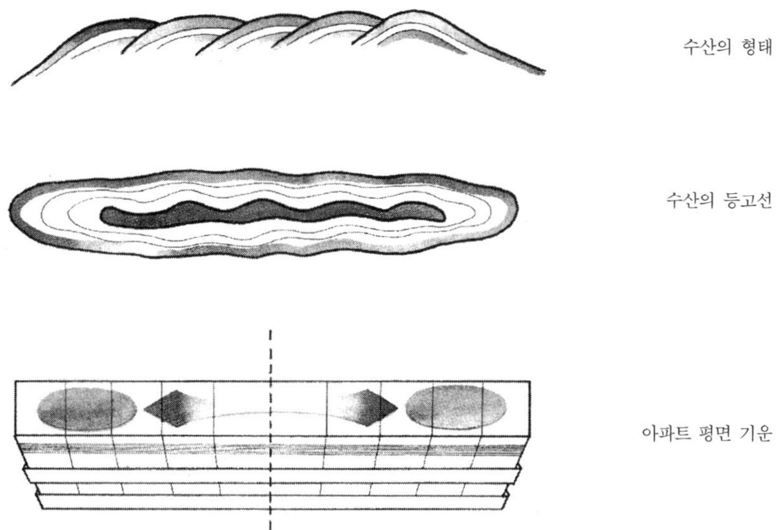

▲ 아파트 평면 기운과 수산의 형태

나, 한편으로는 대항하는 힘이 부족하고 쉽게 순종하는 이른바 '냄비 문화'를 이루게 한다. 아파트 이웃집에 새로운 가구가 들어가면 너도 나도 덩달아서 이와 똑같은 가구를 장만하는 일이 이런 문화의 대표적인 경우다. 이는 아파트 형태가 외관에 비해 실속이 없는 허장성세의 성질을 갖고 있기 때문이다. 허장성세 기운은 없어도 있는 척하는 가식이 많고, 저축보다 소비를 미덕으로 생각하며, 내면은 부족해도 외모를 지나치게 치장하는 형태로 나타난다.

다. 아파트의 높이

아파트를 고를 때 평수와 함께 중요하게 생각하는 것이 층수다. 그러다 보니 소위 '로열층'이라는 말도 생겼는데, 그 개념도 예전에는 7·8·9층, 곧 중상부이던 것이 최근에는 20층 높이인 경우 4층에서 19층까지라고 한다. 이처럼 높은 층수를 좋아하는 것은 전망이 좋고 소음이 적으며, 모기나 쥐가 없고, 채광이 좋다는 등 여러 이유 때문이다.

풍수로 볼 때 이상적인 아파트 층수는 5층 이하 저층 부분이며, 고층으로 올라갈수록 좋지 않다. 그 이유는 땅과 사람이 사는 집의 기운이 서로 통해야 한다는 데 근거한다. 사람은 하늘의 기운과 땅의 기운을 동시에 받고 살아간다. 고층으로 올라갈수록 지표면과 멀어지게 되고, 땅에서 받는 생기는 적어진다. 하늘의 기운만 받는 높은 곳에서는 결코 살아갈 수 없다.

지표면에서 가장 높이 살아 있는 생명체는 나무다. 하늘 높이 날아다니는 새들도 잠을 잘 때는 낮은 물가나 나무 위를 찾는다. 나무 높

▲ 직선형 아파트

이는 생명체가 머물 수 있는 가장 높은 위치다. 따라서 나무보다 높은 곳은 생명체의 거주지로 적당하지 않다.

나무 높이는 종류나 지역에 따라 다소 차이가 있지만, 대개 15m 정도로 본다. 아파트 한 층 높이는 2.6~2.7m이므로 5층 정도를 나무 높이로 본다. 따라서 아파트 5층까지를 생기가 있는 공간으로 보고, 그 이상은 생기가 없는 공간으로 본다.

이것을 입증하는 실례를 들어 보자. 단독 주택에 살면서 귤나무를 30년 동안 가꾸어 온 귤 전문가가 6층 아파트로 이사를 했는데, 아파트로 이사한 뒤로 귤이 열리지 않더라는 것이다. 또 난초를 30여 년 동안 키워 온 사람이 8층 아파트로 이사한 뒤로 난초가 전혀 자라지 않아, 4층에 사는 친지 아파트로 옮겨 키웠다는 이야기도 있다. 이는 높은 층에는 땅의 기운이 부족하기 때문에 나타난 현상이다.

아파트 높이는 자라나는 어린이의 성장에도 영향을 미친다. 어린아이들은 어머니 품에서 육체적·정신적 안정감을 얻을 때 정상적으로 성장할 수 있다. 땅은 만물의 어머니다. 어린아이들은 땅에 발을 딛고 자라야 하며, 흙 장난을 하면서 땅의 기운을 받아야 한다. 그런데 고층 아파트에서는 땅과 만날 일이 없다. 또한 고층 아파트에 사는 임산부가 유산율이 높다는 의학적 보고(「자연 유산과 자연 도태」, 《샘터》 1996. 4)도 있다.

라. 아파트의 마당

아파트에는 진정한 의미의 마당이 없다. 놀이터나 쉼터 같은 조경 공간이 있기는 하지만, 우리가 어린 시절에 보았던 마당과는 그 개념이 다르다. 원래 마당은 집 안에서 자연과 만나는 공간이다. 하늘과 바람과 땅이 만나는 공간이며, 이 공간에서 사람은 자연의 일부로 돌아갈 수 있다. 그러나 아파트의 마당은 언제나 강한 바람이 분다. 병풍식 고층 아파트 사이에 있는 공지에서는 평탄한 지역보다 바람이 더 강하게 불기 때문이다. 그러다 보니 아파트 마당은 언제나 비어 있고, 조용한 사색도 불가능하다.

3. 이상적인 아파트 형태

아파트가 명당이기 위해서는 직선형 아파트에서 중심형 아파트로 바뀌어야 한다. 중심형 아파트란 형태면에서 평면에 중심 공간이 있고, 지붕에 정점을 하나 갖고 있으며, 원형이나 정사각형 평면을 이루고 있는 것이다. 이것을 산에 비교하면, 주인격이면서 강체의 산으로 생기가 가장 많이 모이는 등고선 형태다.

아름다운 아파트는 자연과 닮은 형태다. 나무는 구조적으로 뿌리·줄기·가지·잎 등 서로 다른 형태의 네 요소로 구성되어 있다. 뿌리는 나무를 지면에서 받쳐 주고, 줄기는 힘차게 솟아오르고, 가지는 줄기에서 여러 개의 작은 형태로 변화하며, 잎은 가지를 위에서 덮고 있다. 나무는 이렇게 수직적으로 4단계 변화를 거쳐 아름다운 형태를 이루고 있는 것이다. 산의 명당도 4단계를 거친다. 주산·내룡·입수·혈판 4단계는 완성된 혈을 이루는 기본적인 변화 과정이다.

세계적으로 아름다운 건물의 하나로 꼽히는 그리스 파르테논 신전의 외부 형태는 기단·기둥·박공벽·지붕의 4단계로 구성되어 있다. 또 전통 한옥도 같은 4단계 변화를 이루며 구성된다. 아름다운 건물은 동서양을 막론하고 4단계, 곧 기·승·전·결의 변화 있는 형태를 이루고 있다. 따라서 아파트도 기·승·전·결 4단계로 구성되는 것이 바람직하다. 지금 아파트 구조는 철근과 콘크리트를 사용해 저층에서 지

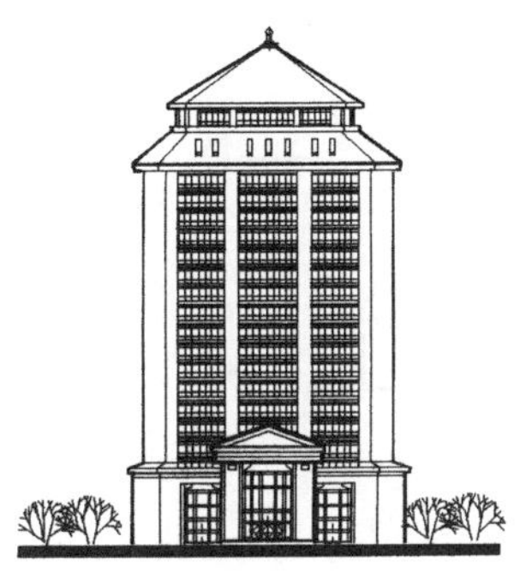

▲ 2중 모임 지붕 아파트

▲ 북악산형 아파트

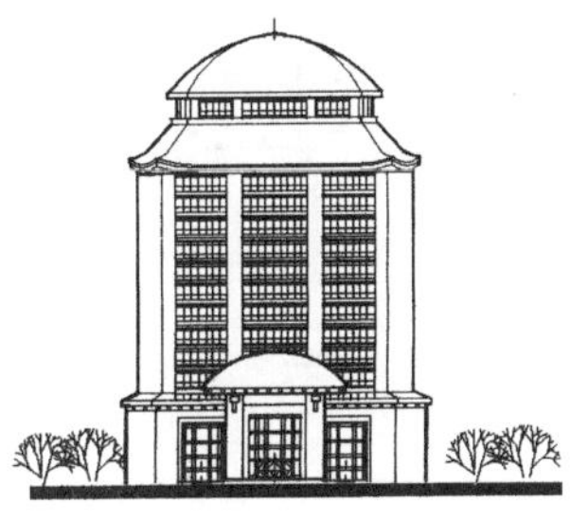

▲ 초가 기와 지붕 아파트

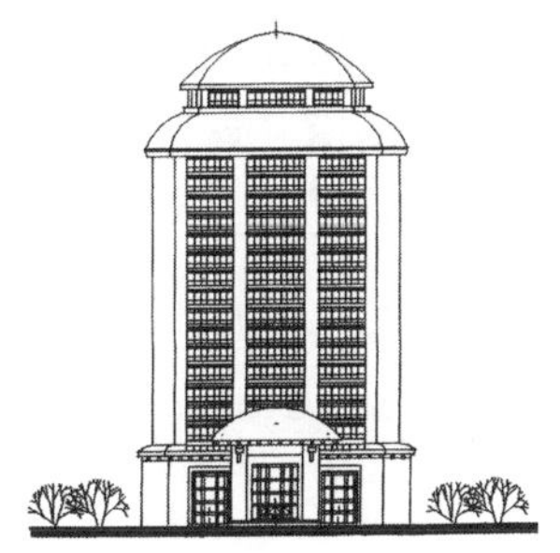

▲ 인왕산형 아파트

붕까지 같은 크기의 벽체가 수직으로 올라간다. 이는 위로 올라갈수록 변화되는 나무 형태와 비교하면 매우 불안한 형태다.

아파트 건물을 안정된 4단계로 구성하기 위해서는 기단·기둥(벽면)·박공벽·지붕으로 변화가 있어야 한다. 기단이란 건물 주변 바닥을 석재를 이용해서 높이 올려 놓는 것을 말한다. 나무에 비교하면, 기단은 지면 위로 돌출되어 나온 뿌리 부분에 해당된다.

기둥과 벽면은 건물을 수직으로 받들고 있는 외형상 가장 중요한 부분이며 나무에서는 큰 줄기에 해당된다.

박공벽은 기둥 상부에서 기둥과 기둥을 서로 연결하며 지붕을 받쳐

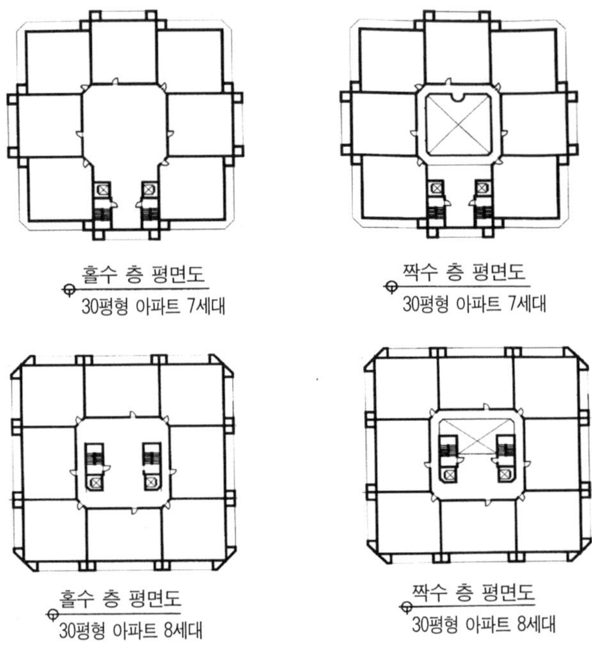

▲ 명당 아파트 형태 평면도(A안)

주는 역할을 하는데, 수평선을 이루고 있으면서 수직 기둥과 지붕 중간에서 힘의 완충 작용을 한다. 나무에서는 가지에 해당된다.

지붕은 아파트에서 제일 높은 공간에 위치해 아파트의 기운을 통일시키는 역할을 한다. 지붕의 형태가 아파트의 대표적인 기운을 나타내는 것이다. 이상적인 아파트의 지붕 형태는 ① 생기가 모이는 형태, ② 주변 산과 어울리는 모양, ③ 전통 사상을 갖고 있는 것으로 요약된다. 사람과 비교하면 얼굴 역할을 하는 것이 곧 지붕이다. 아파트를 생명력 있는 건물로 만들기 위해서는 지붕을 아파트 평면 크기와 형태에 비례하는 규모로 만들어야 한다.

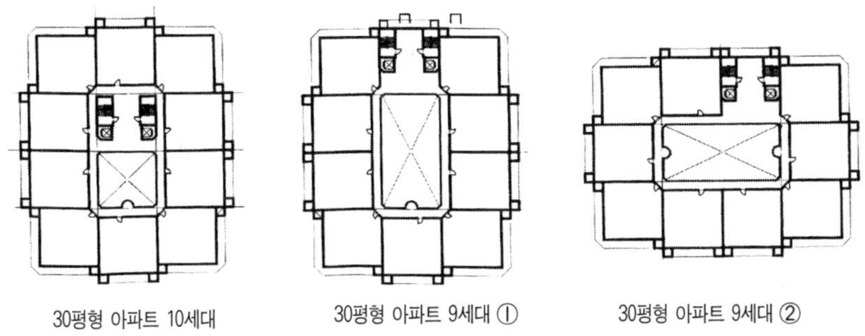

▲ 명당 아파트 형태 평면도(B안)

예를 들면, 지붕 정점을 중심부의 한 지점으로 해서 기운을 중심에 모으는 형태나 처마를 내민 형태, 층계식 피라미드 형태로 주변 산의 형태와 조화를 이뤄 전통 사상과 맥을 일치시키는 형태여야 한다. 좋은 산의 형태는 주인격인 목산과 금산 형태로, 이런 형태는 기운을 중심에 모이게 한다. 아파트 지붕 형태도 산 형태에 의해 목산의 강체형인 피라미드와 같은 모임 지붕이나, 금산의 강체형인 솟은 초가 지붕(돔형)으로 처마를 내민 형태가 이상적이다. 따라서 기존 아파트의 슬래브 지붕에 돌출되어 있는 엘리베이터 기계실이나 물탱크실 등은 지붕 구조 내부에 설치해서 외부에서 보이지 않도록 해야 한다.

중심형 아파트를 만들기 위해서는 기존의 남향 위주 아파트에서 벗어나 동서남북 각 방향으로 배치해야 한다. 남향으로만 배치하다 보면 병풍형 아파트가 될 수밖에 없다. 남향이 무조건 좋은 것만은 아니다. 집이나 신소에서 이상적인 배치 원칙은 남향 배치가 아닌 배산임수 배치로, 산을 등지고 물이 흘러 내려가는 낮은 쪽으로 바라보도록 건물을 배치하는 것이다.

물과 하늘은 모든 기운의 원천이므로, 물과 하늘의 기운을 많이 받는 집이 바로 명당이다. 따라서 무조건 남향을 고집하기보다는 물과 함께 넓은 하늘을 바라볼 수 있는 집을 짓는 것이 곧 명당을 찾는 것이다.

중심형 아파트를 지을 경우 층계나 복도를 중심에 설치해서 채광이나 환기가 부족하거나 독립성을 잃는 단점을 갖게 된다. 그러나 채광과 환기는 전기로 해결할 수 있고, 복도나 엘리베이터를 여럿이 함께 사용하면서 이웃끼리 대화의 폭을 넓힐 수 있는 장점도 있다. 그럼으로써 아파트가 갖고 있는 개인주의에서 벗어날 수 있는 것이다.

3 한국의 묘지 문화

　서기 2000년을 눈앞에 두고 세계 여러 나라는 교통과 통신의 발달로 더욱 가까워진 반면에 나라끼리 경쟁은 더욱 심각해졌다. 얼마 전까지 이라크·아프가니스탄·베트남 등에서 전쟁이 있었으며, 최근 코소보 사태는 그로 인해 발생한 전쟁 난민들 때문에 심각한 우려를 불러일으켰다. 한국은 오래 전부터 전쟁이 다시 일어날 수 있는 가장 위험한 나라 중 하나로 인식되고 있는 상태다. 이렇듯 세계 여러 나라에서 경제뿐만 아니라 민족이나 종교 문제 등으로 인해 최신식 살상 무기까지 동원한 전쟁이 발생하고 있다. 회사도 경쟁력이 없으면 더 이상 유지될 수 없듯이 국가도 경쟁력이 없으면 독립을 유지하지 못하게 될 것은 자명하다.

　우리 역사를 보너라도 우리 나라는 오래 선부터 여러 번 주변 다른 국가들의 침략을 받았다. 이 때마다 외국의 침입으로부터 나라를 지키기 위해 전쟁이 일어났으며 그 과정에서 수많은 인명과 재산이 손실되었다. 일제 침략으로 전 국민이 시달려야 했고, 한국 전쟁으로 몇백만

명이 무참히 죽어 간 것도 잘 알고 있다. 이러한 불행한 역사의 원인은 모두 그 당시 외국에 강하게 대처하지 못했기 때문이다. 이런 역사는 스스로 강력한 국가를 유지하지 못하면 주변 국가들에게 또다시 슬픈 일을 당한다는 사실을 보여 준다.

최근에 이르러 국가 경제 상태가 극도로 나빠지게 되어 마침내 IMF의 지원을 받아 간신히 살아남는 형편이 되었다. IMF 사태는 얼마 전까지만 해도 국내에 외화가 남아 돌고, 국민 소득 2만 달러의 경제 강대국이 된다고 믿어 왔던 국민 모두에게 날벼락이나 마찬가지였다. 대기업이 부도나고, 사업장을 잃은 회사 사장은 자살하고 실직자들은 서울역 대합실에서 노숙을 하는 등 경제 불황의 여파는 심각했다. 한국에 닥친 IMF 사태는 한국 전쟁 이후 50여 년 만에 발생한 국가 최대의 위기라고 말할 수 있을 정도였다. 이번 사태를 계기로 해서 우리 사회를 다시 한 번 돌아보면, IMF 사태는 한국이 비단 경제적인 운영뿐만 아니라 국가 전반에 문제가 많았다는 점을 잘 알 수 있다. 국가 단위의 경제 문제는 사회 여러 문제들의 복합적인 과정에서 이루어지며 결코 경제적인 면에서만 발생되는 것이 아니기 때문이다. 오늘의 우리는 각자가 자신을 반성하고 동시에 IMF 사태를 극복할 방법을 모색해서 그 일로 매진해야 한다. 불행은 스스로 개척해야 하며 다른 나라를 원망하거나 그들의 도움을 기대해서는 안 될 일이다.

1. 국토의 생명력에 대한 인식 부족

지구는 커다란 공과 같은 형태고 대부분이 바다로 이루어져 있다. 사람이 살고 있는 육지는 바다에 비하면 극히 일부에 지나지 않기 때문에 지구는 땅덩이라기보다는 거대한 물방울이라고 말할 수 있다.

여러 대륙 가운데 아시아는 태평양에 면하고 있으며 한국은 아시아 중에서도 가장 동쪽에 위치하고 있다. 태평양은 가장 큰 면적을 차지하고 있어 육지와 바다를 가르는 기준이 된다. 곧 바다의 대표 공간인 셈이다.

육지는 태평양이 끝나는 곳에서 시작한다. 아시아는 태평양에 인접해 있어서 태양 빛을 다른 지역보다 먼저 받는다. 이러한 관계로 아침은 아시아에서 시작되고 서양은 그 다음에 아침을 맞이한다.

여러 대륙 중에서 아시아가 태양 빛을 먼저 받는 만큼 아시아는 다른 나라에 비하면 머리 부분에 해당하고 서양은 몸통에 해당한다. 가장 동쪽에 위치하고 있는 한국은 아시아 중에서도 태양 빛을 제일 먼저 받는 나라다. 사람으로 말하면 얼굴이 태양을 제일 먼저 맞이하는 부분인 만큼, 한국은 아시아에서도 주기능인 정신을 담당하는 위치에 있는 것이다. 곧 한국이 아시아에서 그리고 지구상에서 가장 핵심적인 부분이라고 할 수 있다.

태양을 제일 먼저 맞이한다는 의미는 제일 큰 형이라는 뜻도 가지고 있다. 이는 다른 형제 국가들을 지도하는 책임을 부여받은 나라가 된다. 한국은 정신적으로 먼저 깨달은 나라이므로 철학의 나라이기도 하다. 곧 한국은 정신적으로 세계의 기준을 설정하는 나라다.

지구는 음양의 작용에 의해 이루어졌다. 음양의 작용은 생기를 이루는데 음양이 생기를 이루는 과정을 사랑이라고 한다. 곧 지구는 음양의 사랑으로 이루어졌으며, 한국은 자연의 사랑을 가장 먼저 받는 나라다. 그러므로 한국 철학의 핵심은 바로 사랑이다. 사랑은 기의 순환이며, 또한 봉사의 기본이다. 한국 철학의 내용은 바로 사랑과 봉사라고 말할 수 있다.

우리 민족에게 땅은 어머니와 같은 존재이자, 살아 있는 생명체였으며, 신비한 힘을 가지고 있는 신성한 존재였다. 그 영향은 지금도 우리 의식 깊은 곳에 존재한다. 지금도 도시 생활을 하는 많은 사람들은 고향으로 돌아가야지, 도시를 떠나 살아야지 하고 입버릇처럼 말한다. 그들이 정말로 돌아갈지 아닐지는 중요한 게 아니다. 의식 밑바닥에 이런 생각이 자리잡고 있다는 사실이 중요한 것이다.

우리에게 고향이나 고국은 무엇인가, 그것은 땅이다. 인공 구조물이 가미되지 않은 자연 그대로의 땅이다. 땅은 어머니다. 우리가 태어났던 어머니의 자궁이다. 그래서 결국 인간은 자신이 태어났던 어머니의 품 속과도 같은 땅에 묻히게 되는 것이다.

이처럼 우리 민족은 한반도를 살아 있는 생명으로 믿어 의심치 않았고, 땅에 대한 이런 생각, 곧 땅을 유기체로 보는 지리관·자연관이 결집된 것이 바로 풍수 사상이다.

서구식 개념으로는 땅은 무생명의 광물질에 지나지 않는다. 그러므로 땅을 이용하는 대상으로만 생각해 왔다. 자연을 이렇게 망가뜨린 것은 바로 땅을 철저히 이용과 소유의 대상으로만 취급했기 때문이다. 자기 목적을 위해 이용하고 효용 가치가 사라지면 내버린다. 쓰기 위해 있는 대로 소유하고, 내 것이 되었으니 서슴지 않고 쓰고, 다 쓰면 내버린다. 거기에 사랑이니 애착이니 존경이니 하는 것들은 있을 수가 없다. 있는 것은 오직 흙과 돌의 집합체인 생명 없는 땅일 뿐이다.

하지만 문제는 무분별한 이용과 개발로 인한 자연 파괴가 이제 우리만이 아니라 후손들에게도 영향을 미친다는 데 있다. 이렇게 가다가는 우리 후손들이 썩어 파괴된 지구에서 살아남을 수 없을 것이라는 우려가 이제 전 지구인의 숙제가 되었다.

풍수에서 땅은 신비한 기운, 곧 지기(地氣)를 가진 살아 있는 생명체다. 땅 안에 보이지 않는 지기가 내재되어 있다고 믿어 왔다. 21세

기를 코앞에 둔 우리가 새삼스레 풍수를 되살리려는 이유가 바로 여기에 있다.

땅을 어머니와 같은 존재이자 살아 있는 생명체로 보면 무분별한 개발과 파괴가 자행될 수 없다. 어머니이자 인간의 영원한 고향인 땅을 소유나 이용 대상으로 여기는 것은 땅을 범하는 것이 되며 천륜과 지리에 어긋나는 것이기 때문이다.

온화하고 유순하며 부드럽고 결함이 없어 마음을 안정시켜 주는 주위 환경, 각이 지지 않은 방위와 유장한 산 흐름, 부드럽게 굽이치는 물길 그러면서도 변화무쌍한 산수의 배열, 이렇듯 조화를 이룬 자연 속에서 사람과 자연이, 삶과 죽음이 한 덩어리로 어우러지는 곳을 찾는 일이 풍수의 근본 정신이다.

한국은 역사적으로 보아, 따뜻한 사랑을 가장 많이 가진 나라며, 이웃 나라를 침략하지 않고 몇천 년을 내려왔다. 비록 주변 국가들로부터 침략을 받아 왔어도 그들을 물리치는 것으로 일관했으며 결코 그들에게 보복이나 침략을 하지 않았다. 이런 역사는 바로 한국이 사랑을 베푸는 나라라는 것을 입증하고 있다. 이러한 사랑의 정신은 바로 한국이 지구상 가장 동쪽에 위치하고 있으면서 자연의 사랑을 가장 올바르게 받아들이는 땅이기 때문이다.

2. 매장 문화와 묘지난

가. 죽은 사람에 대한 예우

오늘 우리가 이 땅 위에 살고 있는 것은 따지고 보면 모두 먼저 살았던 사람들이 우리들에게 물려준 덕택이다. 우리 육체·자원·기술·문화·국토, 그리고 그 밖의 모든 것이 선조들에게 물려받은 것이다.

그들은 이미 죽었거나 죽어 가고 있다. 나와 관계가 있건 없건 이 땅 위에 살던 선조들을 공경스럽게 모셔야 하는 것은 우리 모두의 책임이다. 고인을 위해 좋은 산소 자리를 찾는 것은 후손이 당연히 해야 할 일이다. 선조들을 공경할 때 그 후손들이 편안하게 살 수 있다는 사실은 당연하다. 선조들의 고마움을 모른다면 어떻게 올바르게 산다고 하겠는가.

한국은 오래 전부터 매장 문화를 유지해 왔다. 부모님이 돌아가시면 아담한 야산에 정성스럽게 장사지내는 것이 돌아가신 부모에 대한 도리라고 생각해 왔다. 산소 자리로 명당을 찾는 것 역시 효심의 발로임은 물론이다. 그러나 명당은 지세 구조상 결코 많을 수 없다. 확률적으로 땅 몇만 평에 하나나 둘일 정도로 희소해서 주변에서 명당을 찾는 일은 경제적으로나 현실적으로 거의 불가능한 일이기도 하다. 산소 자리를 물이 고이는 곳이나 나무 뿌리가 많은 곳 등 지기가 좋지 않은 곳에 모시면 이는 조상에게 오히려 괴로움을 주는 일이다.

명당은 평탄한 지세에 자리잡고 있으며 결코 높은 산 위에 있지 않다. 그러므로 평탄한 대지와 안정된 지세야말로 명당의 기본 요건이다. 경주에 있는 신라 시대 왕릉들이 평탄한 곳에 자리잡고 있는 것은 명당의 위치적 특성을 설명해 주는 좋은 실례가 된다.

얼마 전까지만 해도 각 지방마다 공동 묘지를 갖고 있었고 그 형태는 아직도 잘 보존되고 있다. 이렇게 오래된 공동 묘지의 지세는 대부분 완만하게 경사진 능선 위에 자리잡고 있어 풍수지리로 봐도 무난한 자리라고 할 수 있다. 서울 망우리 공동 묘지가 대표적인 예라고 할 수 있다. 이 곳은 명당의 요소를 갖춘 지형이며 도심지에서도 가까워 누구나 쉽게 찾아볼 수 있는 곳에 자리잡고 있다.

이와 같이 오래된 공동 묘지들은 대부분 풍수 요건을 갖추고 있는데 이것은 옛 사람들이 공동 묘지를 선정할 때 풍수에 따라 지세가 좋은 땅을 선택했기 때문이다. 대부분의 사람들이 별 피해 없이 생활을 유지해서 오늘에 이른 것도 선조들과 그들이 묻힌 공동 묘지 지세 덕이다.

나. 공원 묘지의 문제점

공원 묘지들은 대부분 지나치게 가파르고 높은 산 위에 자리잡고 있으며 교통도 매우 불편하다. 풍수지리로 보면 우리 주변에 있는 공원 묘지는 대부분 입지 선정부터 문제를 안고 있다. 공원 묘지 지세를 풍수로 보면 명당은커녕 오히려 흉지에 가깝다고 보아야 되기 때문이다.

공원 묘지가 이렇게 가파르고 흉지에 가까운 지역에 자리잡은 데는 특별한 배경이 있다. 근대 산업화 과정에서 평탄한 곳은 농지나 산업 용지로 사용해야 됐기 때문에, 공원 묘지로서 허가받을 수 있는 땅은 산업 용지로 부적합한 경사지고 가파르며, 중요한 도로에서 멀리 떨어져 있어 교통도 불편하고, 외부에 잘 보이지 않는 곳이어야 했던 것이다.

이러한 공원 묘지 선정 기준에는 조상에 대한 공경심, 조상을 잘 모시려는 효심, 묘소가 후손들에게 미치는 영향 등이 전혀 고려되지 않았다. 오직 산업 용지로 쓰고 남는 쓸모없는 땅을 묘지를 사용한다는 생각, 곧 묘지를 천시하는 개념이 잘 나타나 있다. 옛 공동 묘지와 조금 달라진 것이 있다면 조경 공사에 신경을 좀더 써서 주변을 꽃 등으로 단장한 점이라 하겠다. 그러나 겉모습만 꾸몄을 뿐 워낙 경사가 급한 공원 묘지는 여름에 비만 오면 매번 묘 몇백 기가 급류에 휘말려가 시신을 잃어버리곤 하는 실정이다.

공원 묘지를 변두리에 두게 된 데는 본래 우리가 공원 묘지를 그다지 아름다운 공간이 아니라고 생각한 것이 중요한 이유다. 공원 묘지라고 하면 보통 '슬프고 기분 나쁘고 지저분한 공간'이라고 생각한다. 또 묘지에서는 울부짖는, 피하고 싶은 풍경이 연출되기도 한다. 이런 선입관으로 인해 많은 사람들이 공원 묘지를 회피한다. 그 결과 한 지역에 공원 묘지가 들어서려고 하면 지역 주민이 나서서 결사적으로 반대하는 것이 우리 현실이다.

공원 묘지가 혐오 공간으로 인식된 것은 관리가 잘못 되었기 때문이다. 이런 현실은 우리의 전통인 조상 숭배 사상이나 효도 개념에 크게 어긋나는 일이다. 조상을 가까이 모시고 공경하는 것이 우리의 아름다운 전통이다. 외국에서는 묘지가 많은 사람들이 즐겨 찾는 공원의 일부다. 마찬가지로 우리도 공원 묘지를 혐오 시설로 볼 것이 아니라, 공원보다 더 가치 있는 생활 공간으로 인식하는 사고의 전환이 있어야 한다.

산업 용지에 더 비중을 둘 것인가 조상 산소에 더 비중을 두어야 할 것인가 하는 문제에는 여러 의견이 있을 수 있다. 그러나 우리의 전통적인 사고로 보면 조상을 모시는 일을 더 중시해야 하는 것이 당연하다.

미국·일본·독일 같은 선진국을 보면, 동네 한가운데 또는 매우 가까운 곳에 공동 묘지를 조성하고 있다. 성당이나 성당 지하실이 공동 묘지인 것은 매우 잘 알려진 사실이고, 심지어는 집 가까이에 개인 묘지를 가지고 있는 예도 많이 볼 수 있다. 외국에서는 이렇게 공동 묘지가 도시의 일부를 차지하는 중요한 공간이다. 공원 묘지를 조성할 때도 정갈하고 깨끗하게 만들어서 친근한 공간으로 느껴지게 한다. 또한 풍수로 봐도, 지세가 안정되고 땅이 평탄해서 명당이라고 말할 수 있는 지형이다.

외국도 산업 용지에 대한 수요는 우리 나라와 마찬가지일 것이다.

경제 원칙에 따른다면 제한된 땅에 농업과 공업에 관련된 건물을 우선 짓는 것이 매우 당연하다. 그런데도 그 사람들이 조상들을 도심지에 가까이 두고 있는 것은, 조상을 가까이 모셔야 한다는 생각 때문이라고 생각된다. 이에 비하면 우리의 공원 묘지 선정은 경제를 우선시하느라 조상 산소가 나머지 땅으로 밀린 안타까운 결과다.

요즘 경제 위기에는 여러 원인이 있겠지만, 풍수지리 관점에서 보면 공원 묘지 형태에서도 그 원인을 찾을 수 있다. 전국에 분산되어 있는 수많은 공원 묘지가 대부분 흉지에 선정되어 있기 때문에, 많은 사람들이 흉지에 조상을 모시고 있는 결과가 되었다. 조상 묘소가 나쁘면 그 집안 전체가 불행한 일을 당하게 된다. 공원 묘지에는 산소가 몇만 기 있다. 공원 묘지가 흉지에 위치해 있으면 수많은 후손들이 모두 흉한 묘지 영향을 동시에 받게 된다. 그 결과 많은 사람이 일시에 불행과 고통을 당하게 된다. 게다가 산소의 기운에 따라 발생하는 불행한 일은 한 번으로 끝나지 않고 계속 나타나는 경향이 있다. 이러한 사실로 보아 경제 위기는 앞으로도 상당히 오랜 시간이 지나야 극복될 수 있을 것이며 더욱 불행한 일이 닥칠지도 모르는 위험을 내포하고 있다.

공원 묘지가 계속 지금 같은 상태로 있는 한, 많은 사람이 고통을 당할 것은 뻔한 일이다. 그러므로 필자는 경제 위기를 극복하는 방법으로 공원 묘지를 없애고 그 대신 도시 한복판에 납골당을 건립해서 조상들을 가까이 모셔야 한다고 생각한다.

다. 화장과 납골당의 필요성
조상을 공경스럽게 모시면서 산소 유실 같은 공원 묘지의 피해를 줄이기 위해서는 매장보다 화장이 바람직하다. 화장을 하면 형세가 좋지 않은 산소에서 오는 나쁜 땅 기운을 막을 수 있다.

화장한 뒤 유골을 들판이나 강 또는 바다에 뿌리게 된다. 그러나 풍수로 보면 따뜻한 산에 뿌리거나, 납골당에 모시는 것이 바람직하다. 강이나 바다에 뿌리는 것은 좋지 않다. 사람 몸은 양기에 속하기 때문에 물에 유골을 뿌리면 양기를 빼앗기기 때문이다. 그러므로 유골은 납골당에 모시는 것이 바람직하다. 산이나 강에 뿌리면 나중에 찾을 수 없지만 납골당에 모시면 시신의 일부나마 가까이 모실 수 있는 장점이 있다.

납골당 위치도 중요하다. 납골당이 좋은 곳에 있으면 그 지형의 기운이 후손에게 전달된다. 화장을 한 유골은 체적이 매우 작아지지만 그렇다고 해서 영향이 전혀 없는 것은 아니다. 유골이 남아 있으므로 그 유골에서 전파가 오는 것이다. 유골에서 발생되는 전파의 양은 산소보다 적지만, 영향은 있다.

납골당은 도심지 가까이에 두는 것이 바람직하다. 도심지에서 가까울수록 지세가 안정되고 명당인 경우가 많기 때문이다. 많은 사람들이 쉽게 찾아올 수 있는 것도 장점이다. 납골당을 아름다운 공원으로 조성해서 도심지 가까이에 만들면, 조상들도 편안하게 모시고, 후손들도 복을 받게 될 것이며, 국민들이 안정된 생활을 영위해서 국가를 발전시킬 수 있을 것이다.

라. 해외 동포를 위한 납골당

과거 일제 치하에서 많은 한국인들이 강제로 징용당하거나 해외로 이주했다. 이들은 그 곳에서 고국 땅을 그리며 살다가 비참하게 죽어 갔다. 사이판 섬에서는 일제에 의해 강제로 징용 갔던 한국인들이 고국이 있는 북쪽 하늘을 바라보며 바닷가 절벽 위에서 목숨을 던지기도 했다. 영혼이나마 고국에 가고 싶어했던 것이다. 사할린이나 북해도 등에 살고 있는 한국 교민들은 일제가 패망한 뒤에도 여러 가지 사정으로 그리운 고향 땅에 돌아오지 못하고 그 곳에서 외로운 일생을 마치고 있다. 그러다 보니 죽은 뒤에라도 고국 땅에 묻히기를 원하는 사람들이 매우 많다고 한다. 이분들도 우리들과 한 혈육이며 한 가족이다. 해외에서 숨져 간 교민들이 죽어서라도 고국에 묻히길 원하면 우리는 이들을 정성스럽게 받아 주어야 한다. 그리고 해외에서 숨진 영혼을 위해 무료로 명당에 납골당을 준비해야 한다.

시울에서 제일 명딩은 종로 3가 일대라고 생각한다. 이 곳은 북악산맥이 뻗어 내려와 청계천 바로 앞에서 평탄한 대지를 이루고 있다. 또 이 지역은 청룡·백호·현무가 모두 잘 구비되어 있고 청계천도 역수하고 있어 명당 중의 명당이라 하겠다. 이 곳 주위에 종묘가 자리잡고 있는 것을 봐도, 이 일대를 납골 공원으로 하는 것이 가장 적합하다고 생각된다.

조상들이 편안하면 후손들은 안정된 생활을 바탕으로 생업에 종사할 수 있다. 서울이 세계적인 명당인 만큼 종로 3가에 납골당을 만들면, 후손들 모두 세계적으로 강한 인물이 되어 강력한 국가를 이룰 것이다.

 남녀 관계에 대한 풍수적 해석

1. 음양의 조화

음양의 이치로 분석할 때 입은 물에 해당되고 물은 여성을 의미한다. 이에 비해 눈은 불에 해당하며 이는 남성을 의미한다. 여성은 물의 기운을 많이 갖고 태어나고 남성은 불의 기운이 많은 것으로 해석한다. 여성은 물과 같이 수축하고 당기는 힘이 많으며 남성은 열을 바깥으로 확산하는 성질이 강하다.

사람의 얼굴 생김새에 남녀 관계를 연관지어 볼 때, 사람의 얼굴이 코를 중심으로 입은 하나, 눈은 둘로 이루어져 있듯이 여성 한 명에 남성 두 명이 있을 경우에 더 생명력을 갖게 된다. 여성 한 명에 남성 한 명일 경우에는 서로 기가 원활하게 소통되지 않는 것으로 해석된다.

남성과 여성의 생활에서 남성은 사업에 몰두하는 경우가 많고 여성은 사랑에 더 비중을 두는 경우가 많다. 따라서 남성과 여성이 일대일로 만나면 남성 한 명의 사랑은 여성의 반밖에 채워 줄 수가 없다. 그 결과 여성은 언제나 사랑이 모자라는 상태가 된다. 사랑이 부족한 여성은 정신적으로 불안한 상태를 이루며, 따라서 육체의 균형도 잃게 된다. 여성이 심리적·육체적으로 불안하면 임신이나 육아 과정도 불안해지기 마련이다.

우리는 일부일처 가족 제도를 유지해 왔다. 부부 이외 다른 사람과 정을 통하는 것은 부정(不貞)하다고 생각해 왔다. 그러나 음양 철학적 견해에서 기운의 회전을 우선으로 볼 때, 일부일처제는 기가 고정되는 형태다. 기를 잘 회전시키기 위해서는 삼각 관계, 또는 다각 관계가 더 바람직한 것으로 해석된다. 그런 면에서 볼 때 자유로운 성 생활이 자연과 합일하는 것이다. 사람은 누구나 스스로 절제하는 힘을 갖고 있기 때문에 자유스러움이 곧 방탕함으로 되는 것은 아니다. 스스로 조절할 수 있는 한도, 올바른 생활을 할 수 있는 한도 내에서 사랑을 자유롭게 나누면 더욱 자연스러운 인생을 살게 될 것으로 생각한다.

2. 사랑은 기의 순환

음양 이론은 사랑의 이론이다. 음과 양이 서로 당기는 힘을 갖는 것이 바로 사랑의 감정이다. 또 사랑의 행위는 기를 교환하는 작업이다.

사람의 탄생은 기의 순환이며, 활동 또한 기의 순환 과정이다. 생명력은 기의 순환에 따라 이루어지고 유지된다. 기운이 순환하는 동안, 곧 사랑하는 동안 생명력이 존재한다.

세상 모든 것이 기를 순환시키며 사랑을 실천한다. 하늘의 기는 땅으로 내려오고 땅의 기는 하늘로 올라간다. 지상의 모든 생명체는 하늘과 땅의 기운이 결합될 때 생명력을 갖는다.

나무를 보자. 나무는 하늘의 태양과 바람의 기운을 잎으로 받아들여 뿌리를 통해 땅으로 하늘의 기운을 전달한다. 그리고 땅 속의 수분을 끌어올려 공기 중에 분산시킨다. 그렇게 나무는 하늘과 땅의 기운을 합하고 순환시키는 나름의 몫을 다한다.

사람도 그러하다. 사람은 하늘과 땅의 기운을 받아들이며, 하늘과 땅의 기운으로 자란 음식을 먹으며 삶을 영위한다. 그리고 인체의 내부에서는 땅의 기운과 하늘의 기운이 결합되고 순환되어 새로운 생기를 만들어 간다. 사람이 곧 하늘이며, 땅이며, 자연이며, 풍수다.

풍수 용어들을 보면 남녀간의 성적 결합에 비유된 말이 많다. 명당을 이르는 설명도 대부분 남성과 여성의 성격, 곧 음과 양의 결합을 비유하는 성적 함축으로 표현된 것이 많다. 그것이 자연의 이치기 때문이다. 남성과 여성이 만나지 않으면 음과 양은 짝지어지지 않고 음과 양의 결합 없이는 생기가 만들어지지 않는 까닭이다.

명당의 핵심인 혈도 그러하다. 혈은 곧잘 여성의 자궁에 비유되는데 그것은 생명을 잉태하는 공간, 곧 음기와 양기가 결합되어 생기가 가장 많이 있는 공간이기 때문이다.

음양의 조화와 결합으로 생기를 만들고 생명을 탄생시키는 이치는 사람도 다르지 않다. 남녀의 성적 결합 역시 남성의 양기와 여성의 음기가 결합하고 순환하는 과정이다. 그래서 부부 사이에 성 관계가 매우 중요한 의미를 갖는다.

부부가 원활한 성 관계를 이루어야 하는 것은 단순히 육체적인 쾌락을 위해서만이 아니다. 이를 통해 서로 상대방 기를 받으면 신체 내부의 기 회전이 활발해져 생기를 만들 수 있기 때문이다. 요컨대 성 관계는 사랑하는 사람들끼리 기를 교환하는 행위이자 기를 통한 커뮤니케이션인 것이다.

주변에서 부부 사이에 행복하고 즐거운 성 관계가 이루어지지 못해 고통을 받고 고민을 하는 경우를 많이 본다. 그 이유를 풍수에서는 사랑의 자연 법칙, 곧 기의 순환이 사랑이라는 풍수적 관점을 잃은 데 있다고 본다. 일부일처제로 사랑을 독점하려는 사람들의 생각과 사회적 제도, 풍습이 기의 순환, 사랑의 순환을 가로막고 있기 때문이다.

주역을 보면 1년 동안 하늘의 기운은 열 번 변하고, 땅의 기운은 열두 번 변화한다. 이 같은 기의 변화에 의해 10간 12지가 만들어졌다. 하늘의 기운은 양으로 남성, 땅의 기운은 음으로 여성이라고 상정하면 남성은 10이지만 여성은 12이기 때문에 1 : 1 관계가 성립될 수 없다.

우리 사회는 형식적으로는 일부일처제를 유지하고 있지만 아주 오래 전부터 실질적인 일부다처제였던 것이 사실이다. 조선 시대에는 공공연히 첩을 두었고 불과 얼마 전까지만 해도 그러한 관습은 교묘하게 이어져 내려왔다. 게다가 공공연히 인정되는 매매춘과 혼외 정사는 또 얼마나 많은가?

문제는 성에 관한 너그러움이 오직 남성들에게만 인정되었다는 점이다. 남성들은 실질적으로 일처다부제 생활을 해 왔으면서도 여성에겐 순결과 정조만을 강조하는 이중적인 성 규범이 우리 사회에 성적 불평등을 가져온 것이다.

3. 독점할 수 없는 사랑

사랑은 독점할 수 없다. 사랑도 사람의 일이고 그 자체가 생명체저럼 항시 변해 시작이 있으면 끝이 있기 마련이고 뜨거울 때가 있으면 식을 때도 있다. 그런데 형식적으로는 많은 사람이 오직 한 사람만을 처음부터 끝까지 같은 비중으로 사랑해야 한다고 생각한다. 그것은 억

지이고 희망 사항일 뿐 가능한 일이 아니다.

오직 한 사람과 독점적으로 사랑을 주고 받아야 한다는 생각은 서로에게 불안과 불만의 벽을 쌓게 한다. 세상에 완벽한 사람은 없고 서로에게 완벽할 수 있는 짝도 거의 없다. 남들이 보기에는 무척 행복해 보이는 부부에게도 서로 모자라고 불만족스런 부분이 있기 마련이다. 그러다 보면 아내가 보기에 또 남편이 보기에 상대의 이런 저런 점이 마음에 들지 않을 수 있다. 그래서 둘은 서로를 자신이 원하는 모습으로 바꾸려 한다. 하지만 사람은 쉽게 바뀔 수가 없고 결국 불만이 쌓인다. 상대에게 미흡한 것을 꼭 그 사람에게서 채워야 한다고 생각해서 자신에 맞게 뜯어 고치려는 것처럼 어리석고 불가능한 일은 없다. 그래서 많은 부부들이 서로 어떤 부분은 포기하고 산다.

그것이 현명한 태도다. 모자라는 부분은 다른 사람에게서 채우면 된다. 다른 사람이 필요 없다고 생각하는 사람들은 다른 일이나 취미를 찾으면 된다. 그것은 개인적인 선택의 문제가 되어야지, 제도나 편견으로 구속받아서는 안 된다.

세상 사람들은 모두 다른 기를 가지고 태어난다. 그리고 남성과 여성은 서로 교류해서 음과 양의 결합을 통해 생기를 만들고 그것으로 삶의 활력과 생명력을 얻는다. 그런데 그것이 둘만의 반복적인 독점이 될 때 기는 정체된다. 기의 정체는 자연의 이치를 거스르는 것이다. 사랑은 상대를 자유롭게 할 때 비로소 건강해지며 스스로도 자유로워진다. 내가 너를 사랑하는 대가로 너 역시 나만을 사랑해야 된다는 것은 사랑이 아니라 독점욕이며 소유욕이다.

남녀 사이 사랑도 어머니가 자식을 사랑하는 법을 배워야 한다. 어머니는 아무런 대가를 바라지 않고 자녀에게 무조건 사랑을 베푼다. 그렇게 자란 아이는 부모가 되어 자신의 아이를 또 그런 사랑으로 키

운다. 그렇게 부모의 사랑은 대물림되고 순환된다. 남녀 사이의 사랑
도 그렇게 될 수 있을 때 건강하며 진정 아름답다. 사랑하는 사람을
인정하고 용납하며 자유롭게 하는 사랑. 그런 사랑이라야 오래도록 서
로를 발전하게 하고 행복하게 할 것이다.

5 풍수 건축가

1. 풍수에 맞춰 도면을 바꿔 달라던 건축주

건축 설계를 하면서 풍수지리와 인연을 맺고 살아온 지 벌써 30년이 넘었다. 처음에는 낯설고 신기하게만 여겨졌던 풍수지리의 세계. 그 신비의 세계를 의심하면서 찾아 들어간 뒤로 나는 많은 분들에게 도움을 받기도 했지만, 그만큼 고립되기도 했다. 과학적으로 입증되지 않은 세계에 현대 건축을 한다는 사람이 드나드는 것이 반감을 주었기 때문이다. 때로는 미친 사람 취급을 받기도 했다. 그러나 알면 알수록 차츰 빠져들 수밖에 없었던 풍수지리 세계에서 나는 풍수지리와 현대 건축의 접목을 끊임없이 시도할 수밖에 없었다.

처음 내가 일한 곳은 장기인 선생님이 경영하던 삼성건축설계사무소였다. 장 선생님은 대학에서 건축시공학과 재료학 등을 강의하셨으며, 그 곳은 사찰·궁전·한옥 같은 한국 전통 건축물을 다루는 문화재 전문 설계 사무소였다.

설계 사무소에 취직해서 처음 한 일이 일반 주택 설계였다. 처음 해 보는 일인 만큼 나름대로 신경을 써서 설계 도면을 완성했다. 그런데 어느 날 건축주가 설계 도면을 가지고 사무실을 찾아왔다. 그는 설계 도면을 펼쳐 놓고 남쪽으로 설계한 출입문을 동쪽으로 바꿔 달라고 했다. 나는 어이가 없었다. 출입문이란 것은 그 집의 시작이자 중심이다. 따라서 출입문 방향을 바꾸면 현관 배치도 바뀌게 되고, 그러다 보면 집 전체를 다시 설계해야 하는 상황이었다. 그런 사정을 말했지만 건축주는 막무가내였다. 하는 수 없이 다시 설계를 해야 했다.

더 기가 막힌 일은 그 뒤에 벌어졌다. 얼마 뒤 다시 찾아온 건축주는 설계 도면을 꺼내 놓고 안방과 화장실 위치를 바꿔 달라고 요구했다. 역시 안방과 화장실 위치만 바꿀 수는 없는 일이므로, 전체 설계를 다시 해야 했다. 나는 강경하게 말했다.

"그러려면 설계를 다시 해야 합니다. 설계로는 잘못된 점이 없는데 왜 그러시는지 모르겠군요!"

"대단히 죄송합니다. 이렇게 번거롭게 할 생각은 추호도 없었습니다만, 풍수지리를 하는 사람이 그렇게 하는 게 좋다고 해서 할 수 없이 변경하려고 하는 것입니다. 부디 양해하시고 도와 주시면 고맙겠습니다."

정중히 사과하는 건축주의 말을 듣는 순간 눈앞이 캄캄해지는 듯했다. 과학의 발달로 달나라도 가는 시대에 미신과 같은 풍수지리로 건축을 하려 하다니! 나로서는 도저히 용납이 되지 않았다.

하지만 어쨌든 설계 도면을 건축주의 요구대로 바꾸어야만 하는 상황이었다. 나는 그 집을 다시 설계하면서 비로소 생각했다.

'대체 풍수지리란 무엇인가? 풍수지리가 현대 건축에도 필요한 것인가?'

그 당시엔 풍수지리 이론이나 그 당위성에 대해 정확하게 말해 주는 사람이 없었다. 다만 막연하게 미신으로 의심하면서 풍수에 따르면 '좋다' 또는 '나쁘다'는 단순한 생각에 머물러 있었다.

'건축에 대한 전문가라면 건축에 관련된 모든 것을 누구보다 정확하게 알아야 한다. 풍수지리가 건축에 관계된 이론이라면 풍수지리가 갖는 과학성과 미신성의 한계를 정확하게 구분하고, 합리적인 부분은 현대 건축에 적용하고 미신적인 부분은 배척하는 게 당연하다.'

나는 마침내 풍수지리에 대해 그것이 미신이든 과학이든, 일단 알아야 한다는 생각을 했다.

당시 사무실에서 나의 주된 업무는 문화재 관리국 용역 업무로서, 경기도와 경상도에 분산되어 있는 오래된 문화재를 현장에서 실측해서 보수를 위한 설계서와 보수 공사비 내역서를 작성하는 일이었다. 해인사의 팔만대장경이 있는 경판고의 소방 시설이나, 경주 지역 문화재 주변에 철재 울타리나 담장을 설치하기 위한 현지 측량과 공사 설계도 작성 등이 당시 내가 한 일들이다.

문화재를 조사하고 설계하면서 나는 '우리 조상들은 왜 풍수지리에 의해 건축을 했을까'라는 생각을 끊임없이 하게 되었다. 이 문제를 해결하기 위해서는 당연히 풍수지리를 공부해야 했다. 풍수지리를 알아야만 우리 건축을 제대로 이해할 수 있겠다는 생각이 든 것이다. 그러나 안타깝게도, 당시엔 건축과 풍수지리에 대해 정확하게 알고 있는 사람을 만날 수 없었다. 혼자 풍수지리에 관한 책을 뒤적이는 게 전부였지만, 건축과 풍수의 관계를 시원하게 답해 주는 내용은 단 한 줄도 없었다.

그 뒤 나는 미군극동지구공병단(U.S. Army Engineer Distric Far East)에 들어가 건축 기사로 일하게 됐다. 이 곳에서는 과학적이고 철저한 미국식 설계와 시공법, 합리적인 현장 운영 방법 등을 배울 수 있었다.

또 전라북도 이리에 수출 공단을 세울 때는, 일본인들과 함께 공장 현장 감리로 근무하면서 일본의 선진 건축을 배울 수 있었다.

선진 외국인들과 일을 하면서 느낀 것은, 그들과 당당하게 경쟁하기 위해서는 기술과 함께 우리 고유의 문화가 있어야 하며, 우리만의 건축 문화를 정립하는 것이 시급하다는 것이었다.

2. 전통 건축과 풍수지리의 관계

1973년, 고려 대학교 대학원 건축공학과에 입학하면서 나는 연구 분야를 '전통 건축'과 '풍수지리'로 정하고, 이를 집중적으로 연구해 나갔다. 실무에서 느낀 그 동안의 것들을 이론으로 확립하고 싶었기 때문이다.

처음에는 풍수지리에 관한 문헌들을 조사했다. 어려운 한문과 일본어로 된 자료들을 조사하기 위해 이 분야에 조예가 깊은 서정주 선생님을 독선생으로 모셨다. 그러나 풍수지리 이론에 대한 타당성과 미신성의 한계를 정확하게 구분하기는 매우 어려웠다. 석사 학위 논문을 작성할 때까지도 풍수지리 이론을 긍정적으로 평가해야 할지, 부정적으로 평가해야 할지조차 확신이 서지 않을 정도였다.

과연 문헌에 나와 있는 대로 명당이라는 것이 실재하는가? 산소 자리에 의해 후손이 발전하거나 망한다는 것은 사실인가? 건물에도 명당과 흉가가 있으며, 집의 기운에 의해 그 곳에 사는 사람이 발전하거나 불행하게 될 수 있는 일인가? 이런 것들은 직접 확인하기 전에는 도저히 인정할 수 없는 일이었다.

나는 당시 유명하다는 지관들을 찾아다니며, 그들의 이론과 실생활의 합일성에 대해 직접 확인하는 작업을 했다. 그리고 여러 스승에게 동양 철학을 사사하면서 이를 통해 풍수를 해석해 보기도 했다.

『주역』은 아산(亞山) 김병호(金炳鎬) 선생님에게 배웠다. 한평생 『주역』만 공부하신 아산 선생님은 그 동안 단편적으로 공부한 동양 철학의 진수를 일목요연하게 정리해 주셨다. 특히 『주역』의 괘사(卦辭)와 효사(爻辭)에 대한 해석은 매우 심오해서 나뿐만 아니라 수강생들이 모두 정신이 아득해지는 것을 경험하곤 했다. 아산 선생님은 내게 중산(中山)이라는 호를 내리셨는데, 그것은 시간의 중심을 잡고 이에 맞춰 움직이라는 뜻이었다.

이런 공부들은 매우 흥미롭고 가치 있는 것이기는 했지만 여전히 풍수 이론을 납득할 수는 없었다.

그러던 중 하남(河南) 장용득(張龍得) 선생님을 만날 기회가 생겼다. 하남 선생님은 지세를 분석하는 나름의 방법을 갖고, 음택이나 양택을 분석하는 체계를 갖고 있었다. 하남 선생님의 이론으로 임의의 음택을 정해 풍수를 분석하고 그 후손에게 확인한 결과 신기하게도 그것들이 적중했다. 이런 과정을 몇 차례 거치고 나서 나는 비로소 풍수지리 이론을 긍정적으로 평가하게 되었으며, 확신을 갖고 석사 학위 논문인 「풍수지리설과 건축 계획과의 관계에 관한 연구」에서 풍수지리 이론을 긍정적으로 서술할 수 있었다.

석사 과정을 마치고 건축 설계 사무소에 근무하면서, 나는 틈만 나면 풍수지리에 대한 이론을 연구하기 위해 산으로 들로 돌아다녔다. 주말이나 공휴일이면 하남 선생님과 그의 다른 제자들과 함께 전국에 있는 수많은 산소를 찾아다녔다. 지세를 분석하고 산소가 후손들에게 어떤 영향을 미치는지 집중적으로 조사해서 지세 분석 이론의 정확성을 확인하는 것이 주된 일이었다.

양택에 대해서는 역사적으로 훌륭한 인물들의 생가와 그들이 거주하던 집, 그리고 주변의 훌륭한 주택들을 찾아보고 그 지세와 건축 요소에 대한 이론을 분석했다.

흉가에 대한 조사는 신문에 흉사가 보도된 집들을 방문해서 조사했다. 금당 살인 사건(1970년대 말 서울 인사동 골동품점 '금당'의 주인 내외와 운전수 유괴 살인 사건)이 일어났을 때는 살해당한 사람이 살던 집과 범인이 살던 집을 찾아갔었고, 토막 사건이 일어난 집, 빚쟁이를 죽여 정화조에 숨긴 집, 어린이가 유괴된 집, 일가가 교통 사고로 죽은 집 등등, 사건이 신문에 보도되는 집마다 달려갔다.

흉가 현장에서는 지세, 건물 형태와 방위, 내부 구조, 도로의 관계, 대문 위치와 방위, 주변 건물들의 조건 등을 조사했다.

이렇듯 흉가를 찾아다니면서 참으로 많은 일들을 겪었다. 한번은 서울 혜화동에 사는 한 학생이 친구들과 다투다 칼에 찔려 죽었다는 신문 기사를 읽었는데, 그리 흔한 일이 아니라는 생각이 들어 그 학생이 살던 집으로 가 보았다. 집은 아담한 일본식이었다. 벽이 지붕까지 솟아 매우 높게 보였으며, 형태가 마치 칼과 같이 뾰족했다. 나는 이 집 내부 구조와 죽은 학생이 이 집에서 언제부터 살았는지 궁금했다. 초인종을 눌렀다. 잠시 뒤 주인이 나와 무슨 일이냐고 물었다.

"이 집의 풍수지리를 조사하러 왔습니다."

딴에는 정중하게 말한다고 했는데, 말이 떨어지기가 무섭게 그 사람은 내 멱살을 잡고 위로 번쩍 치켜올리더니 내동댕이쳤다.

"남의 귀한 아들이 죽었는데 재수 없이 조사는 무슨 조사야!"

그러더니 쓰러져 있는 내게 발길질을 했다. 내동댕이쳐진 카메라와 가방을 주워 들고 정신없이 도망치는 수밖에 없었다. 사실 아들이 어처구니없이 죽은 상황에서 풍수니 뭐니 하면서 찾아온 사람을 반길 사람이 어디 있겠는가. 나 역시 사람이 죽은 집을 조사할 때는 나도 모르게 머리카락이 삐죽삐죽 일어나는 듯해서 기분이 그리 좋지 않았다. 하지만 어쩌겠는가. 그렇게라도 확인하지 않으면 풍수지리 이론은 그야말로 이론에 갇혀 있게 될 텐데.

무엇보다도 현장에서 명당과 흉가의 원인을 밝혀 낼 때의 신비와 감탄은 도저히 말로 형언할 수 없다.

3. 무덤을 파고 누운 산 사람

음택과 양택 이론에 대해 어느 정도 이해를 하게 되자, 음택의 명당 자리에 음택과 동일한 구조를 하고 그 속에서 사람이 생활하면 어떤 기운을 받게 될지 궁금했다. 이는 직접 체험해 보지 않고는 알 수 없는 일이었다.

1979년, 나는 서울 근교에 있는 사능 뒤편 산 1300평을 구입했다. 이 곳은 주산·청룡·백호·수구 등이 모두 갖춰진 보기 드문 명당이었다. 나는 이 곳 혈 자리에 묏자리와 같은 1.5m 넓이로 땅을 파고 초가를 덮어 반지하 움막집을 만들었다. 그리고 낮 동안에는 사무실이 있는 반포에서 근무를 하고, 밤에는 그 곳 움막집에 가서 잠을 잤다.

산 사람이 무덤을 파고 그 곳에 드러누워 밤마다 잠을 자다니 ……. 아마 모두들 어이없는 표정을 지을 것이다. 그러나 내게는 매우 중요한 일이었다. 풍수의 세계, 눈에 보이지 않는 세계를 직접 체험할 수 있다면 그것이야말로 가장 큰 보람이 아니겠는가.

하지만 그 곳에서의 생활은 그리 오래 지속되지 않았다. 어느 날 새벽, 움막을 나오려는데 산이 떠나가도록 커다란 확성기 소리가 진동했다.

"너는 완전 포위됐다. 두 손을 머리 위로 들고 항복하라!"

이 얼마나 기가 막힌 일인가. 깜짝 놀라 주변을 돌아보니, 동도 트기 전인 꼭두새벽에 청룡과 백호의 능선 위에서 군인들이 움막을 향해 총을 겨누고 있었다. 아무리 설명을 해도 그들은 내 말을 믿지 않았다. 삼엄한 경비를 받으며 파출소로 끌려가 신원이 밝혀진 뒤에야 풀려날 수 있었다. 깊은 산 속에 움막을 지어 놓고 밤마다 들어와 잠을 자고 나가니까 군인들이 나를 간첩으로 오해했던 것이다.

나중에 나를 생포하려고 꽤 많은 군인들이 며칠 동안 밤을 새며 포위 작전까지 펼쳤다는 말을 듣고 실소를 금할 수 없었지만, 사전에 신고를 하지 않은 잘못은 인정해야 했다. 신원을 조사하는 과정에서 집과 사무실로 연락이 되어 그 사실이 알려지자, 그 뒤부터 친지나 주변 사람들 모두가 나를 이상한 눈으로 쳐다봤다. 밤마다 산 속에서 잠을 자고 다니는 나를 보며, 혹시 정신 이상이라도 된 것 아닌가 하고 걱정이 이만저만이 아니었다. 나는 하는 수 없이 조사를 그만두기로 하고 움막 생활을 청산했다.

이 명당 자리는 이후 박정희 정권 때 최고 실력자에게 팔았는데, 그의 선친 산소를 이 곳에 쓴 뒤 그 집안은 다른 정치가들과 달리 아무 탈 없이 잘 지내고 있다.

4. 외국에서도 똑같이 적용되는 풍수 원칙

1970년대 중반부터 불기 시작한 해외 건설 붐은 많은 기술자를 요구했다. 그 중에서도 외국 선설 공사의 실부 경험이 있는 나는 여러 건설 회사에서 요청을 받았다. 그러나 당시 나는 풍수지리에 푹 빠져 있었기 때문에 좋은 조건의 제의도 일언지하에 뿌리쳤다.

그러던 중, 풍수지리 이론이 외국에서는 어떻게 적용되는지 궁금해졌다. 그래서 중국·일본·홍콩·대만·태국·인도·사우디아라비아·영국·프랑스·이탈리아 등 유럽도 비록 부분적이긴 하지만 조사를 했다.

런던 근교에서 지세를 살펴볼 때 일이다. 큰 산맥 하나가 능선을 이루며 런던 시내 중심지로 연결되어 있어, 그 용이 연결된 지역을 계속 따라 내려갔더니 세인트메리(St. Merry)라는 큰 성당으로 이어지고 있었다. 성당 주변에는 공동 묘지가 있었고, 공동 묘지 한쪽에는 비석이 산더미같이 쌓여 있었다. 성당 가까이에 도로가 생기는 바람에 묘지는 이장하고 비석만 별도로 쌓아 올린 것이었다. 주변의 지세를 살펴보니 명당임에 틀림없었다.

천주교 성당 하실(下室)은 최고의 묘지로서 업적이 많은 신자의 묘지로 사용되며, 그 밖의 일반 신자들은 교회 주변에 매장하는 것이 천주교식 장례법이다. 성당 위치가 명당이면 성당의 지하실이나 그 주변에 묘를 쓰는 신자들도 명당에 묻히게 되는 것이다.

그런데 풍수지리를 모르는 서양 사람들이 어떻게 명당을 알아낼 수 있었을까. 나름대로 생각하기로는 성당을 신축할 때 좋은 터를 잡기 위해 많은 신부들이 오랜 기간 정성들여 기도를 한다는데, 이러한 기도 덕택이 아닌가 생각된다.

홍콩이나 대만에서는 지관이 다른 어느 직업보다 고귀하고 소득이 높은 직업으로 존경받는다. 이들 나라에서는 장례식이 최고급으로 이루어지는데, 고인의 유산을 모두 장례비에 사용한다 해도 아무도 반대하지 않을 정도다. 그것이 곧 고인에 대한 예의라고 생각하기 때문이다. 이러한 장례식의 모든 절차는 지관이 담당한다. 따라서 지관에 대한 예우가 높지 않을 수 없다.

스위스를 여행하던 중 호텔 주변에 있는 아담한 주택이 눈에 띄어 지세와 함께 패철로 그 집의 방위를 분석해 보았더니, 동향집에 동향 대문이었다. 그 때 마침 그 집주인인 듯한 여자가 나와 무슨 일이냐고 물었다. 나는 풍수지리를 조사하기 위해 방위를 보았다고 말하고, 집 안 내력을 물어 보았다. 지세와 방위를 분석한 결과로는 그 집에 아들 이 없다고 나왔는데, 역시 그 집엔 아들이 없었다. 이러한 작은 사실들 을 통해 풍수지리 이론은 동서양을 막론하고 모두 적용된다는 것을 확 인할 수 있었다.

5. 풍수지리를 주제로 한 첫 박사 학위

1983년에 다시 고려 대학교 대학원 박사 과정에 입학했다. 미신으로 생각하기 쉬운 풍수지리를 체계적으로 정리해서 학문의 대상으로 정립 하기 위해서였다. 풍수지리를 학문화하지 않는다면 우리의 고유한 사 상을 조금씩 잃어버릴 것이 너무나 뻔한 일이었다.

연구 방향은 풍수지리를 과학적으로 분석해서 공학적인 건축 이론을 체계화하는 것이었다. 이러한 연구를 위해서는 음택과 양택의 풍수지 리 현장 답사를 많이 다녀야만 했다. 산세를 분석하는 작업은 풍수지 리에서 가장 중요한 부분이면서도 상당히 어려운 작업이다. 만약 지세 를 분석하는 능력 없이 풍수지리를 연구한다면 이것은 핵심을 잃은 학 문이 된다. 그렇다고 풍수지리를 과거의 사상이나, 또는 음택과 양택 의 입지 선정 이론으로만 연구하면 이는 그야말로 지관이 되는 것을 의미힌다.

따라서 지세를 분석하는 능력은 물론, 풍수지리 이론에서 현대 건축 에 적용할 새로운 건축 이론과 방법을 정립하는 것이 나의 주된 연구 목적이었다.

운영하던 설계 사무소 문을 닫고 연구에만 전념했지만, 학문의 문턱은 높기만 했다. 그 때만 해도 학위 논문 대부분이 미국이나 일본 같은 외국에서 연구된 자료의 일부분을 연구하는 것이 일반적이어서, 일부에서는 미신으로까지 생각하고 있는 풍수지리를 건축학과 접목시켜 연구한다는 것 자체를 쉽게 받아들이지 않았다. 그렇다고 그 동안 연구한 것을 포기할 수는 없었다. 나는 교내외 학술 발표회는 물론 교수와 선후배들에게 풍수지리 철학과 합리성, 그리고 풍수지리 연구의 필요성을 끊임없이 주장했다.

그러던 중 성균관 대학교 건축공학과 이상해 교수가 미국 코넬 대학에서 풍수지리를 연구해서 박사 학위를 받았다는 것을 알게 되었다. 나는 이 교수를 찾아가 미국에서 한 풍수지리 연구에 대한 자료와 함께 그의 학위 논문을 여러 권 구입해서 학교 교수들에게 보였다.

이를 통해 학교에서는 풍수지리에 관한 학위 논문을 심사하는 근거 자료를 갖게 됐고, 비로소 「풍수지리설 발생 배경에 관한 분석 연구 ─건축에의 합리적인 적용을 위하여」라는 박사 학위 연구 논문 심사 위원회가 구성되었다. 석사 과정 때부터 논문을 지도한 이정덕 교수를 비롯해서 다른 두 분의 건축공학과 교수와 다른 대학 교수 세 분이 심사 위원으로 위촉되었다. 물론 이상해 교수도 논문 심사 위원으로 위촉되었다. 국내에서 풍수지리에 대한 박사 학위 논문을 심사하는 것이 처음 있는 일이었으므로 심사 위원들의 지적 사항은 무척이나 날카롭고 철저했다. 자칫하다가는 미신을 조장하는 결과가 될지 모르기 때문인 듯했다.

세 차례에 걸친 공개 토론을 비롯해서 3개월 동안 이루어진 연구 논문 심사 결과, 드디어 심사 위원 전원에게 합격 판정을 받았다. 1987년이었다. 1973년 대학원에 입학해 풍수지리를 연구하기 시작한 지 15년 만에 비로소 풍수지리를 연구 주제로 해서 국내에서는 처음으로 공학 박사 학위를 받은 것이다. 나는 박사 학위를 받았다는 기쁨보다는 미신으로 여기던 풍수지리를 연구와 학문의 대상으로 올려 놓았다는 점이 참으로 뿌듯했다.

풍수지리 연구는 그 뒤로도 계속되었다. 풍수지리를 현대 건축 이론으로 정립하기 위해 연구해야 할 것이 너무나 많았기 때문이다. 이러한 연구는 풍수지리와 건축을 모두 이해하는 사람만이 할 수 있기 때문에 다른 사람에게 부탁할 수도 없는 노릇이었다. 힘들고 외로운 세월이었다.

지금도 풍수지리와 건축은 내 끊임없는 연구 대상이다. 지금까지 그 이론으로 집을 짓고, 그 집에서 살고 있는 이들이 행복한 웃음을 짓는 것을 기쁨으로 여기며 살아왔다. 앞으로도 계속 그럴 것이다.

6. 끊임없는 건축 형태 연구

박사 학위를 받은 뒤에도 건물 형태에 대한 연구는 계속했다. 풍수지리 이론에 맞는 건물 형태가 현대 건축 설계 이론에도 적용될 수 있을까 하는 것이 내가 의문을 갖는 것 가운데 하나였다. 이 문제를 해결하기 위해 건물 형태에 대해 더 많은 연구를 했다. 그러기 위해서 화가 김령 선생님에게 여성의 육체미를 그리는 크로키 수업을 받았다. 아름다운 건물을 설계하기 위해서는 아름다움을 갖추고 있는 사람의 형태에 내해 알아야섰다고 생각했기 때문이다. 인체의 형태에 대해 3~4년 정도 연구한 뒤 어느 정도 이해를 얻게 되자 그 다음부터는 서양 특히 이탈리아 건축물의 형태와 풍수지리 이론을 비교하며 연구하기 시작했다. 그러다가 서양에서도 오래 되고 유명한 건물들은 대부분 풍수지리적으로 명당 형태를 갖추고 있는 것을 보고 놀라게 되었다. 초기 기독교 건물이 대표적인 경우였다. 이 건물들은 평면이 정사각형 또는 십자형을 이루고 있어 기운이 중심에 모이는 형태를 이루고 있다. 특히 지붕이 피라미드 또는 돔 형태를 이루고 있어 풍수지리의 산 형태에 대한 이론과 정확하게 일치하고 있다는 사실이 너무나 놀라웠다.

서양에서는 풍수지리가 거의 없다고 해도 과언은 아니다. 그런데 이탈리아 건축가들은 무슨 이론으로 이렇게 아름다운 건물을 만들었을까 생각해 보았다. 오늘날까지 이탈리아 건축물은 세계 어느 나라 건물보다도 아름다운 건물로 인정되고 있어 현대 건축을 공부하는 데 이탈리아 건축에 대한 연구는 필수 과정이다.

이탈리아나 서양의 유명한 건물들은 정사각형 평면 위에 돔 지붕이 대표적인 형태다. 이런 건물의 특징은 공간 내부에서 소리의 울림, 곧 진동이 크다는 점이다. 실제로 유명한 성당이나 궁궐 상부에는 북(드럼)이라고 불리는 구조가 건물에서 제일 중요한 자리에 위치하고 있다. 북이나 항아리 그리고 종은 모두 안정된 소리를 만든다는 점에서 같다. 이러한 사실에서 이탈리아 건축가들은 공간에서 발생하는 진동, 곧 소리를 중요시하며 건물을 지었다고 생각된다.

북이나 항아리에서 소리가 잘 발생하는 것은 중심 부분이 비어 있기 때문이다. 공간에서 이렇게 비어 있는 형태는 풍수적으로는 바람, 곧 기운이 모이는 공간 형태다. 공간에서 발생하는 소리나 진동은 공간에 모이는 기운과 관계가 있음을 알게 되었다. 이탈리아 건물에서 중요시하는 진동은 바로 풍수에서 중요시하는 바람과 핵심이 같았다. 바람이 모이는 공간에서 발생하는 소리는 아름답고 진동이 좋아 사람에게 좋은 분위기를 만들어 준다. 이탈리아 건축 이론과 풍수지리 형태 이론은 비록 관점은 달라도 공간 형태에 대한 해석은 같음을 알 수 있다.

오히려 풍수지리의 형태에 대한 이론은 서구식 건축 디자인 이론보다 더 효과적이다. 그러므로 풍수지리 이론은 현대 건축 설계 이론으로 적용될 수 있다고 확신하게 되었다.

7. 풍수지리는 왜 계속 연구되어야 하는가

한국은 오래 전에 풍수지리를 개발했고, 지금도 풍수지리가 가장 발달한 나라 가운데 하나다. 풍수지리 이론에는 조상들의 소중한 지혜가 담겨 있다. 그런데도 아직까지 풍수지리를 미신쯤으로 생각해서 제대로 연구하는 풍토가 이루어지지 않고 있는 실정이다.

침술은 우리 조상들이 개발한 의술 가운데 하나다. 그러나 한동안 서양 의학만을 숭배하는 사람들에 의해 미신으로 여겨져 개발되지 않았고, 그 결과 중국에 비해 학문적으로 떨어지고 말았다. 풍수지리 역시 우리가 연구하고 개발하지 않으면 외국에 뒤지게 된다.

한국의 전통 사상인 풍수지리를 적극적으로 연구해야 하는 이유는 첫째, 역사와 전통 사상 확립을 위해서다. 한국 역사는 풍수지리와 밀접한 관계를 맺으며 이어져 왔다. 한국 역사와 문화를 올바로 해석하고 정립하기 위해서는 풍수지리를 긍정적으로 해석하고 연구하지 않으면 안 된다.

둘째, 올바른 국토 개발을 위해서다. 많은 사람들이 살아가야 할 신도시나 각종 단지들은 모두 일정한 산과 강물 사이 땅에 자리잡게 된다. 산과 강, 땅은 각각 기운을 갖고 있다. 따라서 이러한 자연의 기운을 살펴서 국토를 개발한다면 자연의 기운을 무시하고 개발하는 것보다는 훨씬 효과적일 것이다.

셋째, 최근까지 서양 현대 건축은 비록 기계적·규모적인 면에서는 발전했지만, 인간적인 공간 창조라는 면에서는 실패를 거듭해 왔다. 현대 건축이 실패한 원인은 공간을 생명이 없는 물질로 해석하는 서구식 철학에서 그 근원을 찾아야 한다. 따라서 공간을 생명력 있는 기운으로 해석하는 풍수지리 공간 이론은 잘못된 현대 건축 이론을 성공적으로 바꿀 수 있는 귀중한 이론이다.

넷째, 인문 지리학의 발전을 위해서다. 1980년대 중반에 서울 대학교 지리학과 최창조 교수가 출간한 『풍수지리와 한국 사상』은 그 동안 사회 뒷면에 처져 있던 풍수지리를 한국 대표 사상의 하나로 격상시켰다. 최 교수로 인해, 세계 각국 지리학계에서는 풍수지리가 지리학을 규명하는 핵심 이론이라는 사실을 서서히 인정하고 있다. 전통적인 마을의 입지 조건은 풍수지리로 해석해야만 정확하게 분석되며, 다른 이론으로는 설명하기 어렵다. 따라서 인문 지리학을 학문적으로 발전시키기 위해서는 풍수지리를 연구할 수밖에 없다.

다섯째, 좋지 않은 터에 있는 산소에서 오는 나쁜 기운을 막아 사회를 안정시키기 위해서다. 우리 나라에서는 죽은 사람을 매장하는 풍습을 갖고 있다. 땅이 턱없이 부족해 정부에서는 적극적으로 화장을 권하지만, 실제 화장을 하는 사람들은 그리 많지 않다. 산소 자리가 부족하다 보니 좋은 터를 묘지로 삼지 못하는 것은 당연하다. 그래서 농지로도 사용될 수 없는 급한 경사지를 공동 묘지로 개발하는 경우가 때때로 있다. 그러나 농지로 사용할 수 없는 땅은 산소 자리로도 쓸 수 없는 땅이기 쉽다. 많은 사람들이 흉지에 조상 묘를 쓴다면 개인은 물론 사회적으로도 불안하다. 흉지에 조상을 모시는 것보다는 차라리 화장하는 것이 효도하는 일이다. 화장을 하면 그 영향이 거의 미치지 않기 때문이다. 사람들이 풍수를 제대로 이해한다면 흉한 땅에 조상 묘를 쓰지는 않을 것이며, 화장을 하는 사람들도 많아질 것이다. 그러다 보면 조상 묘를 잘못 써서 오는 개인적 불안이 없어질 것이고, 사회적 불안도 감소될 것이다.

여섯째, 풍수지리는 환경 문제와도 관련이 있다. 최근 들어 오염된 하천에서 물고기가 기형으로 자라고, 화학 공장 주변에 사는 사람이 괴질을 앓는 등 환경 문제가 더욱더 심각해지고 있다. 사람이 건강하게 살기 위해서는 공기와 물을 깨끗하게 보전해야 하는데, 공기와 물은 곧 풍수다. 풍수지리 이론에서는 벌써 오래 전부터 물이 인간 생활에서 가장 중요한 부분임을 강조했다. 환경 문제를 해결하기 위해서는 풍수지리 이론에 담긴 공기와 물에 대한 선인들의 지혜를 찾아보는 것이 효과적이다.

1970년대 중반, 임응승 신부는 단순한 흙덩어리로 생각하던 땅 속에 수맥이 흐르고 있어, 그것에 의해 멀쩡해 보이는 집이 흉가가 된다고 주장하면서 그 관계를 자세하게 증명했다. 그 뒤로 주택이나 아파트의 잠자는 공간 밑으로 수맥이 흐르거나, 산소 자리에 물이 들거나 수맥이 지나면 그 곳에 사는 사람 또는 후손에게 우환이 생긴다는 것이 많은 사람들에 의해 확인됐다. 조상 묘가 잘못되면 후손에게 나쁜 영향을 미친다는 것이 잇달아 증명되고 있는 것이다.

수맥이 지나는 곳에 동판을 깔면 수맥이 차단되고, 산소를 이장하거나 화장하면 앓고 있던 질병이 낫는다. 풍수를 제대로 알면 쾌적한 공간에서 살 수 있고, 질병을 이길 수 있다.

훌륭한 교육이 이루어지게 하기 위해서, 사업이 잘되게 하기 위해서 풍수지리는 반드시 알아야 한다. 지세가 명당인 곳에 명당 건축을 세운다면 훌륭한 학생들이 배출될 것이며, 사업이 잘될 것이기 때문이다.

찾아보기